"十四五"高职高专规划教材

大学体育与健康

DAXUE TIYU YU JIANKANG

主　编　于海娟

副主编　王海霞　孙　晃

参　编　王　健　娄斌斌　齐晓爽

　　　　金　安　路泽全　舒　展

苏州大学出版社

Soochow University Press

图书在版编目(CIP)数据

大学体育与健康 / 于海娟主编. -- 苏州:苏州大学出版社,2023.7
ISBN 978-7-5672-4479-5

Ⅰ. ①大… Ⅱ. ①于… Ⅲ. ①体育-高等学校-教材②健康教育-高等学校-教材 Ⅳ. ①G807.4②G647.9

中国国家版本馆 CIP 数据核字(2023)第 133460 号

大学体育与健康
于海娟 主编
责任编辑 施小占

苏州大学出版社出版发行
(地址:苏州市十梓街 1 号 邮编:215006)
镇江文苑制版印刷有限责任公司印装
(地址:镇江市黄山南路 18 号润州花园 6-1 号 邮编:212000)

开本 787 mm×1 092 mm 1/16 印张 19.25 字数 481 千
2023 年 7 月第 1 版 2023 年 7 月第 1 次印刷
ISBN 978-7-5672-4479-5 定价:49.00 元

图书若有印装错误,本社负责调换
苏州大学出版社营销部 电话:0512-67481020
苏州大学出版社网址 http://www.sudapress.com
苏州大学出版社邮箱 sdcbs@suda.edu.cn

前 言

Preface

高职高专院校的育人宗旨是培养国家需要的实用型高技能人才。高职高专院校的学生既要满足企业对其技术能力的要求,还可能要承受噪声、高温、高压等较恶劣工作环境的影响,要在各种干扰因素下完成高精度的生产任务,这就要求他们具备良好的身体素质。高职高专院校所开设的体育课程就是紧紧围绕育人宗旨,为社会经济的发展培养高素质的劳动者。基于上述考虑,为全面贯彻和执行国务院发布的《学校体育工作条例》的相关规定,适应公共体育改革发展的新形势,满足教学新要求,进一步加强体育课程建设,我们结合学校体育工作实际和地方特色,广泛参考并吸收众多前人的研究成果与经验,组织编写了这本教材。

本教材具有以下几个特色:

1. 体系新

在本教材中,我们着重介绍了健身的原理、方法并给出了健康指导。本教材分理论篇和实践篇两个部分。理论篇是对体育理论的阐述,实践篇是对具体体育实践的指导,旨在提高高职高专院校学生的体育文化品位,激发学生自觉锻炼的兴趣,引导学生个性化体育发展,培养学生的终身体育观,以推动体育课内外教学一体化进程。

2. 实用性强

本教材在编写过程中从教学实际出发,力图做到内容新颖、通俗易懂、简单易学、图文并茂,既可作为学校公共体育课的教学用书,又可作为学生自我锻炼的参考用书。

3. 内容新颖

我们在编写本教材时,对教材的内容,不仅引入了体育科学的最新研究成果,而且吸收了其他相关的最新内容,如体育游戏、校园拓展运动等内容。所有这些知识的介绍都力求避免一般性的描述和空洞的说教,而是以相应的科学事实、事例为基础,在增加教材知识性的同时,注重可读性和趣味性,体现了以学生为主体的教学思想。

本教材由于海娟任主编,王海霞、孙晃任副主编。在编写过程中,编写人员参考了大量的相关教材、专著及一些最新的研究成果,并引用了诸多新的观点,在此特作说明并向相关作者致谢!

尽管我们在编写过程中做了很大努力,但由于水平所限,教材中难免会有不妥之处,恳请广大师生与同行批评指正,我们将悉心修改、补充与完善。

编　者

目录

Contents

理论篇

实践篇

理论篇

第一章

体育概述

第一节　体育的概念与功能

一、体育的概念

体育是指在人类社会发展过程中，根据生产和生活的需要，遵循人体身心的发展规律，以身体练习为基本手段，为增强体质、提高运动技术水平、进行思想品德教育、丰富社会文化生活而进行的一种有目的、有意识、有组织的社会活动。它是伴随着人类社会的发展而逐步建立和发展起来的一个专门的学科领域。

（一）广义的体育概念

广义上，体育亦称体育运动，是指以身体练习为基本手段，以增强人的体质、促进人的全面发展、丰富社会文化生活和促进精神文明为目的的一种有意识、有组织的社会活动。它是社会文化的一部分，其发展受一定社会的政治和经济的制约，并为一定社会的政治和经济服务。

（二）狭义的体育概念

狭义上，体育亦称体育教育，体育教育是发展身体、增强体质、传授锻炼身体知识和技能、培养道德和意志品质的教育过程，是对人体进行培育和塑造的过程，是教育的重要组成部分，是培养全面发展的人的一个重要方面。

二、体育的功能

体育的功能就是体育活动对社会进步和人类发展所产生的特殊作用和影响。研究体育的功能，可以使人类更好地认识体育，较好地发挥体育的作用和效能，并进一步开发和运用体育的内容、基本手段与方法，为社会和人类服务。

（一）健身功能

1. 增强体质，提高身体机能

体育锻炼是增进健康、延年益寿最有效的方法之一。通过体育锻炼，可使血液循环加快、心脏功能提高；可以改善大脑的供血状况，消除脑力劳动后的疲劳，使头脑清醒，思维敏捷；可使呼吸肌增强，肺活量增大，肺功能提高；能使肌肉粗壮结实，肌红蛋白增多，丰满有力；能使骨骼坚韧，骨密质增厚，骨的抗弯、抗折能力增强；还可以提高人体基本活动能力、适应能力和抵抗疾病的能力。如果长期进行体育锻炼，人的体质就会得到增强，健康水平就会得到提高。

2. 促进心理健康

体育活动可以陶冶情操，塑造人的心灵，对心理素质的发展也有着明显的作用。实践证明，通过各种体育手段和方法，可以锻炼人的意志品质，催人奋发进取，培养集体观念，加强组织纪律，协调人际关系，提高人的心理调节能力，及时排除个人性格和心理状态中不健康的因素，使个体与环境和谐统一，促进心理健康，达到精神愉悦。

（二）教育功能

1. 身体教育

身体教育又称“育体”，就是指对身体的锻炼和训练。科学证明，人出生后在本能方面比不上动物，适应环境的能力差，连最基本的坐、立、站都不会，这些基本的生活技能都要靠后天学习获得。这种学习生活技能和从事身体锻炼的过程，就是发展身体，增强体质，即“育体”的过程。

2. 思想品德教育

体育本身就是一种有章可循的社会活动，它是在一定的“执法人”（教师、教练或裁判员）的直接监督下有组织地进行的。这对培养青年一代遵守社会生活的各种准则、树立良好的道德观念、增强团结合作精神和责任感具有很好的强化作用。例如，对方侵人犯规时，是毫不计较，还是“以牙还牙”；集体配合不够默契出现失误而最终导致比赛失利时，是相互鼓励，还是相互抱怨；对裁判员的误判是宽容大度，还是斤斤计较；比赛胜利时，是骄傲自大，还是认真总结、戒骄戒躁……处理这些问题的过程就是培养集体主义精神和处理人际关系优良品德的教育过程。

3. 意志品质教育

体育活动能使人进入一个超凡脱俗的境界，陶冶情操，培养坚韧不拔的意志品质。紧张而激烈的竞赛既是对人的心理品质的严峻考验，也是培养良好心理素质的有利时机。

4. 智能教育

体育本身就是一种文化，并蕴含着丰富的科学知识。通过体育教学和身体锻炼，学生可以学习和掌握一定的体育知识、技能和技术，并使思维能力、记忆力、观察力、想象力等得到发展。因此，体育在传授知识，培养技能、技巧，增强体质的过程中，还包含着培养、开发和提高多种智能的教育因素。

（三）娱乐功能

1. 放松身心，给人以美的享受

体育活动不仅可以强健身体，而且还给人以美的享受，消除学习、工作和劳动所带来的精神紧张、大脑疲劳和情绪紊乱，使身心得到积极有益的调节，获得积极性休息。它不仅有利于体力的恢复，而且是一种精神上的享受。例如，学习几小时后，我们去运动场跑跑步，做做操，活动活动身体，就会感到精神振奋、愉悦；当你轻捷地越过跳高横杆，或漂亮地躲闪过对手的堵截和封盖而上篮得分，或一脚抽射使足球应声入网，或一记漂亮的扣球得到同学的欢呼和赞扬，你就会从心底里感到高兴。

2. 娱乐身心，满足人们的内在需求

现代体育，特别是能最大限度地发挥人的体力、智力潜能的竞技运动，其技术正日新月异地向高、难、新、尖的方向发展。运动员能够在一定的时间和空间内尽善尽美地展示优美的造型、高超的技艺、巧妙的配合，使力与美高度统一，再加上和谐的韵律、鲜明的节奏，表现出芭蕾的轻柔、歌剧的抒情、雕塑的沉稳、书法的潇洒，以及有别于这些的猛烈、迅速、刚健、惊险……这一切都使人们在观赏体育竞技和表演时产生炽热、激动和忘我的情绪，一切活跃的、富有生命力的创造都在这里起步、表现。由此可见，体育又是一种积极而健康的娱乐方式，有助于人们愉快地度过闲暇，满足人们的内在需求。

（四）政治功能

1. 为国增光，提升国际威望

中华人民共和国成立后，中国体育代表团在亚运会上连续多届获得金牌数第一，成为亚洲第一体育强国；在2000年第27届奥运会上，中国体育代表团一举夺得28枚金牌，金牌总数位列第三，使我国一举跃入世界体育强国之列。这些都大大振奋了民族精神，提升了我国的国际威望。

2. 加强爱国主义教育，增强民族凝聚力

在当代，一次国际体育大赛上的胜利，就像巨石击水，在国民心中产生巨大的冲击波，使千百万人甚至整个国家沸腾起来，民族精神得到升华，爱国激情得到激发，为国家的腾飞、民族的昌盛增添无穷的精神力量。例如，1984年洛杉矶奥运会上，中国人有史以来突破金牌“零”的纪录，1986年我国女排获得“五连冠”，这些成绩在国内外引起的轰动都是空前的。

3. 增进友谊，改善和促进国家间的关系

体育可以促进各国人民相互了解，尤其是现代体育运动的国际化，使体育成为国家间重要的交往手段。通过比赛、互相学习和交流，加强国家间的相互理解和联系，缓和、协调国际关系与冲突，对维护世界和平起着十分重要的作用。所以，运动员被称为“穿着运动衣的外交家”“和平的使者”“外交先行官”。例如，第31届世乒赛中，我国通过“乒乓外交”与美国建立了友好关系并进行了互访，为中美建交创造了条件，被人们称为“用小球转动了地球”。

4. 巩固国防，保护民族安全

古代的战争是面对面的战争，为了在战争中获胜，人类就利用体育的手段来训练士兵。而当代，由于尖端武器的发展，更需要人们在短期内掌握复杂的军事技能，这就要求最大限度地动员人的精神和身体能力，为此要对士兵进行全面而严格的体能训练，提高其身体素质和作战能力。这体现了体育在巩固国防、保障国家安全等军事方面的作用。

（五）经济功能

体育本身不直接生产物质财富，但体育能使在生产力诸因素中起主导作用的劳动者，通过体育锻炼来增强体质，降低伤病率，提高出勤率和工作效率，从而加速创造社会物质财富。此外，出售体育竞赛的电视实况转播权，收取广告费，销售纪念章、纪念币等，也可以直接产生经济效益，为经济建设服务。

第二节　终身体育观

一、终身体育概述

体育锻炼已经成为人们积极参加社会活动和日常生活中不可缺少的重要内容,成为现代人的一种生活方式和生活态度。体育锻炼以它特有的功能和魅力,对维持人类的健康、增强人们的体质、延缓生命的衰老、提高生活的质量起着重要的作用。

(一) 终身体育的概念

终身体育是指一个人终身进行体育锻炼和接受体育指导及教育。终身体育的含义是人在其一生中,学习和从事体育锻炼,保持身体健康,使体育锻炼成为终身不可缺少的重要内容。

在终身体育思想的指导下,人在不同时期、不同的生活领域,参加和从事适合自己情况的体育锻炼。

(二) 终身体育思想的形成

终身体育思想是20世纪出现的一种完整的现代体育思想,除了受到终身教育思想的影响外,还受到体育的功能及现代社会的发展不断对人提出的要求的影响,它是伴随着终身教育思想的发展而发展的。

1. 人体自身发展需要体育锻炼伴随终身

人体自身的发展,是有规律可循的。人的一生一般要经历三个时期,即生长发育期、成熟期和衰退期(图1.2.1)。体育锻炼对人的各个时期的身体健康都具有积极影响。所以,体育锻炼应根据人体发展各个时期的特点,提出相应的要求。生长发育期的要求是促进身体的正常生长发育,成熟期的要求是保持旺盛的精力和充沛的体力,衰退期的要求是延缓衰退、延长工作年限和延年益寿(图1.2.2)。

不同时期体育锻炼的要求不同,体育锻炼的内容与方法也有所不同。也就是说,人的一生都应当伴随着体育锻炼,不同的时期有不同的目标、要求、内容和方法。锻炼身体不可能一次完成,更不可能一劳永逸。

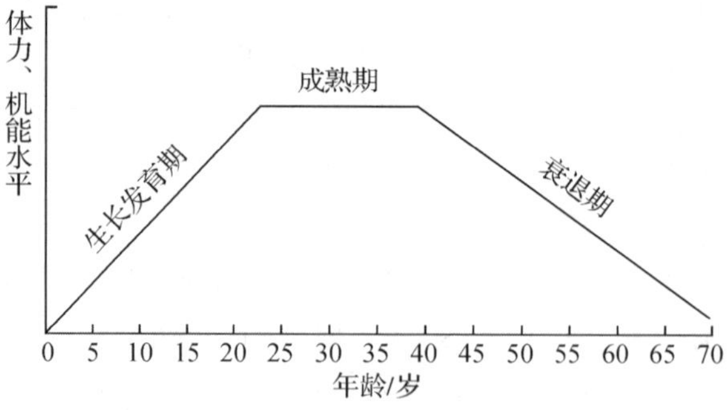

图1.2.1

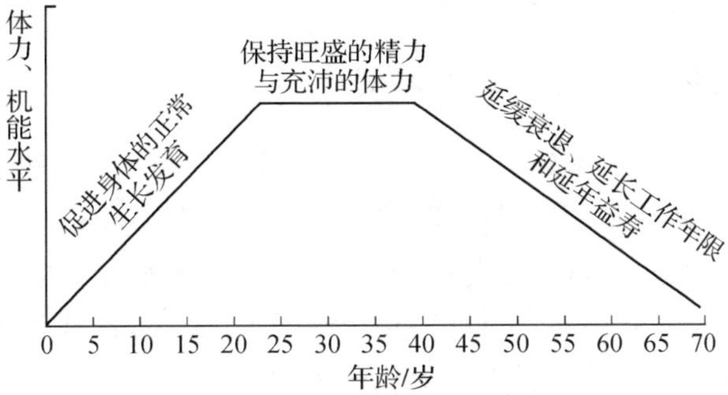

图 1.2.2

2. 终身体育是现代社会发展的需要

现代生产方式和生活方式的变化,对人们的健康带来了不利的影响。由于体力活动减少,工作、生活节奏加快,精神过度紧张,生活改善导致摄取的热量过多等一系列的变化,使高血压、心脏病、肥胖症、神经官能症等现代文明病严重威胁着人们的健康和生命。人们为了改善自己的健康状况,健康意识普遍增强,体育锻炼成为人们提高生活质量、防治现代文明病不可缺少的内容之一。

人们在现代紧张的生活中,需要通过体育锻炼来调节生活节奏、娱悦身心。因此,娱乐体育越来越成为人们不可缺少的生活内容。特别是青少年,更需要通过体育锻炼来娱悦身心、促进身心的全面发展。社会上各个年龄段的人都需要通过体育锻炼来增进、维护和改善健康状况,这就是终身体育产生和形成的基础。

二、发展终身体育对社会进步的实践意义

世界卫生组织曾指出,健康是基本人权,尽可能达到健康水平是世界范围内的一项重要社会发展目标。终身体育思想一经提出,便显示出强大的生命力。它标志着社会的发展与进步,且对社会发展起着促进作用。

在人的一生中,始终坚持体育锻炼,以满足社会发展提出的时代要求。全民族都能做到经常自觉地坚持体育锻炼,养成体育锻炼的习惯和意识,全民族的体质就能进一步增强,人人都能适应社会分配的工作,提高劳动生产率,使一个国家的物质文明和精神文明程度得到提高,从而促进社会的进步与发展。

三、学校体育是终身体育的基础

终身体育意味着体育锻炼伴随人的一生。它包括家庭体育(婴幼儿)、幼儿园体育(婴幼儿)、学校体育(儿童、少年、青年)和社会体育(成年至老年)这几个组成部分。学生的年龄一般为 6 ~21 岁,这一时期是人一生中的黄金时期,更是人发展的关键时期。学校是培养人的场所,现代人一般都要经历学校教育阶段,所以学校体育对于形成终身体育思想有非常重要的影响。在这一时期,通过有目的、有计划、科学系统地接受体育教育,全面锻炼身体,增强体质,促进身心健康,掌握体育锻炼的知识、技能和技术,培养对体育锻炼的爱好和兴趣,养成自觉锻炼的习惯,对每个人都是非常重要的。这个时期身体的生长发育状况直接影响着人一生的健康。在学校培养的自我体育意识也将影响到离校后社会体

育意识的形成。由此可见,学校体育在终身体育的体系中起着承上启下的重要作用。

四、高职高专院校学生终身体育思想的培养

学校是学生进行终身体育教育最有利的场所。高职高专院校学生走向社会,能否继续经常从事体育锻炼,主要取决于自身的终身体育意识,而其体育意识的程度又取决于高职高专院校体育教育的效果。高职高专院校作为学生学校体育的最后一站,作为学校体育和社会体育的衔接点,对培养学生终身体育意识具有特别重要的意义。

(一)加强高职高专院校学生终身体育思想的教育

体育宣传工作是培养学生自觉参加各种课内外体育活动,实现家庭、社会参与学校体育教育的重要手段。例如,可充分利用黑板报、橱窗、广播站、多媒体等宣传阵地,扩大学生的体育知识面,增强学生体育锻炼的自觉性,激发学生体育锻炼的热情;还可定期举办体育知识讲座,组织各种竞赛活动。学校举办运动会等活动时,可特邀家长、企事业单位共同参与竞赛活动的组织和领导工作,以加强学校与家长、社会的联系,扩大学校体育的社会影响力。另外,应充分发挥体育媒体的作用,不断增长学生的体育知识并开阔其眼界,增强学生的体育意识。

(二)激发高职高专院校学生终身体育锻炼的动机

动机是推动和指引人们从事某种活动的内在动因,目标则是通过活动最终期望获得的具体结果。体育锻炼是由一定的动机唤起,并指向一定活动目标的行动过程。动机和目标是唤起人们参加体育活动、坚持体育锻炼的内在动力。学生良好的体育动机还要靠有意识地去培养。首先,教师要从激发需要入手。学生对体育没有需要,或者主观体育意识极弱,就无法形成积极的体育动机。体育教学要善于激发学生的体育需要,传授终身享用的体育保健知识与方法。其次,教师要创造环境,形成产生动机的诱惑。只有具备满足需要的环境条件,需要才会转化为活动的动机。最后,让学生体验体育的快乐。学生通过亲身体验形成良好的体育动机,从而产生浓厚的体育兴趣,自觉地参与体育锻炼,合理地调整自己的运动行为。

(三)培养高职高专院校学生的体育兴趣

1. 从教育引导入手,培养高职高专院校学生的体育兴趣

兴趣是人们力求趋向某种事物并由此获得情感满足的心理倾向。兴趣是多种多样的:有由事物或行动本身引起的直接兴趣,也有由事物或行动的目的和任务引起的间接兴趣;有产生于活动过程而在活动结束后即消失的短暂兴趣,也有成为个人心理特征的稳定兴趣。直接体育兴趣是指学生被某项体育活动本身吸引,一旦产生这种兴趣,就会表现出极大的热情。间接体育兴趣是指让学生充分认识练习的意义,从而对体育效果感兴趣,它离不开自身的意志努力。对学生体育兴趣的培养应从教育引导入手:一是使学生加强知识学习,从而体会到参加体育锻炼的价值,加入体育锻炼的行列;二是使学生树立正确的目标,对于已形成兴趣的学生要让其进一步明确方向,保持稳定的兴趣。

2. 教学手段要多样化

教师可通过灵活多样的教学手段和练习形式来激发学生的体育兴趣:一是丰富教材内容,尽可能满足学生的不同兴趣,促使学校体育面向全体学生;二是尽可能扩大选用教

材的范围，从学生兴趣出发，因材施教；三是选择具有较强吸引力的教材，运用各种新的教学方法，培养学生的学习兴趣；四是按兴趣进行分组教学，即根据学生的兴趣爱好和体育专长，结合学校实际，每次课中安排一定的时间进行选项分组教学。

3. 理论与实践相结合

体育兴趣的培养，需要通过实际锻炼加以维持和巩固。没有实践活动，任何兴趣都难以产生。兴趣产生于活动对象的持续接触，只有持续接触，才能产生心理相容。学生只有在持之以恒的体育锻炼中，才能看到体育锻炼的作用与效果，才能对体育及其方法有更深刻的认识，从而形成稳固的体育兴趣。

第二章

高职高专院校体育课程

第一节　社会发展与学校体育

学校体育是学校教育的重要组成部分，为了适应社会发展的需要，我们必须了解我国社会的发展对学校体育提出的新要求，以及学校体育的主体——学生对体育的需求发生的新变化。

一、社会发展对学校体育的新要求

（一）更加有效地增进学生健康和增强学生体质

增进学生健康和增强学生体质，始终是我国学校体育的根本任务。随着我国社会生产力水平的提高、经济的发展，人们的劳动方式和生活方式也随之发生了很大的变化。由于体力活动大量减少，现代社会的"文明病"，如高血压、肥胖症、心血管疾病、神经衰弱等迅速增加，人们的应激能力普遍下降。因此，我国社会的发展要求在继续全面锻炼学生身体的同时，必须加强体育锻炼的针对性，以适应现代社会对青年学生的体质要求和青年学生自身生长发育的实际需要。

（二）提高学生的心理素质和社会适应能力

随着我国市场经济的发展，社会各个领域的竞争日趋激烈。信息流动、知识更新、生活节奏急速加快、社会压力增大，导致许多人心理失衡，产生了许多心理障碍，这是一个非常值得关注的社会问题。例如，有些青年学生由于受到某种委屈或挫折，或是由于学习压力太大，或是自我感觉在某些方面不如别人，因此闷闷不乐、郁郁寡欢、满腹牢骚，继而忌妒猜疑、冷漠忧伤，甚至悲观厌世；有些学生毕业后走上社会，以自我为中心，很难与别人合作共事，对自己、对集体、对社会缺乏责任感，与社会格格不入。这是我们每一个学生应予以高度重视的。因此，进一步提高学生的心理素质与社会适应能力，是社会发展赋予学校体育的一项十分重要的任务。

（三）为终身体育打好基础

学校体育对增进学生健康、增强学生体质有着良好的作用，但这种作用不是一劳永逸的，人的一生都需要有健康的身体。要保持身体健康，就要坚持进行体育锻炼。然而据调查，我国学生毕业离校后，大部分都不再继续参加经常性的体育活动，特别是不再继续进行经常性的身体锻炼。工作方式和生活方式的改变、环境的污染、现代文明病与传染病的蔓延，加之缺乏体育运动，导致体质、健康水平下降，这在以脑力劳动为主的人群中表现得尤为突出。因此，要对学生进行终身体育思想的教育，培养学生终身体育锻炼的意识、技能和习惯。

学校体育要为学生奠定终身体育的基础，就要在促进学生身心全面发展的同时，培养学生终身体育的意识、兴趣、习惯和能力。

二、学生对体育的新需求

（一）健身健美的需要

在经济发展和社会进步的同时，学生也面对这样的事实：社会的竞争、就业的困难、生活方式的改变、自然环境的破坏等，给他们身心健康带来严重影响。作为当代青年学生，他们的体育观念应得到更新，参与体育锻炼的主体意识应得到加强，应认识到体育健身不仅是自己在校期间学习的需要，更是提高终身生活质量的需要。早在20世纪初，毛泽东就认为要改善当时中国国民素质，就必须从学校体育着手，“体育于吾人实占第一之位置，体强壮而后学问道德之进修勇而收效远”。可见，学校体育对提高国民素质的重要性。

随着我国人民物质生活水平的提高及学校体育观念的更新，追求完美的人体形象已成为广大学生及学校体育的一种时尚。通过不同的体育锻炼以求达到“健、力、美”的和谐统一，已成为学生自觉追求的重要体育目标。

（二）近期利益和长远利益的需要

20世纪80年代以后，社会的进步、学校体育思想的更新，以及快乐体育、娱乐体育、休闲体育的引进，推动了学校体育改革的深入发展。培养学生的体育兴趣，让学生体验和享受运动乐趣，满足学生身心发展的需要，在追求学校体育现实的健身效益的同时，也重视追求学校体育的长远效益，已成为学校体育的重要目标之一。在这样的背景下，广大学生积极主动地学习和掌握健身娱乐的知识与技能，注意培养自己的体育兴趣和特长，学习和掌握体育健身、体育健美和体育娱乐的知识与方法，以适应长远健身娱乐的需要。

三、学校体育与社会的发展

学校体育是我国学校教育的重要组成部分，它与德、智、美、劳等一起，构成了我国培养全面发展型人才教育的基本构架。学校体育是我国国民体育的基础，是发展我国社会体育和竞技体育的奠基工程，是带动整个体育事业健康发展的战略重点，也是关乎中华民族整体体质状况的基础工程。学校体育对推动我国社会主义建设事业起着不可或缺的重要作用。

学校体育通过为社会培养全面发展、富有朝气、勇于创造的人，最终影响社会的发展。学校体育有助于增强学生的体质，有助于推动和促进学生德育、智育的发展，提高学生适应环境和完成工作任务的能力，从而在身体、能力、智慧、精神等方面塑造学生，使其在未来从事社会物质文明和精神文明建设时，能以强健的身体与健全的精神投入社会工作中去，创造良好的效益。

第二节　高职高专院校体育课教学和课外体育活动

一、高职高专院校体育的任务

（一）增进身体健康

通过学习，学生能够提高对身体和健康的认识，掌握有关身体健康的知识和科学的健身方法，提高自我保健意识；坚持锻炼，增强体能，促进身体健康，养成健康的行为生活方式。

（二）提高心理健康水平

通过学习，学生将在和谐、平等、友爱的运动环境中感受到集体的温暖和情感的愉悦；在经历挫折和克服困难的过程中，提高抗挫折能力和情绪调节能力，培养坚强的意志品质；在不断体验进步或成功的过程中，增强自尊心和自信心，培养创新精神和创新能力，形成积极向上、乐观开朗的生活态度。

（三）增强社会适应能力

通过学习，学生将理解个人健康与群体健康的密切关系，建立起对自我、群体和社会的责任感；形成现代社会所必需的合作与竞争意识，学会尊重和关心他人，培养良好的体育道德和集体主义、社会主义、爱国主义精神，学会获取现代社会中体育与健康知识的方法。

（四）获得体育与健康知识和技能

通过学习，学生能够掌握体育与健康的基本知识和运动技能，学会体育锻炼的基本方法，形成终身锻炼的意识和习惯；可以根据自己的兴趣爱好和不同需求，选择个人喜爱的方式参与体育活动，挖掘运动潜能，提高运动欣赏能力，养成健康的生活方式；可以提高体育运动中的安全防范能力，获得在野外环境中的基本生存技能。

二、高职高专院校体育的目标

（一）课程目标

（1）增强体能，掌握和应用基本的体育与健康知识和运动技能。

（2）培养运动的兴趣和爱好，形成坚持锻炼的习惯。

（3）具有良好的心理品质，表现出人际交往的能力与合作精神。

（4）提高对个人健康和群体健康的责任感，形成健康的生活方式。

（5）发扬体育精神，形成积极进取、乐观开朗的生活态度。

（二）学习领域目标

1．运动参与目标

（1）具有积极参与体育活动的态度和行为。

（2）用科学的方法参与体育活动。

2. 运动技能目标

(1) 获得运动基础知识。

(2) 学习和应用运动技能。

(3) 安全地进行体育活动。

(4) 获得野外活动的基本技能。

3. 身体健康目标

(1) 形成正确的身体姿势。

(2) 发展体能。

(3) 具有关注身体和健康的意识。

(4) 了解营养、环境和不良行为对身体健康的影响。

4. 心理健康目标

(1) 了解体育活动对心理健康的作用,认识身心发展的关系。

(2) 正确理解体育活动与自尊、自信的关系。

(3) 学会通过体育活动等方法调控情绪。

(4) 形成克服困难的坚强意志品质。

5. 社会适应目标

(1) 建立和谐的人际关系,具有良好的合作精神和体育道德。

(2) 学会获取现代社会中体育与健康知识的方法。

三、高职高专院校体育课教学

高职高专院校体育课教学,以培养社会需要的、具有健康体魄的实用型中等人才为宗旨。高职高专院校是培养高素质劳动者与中初级专门人才的基地,其体育课程除了要在满足身心发展需要的基础上体现“以人为本”的教育思想与原则外,还要致力提高与未来职业有关的运动技能、全面素质与综合职业能力,让学生掌握一种或几种锻炼身体的方法,同时培养学生快乐健身、终身体育锻炼的理念。

(一) 体育课的类型

体育课因划分的依据不同而有不同的类型,通常是依据一节课的具体教学目标来划分课程的种类,可分为理论课和实践课。

理论课主要是指在教室里讲授体育与卫生保健基础理论知识的课程。实践课主要是指在体育场馆等运动场地实际从事运动动作练习的课程。

高职高专院校学生已经进入青春期的后期,应进一步加强锻炼和提高锻炼要求。许多学校在大学一年级开设以全面发展身体素质和基本活动能力、改善身体形态机能、增进健康为主的基础课,在大学二年级开设以掌握 1 ~2 个运动项目的基本知识、基本技术和技能,培养锻炼兴趣和习惯为主的选修课,在大学三年级开设以提高学生职业体育技能和运动能力为主的专项课,全面提高学生的体育理论水平和运动能力,为其形成终身体育的习惯奠定基础。

(二) 怎样上好体育课

实践证明,要上好体育课,首先应明确体育课的任务、目的和意义及体育课程的基本目标和发展目标,端正对体育的态度;其次应遵守课堂常规,这是上好每一节体育课的保证。体育课堂常规是学校根据体育课的教学内容，为了学生的健康和安全，为保证体育课教学任务的完成，对学生提出的基本要求。

体育课堂常规包括：

（1）上课前，做好心理和其他各项准备工作。

（2）穿好运动服装和运动鞋。

（3）协助体育教师布置好运动场地，准备好运动器材。

（4）在指定的运动场地集合。

（5）重视准备活动和整理活动。

（6）注意力集中，按教学要求，精神饱满地完成各项练习。

（7）团结友爱，互相保护与帮助，预防伤害事故的发生。

（8）爱护运动场地和器材，不损坏、丢失运动器材。

（三）体育课考试

体育课考试是对学生学习效果和教学过程的评价，对促进学生积极参加经常性的体育锻炼，检查教与学的效果，及时分析学生学习、锻炼和教师的教学情况，改进教学手段和提高教学质量起着重要作用。

四、高职高专院校课外体育活动

课外体育锻炼成为高职高专院校学生生活的重要部分，直接影响到学生进入社会以后的终身体育锻炼和健身习惯。

学生对参与课外活动的欲望和满足感，即学生能否快乐地参与到课外活动中来，在很大程度上取决于教师对学生参与课外活动的先行设计。如何能使学生从参与课外活动中获得快乐，使学生产生更大的兴趣，同时也获得参与的满足感，这就需要教师努力加强这一环节的设计，使之产生更积极的作用。例如，观看有自己的球队参加的比赛能让众多球类爱好者欣喜若狂，有参与到比赛之中所感受到的乐趣，一切均发自肺腑，不需要规定，更不需要强制。

课外活动作为课堂教学以外的有益的教育形式、培养人才的有效途径，其根本任务是：采取各种有效措施，调动课堂外的各种积极因素对学生进行德、智、体、美、劳等方面的教育，促进学生全面、和谐发展，为我国社会主义现代化建设输送合格人才。在进行课外活动时，要控制其导向，使其为以下目的服务：

（1）培养和发展学生的兴趣、爱好，发挥每一个人的特长，发现和培养各种人才。课外活动的内容丰富、形式多样，能为不同的个体提供合适的气候和土壤。有的学生往往会在课外活动中表现出其爱好和天赋，并会在这片广阔的空间茁壮成长。如果引导有方，管理得当，这些就有可能发展成为其自身的优势和特长。

（2）提高学生的思想政治觉悟，为学生形成科学的世界观和良好的道德品质奠定基础。单纯依靠课堂对学生进行思想品德教育，缺乏生动性和形象性，但如果把德育放在课外活动这个大课堂进行，让学生有亲身体验，效果就会好得多。

（3）巩固、扩展课堂教学知识，促使知识向能力转化。学生在课堂上学到的知识，是间接经验的传授，往往是比较抽象的，如果让学生参与课外活动，使动手、动脑、理论联系实际，这样在课堂上学到的知识就会得到应用，并得以巩固和加深。

(4) 提供人际交往的机会，增强学生适应社会的能力，促进学生的社会化。不同形式、各种范围的课外活动，为学生提供了不同于课堂的相互接触、相互联系的机会，促进他们相互了解与合作，使他们懂得并学会与人融洽相处，正确处理社会生活，处理人与人之间的关系，在一定程度上能够加快学生的社会化进程，为他们走向社会打下基础。

(5) 丰富学生的精神生活，陶冶高尚情操。安排一些有益的文娱、体育活动和旅游活动，通过这些课外活动，让学生感受自然美和社会美，陶冶情操。

第三节　高职高专院校学生体育能力的培养

一、什么是体育能力

能力是指人在顺利完成某一活动时所表现的身心统一、协调配合的才能。心理学研究表明，能力是掌握知识、技术与技能的必要前提，也是影响一个人活动效果的基本因素。

能力按性质可分为一般能力和特殊能力。一般能力是指人在日常活动中必须具备、广泛使用的一般智力，如观察能力、想象能力、思维能力、记忆能力、注意能力等。特殊能力是相对于一般能力来讲的，它是指人在进行某项专业活动时所表现出来的能力，如音乐、绘画、色彩的鉴别及体育能力等。

体育能力是一种特殊能力，它是由知识、技术、技能和智力构成的一种个性身心品质的综合体。这一综合体在体育运动中表现出来，就是能顺利地、成功地完成一系列体育活动，它是在实践中逐步形成和提高的。从事的体育活动越多样，掌握的知识越丰富，体育能力发展就越全面；体育技能训练越复杂，体育能力就越能提高。

从立足现实、着眼终身，依据体育发展身体、增强体质这一本质特征，可以发现构成体育能力的六种基本成分：

(1) 身体锻炼能力。

(2) 运动能力。

(3) 开拓创新能力。

(4) 组织管理能力。

(5) 保健能力。

(6) 运用体育环境和条件的能力。

二、高职高专院校学生体育能力培养方式

(一) 身体锻炼能力的培养

随着我国体育的社会化、终身化，经济的不断发展，有越来越多的人自觉地、经常地进行身体锻炼，这就要求学校体育培养学生独立进行体育锻炼的能力，使他们走上社会后，能够更好地进行自我身体锻炼，并充当家庭和社会的体育锻炼指导者。为此，学校体育中加强对学生身体锻炼能力的培养，不仅是学生本人的事，更是关系到增强中华民族体质和提高中华民族文化素养的大事。学生的身体锻炼能力是指学生能运用所学的科学锻炼理论和方法，结合环境和自身条件加以创新，培养独立进行体育锻炼的能力。学生身体锻炼

能力的培养，主要有以下几个方面的内容：

（1）自学：让学生明确体育锻炼的意义，学习有关体育知识和方法，能够结合环境和自身条件，制订锻炼计划和方案，坚持经常持久地锻炼，并养成良好的锻炼习惯。

（2）自练：把学到的体育知识、技术和方法综合运用到体育锻炼实践中，使自练活动成为日常生活、学习中不可缺少的一部分。

（3）自调：在身体锻炼的活动中，能够根据自己的身体条件、健康水平，掌握和合理安排运动负荷、运动强度及运动时间，并能进行自我调节。

（4）自控：指执行锻炼计划的自我控制能力，即在身体锻炼效果自我评价的基础上不断修正并实施锻炼计划的能力。

其中，培养学生的自学能力是主要的，但是不可忽视各要素之间相互联系、相互制约、互为补充的关系。

（二）运动能力的培养

运动能力是指人在社会生活中，在掌握一定的体育知识、技术和技能的前提下，所获得的从事各种运动的本领。运动能力是锻炼身体、参加劳动及各种文化活动的基础。培养学生的运动能力，应贯穿体育课程的始末。教学中应考虑以下几点：

（1）不断改进体育课的教学方法，切忌“满堂灌”，多给学生练习的时间，但也要避免运动教学走过场，或只重学习技术，而不顾学生实际锻炼的情况。

（2）创造良好的运动环境，提供足够的体育设施，使每个学生都有条件、有兴趣、有机会参加运动，以发展他们的运动能力。

（3）鼓励学生积极主动地参加运动。学生在做练习时，教师应及时进行指导，多给予鼓励，尽量避免学生站在运动场上而不运动。

三、高职高专院校学生参与体育锻炼应与专业学习相结合

学生在发展终身体育时应该考虑到所学专业和未来职业的需要，学习并掌握未来职业所需要的身体锻炼的知识、手段、技能和方法，掌握具有职业实用性的运动技能，提高未来职业所需要的体能和身体素质，培养未来职业所需要的心理素质、对外界环境的适应能力和对疾病的抵抗能力。所以，学生在发展终身体育时应该注意与专业学习、未来职业的需要相结合，从应该掌握的体育知识、主要运动项目、技能、技巧、运动能力和身体素质入手。

根据学习专业和未来职业的活动特点，文科专业的学生应该掌握的体育知识包括体育理论、卫生健康、运动保健、自我锻炼的原则和方法、自我监督与自我评价；应该掌握的主要运动项目包括球类（足球、篮球、排球、羽毛球、乒乓球、网球等）、游泳（掌握一种或两种姿势）、体操（垫上运动、单双杠）、有氧运动（健身操、慢跑等）、民族传统体育项目（武术、舞龙舞狮等）、休闲娱乐体育等；应全面发展运动能力和健康体能，重点发展腰背肌、上肢力量。需要指出的是，文科职业工作的特点是长时间伏案，极易造成脊椎病和办公室综合征，通过自编具有针对性的体操进行锻炼可防治或缓解这些症状。

理工科专业的学生应该掌握的体育知识包括体育理论、卫生健康、运动保健、自我锻炼的原则和方法、自我监督与自我评价；应该掌握的主要运动项目包括球类（足球、篮球、排球、羽毛球、乒乓球、网球等）、游泳（掌握一种或两种姿势）、体操（垫上运动、单双杠）、

有氧运动（健身操、慢跑等）、民族传统体育项目（武术等）、休闲娱乐体育（登山、健美、保龄球等）；应全面发展健康体能和力量、耐力、速度、柔韧性、灵敏性等身体素质。

对于一些特殊专业的学生，除了应掌握上述体育知识，具备全面的运动技能和良好的身体素质外，还有一些特殊的要求。

法律、公安专业的学生应该掌握的体育知识主要包括人体生理学、解剖学及自我防卫；应该掌握的主要运动项目包括拳击、摔跤、擒拿、格斗、武术、散打、射击、驾驶；应该具备力量、速度、耐力、灵敏性等身体素质和攀爬、格斗能力及快速奔跑、长距离奔跑的追击能力。

医学专业的学生应该掌握的体育知识主要包括人体生理学、解剖学、运动医学、医疗体育、保健康复、自我锻炼的原则和方法、自我监督与自我评价；应该掌握的主要运动项目包括球类（足球、篮球、排球、羽毛球、乒乓球、网球等）、游泳（掌握一种或两种姿势）、体操（垫上运动、单双杠）、有氧运动（健身操、慢跑等）、民族传统体育项目（武术等）、休闲娱乐体育（登山、健美、保龄球等）；应全面发展健康体能，重点发展灵敏协调、快速反应等身体素质，以及上肢各个部位的力量，如指力、腕力、臂力和手眼的协调配合能力。

航海、渔业、水上运输和水上作业等专业的学生应该掌握的体育知识主要包括自我锻炼和海上航行及救护；应该掌握的主要运动项目包括游泳（爬泳、蛙泳、蝶泳、仰泳、侧泳、反蛙泳）、潜水、跳水、水上救护、划船、驶风、浪木、伏虎、旋梯、爬绳、爬杆；应具备全面的运动素质，尤其是平衡能力和上肢力量、耐久力。

铁路、航空和建筑专业的学生应该掌握的体育知识主要包括自我锻炼知识和救护知识；应该掌握的主要运动项目包括体操、技巧、伏虎、旋梯、爬绳、爬杆、秋千；应全面发展健康体能，重点发展力量、速度、灵敏协调的素质。

地质、矿产、石油、勘探、林业、农业等专业的学生应该掌握的体育知识主要包括旅行、自我救护、野外生存和自我锻炼；应该掌握的主要运动项目包括旅行、登山、攀爬、攀岩、越野跑、野营、游泳、泅渡和结合自然力的锻炼手段；应具备力量和耐力、长时间走和跑的能力，以及对恶劣环境条件的适应能力，如对高温、高湿、高寒、高山缺氧及阳光辐射的适应能力。

第三章

体育锻炼与体育竞赛

第一节　体育锻炼的定义、作用及计划制订

一、体育锻炼的定义

体育锻炼是人类的一种特有的社会行为方式，是人们运用各种身体练习方法，结合自然力和卫生因素，以身体发展、增进健康、增强体质、调节精神、丰富文化生活为目的的身体活动。它以健身为目的，通过身体活动来实现，在内容选择和方法应用方面要遵循科学规律。

二、体育锻炼的作用

体育锻炼的作用主要包括生理作用和心理作用两种。生理作用是指体育锻炼可以增强体力，提高免疫力，减少疾病的发生。心理作用是指体育锻炼可以调节锻炼者的心理，并且对锻炼者的心理健康有着积极的作用。

（一）体育锻炼的生理作用

1. 对新陈代谢的影响

（1）体育锻炼能提高体内组织细胞对糖的摄取和利用能力，增加肝糖原和肌糖原储存。体育锻炼还能改善机体对糖代谢的调节能力。如在长期体育锻炼的影响下，胰高血糖素的分泌表现出对运动的适应，即在同样强度的运动下，胰高血糖素分泌量减少，其意义是推迟肝糖原的排空，从而推迟衰竭的到来，增加人体持续运动的时间。

（2）脂肪是人体中含量较多的能量物质，它在体内氧化分解时放出的能量约为同等量的糖或蛋白质的两倍。长期坚持体育锻炼能提高机体对脂肪的动用能力，为人体从事各项活动提供更多的能量来源。

2. 对运动系统的影响

坚持体育锻炼，对骨骼、肌肉、关节和韧带都会产生良好的影响。经常运动可使肌肉保持正常的张力，并通过肌肉活动给骨组织以刺激，促进骨骼中钙的储存，预防骨质疏松，同时使关节保持较好的灵活性，韧带保持较佳的弹性。体育锻炼可以增强运动系统的准确性和协调性，保持手脚的灵便，使人可以轻松自如、有条不紊地完成各种复杂的动作。

3. 对心血管系统的影响

适当的运动是心脏健康的必由之路。有规律的体育锻炼,可以减慢静息时和锻炼时的心率,这就大大减少了心脏的工作时间,增强了心脏功能,保持了冠状动脉血流畅通,从而可以更好地供给心肌所需要的营养,使心脏病的发生率降低。

(1) 经常参加体育锻炼可使心肌细胞内的蛋白质合成增加,心肌纤维增粗,使得心肌收缩力量增强,这样可使心脏在每次收缩时将更多的血液射入血管,心脏的每搏输出量增加。长时间的体育锻炼可使心室容量增大。

(2) 体育锻炼可以增加血管壁的弹性,这对促进人体健康的远期效果是十分显著的。随着年龄的增长,人体血管壁的弹性逐渐下降,因而可诱发高血压等退行性疾病。通过体育锻炼,可增加血管壁的弹性,预防高血压等退行性疾病的发生或缓解它们的症状。

(3) 体育锻炼可以促使大量毛细血管扩张,加快血液与组织液的交换,从而加快新陈代谢,增强机体能量物质的供应和代谢物质的排出能力。

(4) 体育锻炼可以显著降低血脂含量,改变血脂质量,有效地预防冠心病、高血压、动脉粥样硬化等疾病。

(5) 体育锻炼可以使人安静时脉搏徐缓,血压降低。

4. 对呼吸系统的影响

(1) 经常参加体育锻炼,特别是做一些伸展、扩胸运动,可以使呼吸肌力量加强,胸廓扩大,有利于肺组织的生长发育和肺的扩张,使肺活量增加;经常性做深呼吸运动,也可以促使肺活量增加。大量实验表明,经常参加体育锻炼的人,肺活量高于一般人。

(2) 体育锻炼由于加强了呼吸力量,可以使呼吸深度增加,从而有效提高肺的通气效率。研究表明,一般人在运动时每分钟的肺通气量能增加到60升左右,而有体育锻炼习惯的人运动时每分钟的肺通气量可达100升以上。

(3) 一般人在进行体育活动时只能利用氧气最大摄入值的60%左右,而经过体育锻炼后可以使这种能力大大提高。

5. 对消化系统的影响

体育锻炼能加速机体能量消耗的过程。能量物质是通过摄取食物获得的,因此,运动会促进消化系统的功能,使人饭量增大,消化功能增强。

6. 对中枢神经系统的影响

体育锻炼能改善神经系统的调节功能,提高神经系统对人体活动时错综复杂的变化的判断能力,并及时做出协调、准确的反应。研究指出,经常参加体育锻炼能明显提高脑神经细胞的工作能力;反之,如果缺乏必要的体育活动,大脑皮层的调节能力将相应下降,造成平衡失调,甚至引起某些疾病。

(二) 体育锻炼的心理作用

1. 体育锻炼为心理健康发展提供坚实的物质基础

人的心理活动就是人脑的活动。心理的健康发展必须以正常健康的身体尤其是正常健康发展的神经系统和大脑为物质基础。体育锻炼能促使学生身体正常、健康地发展,为心理发展提供坚实的物质基础。这是心理健康发展的重要条件。

2. 体育锻炼是心理发展的一种动力

体育锻炼与日常自然的身体运动相比,无论是在内容还是在形式上都不尽相同。所以，原有的心理水平往往不能满足学生所学运动项目的需要。就一个人的自然发展水平来说，当然不能满足运动学习和运动竞赛的需要。但是，在学生为了不断提高自己的运动水平或战胜对手而进行的运动活动中，原有的心理水平会慢慢地获得提高。

3. 体育锻炼能推动自我意识的发展

体育锻炼有助于学生认识自我。体育锻炼大多是集体性、竞争性的活动，学生能力的高低、修养的好坏、魅力的大小都会在体育锻炼中明显地表现出来，这有助于学生对自我有一个比较符合实际的认识。体育锻炼还有助于学生自我教育。在比较正确地认识自我的基础上，学生会自觉或不自觉地修正自己的认识和行为，培养和提升社会所需要的心理品质和各种能力，使自己成为更符合社会需要、更能适应社会的人。

4. 体育锻炼能培养良好的意志品质

体育一般都具有艰苦、疲劳、激烈、紧张、对抗及竞争性强的特点。学生在参加体育锻炼时，总是伴随着强烈的情绪体验和明显的意志努力。因此，体育锻炼有助于培养学生勇敢顽强、吃苦耐劳、坚持不懈、克服困难的思想作风，也有助于培养其集体主义和爱国主义精神，以及团结友爱、机智灵活、沉着果断、谦虚谨慎等意志品质，使学生保持积极健康向上的心理状态。

三、体育锻炼计划的制订

体育锻炼能够增强体质。但是，不是随便怎样活动都可以达到最佳锻炼效果，只有结合自身的实际，有计划、有步骤、有针对性地锻炼，才能有效地增强体质。

为了选择最适宜的锻炼内容，采取最佳的途径与方法，取得最佳的锻炼效果，青年学生必须学会制订适合自身特点的体育锻炼计划。

（一）体育锻炼计划制订的“四条原则”

1. 从实际出发

要根据个人的兴趣爱好、身体状况和学习负担，以及学校、家庭、社区体育场地设施的实际，选择锻炼内容。

2. 循序渐进

锻炼过程要循序渐进，逐步加大运动负荷和提高技术难度。

3. 持之以恒

要坚持锻炼，不可间断。

4. 全面发展

要选择多种方法进行全面的身体锻炼。

（二）体育锻炼计划制订的依据

1. 根据自身的体态、机能、素质现状确定锻炼内容

有的学生脂肪较多、耐力较差，可确定长距离跑、越野跑、定时跑、变速跑、跑走交替等练习；有的学生身材瘦弱，可有目的地选择发展肌肉力量的系统练习；有的学生速度较慢，可选择快速跑、冲刺跑、听信号变向跑等练习；有的学生协调性较差，可多练习一些球类项目。总之，锻炼内容要根据性别、健康状况和锻炼水平差异，因人而异，有的放矢。

2. 根据运动技术掌握的水平和体育课成绩确定锻炼内容

体育与健康课的任务之一是掌握基础知识、基本技术和基本技能。“三基”掌握的情

况是体育与健康课考核内容的重要组成部分。在制订锻炼计划和运动处方时，要考虑自己在体育学习中的弱项是什么，薄弱环节在哪里，有针对性地加强这方面的练习，使体育技术、技能和成绩尽快提高。

3. 根据个人兴趣爱好确定锻炼内容

对于青年学生，兴趣不再是参加体育锻炼的唯一驱动力，但是兴趣作为一种心理需求，仍然是青年学生在体育锻炼中所追求的。根据个人的兴趣爱好，选择适宜的运动项目进行锻炼，才能取得较好的效果。

4. 根据学习、生活的规律确定锻炼时间

青年学生学习很紧张，如果不进行体育锻炼，身体会渐渐变弱。生命在于运动，最好每天都能安排一小时左右的体育锻炼（包括体育与健康课），健康贵在坚持。锻炼的时间可以安排在早晨起床后，也可以安排在下午课后。这样才能使学习、生活更有规律和节奏，才能精力充沛地投入学习。

5. 根据人体生理机能活动规律合理确定运动负荷

要想获得身体锻炼的理想效果，就必须掌握适宜的运动负荷。运动负荷过小或过大，都不能对身体产生积极的影响。如果运动负荷过小，则对身体的刺激程度不够，达不到锻炼的目的；如果运动负荷过大，超过了身体的承受能力，则会影响健康甚至损伤身体。

运动负荷（通常称运动量），是由负荷强度和负荷量组成的。影响负荷强度的因素有练习的速度、高度、远度、重量和练习的密度（单位时间重复练习的次数）等。影响负荷量的因素有练习的持续时间、重复次数与组数、负重的总重量等。通常衡量运动负荷的方法是测量运动时心率的变化情况。它是根据人体最大摄氧量的原理，即摄氧量越大，能量物质的消耗量也越大的原理划分运动强度的。对于青年学生来说，运动时心率达到170～180次/分，耗氧量接近最大摄氧量的90%～100%，为大运动强度；心率达到140～160次/分，耗氧量接近最大摄氧量的70%～80%，为中等运动强度；心率在120次/分以下，为轻微运动强度，锻炼身体的作用不大。但适应运动负荷的能力，还与年龄、性别、体质和健康水平、项目特点等各种因素有关。运动负荷的大小也可根据自我感觉和恢复情况判定。

第二节　体育锻炼的基本原则、方法和评定

一、体育锻炼的基本原则

（一）自觉积极性原则

自觉积极性原则又称主动性原则，是指锻炼者有明确的健身目标，充分认识体育锻炼的价值，并能自觉、积极地从事体育锻炼活动。体育锻炼是一个自我锻炼、自我完善，并需要克服自身惰性、战胜各种困难的过程，它要有一定的作息制度作保证。毛泽东在《体育之研究》中指出：“欲图体育之有效，非动其主观，促其对于体育之自觉不可。”锻炼者要把体育锻炼当作生活中不可缺少的一部分，如果不是自觉自愿的，就没有办法坚持下来。

那么，如何调动体育锻炼的自觉积极性呢？

（1）明白“生命在于运动”的科学道理，了解体育锻炼是现代人类生活不可缺少的一

个组成部分，从而树立正确的体育锻炼目的，并且把体育锻炼当作日常学习和生活的自觉需要，来激发体育锻炼的主动性，最终调动体育锻炼的积极性。

（2）培养兴趣。兴趣是指人们认识事物和从事活动的倾向。当一个人对一项体育活动产生兴趣时，他就会对这项体育活动表现出极大的主动性和自觉性，做到身心融为一体。

（二）循序渐进原则

循序渐进原则是指体育锻炼必须遵循人体自然发展、机体适应的基本规律，从不同的主客观实际出发，合理安排运动负荷，在渐进的基础上提高锻炼水平。在体育锻炼过程中，运动负荷的大小直接影响人体机能的变化，运动负荷是否适宜直接影响锻炼效果。运动负荷的大小因人、因时而异。即便是同一个人，在不同的机能状态、不同的时间，对运动负荷的承受能力也不尽相同。因此，进行体育锻炼时应循序渐进，随时调整运动负荷，逐步提高锻炼水平。

那么，如何贯彻循序渐进原则呢？

（1）体育锻炼力戒急于求成，锻炼者必须根据自身的实际情况确定运动负荷的大小，做到量力而行，尤其要注意锻炼后疲劳感的适度。

（2）运动负荷应由小到大，逐步提高。开始从事体育锻炼或中断体育锻炼后恢复锻炼时，强度宜小，时间宜短，密度适宜。

（3）注意提高人体已经适应的运动负荷，使体能保持不断增强的趋势。一般应在逐步提高“量”的基础上，再逐渐增加运动强度，使人体适应并感到胜任的愉快，然后做相应的调整。随时加强自我监督，密切注意身体机能的不良反应。

（4）锻炼开始时，重视准备活动；锻炼结束后，做好放松整理活动。

（5）缺乏一定体育锻炼基础的人，或中断体育锻炼过久的人，不宜参加紧张激烈的比赛活动。

（三）持之以恒原则

持之以恒原则是指体育锻炼必须经常进行，并成为日常生活的重要内容。体育锻炼给予机体以刺激，每次刺激都会产生一定的作用痕迹，接连不断的刺激作用则会产生痕迹的积累。这种积累使机体结构和机能产生新的适应，体质就会不断增强，动作技能形成的条件反射也会不断得到强化。因此，体育锻炼贵在坚持，不能期望在短时间内取得显著效果，需要长久的积累。

那么，如何才能使体育锻炼持之以恒呢？

（1）根据个人能力，确立一个能够实现的体育锻炼目标（不宜太高），制订一个切实可行的锻炼计划（能长期坚持）。

（2）强化锻炼意识，把体育锻炼列为日常生活的一项内容，定期保证一定的体育锻炼时间，逐步养成习惯，使体育锻炼成为日常生活的重要组成部分。

（3）坚持安排合理的锻炼间隔时间，如果锻炼间隔时间过长，效果就不明显。

（四）全面性原则

全面性原则是指体育锻炼必须追求身心全面和谐发展，使身体形态、机能、素质及心理素质等方面得到全面协调的发展。人体是由各局部构成的一个整体，各局部均按“用进废退”的规律发展，体育锻炼能促进新陈代谢的普遍旺盛，使身体各系统、组织、器官和谐发展，达到身体相对的完善和完美。

那么，怎样才能做到全面锻炼呢？

（1）身心的全面发展要从提高适应环境和抵御疾病的能力、改善机体形态机体功能、陶冶性情、丰富文化生活等方面着手。

（2）选择体育锻炼的内容、方法时要尽可能考虑身体的全面发展，一般以一些效果好、兴趣大的运动项目为主，以其他项目为辅来进行全面锻炼。

（3）注意全身的活动，不要限于局部。

（4）在全面锻炼的基础上，有目的、有意识地加强专业、实用的体育锻炼。

（五）安全实用性原则

安全实用性原则是指在从事任何形式的体育锻炼过程中都要注意安全性和实用性。如果体育锻炼安排得不合理或在一些高危体育活动中缺少保护和帮助，违背科学规律去进行一些不符合自身条件的体育项目，就可能出现伤害事故。

那么，如何选择既安全又实用的体育锻炼项目呢？

（1）根据个人的实际情况，制订一套适用可行的锻炼计划或运动处方，执行时应当严格按照计划或处方中的要求来做，并注意阶段性的调整。

（2）选择锻炼内容时要注意它的锻炼价值，不要追求动作的形式，不要在力所不能及的情况下去从事高难度技术动作的训练，而应选择简便易行、锻炼价值大、效果好的身体练习作为身体锻炼的主要内容。

（3）安排运动负荷时要考虑锻炼者所能承受的强度和完成的难度，一般以自我感觉舒适和不影响正常学习、工作和生活为准。

二、体育锻炼的基本方法

体育锻炼的方法是指根据人体发展规律，贯彻体育锻炼原则，运用各种身体练习和自然因素，以提高身体素质、达到体育锻炼目的的途径。

体育锻炼的方法有很多种，常用的方法有以下几种。

（一）循环锻炼法

循环锻炼法是指把不同类型的动作和具有不同练习效果的练习动作按照一定的顺序组成一个锻炼项目，然后按照组成的动作顺序循环反复地进行锻炼，这种方法具有综合锻炼的效果。

循环锻炼法所安排的各个练习点，其内容要选择大家已经掌握的那些简易的动作，同时要规定好练习的次数和要求。由于各个练习点的动作要求及运动器械不相同，在练习过程中不断地翻新花样、交替进行，可以激发练习者的兴趣、减轻疲劳、提高练习密度，具有很显著的健身效果。采用循环锻炼法时要强调练习的质量，不要片面强调运动的密度和数量。

（二）重复练习法

重复练习法是指按照一定的负荷标准，多次重复进行某项练习。重复的次数和时间能够决定此次练习的效果。确定和调整重复的次数和时间要考虑这项练习的特点。采用重复练习法时要注意克服厌倦情绪,特别要防止机械呆板。

(三) 间歇练习法

间歇练习法是指进行重复锻炼时的两次练习之间要有合理的休整。它是提高锻炼效果的一种常用的锻炼方法。间歇练习的间歇时间,主要以运动负荷的值域为标准。一般情况下,运动负荷超过上限时,要将间歇时间延长一些,以防止运动负荷过大导致体力下降过快甚至造成运动伤害;运动负荷在下限时,间歇时间应短一些,间隙时间过长会导致前次的练习效果消失,这就使间歇失去了意义。

(四) 变换练习法

变换练习法是指在锻炼过程中,采取变换环境、变换条件、变换要求等各种手段来提高锻炼效果的一种锻炼方法。采用变换练习法,可以有效地调节生理负荷,强化锻炼意志,克服疲劳和厌倦情绪。

(五) 自然因素锻炼法

自然因素锻炼法是指人体为了适应外界环境的变化,利用自然条件进行身体锻炼,以提高适应能力和增进健康、增强体质的一种锻炼方法。常用的自然因素锻炼法有阳光浴、空气浴、冷水浴等。每个人可以根据自身的不同特点和自身的适应能力选择适合自己的锻炼方法。

三、体育锻炼的评定

体育锻炼的目的是增强体质,提高各器官、系统的机能,而要验证体育锻炼对身体机能的良好影响,就要对体育锻炼效果进行客观的评定。体育锻炼效果是指经常参加体育锻炼的人在体育锻炼的影响下各器官、系统在形态、结构和机能等方面所产生的适应性变化和良好反应。评定体育锻炼效果的指标有许多,这里主要介绍一些比较容易测定而又客观的生理指标。

(一) 心率(或脉搏)的测定

心率是指心脏每分钟跳动的次数,正常成年人的心率为 60 ~ 100 次/分。心率可用听诊器在心脏表面直接测定,也可用其他仪器测定。在体育活动中,心率也可用每分钟脉搏跳动次数表示,脉搏可用手在桡动脉、颈动脉或足背动脉直接测定。

心率对于运动强度的监测是一项比较灵敏的指标,而对于体育锻炼效果的评定却是一项不太敏感的指标,短时间体育锻炼的效果不可能通过心率表现出来。只有长期从事体育锻炼取得较明显的效果时,心率的良好变化才能表示出来,而一旦从心率表现出良好的机能变化,就说明体育锻炼的效果已非常明显。

(二) 血压的测定

血压是指流动的血液对血管壁的侧压力,一般指动脉血压,血压值随心动周期的变化而有所不同。动脉血压的最高值为收缩压,正常值为 100 ~ 200 毫米汞柱;最低值为舒张压,正常值为 60 ~ 80 毫米汞柱。血压可用血压计测定。

体育锻炼时血压的变化较大。体育锻炼对血压变化的良好影响要经过长时间的锻炼才能表现出来。使用血压这一指标评定体育锻炼效果时,要考虑到血压变化这一特点。对于高血压患者和老年人,要经常注意观察血压的变化。对于一般锻炼者,则多在定量负荷后测定血压,以便对心血管机能进行综合评定。

(三)肌肉力量的测定

肌肉力量是指肌肉收缩产生的张力,不同肌肉群、不同关节角度和不同收缩速度产生的肌肉力量不同。但对于人体的某一块肌肉来说,一般情况下肌肉力量是相对恒定的。将肌肉力量作为评定体育锻炼效果的指标时,多用简单的肌肉力量测定计测定肌肉群的最大肌力,也可测定身体承受一定负荷的重复次数。

肌肉力量是一项比较敏感的指标,短时间体育锻炼后,特别是在有针对性的力量练习后,肌肉力量就会明显增加。因此,肌肉力量可用作短时间体育锻炼的运动效果评定指标。使用肌肉力量指标评定体育锻炼效果时,最好在力量练习后的几天或一周后进行,因为如果在力量练习后的第二天进行,可能会因身体疲劳或肌肉疼痛而影响测定效果。

(四)呼吸频率的测定

体育锻炼后呼吸频率的变化可以在很大程度上反映肺通气功能的变化。人体安静时呼吸频率为 12 ~ 16 次/分,体育锻炼时呼吸频率明显增加。呼吸频率可以通过胸廓的起伏次数测定。

呼吸频率受心理因素的影响较大,如果直接告诉受试者要为其测定呼吸频率,受试者往往会因注意力过于集中而有意识地控制呼吸频率。所以,在测定呼吸频率时最好通过转移注意力的方法测定。例如,在测量心率的同时测定呼吸频率,或在受试者不知道的情况下测定,以免因心理因素的干扰而影响测定结果。

(五)体育锻炼时间的测定

体育锻炼的运动时间一般是指在一次性体育锻炼过程中从活动开始到感到疲劳的运动时间,主要是通过锻炼者的主观感觉去判断疲劳、终止运动。由于这一指标是通过锻炼者自己去感受,所以锻炼者在使用时应做到前后一致,以保证客观性。

运动时间对于体育锻炼效果的评定也是一项比较敏感的指标,一般通过短时间(两周左右)的体育锻炼,运动时间就可延长。另外,在使用这一指标时,也可用同样的运动时间而身体不同的感觉来评定体育锻炼效果。如果同样的运动时间,身体的疲劳反应程度小,就说明身体机能有所提高。

第三节　小型体育竞赛的组织和编排

一、小型体育竞赛的组织

组织一次令人满意的小型体育竞赛,需要经过赛前准备、竞赛中的组织管理和赛后总结等具体而细致的运作过程。

(一)赛前准备

充分而细致的准备工作,是竞赛顺利、圆满进行的重要保证。赛前准备包括:争取团委、学生会、体育教师和班主任等多方面的支持和配合,利用多种形式进行宣传,聘请裁判员,联系场地,准备器材,制定竞赛表格,等等。

赛前关键要做好下面两项准备工作。

1. 制定竞赛规程

体育竞赛规程是具体实施一项竞赛的政策和规定,是竞赛的参加者和管理者都必须遵循的法规。在体育竞赛中,竞赛规则和规程共同协调与制约竞赛的过程。竞赛规程的内容一般包括以下几项:

(1) 竞赛的名称。

(2) 竞赛的目的、任务。

(3) 竞赛的时间、地点、承办单位。

(4) 参赛办法(组队单位、分组办法、限报人数)。

(5) 竞赛办法(竞赛项目、使用规则、录取名额、计分、处罚、奖励办法)。

(6) 报名日期和地点。

(7) 裁判员和仲裁委员会。

(8) 特殊规定和注意事项。

竞赛规则是对技术规范和场地器材的规定,而竞赛规程则着重于竞赛的组织管理。

2. 进行竞赛编排

在收到参赛队(人)的报名后,根据竞赛项目的特点和规定的竞赛办法进行竞赛编排。

(二) 竞赛中的组织管理

竞赛中的组织管理工作包括组织啦啦队、维持场地秩序、管理场地器材、现场宣传鼓动、提供必要的医务防护等。另外,及时核计每场比赛的结果和各队的得分是竞赛中的重要工作之一。

由于竞赛项目的不同,计分和评定名次的方法也有所不同,但必须在竞赛规程中有明确的规定。下面介绍几种常用的球类比赛计分和评定名次的方法。

1. 足球比赛计分和评定名次的方法

(1) 胜一场得 3 分,平一场得 1 分,负一场或弃权得 0 分,按积分决定名次。

(2) 如果两队或两队以上积分相等,按净胜球数决定名次;如果净胜球数也相等,按进球总数决定名次;如果进球总数还相等,可抽签决定名次。如果在第二阶段踢成平局,可进行加时赛,可规定加时赛按“突然死亡法”决定胜负;如果还是平局,罚点球决定胜负。

例如,江苏省高职高专院校足球比赛成绩记录表如表 3.3.1 所示。

表 3.3.1 江苏省高职高专院校足球比赛成绩记录表

比分		队名					积分	进球总数	失球总数	净胜球数	名次
		铁道学院	海事学院	交通学院	工程学校	职教中心					
队名	铁道学院										
	海事学院										
	交通学院										
	工程学校										
	职教中心										

2. 篮球比赛计分和评定名次的方法

（1）胜一场得2分，负一场得1分，弃权得0分，按积分决定名次。

（2）如果两队积分相等，两队之间比赛胜者在先。

（3）如果三队或三队以上积分相等，按它们之间比赛胜负场数决定名次；如果胜负场数也相等，按它们之间比赛净胜分数决定名次；如果净胜分数还相等，按它们之间比赛得失分率（得分之和/失分之和）决定名次。

例如，江苏省高职高专院校篮球比赛成绩记录表如表3.3.2所示。

表3.3.2 江苏省高职高专院校篮球比赛成绩记录表

比分		队名					积分	得失分率	总得失分率	名次
		信息学院	卫生学校	女子中专	化工学院	建筑学校				
队名	信息学院									
	卫生学校									
	女子中专									
	化工学院									
	建筑学校									

3. 排球比赛计分和评定名次的方法

（1）胜一场得2分，负一场得1分，弃权得0分，按积分决定名次。

（2）如果两队或两队以上积分相等，按全部比赛的胜负局率（胜局总数/负局总数）决定名次，分值高者列前；如果胜负局率也相等，则按全部比赛总的得失分率（得分总数/失分总数）决定名次，分值高者列前。

例如，江苏省各地高职高专院校排球比赛成绩记录表如表3.3.3所示。

表3.3.3 江苏省各地高职高专院校排球比赛成绩记录表

比分		队名					积分	胜负局率	得失分率	名次
		南京	徐州	淮阴	盐城	无锡				
队名	南京									
	徐州									
	淮阴									
	盐城									
	无锡									

（三）赛后总结

比赛虽然结束了，但不可轻视赛后的总结，这是难得的吸取经验教训、增长才干的机会。

赛后应做的工作有：

（1）及时公布比赛结果。

（2）奖励优胜，宣传高尚的体育道德作风。

（3）整理比赛成绩和总结经验，并报学校存档。

二、小型体育竞赛的编排方法

小型体育竞赛的编排方法与一般体育竞赛的编排方法相同，都是按照体育竞赛的规则和规程的要求进行的。这里介绍几种常用的方法。

（一）淘汰法

淘汰法是指在比赛过程中逐步淘汰失败者，最后得出优胜者的一种比赛方法。

淘汰法的优点是可以在较短的时间内，用较少的比赛场地，安排较多的运动员参加比赛；其缺点是如果安排不当，强手会过早相遇而遭淘汰。为弥补这一缺点，可采用设立“种子”的办法来克服淘汰赛的不合理性。

淘汰法又分为单淘汰法和双淘汰法两种，本书仅介绍单淘汰法。单淘汰法是失败一次即失掉比赛资格的比赛方法，最后只取一名冠军，所以又称冠军比赛法，多用于乒乓球、羽毛球、网球的单打比赛。其编排方法一般有以下几个步骤：

第一步，确定参赛队（人）号码位置数。

采用单淘汰法时，应根据参赛队（人）数，选择与2最接近、较大的乘方数（2自乘若干次的积数）作为号码位置数。常用的号码位置数有4（2^2）、8（2^3）、16（2^4）、32（2^5）等。

第二步，计算出比赛轮数和场数。

轮数：所确定的号码位置数对应的2的乘方数。

例如，32队（人）参加比赛，需要比赛5轮。

场数：参赛队（人）数减1。

例如，32队（人）参加比赛，需要比赛31场。

第三步，编排比赛次序。

编排比赛次序的方法以16队（人）参赛为例，如图3.3.1所示。

比赛次序排好后，由参赛队（人）抽签填入号码位置，然后将比赛时间、场地等写在表中，即成为正式竞赛次序表。例如，4队比赛次序表如图3.3.2所示。

第四步，算轮空数。

淘汰赛第一轮合适的位置数应是2的乘方数。如果参赛队（人）没有达到2的乘方数（如5、6、7、9、10、11、12等），则在第一轮比赛设置必要数量的轮空。其计算方法如下：

轮空数等于参赛队（人）数的乘方数减去参赛队（人）数的差数。

例如，12队（人）参赛，轮空的数量应是：16（2^4）－ 12 ＝ 4队（人）。

编排次序表时，如果有一个轮空队，通常排在最后的位置上（图3.3.3）；如果有几个轮空队，一般均匀分布在各半区内，使机会尽可能相等（图3.3.4）。

有的项目（如乒乓球、羽毛球）参赛的人数较多，为了避免强者过早相遇而遭淘汰，一般先将强者确定为“种子”，将其均匀地安排在相对等的区内，使他们在最后几轮相遇。

淘汰赛中的“种子”应为2的乘方数。“种子”的位置通常按运动员的水平顺序安排：1号“种子”一般放在上半区的顶部；2号“种子”一般放在下半区的底部；3、4号“种子”放在上半区的底部和下半区的顶部；5、6号“种子”放在第二$\frac{1}{4}$区和第三$\frac{1}{4}$区的顶部和底部；7、8号“种子”放在第四$\frac{1}{4}$区和第一$\frac{1}{4}$区的顶部和底部，以使同一区的“种子”相隔最

远(图3.3.5)。

也可以用抽签的方法将“种子”安排在相应的位置上,尽可能使前几轮参赛队(人)的实力相当,以使比赛更加精彩。

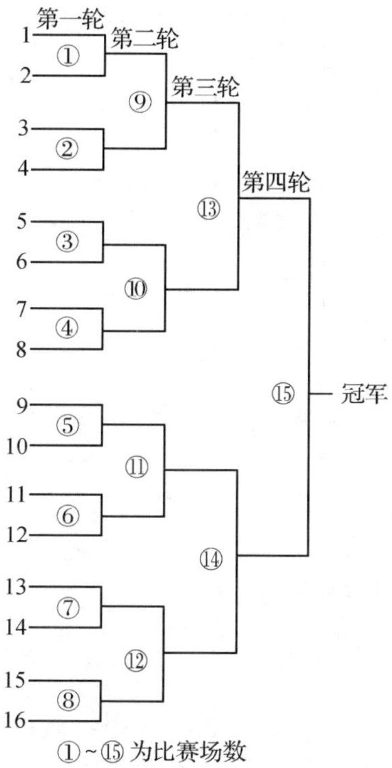

图3.3.1

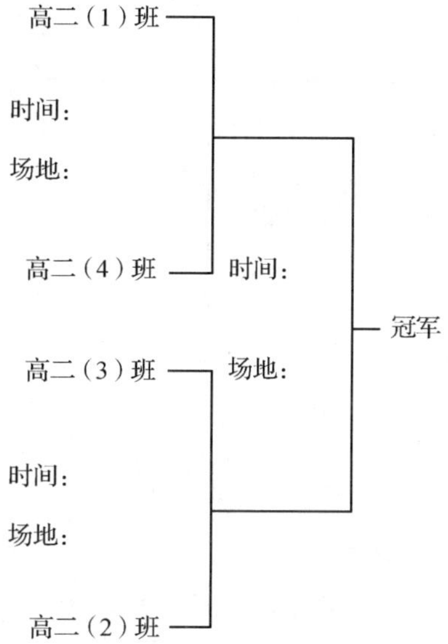

图3.3.2

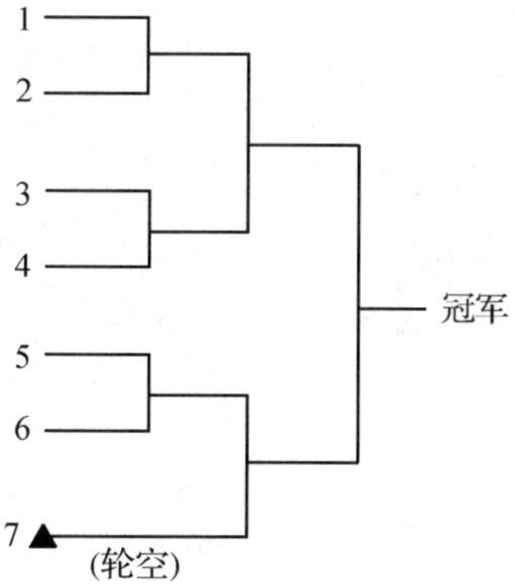

图3.3.3

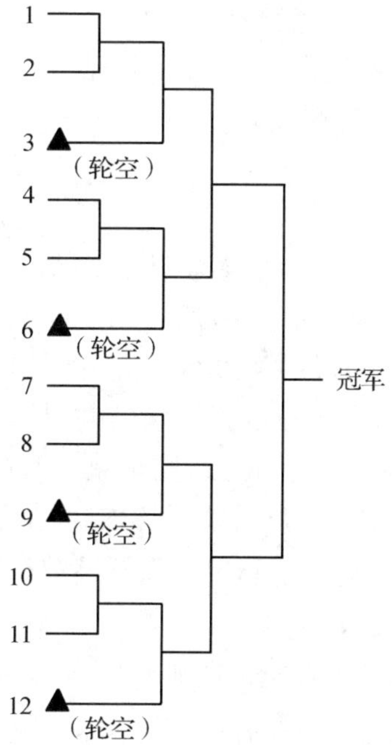

图3.3.4

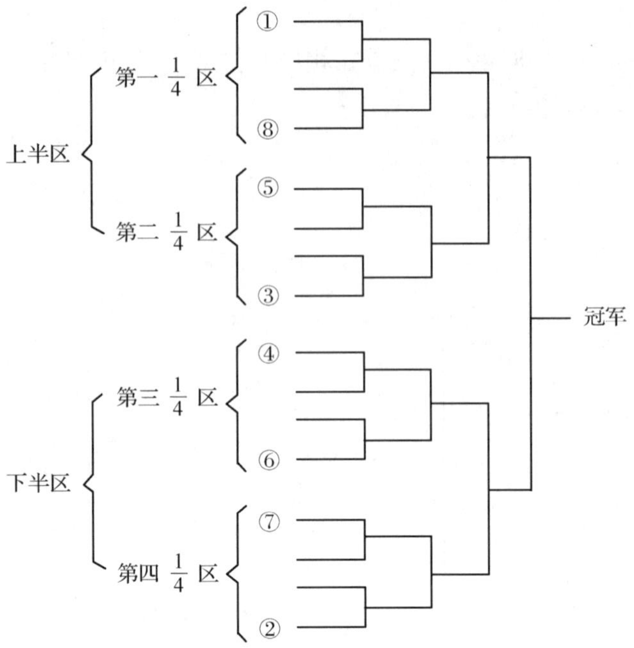

①~⑧为“种子”实力位置顺序

图 3.3.5

（二）循环法

循环法又称循环赛，是指参赛者在比赛过程中，按一定的顺序互相轮流进行比赛，最后综合全部比赛的成绩来决定排名的一种比赛方法。我国足球的超级联赛、甲级联赛和篮球的职业联赛都采用这种比赛方法。

循环法是一种较为合理的比赛方法。它的优点是强手不会过早相遇而遭淘汰，但赛程较长，比赛场次较多，有一定的局限性。

循环法可分为单循环、双循环、分组循环等几种形式。下面介绍常用的两种循环方法。

1．单循环法

单循环法是指所有的参赛队（人）都要轮流相遇一次，最后根据各参赛队（人）全部比赛的积分决定名次的比赛方法。

单循环法比赛轮数和场数计算方法如下：

轮数：参赛队（人）各赛一场（包括轮空）为一轮。

如果参赛队（人）为奇数，则轮数 = 参赛队（人）数。

如果参赛队（人）为偶数，则轮数 = 参赛队（人）数 - 1。

$$场数 = \frac{参赛队（人）数 \times [参赛队数（人）-1]}{2}。$$

例如，10 个队（人）参赛，则轮数 = 10 - 1 = 9，场数 $= \frac{10 \times (10-1)}{2} = 45$。

单循环比赛轮次的编排：7 个和 8 个参赛队（人）单循环次序表如表 3.3.4 和表 3.3.5 所示。

表 3.3.4　7 个参赛队(人)单循环次序表

轮次	第一轮	第二轮	第三轮	第四轮	第五轮	第六轮	第七轮
比赛顺序	1—0 2—7 3—6 4—5	1—7 0—6 2—5 3—4	1—6 7—5 0—4 2—3	1—5 6—4 7—3 0—2	1—4 5—3 6—2 7—0	1—3 4—2 5—0 6—7	1—2 3—0 4—7 5—6

注：0 表示轮空。

表 3.3.5　8 个参赛队(人)单循环次序表

轮次	第一轮	第二轮	第三轮	第四轮	第五轮	第六轮	第七轮
比赛顺序	1—8 2—7 3—6 4—5	1—7 8—6 2—5 3—4	1—6 7—5 8—4 2—3	1—5 6—4 7—3 8—2	1—4 5—3 6—2 7—8	1—3 4—2 5—8 6—7	1—2 3—8 4—7 5—6

轮次排好后进行抽签，按照抽签号填入队(人)名，最后将比赛次序编成竞赛日程表。现以 8 个队比赛的第一轮为例编制竞赛日程表，如表 3.3.6 所示。

表 3.3.6　竞赛日程表

轮次	比赛队	比赛时间	比赛场地	裁判员
第一轮	运输—信号 路桥—汽运 轮机—物流 工民建—建材	4 月 15 日 16：00	1 号场地 2 号场地 3 号场地 体育馆	吴老师、刘老师 王老师、丁老师 蒋老师、邬老师 倪老师、方老师

2. *分组循环法*

分组循环法是把参赛的队(人)分成若干小组分别进行单循环赛，各组组内分出高低来，再根据竞赛规程进行下一阶段的比赛，如足球世界杯决赛的小组赛。一般将比赛分成两个阶段，第一阶段即为单循环赛，第二阶段把第一阶段各小组名次相同的(或几至几名)重新编组，进行决定名次的比赛。

例如，12 个队(人)参赛，第一阶段分成两组进行单循环赛，各小组第一至第三名进入第二阶段的 A 组进行单循环赛，决出第一至第六名，各小组第四至第六名进入第二阶段的 B 组进行单循环赛，决出第七至第十二名。

第四节　体育竞赛的欣赏

现代社会把体育竞赛欣赏作为社会文化生活的重要内容，体育竞赛的魅力吸引着亿万人去关注它、欣赏它。体育竞赛有着激烈的竞争性和规则的公平性，其运动技术不断向高、难、新、险、奇的方向发展，使运动技艺更为精湛，竞争更为激烈，再加上和谐的韵律、鲜明的节奏、微妙的配合，将运动美展现得淋漓尽致，能给人们带来精神的、心理的愉悦和美的享受，因此欣赏体育竞赛已成为人们日常生活中不可缺少的一部分。特别是随着人们生活方式的改变、生活质量的提高，体育竞赛欣赏作为一种文明高尚的精神生活，已经为越来越多的人所喜爱。体育既是人体文化，又是人本文化；体育竞赛既有欣赏价值，又有现实的教育意义。体育竞赛不仅体现了健与美的结合、竞争与协调的融会，而且展示着体育的精神价值；既突出了为国争光、振奋民族精神的激励价值，又发扬了体现竞争精神的竞争价值和宣扬公平、公开、公正精神的道德规范价值。

一、体育欣赏能力的内涵及其构成

（一）体育欣赏能力的内涵

所谓体育欣赏能力，是指欣赏主体在观看体育比赛时，对体育美的认识和评价能力。它是在欣赏主体充分调动感知、想象、情感、理解等各种心理能力的基础上形成的，包括感知能力、想象能力、理解能力等。其主要目的是让欣赏主体在体育欣赏活动中，通过感知美、鉴赏美、评价美来获得美好的情感体验，提高个体的体育文化素质。

体育欣赏能力的特点主要体现在以下几个方面。

1．后天性

体育欣赏需要视、听感官的积极参与，不强调体能的遗传影响，具有很强的后天塑造性。如果一个人的审美体验多次或较频繁地发生，那么他感知、分析和评价美的能力就会大大提高。

2．心理性

体育欣赏的目的是使欣赏主体获得美的感受。这种感受是人们接触到美的事物时，心理所引起的感动，往往表现为一种心旷神怡的心理状态。与此同时，欣赏内容的动态性、不可预知性、期待性和寄托性决定欣赏者必须充分调动自身的认知和情感。可见，体育欣赏强调心理行为的投入。

3．差异性

体育欣赏能力的差异性主要体现在两个方面：一方面，具有不同性格、爱好和审美修养的审美者，他们的欣赏能力有所差异；另一方面，同一审美者，处于不同的审美环境和审美心境之中，其欣赏能力也有一定的差别。

（二）体育欣赏能力的构成

体育欣赏能力主要包括感知能力、想象能力、理解能力三个方面。

1．感知能力

感知能力是指欣赏主体对审美对象的感觉和知觉能力。它是体育欣赏能力的第一要素，是审美活动产生的前提条件。感知能力是外在世界和内部心理结构契合的通道，具有主动探索性和高度选择性，它的高低直接决定了人们对体育审美事物的感知程度。欣赏主体的感觉器官、审美经验、知识结构、审美需要、知觉定式等因素将对感知能力产生重要影响。

2．想象能力

想象能力是指欣赏主体对过去感知过的事物的表象进行重新组合而构成事物新形象的能力。它能够借助情感的推动，把审美感知和审美理解连接起来，并将它们改造成新的审美对象，创造出新的事物形象。想象能力是在人们已有的知识和生活经验的基础上形成的，从来没有进行过体育活动或看过体育比赛的人，在想象中也不会有体育动作的表象，所以说，想象能力是以现实生活为基础的。

3. 理解能力

理解能力是通过揭示事物之间的联系而认识新事物的能力，是欣赏主体在直觉过程中对审美对象理性内涵的直接领悟。它的高低受欣赏主体的体育知识、经验储备的影响较大。

二、欣赏体育竞赛的意义

（一）陶冶情操，美化生活

当代人把欣赏体育竞赛作为社会文化生活中一项重要的内容。因为在现实生活中，人们追求的是完美的、快节奏的生活，而体育竞赛恰恰适应和迎合了当代人生活的要求。

任何一项比赛都是通过个人或集体，发挥体格、体能、运动能力、心理、智慧等方面的潜力进行的角逐。通过欣赏体育竞赛，欣赏者不仅能欣赏到运动员健康、强壮、匀称、优美的身体，而且能欣赏到运动员所展现出来的准确、干净、利落、新颖、洒脱的动作造型，同时还能激发热爱体育、追求美好生活的愿望。

（二）振奋民族精神

通过欣赏体育竞赛，可以强化集体观念，激发爱国主义热情，振奋民族精神。各式各样的比赛，其参与者都有一定的社会群体的代表性，他们在赛场上，一要实现自己的价值，二要为所代表的社会群体争取荣誉。而欣赏者往往与运动员有着千丝万缕的社会关系，如同一单位、同一国家或地区，因此，运动竞技的胜负与欣赏者息息相关。

在一些重大的国际比赛中，我们常常可以看到，比赛队与国家的关系越是密切，欣赏者的心理越受胜负的牵制，情感就越激昂。特别是当本国运动员获胜后升国旗、奏国歌时，欣赏者会与运动员一样情不自禁地热泪盈眶，激动万分，把本国运动员的胜利视为自己国家和民族的莫大荣耀，从而产生强烈的民族自豪感。例如，在美国洛杉矶第 23 届奥运会上，中国健儿实现了金牌“零”的突破，洗尽了“东亚病夫”的耻辱，赢得了“东方巨人”的称号，此时，全国人民无不为之欢欣鼓舞，激发了“团结起来，振兴中华”的热情，同时也感染了海外侨胞，他们把祖国体育健儿夺得金牌看成是中华民族的光荣、中华儿女的骄傲。

（三）激发体育意识

体育意识是人们对体育这一社会现象及其功能、作用的认识和反映。体育竞赛能启迪和激发人们在以下几个方面的体育意识。

1. 健康意识

举办各种体育竞赛的目的是加深群众对体育意义的认识，激发群众参加体育活动的积极性，以提高全民族的体质和健康水平。

2. 拼搏意识

运动员在赛场上表现出的高超的技艺、灵活多变的战术和充沛的体力，都是运动员经过多年训练，战胜身体上和精神上的疲劳，努力拼搏的结果。没有拼搏意识和拼搏精神就不可能取得金牌。这种拼搏意识是激发人们在各项事业中取得优异成绩的保证。

3. 创新意识

一个运动员或一个运动队要在赛场上战胜对手，就必须根据自己的特点，不断改进和创新技术、战术。只有具备创新意识,才能保持和争夺世界冠军的称号,这种创新意识可以促进各项事业不断向前发展。

4. 道德意识

道德一般是指人们在社会生活实践中形成的调节人与人、人与社会、人与自然之间关系的原则和规范。运动员在赛场上胜不骄、败不馁,互相尊重,团结友爱,文明礼貌,严守纪律,光明正大,这些良好的道德品质将成为欣赏者学习的榜样,从而影响整个社会的风气。

5. 法制意识

在任何体育竞赛中,都要求运动员严格遵守竞赛规则和规程,服从裁判裁决,否则就要受到惩罚。如运动员服用了兴奋剂,就要受到严厉的制裁。这种法制意识会使竞赛有序进行,同时也会对社会产生积极影响。

6. 竞争意识

体育竞赛具有强烈的竞争性,双方对垒,针锋相对。这种竞争意识对于当今社会中每一个人来说,都是一种不可缺少的素质。

三、体育竞赛欣赏的内容

(一)竞赛过程中技术和战术的欣赏

无论什么体育竞赛项目,技术和战术都是构成的核心,也是体育欣赏的主体。所以,在欣赏某项体育竞赛之前,首先应该了解该项目的技术与战术,在欣赏过程中,要着重看运动员如何在激烈的对抗中合理地运用技术和战术。另外,还应该善于分析运动员的技术和战术水平与该项目发展趋势的差距,善于评价运动员的技术与战术特点。

(二)运动员身体素质和心理素质的欣赏

身体素质包括速度、力量、耐力、柔韧性、灵敏性等。身体素质是运动员表现技术、战术的基础。欣赏一个体育竞赛项目,要看运动员是否具有良好的身体素质,由此可以推测运动员平时的训练水平和努力程度。运动员身体素质和运动技术的良好表现,可以使欣赏者赏心悦目。在体育竞赛中,运动员心理素质的好坏,对于比赛的胜负起着相当重要的作用,并且比赛的水平越高,对抗越激烈,对运动员心理素质的要求就越高。运动员在体育竞赛中心理素质的表现,往往给欣赏者以启示和教育。

(三)运动美的欣赏

1. 身体美的欣赏

身体美是指人类健康的身体所呈现的美。它是一种由机体良好的生理和心理状态综合表现出来的健康之美。身体美一般包括躯体美、形态美、体型美、健康美、姿势美、肤色美、素质美、风度美等。

欣赏体育竞赛,首先映入眼帘的是:运动员健康的躯体美;机体比例匀称、线条和谐的形态美;四肢修长、骨骼强壮、肌肉发达的体型美;连贯流畅、协调柔和的姿态美;集力量、速度、耐力、灵敏性、柔韧性于一体的素质美;体态端庄、风度翩翩的风度美。透过运动员的身体,可使人产生一种特殊的美感,同时也带来一种生机勃勃的心灵感受。

2. 动作美的欣赏

动作美是指在运动过程中,人的形体或部位的造型所展现的美。其特点在于准确、干净利落、协调、连贯、敏捷、舒展而有节奏，给人以完美无瑕的感觉。

体育竞赛通过各种人体动作展示多姿多彩的生动形象。球类运动以动作技巧的形式多样、结构复杂、变化莫测的特点和巧妙流畅的战术配合创造美；体操类运动以动作难度大、舒展大方、协调连贯、节奏感强、姿态优美的韵律和动作，塑造了美，表现了美。

3. 技术美的欣赏

运动技术一般是指人们合理地运用身体能力和动作，提高运动成绩的有效方法。技术美是人们对体育活动真实性的审美要求，是身体美和动作美的综合体现，具有准确、协调、连贯、节奏感强及平衡性好、实效性强等特点，它以特有的魅力使人们欣喜、愉悦、惊奇和赞叹。例如，篮球的投篮、补篮、扣篮技术，足球的带球过人、突破射门技术，排球的拦网、扣球技术，跳水的走板起跳、入水时的“压水花”技术等，无不组成一幅幅绚丽多彩的画卷。

（四）体育道德风尚美的欣赏

体育竞赛所创造的文化环境是以其特有的价值观念、道德意识和审美情趣，在健康、进取、意志、信念等方面，对人的行为施加影响，并为增进团结和友谊、丰富人民群众的文化生活创造有利条件。因此，通过欣赏体育竞赛，不仅可以体验奥林匹克精神和原则，而且还能从运动员遵守道德规范、服从裁判裁决、公平竞争的行为表现中，接受道德情操的教育，体会良好的体育道德风尚美。

四、体育竞赛欣赏者应具备的条件

（一）提高体育文化意识水平

现代体育所涉及的领域越来越广，它的功能已明显超出自身的范围。因此，作为欣赏者，首先要认识到体育是一种文化现象，而不仅仅是一种竞技比赛。体育运动具有文化的特征，包括价值观念、运动知识、运动规范和体育设施。只有充分地认识体育的固有特征，才能理解体育对社会的进步、政治的稳定、民族的团结、世界的和平起着十分重要的作用。只有这样，欣赏者才能对体育竞赛有更深入的认识，对体育的欣赏才会更加投入。

（二）了解项目的特点和比赛规则

任何一项体育运动都有自己完整的技术和战术体系、特定的场地和比赛规则，而且其技术、战术和比赛规则也在不断地演变和发展。对相关的知识了解甚少，会对体育的欣赏产生影响。例如，我们在欣赏世界排球锦标赛时，首先就应该知道，现在的排球比赛规则的记分方法已更改，是每球得分制，每局 25 分，每场五局三胜，最后一局先到 15 分者为胜。如果对这些知识都掌握了，那么欣赏者的心情就会跟着比赛的节奏起伏不定，从而全身心地投入比赛之中，获得体育欣赏的最佳效果。

（三）提高个人修养，提倡文明欣赏

现代体育竞赛，场面激烈而紧张，战术多变而灵活，让欣赏者时而亢奋，时而消沉。如果欣赏者不能很好地控制自己的情绪，也许会发生连自己都意想不到的事情。在足球比赛中，如果欣赏者所支持的球队失利或被裁判误判，球迷往往控制不住情绪而发生暴力事件。这在英格兰足球超级联赛中经常出现，那些球迷被称为“足球流氓”。所以，如果提高了欣赏者的自身修养，那么这种情况就很少会发生。

五、体育竞赛项目欣赏要点

（一）计分类项目欣赏要点

计分类项目主要以比赛的得分来评定成绩和名次。这类项目主要包括球类、拳击、击剑、摔跤等。对于球类项目，欣赏时主要看运动员之间的组织配合，全队战术的运用及场上组织，运动员的精湛技艺及比赛作风与面貌，运动员的比赛精神、斗志，以及顽强拼搏的场上表现。对于拳击、击剑等项目，主要欣赏运动员如何运用技术战胜对方，以及他们运用技术、战术的能力和良好的意志品质、坚强的斗志等。

（二）评分类项目欣赏要点

评分类项目主要包括跳水、体操、花样滑冰、花样游泳、武术等项目。欣赏时主要看运动员的动作是否具有独特性、熟练性和优美性。具体来说，主要看运动员的动作是否大方、协调、连贯，形体、造型、姿势是否优美，动作编排是否有难度、有创新，表现是否完整、有韵律，等等。

（三）测速与测距类项目欣赏要点

体育竞赛中很大一部分项目是通过测速与测距来评定成绩和名次的，如田径、游泳等项目。欣赏时主要看运动员的速度、力量、耐力等身体素质水平，运动员的动作是否有节奏、技术是否合理，运动员的动作是否有美感和韵味，以及运动员的技术、精神、意志品质的表现情况。

（四）计量类项目欣赏要点

计量类项目以举重项目为典型。欣赏举重比赛时主要看运动员是如何根据自身的体重和特点举起最大的重量，再看运动员的动作是否连贯、协调和优美，最后看运动员的发力是否迅捷、合理。计量类项目还包括射击、射箭等项目，欣赏时主要看运动员能否在复杂的条件下沉着、镇静地发挥最佳水平，是否具备承受和抵抗各种压力的心理素质。

第四章

合理营养与运动损伤的预防和处理

第一节　营养概述

生命的存在、机体的生长发育、各种生命活动及体育活动的进行，都依赖体内的物质代谢过程，因此，机体必须不断地从外界摄取新的构成细胞的物质、能源和其他活性物质，其中主要是从食物中摄取。这一获得与利用食物的过程称为营养。营养是保证机体生命存在和延续的重要条件，食品营养是生命的物质基础。人类整个生命活动的周期都与食品营养密切相关。机体靠营养维持生命、进行活动并保证生长发育和维护健康。人的整个生命过程都要与外界进行物质交换，摄取各种食物，经消化吸收获得各种营养素。这些营养素构成了生命的整个个体，提供了生命活动所需的能量并产生了各种生理活动的调节物质。进入体内的各种营养素，经过新陈代谢或同化和异化作用，使生命的进程按其规律得以延续。

营养与生命密切相关。生命需要营养支持，没有营养也就没有生命。合理的营养对促进机体的生长发育、提高身体机能、增进健康、增强免疫力、预防疾病和延长寿命都具有重要作用。

一、营养素的种类

营养素是指能在体内消化吸收，具有供给热能、构成机体组织和调节生理机能的功用，为机体进行正常物质代谢所必需的物质。蛋白质、脂肪、糖类、维生素、矿物质、食物纤维和水七大类统称营养素。它们各有独特的营养功用，在机体代谢中又彼此密切联系。因此，营养素与健康有着密切的关系。

营养素的基本功用：糖、脂肪、蛋白质供给热能；水、矿物质、维生素、食物纤维则调节生理机能；除了食物纤维外，其他营养素都构成机体组织。

营养素来自食物，单一食物不可能包括所有营养素，一种营养素也不可能具备各种营养功能，因此，人需要从各种食物中获得各种营养素。

二、营养与生长发育

身体的生长发育受遗传、营养、运动、环境、疾病等许多因素的影响，营养是重要因素之一。机体在生长发育过程中，若营养不足，得不到营养物质的支持，必然会受到影响。

研究表明，胎儿的身长、体重与母体的营养状况有着直接的关系。营养是生长发育的物质基础，只有营养合理，膳食平衡，才有助于青年学生的生长发育。无论是营养不足还是营养过剩，都会影响机体的生长发育。

三、营养与健康

营养与健康的关系十分密切。合理的营养不但能增进健康，提高免疫与应激能力，还可作为防治疾病和康复的辅助手段。营养摄入过多或不足都会危害人体健康。如果长期摄入过多热能，会引起肥胖（约 8 000 千卡多余热能会转变为 1 000 克脂肪），还易引发高血压、冠心病、脂肪肝、糖尿病等。此外，维生素、矿物质摄入不当会出现中毒症状，而脂肪、蛋白质的长期摄入不足是一些癌症发病的成因。如果热能长期摄入不足，体内贮存的脂肪、糖甚至蛋白质也会先后被动供能，不仅会因机体组织的缺损而引起消瘦、贫血、水肿并易感染疾病，而且还会使皮肤干燥、肌肉软弱、脉搏缓慢、体温降低，最终导致人体长期处于精神萎靡、肢体无力、活动能力低下的状态。

近年来，世界各国都对营养与疾病的关系做了大量的研究、论证，发现 40% 的疾病与营养有关，所以有人断言：合理的营养可以使人的寿命延长 20 年。

四、营养与生理机能

营养可以从神经和体液两个方面调节人的生理机能。如果营养不良，机体对外界病原体的防御能力就减弱，表现为免疫器官（如胸腺）萎缩，免疫细胞（如 T 淋巴细胞）产生量减少，吞噬细胞对病原体的吞噬能力和杀灭能力减弱，免疫球蛋白合成减少。这样，由于机体抗病能力下降，细菌、病毒、霉菌易侵入机体而引起各种疾病，同时营养不良还将导致不可逆转的智力发育和活动能力障碍。有系统跟踪观察显示，缺乏营养对脑的损害有时要长达两代人才能完全恢复。

体液调节是靠体液中的激素、酶、矿物质和维生素来完成的。其中，矿物质和维生素直接从食物中摄取，而激素和酶的合成需要从食物中摄取的蛋白质、脂肪、矿物质、维生素等的参与，所以营养的好坏对体液调节有直接的影响。

第二节　体育锻炼与合理营养

进行体育锻炼时，体内会发生一系列的生理性变化：中枢神经系统活动紧张，内分泌机能提高，酶系统活跃，新陈代谢旺盛，单位时间内的能量消耗数倍于安静状态，体内的糖、脂肪被大量分解供能，蛋白质代谢更新加快，大量的维生素、无机盐参与分解代谢而加快损耗。这些变化使机体对各种营养物质的需求量大为增加。

一、合理营养对体育锻炼的影响

营养与体育关系密切，对体育锻炼效果有着很大的影响。体育锻炼造成的能量消耗，要在运动结束后通过合理的营养膳食得到补充。如果缺乏合理的营养保证，消耗得不到补充，机体将处于一种“亏损”状态，久而久之，对机体健康不利，会使锻炼者生理机能及运动能力下降，出现疲劳乏力甚至疾病状态。在这种情况下，想要提高体育锻炼效果或运动成绩是很困难的。

合理营养与体育锻炼是维持和促进健康的两个重要条件。以科学合理的营养为物质基础，以体育锻炼为手段，用锻炼的消耗过程换取锻炼后的超量恢复过程，使机体积聚更多的能源物质，提高各器官、系统的机能。此时获得的健康，相较于单纯通过营养获得的健康将上升到一个新的高度。人体在合理营养加体育锻炼情况下获得健康的同时，也获得了良好的身体素质。

二、不同体育锻炼项目的营养特点

各项体育锻炼对机体的影响不同，体内物质代谢过程如肌肉能量的来源、肝糖原和储备脂肪的利用量、糖原分解的程度、组织呼吸等均有所不同。因此，在安排营养时，应该注意不同体育锻炼项目的营养特点。

（一）田径项目的营养特点

田径项目很多，不同项目的运动员代谢类型也不相同，其营养特点各不相同：

短跑、中跑这类运动的代谢特点是高度缺氧，负有氧债，蛋白质的合成过程受到影响。运动时的能量主要由糖的无氧酵解供应，脂质几乎不分解，并在短时间内形成大量酸性产物。其营养特点应当符合体内能源物质迅速被动员，使 ATP（三磷酸腺苷）及磷酸化合物合成加速，并减少体内酸中毒的要求。因此，膳食中应当含有丰富又容易吸收的糖、维生素 C、维生素 B 族、磷、镁、铁等营养素。此外，由于运动时肌肉剧烈收缩及神经系统高度紧张，应供给含蛋白质丰富的食物。同时，为了使体内碱储备充足，预防酸性物质积聚过多，应适量增加蔬菜和水果的供给。蔬菜和水果的发热量以一天总热量的 15% ~20% 为宜。

中等强度的耐力运动（如长跑）的代谢特点是体内代谢过程比较稳定，糖的无氧代谢逐渐被有氧氧化取代，能量的消耗与合成过程基本处于平衡状态。由于运动时总热能消耗较大，热能来源于肝脏与肌肉中糖原的分解，因此，食物中应有充足的热能来源，以富含糖、维生素 C 和维生素 B 族为宜。食物中还应含有适量的脂肪，以缩小食物的体积，减轻胃肠道负担。

投掷等力量性项目，对体内蛋白质要求较高，其供给量每日每千克体重可达 2.5 克，蛋白质的发热量应为一天总热量的 15% ~20%，其中优质蛋白应占 1/3。

（二）操类项目的营养特点

群众喜爱的健美操及在群众体育活动中影响较广的竞技体操、艺术体操，动作复杂而多样，要求有较强的力量与速度素质及良好的灵巧与协调性，对神经系统有较高的要求。其营养特点是：高蛋白质、高热量、低脂肪，维生素、矿物质应突出铁、钙、磷的含量及维生素 B_1、维生素 C 的含量。需要注意的是，参加该类项目在比赛时需要控制体重，但也不能过分控制饮食，避免造成营养不良，特别是不能影响参加锻炼的少年儿童的生长发育。

（三）球类项目的营养特点

球类项目对力量、速度、耐力、灵敏性、柔韧性等素质有较高的要求。除了要快速跑动外，注意力必须高度集中，反应要敏捷，因此，食物中要含丰富的蛋白质、糖及维生素 B_1、维生素C、维生素E、维生素A。球的体积越小，食物中维生素A的含量应更高些。足球运动员热能消耗量较大，一场足球赛所跑动的总距离可达10～15千米，因此，食物的发热量应当充足，同时矿物质、水分丢失较多，应及时补充。

球类运动的比赛间歇一般不必进食，口渴时可服用少量含果酸及维生素C的饮料。如有饥饿感，可在饮料中加些葡萄糖。

（四）冰雪项目的营养特点

由于长时间在冰雪上活动，加之周围环境温度较低，机体产热过程增强以维持体温，所以蛋白质和脂肪消耗较多，膳食中可以供给较多的脂肪，可达每日总供给量的35%～40%，同时增加糖类以提供能源，维生素以B族为主并增加维生素A的摄入，从而保护眼睛，适应冰雪场地的白色环境。短距离冰雪运动需要较多的蛋白质和磷，长距离冰雪运动需要较多的糖和维生素B_1。

（五）游泳项目的营养特点

游泳项目在水中进行，机体散热较多、较快，冬泳更是如此。游泳锻炼要求一定的力量与耐力素质，要求膳食中含有丰富的蛋白质、糖和适量脂肪。在水温较低时，出于抗寒需要，可再增加脂肪摄入。摄入的维生素以维生素B_1、维生素C、维生素E为主。矿物质中应适当增加碘的含量，以适应低温环境甲状腺素分泌增多的需要。短距离游泳需要较多的蛋白质，长距离游泳需要较多的糖和维生素B_1、维生素C。

（六）棋牌类项目的营养特点

棋牌类项目是以脑力活动为主的项目，脑细胞的能源特质完全依赖血糖提供。当血糖降低时，脑耗氧量下降，工作能力下降，随之产生一系列不适症状，所以棋牌类项目对糖类有着特殊的需求，也可在下棋、打牌时随时补充。此外，膳食中应增加蛋白质和维生素B_1、维生素C、维生素E、维生素A的供给，提高卵磷脂、钙、磷、铁的含量；应减少脂肪摄入，以降低机体耗氧量，保证脑组织的氧供应。

三、不同季节体育锻炼的营养特点

（一）冬季体育锻炼的营养特点

冬季气温较低，寒冷的环境使机体代谢加快，散热量增加，所以膳食中应增加蛋白质及脂肪的含量。同时，应增加热能充足的食物和维生素A、维生素B_1、维生素B_2、维生素C、维生素E的摄入。因冬季着装较多，户外活动少，接受日光直接照射的机会和时间都较少，所以还应在膳食中补充维生素D和钙、磷、铁、碘。

（二）夏季体育锻炼的营养特点

夏季气候炎热，体育锻炼应多在通风、阴凉处进行。此时体内物质代谢变化很大，大量出汗使能耗增加，并使钙、钠、钾及维生素大量消耗和丢失。所以，夏季锻炼时的膳食有其特殊要求，及时合理地补充水、电解质及维生素比补充蛋白质、糖、脂肪更加重要。在电解质中，氯化钠的摄入，常温下每人每天为10～15克，夏季高温时再增加10克左右。必须补充的维生素包括维生素B_1、维生素B_2、维生素C、维生素B_6、胆碱、泛酸、叶酸等。蛋白质的补充应较平日增多，减少脂肪的摄入。膳食搭配应清淡可口，以增进食欲，并多吃一些蔬菜与水果，以增加矿物质、维生素的摄入。

四、体育锻炼过程中的营养调剂

（一）运动前的饮食

适当的饮食可以提高锻炼的效果和比赛的成绩，不适当的饮食则会让你提早感到疲劳或肠胃不适，无法表现出应有的水准。运动前的饮食依照个人的喜好、习惯、适应的程度和参与的运动而有所不同。总体上讲，运动前的适当饮食有以下功能：

（1）为体内的肝糖原做最后的补充，保证整个运动过程有足够的能量。运动中，对糖的利用是渐次的，随着时间的延长，依次动用肌糖原、血糖，最后是肝糖原。如果出现肝糖原存量不足，人会感觉疲倦，运动能力会下降。

（2）提供充足的水分，使机体处于水合状态。

（3）安定肠胃道，让你不至于在运动过程中感觉饥饿，也不会因吃得太多而感觉肚子不适。

（4）增强自信心，让你感觉到已经有充足的准备，可以表现出最好的成绩。

没有任何一种食物或任何一张进食时间表可以适合每一个人，每个人都需要在练习时实际体验，以找出最合适、最有效的食物和进食的时间。

（二）运动时运动饮料的合理补充

1. 运动时补充运动饮料的目的

（1）运动饮料是一种特殊的饮料，具有维持体内血容量、电解质平衡和调节体温的作用，可以预防运动员在运动过程中过度脱水和体温过高而引起运动能力的下降。

（2）供给人体热量、水、无机盐、维生素等营养物质。

（3）在耐力运动中补充含糖饮料，不但可以提供热量，还可以预防低血糖的发生。

（4）在饮料中加入抗疲劳物质（如人参、刺五加、麦芽油等）可以提高运动能力，延缓疲劳的产生。

2. 运动饮料的选择原则

首先，应考虑运动项目的特点。从事耐力运动时，可补充含糖量较高的运动饮料。短时间剧烈运动时，由于缺氧，体内产生的酸性物质较多，可选择碱性电解质饮料。它们均有消除运动性疲劳和提高运动成绩的作用。

其次，应考虑运动员的特殊营养需要。运动员体力下降时，可选择滋补健身的运动饮料；运动员出现运动性贫血症状时，可选择含铁和维生素含量丰富的运动饮料（如沙棘汁、刺梨汁、枣汁等）；有些运动员在比赛时大脑皮质的兴奋性较低，可选择含有少量咖啡和茶水的饮料。

（三）运动后的补充与恢复

体育锻炼后的恢复是体育锻炼中非常重要的环节，恢复的好坏不仅直接影响到体育锻炼的效果，而且关系到第二天的运动能力。越来越多的研究表明，体育锻炼后简单的休息仅是恢复的一种手段，如果能适当地进行营养补充，将对恢复和超量恢复有很大帮助。

运动后的营养补充着重于三个方面：补充因流汗而损失的水分和电解质；补充运动中消耗的糖；修复受伤的肌肉和组织。

1. 电解质的补充

汗液中主要的电解质是钠和氯离子，还有少量的钾和钙离子。进行了很长时间的运动，如长跑或在酷热的天气连续剧烈运动数小时，可以在运动后以稀释的盐水或运动饮料补充水分和电解质。

经常进行体育锻炼的学生或常在酷热天气运动的人，汗液中的电解质含量会变得比较少，因为身体有自动适应的机能，倾向于保存电解质，所以，即使流汗的量和平常人一样多，流失的电解质也比较少。

2. 糖类的补充

糖原是运动时的主要能量来源之一，存在于肌肉和肝脏中。肌肉中的糖只能供给肌肉细胞，而肝脏中的糖可以以葡萄糖的形式释放到血液中，供给肌肉及身体其他器官。体内糖存量不足以应付运动所需是造成疲劳、运动能力降低、无法持续运动的原因之一。运动后体内的糖存量显著降低，若是没有得到积极的补充，下次的运动能力就会受到肝糖原不足的影响而降低。

研究显示，运动后2小时，身体合成肝糖原的效率最高，2小时后则恢复到平常的水准。因此，如果在运动后迅速补充糖类，就可以利用这个自然的高效率时段，迅速地补充体内消耗的肝糖原。如果下一次训练或比赛是在10～12小时之内，这个高效率时段特别重要，因为如果错过这个时段，即使在后续的时间摄入足够的糖类，身体也可能没有足够的时间完全补充消耗的肝糖原，从而使体内的肝糖原存量一次比一次低，人体也越来越容易感到疲劳。若下一次训练或比赛是在24～48小时之后，则即使错过这段时间，接下来只要着重于高糖类食物的摄入，仍然有足够的时间补充所消耗的肝糖原。

一般的建议是在运动后15～30分钟内吃进50～100克的糖类（每千克体重大约需要补充1克），然后每2小时再摄入50～100克，直到吃正餐为止。正餐及其他运动期间的饮食也应该以富含糖类的食物为主。

3. 肌肉和组织的修复

即使是没有身体接触的运动，也会造成肌肉纤维和结缔组织的伤害，运动后的酸痛部分是来自受伤的肌肉组织。身体接触性运动，如篮球、足球、橄榄球，会造成更多的肌肉损伤。运动后迅速补充蛋白质有助于恢复受伤的肌肉和组织。受伤的肌肉合成和储存肝糖原的效率也会降低。因此，参与身体接触性运动或比赛后受伤的运动员，需要补充更多的糖类，也更需要把握运动后2小时的那个高效率时段，有效地补充体内消耗的糖原。

五、健康饮食原则与饮食卫生

（一）健康饮食原则

1. 选吃高纤维食物原则

纤维素有助于消化系统正常工作，高纤维饮食已被证明可降低血液中胆固醇的浓度，并且能预防癌症。粗纤维对于人体生理功能极其重要，它有改善消化道功能、增加排泄物、刺激肠道蠕动的作用。而水溶性纤维除了对人体新陈代谢有促进作用外，还可延长食物在胃中的滞留时间，消除人的饥饿感，有助于减肥；在肠内抑制食物扩散速度，使消化酶的作用减慢，降低机体多余糖和脂肪的代谢吸收，控制餐后血糖浓度，降低血脂等。同时，水溶性纤维提供给人体极少的热量，不增加人体负担，这些都对健美有利。

2. 遵照1/3、2/3的低脂原则

由65%的淀粉、25%的蛋白质、10%的脂肪组成的饮食比例，足以提供人体所需的能量和足够的蛋白质。也就是说，饮食最好2/3以淀粉食物（如谷麦、面食、米饭）为主，其余1/3以鸡、鱼、瘦肉等蛋白食物为主。

3. 坚持少食多餐和营养套餐原则

每次只求吃得微饱，可以多餐。每进餐一次，我们的身体代谢作用便有所增进，从而更快地产生热量。争取每日多餐，确保能充分地摄取营养，且不影响机体整个机能状态，这有助于维持体力、稳定情绪并使胃口不受影响。此外，当食物被咀嚼得很细时，表面积会增加，胃酸和酶可以有效地发挥作用，唾液和酶才能更好地消化糖类。

早餐应是三餐中最丰富的一餐，晚餐可适量。清晨醒来，代谢作用最活跃，近傍晚时则变缓。晚餐所摄入的热量被人体转化成脂肪的可能性最大。

营养套餐是指在配置各种营养素时，始终强调均衡营养，并利用营养素之间的协同互补，使营养物质起到1+1>2的作用。例如，如果想补充铁，可以同时补充维生素C和蛋白质，因为这样可以促进机体对铁的吸收，预防贫血；如果想补充钙，最好能够同时补充维生素D，以便钙离子转化后让肠道更容易吸收。

（二）饮食卫生

青年学生正处在生长发育的关键时期，合理的饮食制度对保障消化器官的正常工作和营养物质的吸收有重要意义。

1. 建立合理的膳食制度

膳食制度常随劳动学习情况、健康状况、生活习惯和季节不同而异。一般以一日三餐为宜，因为食物进入胃后，在正常情况下，4～5小时即可排完，一日三餐刚好适应胃的消化机能。提倡早餐吃好，中餐吃饱，晚餐吃少。不吃早餐就上学，会使身体热量不足，上课精力不充沛，容易疲劳，严重的可能头晕无力，影响身体健康和学习效果。晚餐不要吃得太饱，以免增加胃的负担，影响睡眠。在正常情况下，一日三餐要定时定量，防止暴饮暴食。经常参加体育锻炼的学生可适当增加进餐次数，如一日四餐、一日五餐。

2. 饭菜不单调，吃饭不偏食

有些学生由于各种原因喜欢吃单一饭菜，这是很不好的习惯。各种食物都有各自的营养成分，经常变换饭菜品种，才能为人体提供足够的营养素。一般来说，午餐可吃一些含糖、蛋白质、维生素B_1、维生素C、磷等较多的食物，晚餐应吃一些易消化吸收的食物。

3. 膳食合理搭配

提倡混合食用粗细搭配。粗粮、细粮、荤菜、素菜相互搭配，混合食用的营养价值要比单吃一种食物高，且容易吸收。混合食用不仅可以比较全面地摄取各种营养素，而且还可以起到蛋白质互补作用，提高蛋白质的营养价值。如单吃黄豆，蛋白质的生理价值为64，单吃玉米为57，单吃小米只有60，如果将三种食物磨成粉后混合食用，蛋白质的生理价值就可以提高到77。

用餐时，干稀要搭配，副食品荤素要搭配。鸡鸭鱼肉虽然都含有优质蛋白质，但它们无法满足机体对其他营养素的需求，而各种蔬菜中所含的大量维生素、无机盐、纤维素等成分恰好弥补了这方面的不足。再者，鱼肉禽蛋都属于酸性食物，食用过多会导致血液呈酸性，容易患心血管疾病。每个学生每天应吃250克以上蔬菜，品种越多越好，注意选择食用含钙、铁、维生素较多的食物。

4. 不暴饮暴食

明代《东谷赘言》中说，多食之人有五患：一者大便数，二者小便数，三者扰睡眠，四者身重不堪修养，五者多患食不消化。现代医学认为，暴饮暴食会增加胃的负担，引起消化液供不应求，从而造成消化不良，甚至造成急性胃炎。另外，暴饮暴食造成血液集中于肠胃，心脑相对缺血，这会让人产生疲劳等不适感。吃饭时，要细嚼慢咽，不看书，不逗笑，不说话，不边走边吃，要养成进食前先洗手的良好习惯。

5. 不乱吃零食

按时吃饭能使消化器官有规律地工作，是维护肠胃健康的一个重要措施。乱吃零食就破坏了消化器官的规律性活动，到了吃饭时间，消化机能反而下降，这就会抑制正常的进食活动。吃的零食如果是甜食或油腻的食物，则更会降低食欲。在这种情况下，若勉强进食，食物则因消化液减少和胃肠蠕动缓慢无力而难以消化。但吃水果可加强消化腺的活动，并且水果能供给维生素，不在此列。

6. 加强饮食卫生管理

各级学校必须认真加强饮食卫生管理，充分供应学生饮用的开水，设置必要的卫生设备，做好食品卫生检查、饮水消毒、食具消毒等工作；要教育学生不喝生水，不吃腐败变质的食物，做到饭前便后洗手，牢牢把住“病从口入”这一关，防止食物中毒和肠道传染病的发生。

7. 运动前后的饮食卫生

体育锻炼能提高消化器官的功能，使吃下去的食物更快更好地消化吸收，但应注意以下几点饮食卫生要求，否则会引起慢性肠胃病。

（1）运动和吃饭时间要安排得当。如果在剧烈运动后很快就吃饭，往往食欲很差，因为运动刚结束时大脑皮层的运动中枢和交感神经仍处在高度兴奋状态，情绪还很紧张，消化腺的分泌仍受到一定程度的抑制。在这种情况下，即使勉强吃下去，食物也不能很好地被消化，久而久之，就会引起消化不良，患上慢性胃肠病。一般来说，运动后休息 20 ~ 30 分钟再吃东西是比较合乎卫生要求的。

饭后立即进行剧烈运动，对肠胃的影响很大。因为饭后胃肠的活动和消化腺的分泌加强，消化液分泌增多，如果在这时进行剧烈运动，则会引起交感神经兴奋和肾上腺素大量分泌，进而使肌肉小动脉扩张，毛细血管大量开放，血液较集中供应运动器官，而减少了胃肠的血液供给；同时，胃肠的活动减弱，消化液的分泌也减少，胃壁松弛无力，食物得不到充分的搅拌和消化，就会延长食物在胃里停留的时间，以致发酵酸化、吐酸水。胃液减少了，胃的防腐能力就降低了，这又是消化道易被感染患病的原因。因此，饭后应稍事休息再做运动。

（2）饭后和运动后不要大量吃冷食。首先，饭后大量吃冷食，会使胃肠血管突然收缩，使供给胃肠的血液突然减少，致使消化受到阻碍。其次，消化液在一定的温度下才起作用，胃肠温度突然降低，它的能力也随之下降，结果食物就难以被消化，久而久之就会得肠胃病。

运动刚刚结束时，由于体温升高，大量流汗，感到又热又渴，有些人往往为了一时痛快大吃冷饮冷食，结果胃肠受到刺激而功能紊乱，引起腹泻、腹痛等。

（3）运动后要合理饮水。激烈运动后，人通常会感到格外口渴，有些人只图一时痛快,在运动后大量饮水,这是不卫生的。因为运动结束后,心脏的负担在逐渐减轻,如果这时大量饮水,一部分水经胃吸收进入血液之中,循环血量有所增加,不仅会给心脏和肾脏增加负担,而且还会进一步加快出汗,使体内盐分排出过多。

运动后的口渴并不一定真正表示人体内缺少水分,这主要是由于运动时呼吸加强,水分蒸发较快和唾液分泌减少变稠,致使口腔、咽喉、呼吸道和食道上的黏膜比较干燥,因此产生不舒服的感觉,这时只要漱漱口,湿润一下口腔黏膜,再有意识地克制一下,口渴的感觉就会减轻。

(4) 长时间运动应及时补水。如果进行长时间的运动,特别是在夏天,不仅会消耗大量热能,而且还会失去大量水分。机体内的水分减少,会影响正常的生理机能和工作能力。失水量占体重的4% ~5%时,可使肌肉工作能力下降20% ~30%;失水量占体重的10%时,会引起循环衰竭,从而导致机能下降,主要体征是心率加快、体温升高。因此,及时补充水分是十分重要的。

补充水分最好是少量多次。运动中每15 ~20 分钟饮水100 ~150 毫升,这样既可保持体内水分的平衡,又不会增加心脏和胃的负担。运动中大量饮水对身体不利,因为大量饮水后继续运动,水在胃中晃动,使人不舒服,并可引起呕吐。水中含糖量一般不宜过高,夏季水中含糖量不宜超过2.5%,冬季可增加到5% ~15%。

第三节　运动损伤的预防和处理

一、运动损伤发生的原因

造成运动损伤的原因是多方面的,既与锻炼者的运动基础、体质水平有关,也与运动项目的特点、技术难度及运动环境等因素有关。常见的原因主要有:

(1) 运动前准备活动不充分,特别是缺乏针对性的准备活动,运动器官、内脏器官机能没有达到运动状态,易造成运动损伤。在准备活动方面常存在的问题有:① 不做准备活动或准备活动不充分。如果肌肉的力量、弹性和伸展性较差,身体缺乏必要的协调性,则容易发生运动损伤。② 准备活动的内容与正式运动的内容结合得不好或缺乏专项准备活动。③ 准备活动的量过大或强度安排不当。

(2) 运动情绪低落,或在畏难、恐惧、害羞、犹豫及过分紧张时发生伤害事故。有时因缺乏运动经验、缺乏自我保护能力致伤。例如,体操运动中由于紧张、恐惧,落地时用肘部或直臂撑地,造成肘关节或尺、桡骨损伤。

(3) 身体素质差,技术动作不正确。例如,短跑运动中容易发生肌肉拉伤,原因就是下肢或腰部力量不足。如果缺乏技术训练、动作要领掌握不好,则很容易因错误动作而引起运动损伤,如篮球、排球运动中易引起手指关节挫伤。

(4) 教学、训练中运动量安排不合理、组织方法不当。在组织教学、训练过程中,不遵守训练原则,不从实际出发,没有充分认识到不同年龄、性别、健康状况及身体素质、运动能力等方面的差异,千篇一律地对待,就容易造成运动损伤。另外,运动的安排没有遵循运动量从小到大、动作从简单到复杂、循序渐进、逐步提高的原则,也容易造成运动损伤。

(5) 运动场地狭小，地面不平坦，器械安置不当或不牢固，沙坑没掘松、有小石或坑沿高出地面，锻炼者拥挤或多种项目在一起进行，运动时着装不符合运动卫生要求等，都容易造成各种运动损伤。

(6) 不良气象的影响。气温过高易引起疲劳和中暑；气温过低易发生冻伤，或因肌肉僵硬、身体协调性降低而引起肌肉韧带损伤；潮湿高热易引起大量出汗，发生肌肉痉挛或虚脱；光线不足、能见度差会影响视力，使兴奋性降低和反应变得迟钝，易造成运动损伤。

二、运动损伤的预防办法

(1) 提高预防运动损伤的意识，克服麻痹思想，积极开展预防运动损伤的宣传工作。

(2) 认真做好准备活动，对于可能发生运动损伤的环节和易伤部位，要及时采取预防措施。

(3) 合理组织安排锻炼，合理安排运动量，防止局部运动器官负担过重。

(4) 加强保护与帮助，特别要提高自我保护能力。运动中适当的保护与帮助可避免一些意外事故的发生。例如，摔倒时，立即屈肘低头，团身滚动，切不可直臂或肘部撑地。

(5) 加强医务监督，要善于把握自己在运动前后的生理变化。患有慢性病者要定期体检，并在医生和体育教师的指导下进行体育锻炼。

(6) 严格实施场地、设备卫生监督，场地、器械和防护用品要定期进行卫生安全检查，及时维修。禁止穿不合适的服装或鞋进行活动。

三、运动损伤的急救

当发生严重的运动损伤时，要及时进行合理而有效的急救，分秒必争地采取急救措施，然后把受伤者安全迅速地送到医院。

(一) 急救原则

现场急救比较复杂，必须抓住主要问题急救。如发现休克，应先施行抗休克急救——针刺人中、内关穴，并及时进行人工呼吸；如伴有出血，应同时施行止血急救，再做其他损伤的处理。

急救人员必须分工明确，并具有高度的责任感和救死扶伤的崇高品德；要临危不惧，判断正确，有条不紊地抢救；要有熟练、正确的抢救技术和丰富的临场经验。

(二) 一般急救方法

1. 止血法

(1) 冷敷法。冷敷可以使血管收缩，减少局部充血，降低组织温度，抑制神经感觉，从而起到止血、止痛和减轻局部肿胀的作用。

冷敷止血法常用于急性闭合性软组织损伤。最简便的方法是：用冷水冲洗或用冷毛巾敷于伤处，或将冰块装入热水袋(或塑料袋)内进行外敷，在治疗部位来回移动，每次20~30分钟。有条件的可使用氯乙烷喷射。

(2) 抬高伤肢法。将肢体抬高，使出血部位高于心脏，从而使出血部位的血压降低，减少出血。此法适用于四肢毛细血管及小静脉出血。

(3) 压迫法。压迫法包括止血带法、包扎法、指压法等。

① 止血带法。常用的止血带有皮管、皮带、布条、毛巾等。采用此法止血时，先将伤肢抬高，然后在伤处上方缚扎止血。缚扎时最好加垫，以防缚扎太紧，造成肢体组织坏死。同时，缚扎时间不能太长，一般 2 ~3 小时后即可松解。

② 包扎法。主要有环形包扎法(图4.3.1)、螺旋形包扎法(图4.3.2)、反折螺旋形包扎法(图4.3.3)、“8”字形包扎法(图4.3.4)。

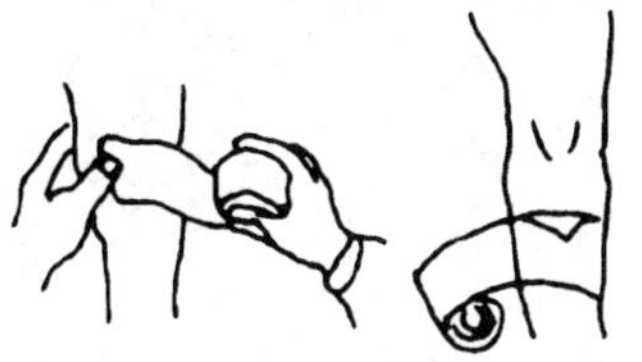

图4.3.1

图4.3.2

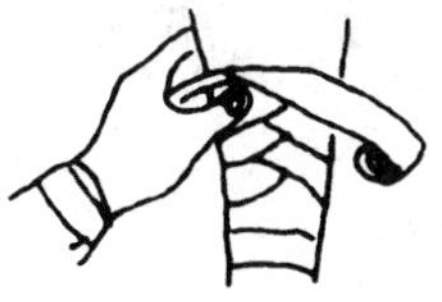

图4.3.3

图4.3.4

③ 指压法。包括直接指压法和间接指压法。直接指压法：用手指直接压迫出血部位，最好敷上消毒纱布后再进行指压。间接指压法：用指腹将出血动脉近心端搏动的血管，压迫在相应骨面上，阻止出血，达到止血目的。

头部出血的压迫点在耳屏前方，用手指摸到搏动后将该动脉压向颞骨面(图4.3.5)。

面部出血的压迫点在下颌角前面约 1.5 厘米的地方，用手指摸到搏动后正对下颌压迫(图4.3.6)。

肩部和上臂出血的压迫点在锁骨上方，用手指将该动脉向后内正对第一肋骨压迫(图4.3.7)。

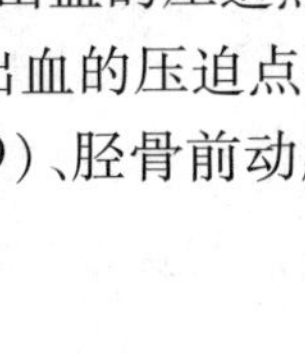

图4.3.5

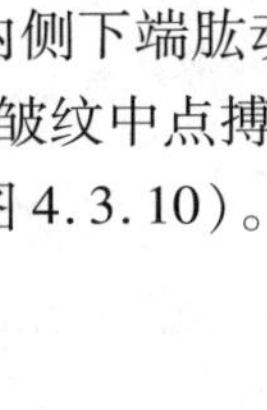

图4.3.6

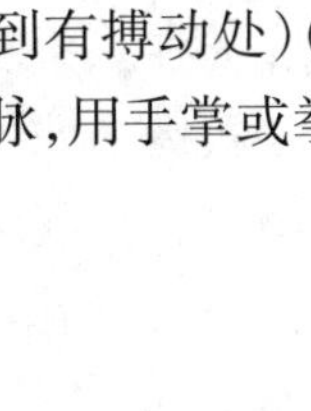

图4.3.7

前臂及手部出血的压迫点在上臂内侧下端肱动脉处(摸到有搏动处)(图4.3.8)。

大腿、小腿出血的压迫点在腹股沟皱纹中点搏动处股动脉，用手掌或拳向下方的股骨面压迫(图4.3.9)、胫骨前动脉压迫(图4.3.10)。

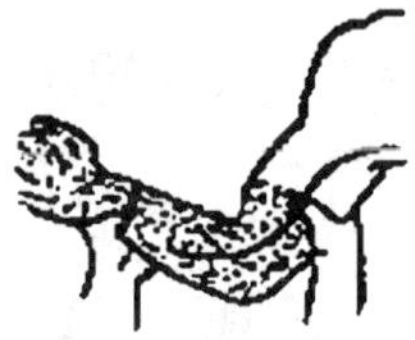

图 4.3.8

图 4.3.9

图 4.3.10

2. 人工呼吸法

人工呼吸法有口对口人工呼吸法和心脏胸外挤压法(图 4.3.11)。

(1) 口对口人工呼吸法。伤者仰卧,头部后仰。施救者托起伤者下颌,捏住鼻孔,压住环状软骨(以防空气吹入胃中),随即深吸一口气,将大口气口对口吹入伤者口中,吹气后将捏鼻子的手松开,如此反复进行。吹气频率为每分钟 16 ~ 18 次,直至伤者恢复自主呼吸为止。

(2) 心脏胸外挤压法。伤者仰卧,施救者两手上下重叠,用掌根置于伤者的胸骨下半段处,借助于体重和肩臂力量,均匀而有节律地向下施加压力(以将胸壁下压 3 ~ 4 厘米为度),然后迅速将手松开,使胸壁自然弹回,如此反复进行。以每分钟 60 ~ 80 次的节律进行,直至伤者恢复心脏跳动为止。

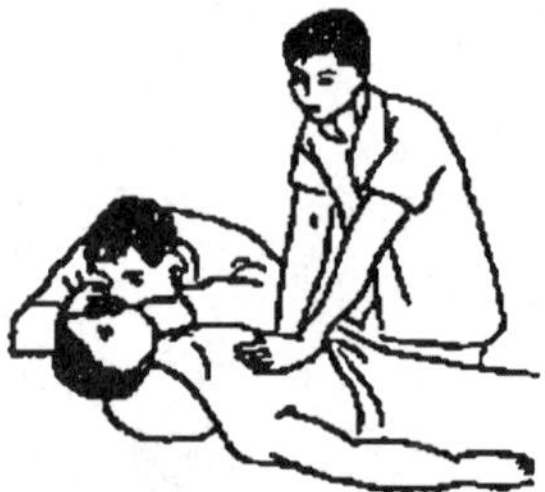

图 4.3.11

图 4.3.12

(三) 溺水的急救

溺水时,水经口鼻进入肺内,造成呼吸道阻塞,或因吸水的刺激引起喉痉挛,使气体不能进出,引起窒息。时间一长,就有生命危险。

对溺水者的急救措施如下:

(1) 立即将溺水者救到岸上,清除其口腔中的分泌物和其他异物,并迅速进行倒水。施救者一腿跪地,另一腿屈膝而立将溺水者匍匐在膝盖上,使其头部下垂,按压其腹、背部,使溺水者口、嘴及气管内的水排出(图 4.3.12)。

(2) 若溺水者心跳已停止,应同时施行口对口人工呼吸和心脏胸外挤压急救。口对口人工呼吸和心脏胸外挤压以 1∶4 的频率进行。施救者之间应密切配合,积极而尽力地抢救,必要时及时将溺水者送到医院。

(四) 休克的急救

运动损伤中并发的休克多为外伤性休克,主要是损伤引起的剧烈疼痛所致,多见于脑脊髓损伤、骨折、睾丸挫伤等。另外,还有出血性休克,主要是损伤引起的大量出血所致,如腹部挫伤致腹腔内出血,血容量突然降低,有效循环血量不足。

主要症状:表情淡漠,反应迟钝,脸色苍白,四肢厥冷,脉搏细速,尿量减少,血压下降。休克严重时可出现昏迷,甚至死亡。

急救措施:使伤者安静平卧或头低脚高仰卧(呼吸困难者不宜采用),保暖,但不要过热,以免皮肤血管扩张影响生命器官的血液灌注量,保持呼吸道通畅。对于昏迷的伤者,头应侧偏,并将其舌牵出口外,必要时可给氧或进行人工呼吸。可针刺或按摩“人中”“百会”“涌泉”“内关”“合谷”等穴位。如有外伤出血,应及时采用适当的方法止血;疑有内脏出血,应将伤者迅速送往医院抢救。

四、常见运动损伤的处理

(一) 软组织损伤

软组织损伤可分为开放性损伤和闭合性损伤,前者如擦伤、撕裂伤等,后者如挫伤、肌肉拉伤等。

1. 擦伤

擦伤即运动时皮肤与粗糙物体相互摩擦而引起的损伤,如跑步时摔倒皮肤与地面摩擦受伤;体操运动中身体与器械摩擦受伤;等等。擦伤后会出现皮肤出血或组织液渗出。

对于小面积擦伤,用红药水涂抹伤口即可。对于大面积擦伤,先用生理盐水洗净伤口,然后再涂抹红药水,接着用消毒布覆盖,最后用纱布包扎。

2. 撕裂伤

剧烈、紧张的运动或突然的强烈撞击可造成肌肉撕裂。其中包括开放性损伤和闭合性损伤,常见的有眉际撕裂、跟腱撕裂等。开放性损伤会顿时出血,周围组织肿胀。闭合性损伤触及时会凹陷,出现剧烈疼痛。

对于轻度开放性损伤,用红药水涂抹伤口即可。裂口大时,须止血和缝合伤口,必要时注射破伤风抗毒血清,以防破伤风杆菌感染。如肌腱断裂,则须进行手术缝合。

3. 挫伤

身体撞击器械或练习者之间相互碰撞可造成挫伤。若是单纯的挫伤,损伤处会出现红肿,皮下出血,并有疼痛。若是内脏损伤,则会出现头晕、脸色苍白、心慌气短、出虚汗、四肢发凉、烦躁不安等症状,甚至出现休克。

对于轻度挫伤,24 小时内冷敷或加压包扎,抬高伤肢或外敷中药,24 小时后可进行按摩或理疗,进入恢复期后可进行一些恢复性锻炼。如果怀疑内脏损伤,应将伤者迅速送到医院检查和治疗。

4. 肌肉拉伤

通常在外力直接或间接作用下,肌肉过度主动收缩或被动拉长时易引起肌肉拉伤,特别是准备活动不充分,动作不协调,以及肌肉弹性、伸展性、肌力差者,更易出现肌肉拉伤。拉伤后,伤处会出现肿胀、压痛、肌肉痉挛,触诊时可摸到硬块。严重的肌肉拉伤是肌肉撕裂。

对于轻度肌肉拉伤者，即刻冷敷，抬高伤肢，局部加压包扎，24 小时后可进行轻手法按摩或理疗。对于肌肉大部分或完全断裂者，施行加压包扎急救后，立即送到医院进行手术治疗。

（二）关节扭伤

1．踝关节扭伤

踝关节外侧副韧带最容易扭伤。在跑、跳练习中，运动者处于腾空状态时，足自然有跖屈内翻的倾向。如果落地重心不稳，身体向一侧倾斜或踩在其他物品上，就会以足的前外侧着地、足内翻，而导致外侧副韧带扭伤。

主要症状：伤后疼痛、肿胀，外侧副韧带有明显压痛点、皮下有瘀血，行走困难，严重者外侧副韧带完全断裂，伤脚不能持重，出现跳跃式跛行。

救治要点：伤后应立即冷敷，抬高伤肢，用绷带固定包扎，制动 4 ~ 7 天，配合使用跌打损伤药消肿、止痛。轻者 24 小时后可进行按摩，较重者用石膏固定 3 ~ 4 周，并配合按摩、外敷与内服舒筋活络中药、针灸、理疗等治疗，但要加强功能锻炼，以免出现肌肉力量减弱。

2．膝关节扭伤

常见的有膝关节侧副韧带扭伤及十字韧带扭伤。膝关节的稳定性主要靠两侧副韧带及前后十字韧带维持。当膝关节伸直时，两侧副韧带即紧张维护膝关节；当膝关节屈曲（130° ~ 150°），小腿突然外展外旋，或足及小腿固定、大腿突然内收内旋时，会使内侧副韧带扭伤。如踢足球时“二人对脚”、跳箱落地时身体失去平衡、关节外侧受到暴力冲击等，均可造成内侧副韧带扭伤。当膝关节屈曲、小腿突然外旋时，可能发生外侧副韧带扭伤。

主要症状：膝关节疼痛、肿胀、压痛，严重者会发生韧带断裂，伤肢不能持重，不能行走，有可能伴有半月板撕裂、膝关节活动障碍、膝不稳、软弱无力，甚至倒在地上。

救治要点：轻微扭伤者疼痛、肿胀不明显，应停止活动 2 ~ 3 天，外敷跌打损伤药，24 小时后进行按摩。严重扭伤者，应制动 2 ~ 3 天，冷敷，加压包扎，抬高伤肢休息 2 ~ 3 天，外敷跌打损伤药，48 小时后进行按摩或理疗，加强托板固定。进行加强股四头肌静力收缩的练习，每天做 2 ~ 3 次。10 天后加大按摩力度，并做直腿抬练习。2 ~ 3 周后解除托板固定，开始练习走路。

3．急性腰扭伤

人体在负重活动或体位变换时，腰部肌肉、韧带、筋膜、滑膜等受到牵扭、扭转，或肌肉骤然收缩，使少数纤维被拉断、扭转或小关节微动错缝，称为急性腰部扭伤。运动时，身体重心不稳或肌肉收缩不协调引起的腰部扭伤，多数是因腰部负荷过重，脊柱运动时超过了正常生理范围，如挺身式跳远中展体过大、举重上挺时过分挺胸塌腰、技术动作错误、直膝弯腰提重物等。

主要症状：肌肉轻度扭伤时，伤处隐痛，随意运动受限，24 ~ 48 小时后疼痛达最高峰。如棘上韧带与棘间韧带扭伤，受伤当时即感到局部突然撕裂样疼痛，过度前弯时疼痛加重，伸展时疼痛较轻，疼痛点比较表浅，在棘突与棘突之间。腰背筋膜扭伤多发生在骶棘肌鞘部和髂脊上、下缘，伤处有明显压痛点，弯腰和腰扭转时疼痛加重。

救治要点：发生腰部急性扭伤后，应让伤者平卧于硬板床休息，但腰部应垫一薄枕以放松腰肌，冷敷制动后，敷跌打损伤药，24 小时后可进行轻度按摩（逐日加重）或理疗、针灸，轻者休息 2～3 天，较重者须休息 1 周左右。加强腰腹力量与伸展性练习，达到功能恢复和预防的效果。

4. 肘关节扭伤（标枪肘）

前臂突然被迫外展、旋后，或前臂屈肌群和旋前圆肌突然收缩，使肘部肌肉、韧带受到牵拉，纤维断裂受伤，如投标枪、垒球时的最后用力易引起肘内侧副韧带扭伤，体操倒立支撑时易损伤肘关节。

主要症状：肘内侧疼痛，肘关节伸展活动受限，肘关节局部肿胀、皮下有瘀血，前臂抗阻力疼痛加重。

救治要点：对伤肢即刻冷敷，加压包扎，敷跌打损伤药，24 小时后进行按摩或理疗，疼痛严重者可局部注射强的松龙。

（三）关节脱位

关节脱位是指关节面失去正常的联系，俗称脱臼。根据脱位的程度不同，关节脱位可分为半脱位和完全脱位，前者指关节面部分错位，后者指关节面完全脱离原来的位置。运动中发生的关节脱位，一般是间接外力所致，如摔倒时手撑地、俯卧式跳高时落地姿势不正确均可引起肘关节脱位或肩关节脱位。

主要症状：受伤关节疼痛、压痛和肿胀，关节功能丧失、畸形；关节脱位时伴有软组织损伤、出血或周围神经受牵扯等。如肩关节脱位时呈“方肩”，伴有肢体缩短。

救治要点：立即用夹板和绷带在脱位所形成的姿势下固定伤肢，让伤者保持安静，尽快将其送往医院处理。肩关节脱位时，取三角巾两条，分别折成宽带，一条悬挂前臂，另一条绕过伤肢上臂，于肩侧腋下缚结。肘关节脱位时，将铁丝夹板弯成合适的角度，置于肘后，用绷带缠稳，再用小悬臂带挂起前臂。如无铁丝夹板，可直接用大悬臂带包扎固定。

（四）骨折

骨折是指骨的完整性和连续性遭到破坏性损伤。根据损伤处周围软组织的病理情况不同，骨折可分为闭合性骨折和开放性骨折。运动中发生的骨折多为闭合性骨折。造成骨折的原因主要是身体某部位受到直接或间接的暴力撞击。如在踢足球时小腿被踢造成胫骨骨折，摔倒或跪倒时手臂直接撑地造成尺骨或桡骨骨折，同时可造成髌骨骨折。常见的骨折有锁骨骨折、肱骨骨折、前臂骨折、股骨骨折、小腿骨折、肋骨骨折、脊柱骨折、颈椎骨折等。

主要症状：伤处立即出现肿胀，皮下有瘀血，有剧烈疼痛（活动时加重），肢体失去正常功能，肌肉产生痉挛。有时骨折部位发生变形，移动时可听到骨摩擦声。严重骨折时，伴有出血和神经损伤、发烧、口渴甚至休克等全身性症状。

救治要点：为了避免骨折端造成新的损害（刺伤血管、神经及周围软组织），预防休克，减轻疼痛，便于转送，骨折后可立即做适当的固定。对于有休克症状者，应先施行抗休克急救。抗休克急救的措施是：取头低脚高平卧位，保暖；迅速请医务人员到现场给氧气或镇痛药。休克期结束后，用长短合适的夹板固定伤肢。

（1）锁骨骨折固定法：将 3 条三角巾叠成宽带，其中 2 条做成环套于肩部，另 1 条在背部将两环拉紧打结（图 4.3.13）。

(2) 肱骨骨折固定法：取一合适夹板，置于伤肢外侧(最好内侧同时放置一块)，用叠成宽带的三角巾固定骨折的上下两端，再用小悬壁带将前臂吊起，最后用三角巾把伤肢绑在躯干上加以固定(图 4.3.14)。

(3) 前臂骨折固定法：伤者前臂掌心和掌背侧各放一块夹板，用三角巾叠成的宽带绑扎固定后以大悬壁带悬挂于胸前(图 4.3.15)。

(4) 股骨骨折固定法：将 5 ~8 条三角巾叠成宽带后分段放好。取长夹板两块，分别置于伤肢的外侧和内侧。外侧夹板自腋下至足底，内侧夹板自腹股沟至足底。夹板放好后，用上述宽带固定夹板，在外侧打结(图 4.3.16)。

(5) 小腿骨折固定法：取夹板两块，一块放在外侧，自大腿中部至足部，另一块放在内侧，自腹股沟至足部，然后用宽带 4 ~5 条分段固定(图 4.3.17)。

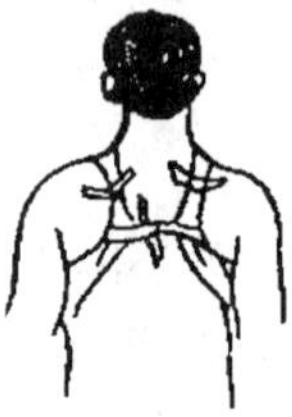

图 4.3.13

图 4.3.14

图 4.3.15

图 4.3.16

图 4.3.17

(6) 脊柱骨折搬运法：由 3 ~4 人同时托住头、肩、臀和下肢，把伤者身体平托起来，放上平板担架，最好使伤者俯卧在担架上。绝对不能抱头、抬脚，以免脊柱极度弯曲，加重对脊髓的压迫和损伤(图 4.3.18)。

(7) 颈椎骨折搬运与固定法：应由 3 人搬运，其中 1 人专管头部牵拉固定，使头部与身体呈直线位置，将伤者仰放在硬板床上，在颈下放一小垫，不用枕头，头颈两侧用沙袋或衣服垫好，防止头部左右摇动(图 4.3.19)。

图 4.3.18

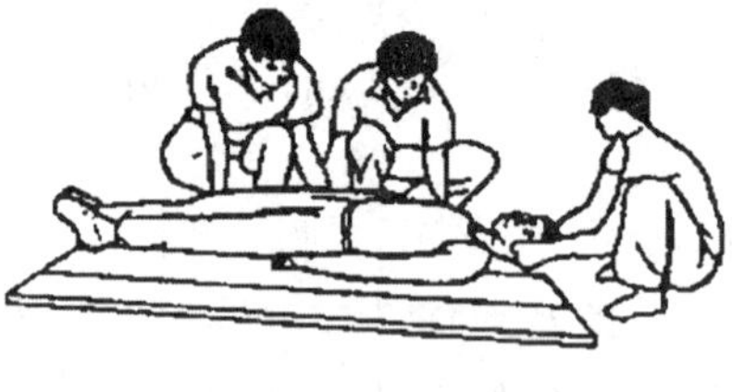

图 4.3.19

(五) 脑震荡

脑震荡通常是头部受到直接暴力的打击或撞击所致。如在体育运动中，头部被棒(垒)球棒击打或从器械上摔倒时头部撞击地面等均可引发脑震荡。此外，头部遭受间接的冲击力，如从高处摔下，臀部先着地，反作用力传到头部，也可引发脑震荡。

主要症状：伤后当即昏迷，出现短时间的意识丧失，轻者数秒钟，重者可达几分钟甚至半小时。昏迷时呼吸表浅，脉搏缓慢，四肢松弛无力，瞳孔稍扩大，皮肤和肌腱等神经反射减弱或消失。伤后数日内，可出现较明显的头痛、头晕症状。当情绪紧张、活动头部或变换体位时，症状加重。还可出现恶心、呕吐、情绪不稳定、注意力不集中、耳鸣、失眠等一系列植物神经功能紊乱症状，一般数日后消失。

救治要点：对伤者立刻进行急救，让其平卧、安静，对其头部进行冷敷、身上进行保暖。对于昏迷者，可掐“人中”“内关”穴位。伤者呼吸发生障碍时，可施行人工呼吸急救。

伤者昏迷时间超过 4 分钟，或两瞳孔大小对称，或耳、鼻、口内出血及眼球青紫，或清醒后剧烈头痛、呕吐，或再度昏迷，均表明损伤较严重，应立即将其送往医院救治。在转送医院时，应让伤者平卧，头部两侧用枕头、衣服垫起使之固定，避免颠簸震动。对于意识不清醒者，应注意保持其呼吸道的通畅，让其侧卧，以防止呕吐物吸入气管或舌头后坠而发生窒息。转送途中应密切观察病情的变化。

第五章

田径运动

田径运动是一种结合了速度与耐力、力量与技巧的综合性体育运动。田径运动是世界上最为普及的体育运动之一,也是历史最悠久的体育运动项目。田径与游泳、射击一起被视为奥运金牌三大项目,2020 年东京奥运会上田径项目共设了 48 枚金牌,在所有项目中金牌数最多,“得田径者得天下”也由此而来。奥林匹克运动精神“更快、更高、更强——更团结”在很多方面都能够通过田径运动得到集中体现。

田径运动由走、跑、跳、投等项目组成,分为田赛与径赛两个部分。径赛是在跑道或公路上举行的比赛项目,田赛是在专门场地上举行的比赛项目。另外,由跑、跳、投等单次组成的用评分办法计算成绩的综合项目,叫作“全能运动”。

正式国际田径比赛的项目如表 5.1.1 所示。

表 5.1.1 正式国际田径比赛的项目

项目		男子	女子
1. 竞走		10 千米、20 千米、50 千米	5 千米、10 千米、20 千米
2. 跑	短距离跑	100 米、200 米、400 米	100 米、200 米、400 米
	中距离跑	800 米、1 500 米、3 000 米	800 米、1 500 米
	长距离跑	5 000 米、10 000 米	5 000 米、10 000 米
	跨栏跑	110 米栏、400 米栏	100 米栏、400 米栏
	障碍跑	3 000 米	3 000 米
	马拉松	42.195 千米	42.195 千米
	接力跑	4×100 米、4×400 米	4×100 米、4×400 米
3. 跳跃		跳高、撑竿跳高、跳远、三级跳远	
4. 投掷	铅球	7.26 千克	4 千克
	标枪	800 克	600 克
	铁饼	2 千克	1.5 千克
	链球	7.26 千克	4 千克

续表

项目	男子	女子
5. 全能	男子十项全能： 第一天：100 米、跳远、铅球、跳高、400 米； 第二天：110 米栏、铁饼、撑竿跳高、标枪、1 500 米	女子七项全能： 第一天：100 米栏、铅球、跳高、200 米； 第二天：跳远、标枪、800 米

第一节　跑

跑是人体水平位移的一种基本运动形式，是单脚支撑与腾空相互交替、蹬与摆相配合的周期性运动。跑的一个周期由一个复步（跑两步）构成。它经过两个支撑时期和两个腾空时期。

支撑时期：从脚着地时起到脚离地时止。

腾空时期：从脚离地时起到另一只脚着地时止。

在跑的一个周期中，每条腿的动作是连贯不能截然分开的。但是，为了便于分析动作，通常以身体重心处于支撑点的垂直上方（垂直支撑）为参照，以下肢所处的位置来划分跑时一条腿的动作阶段。将支撑时期分为前支撑和后蹬两个阶段，将腿的摆动时期分为后摆和前摆两个阶段。

前支撑阶段：从脚着地时起到身体重心移到支撑点的垂直上方时止。

后蹬阶段：从身体重心移过支撑点的垂直上方时起到脚即将蹬离地面时止。

后摆阶段：从脚蹬离地面时起到大腿垂直于地面时止。

前摆阶段：从后摆结束时起到脚着地时止。

一、短距离跑

短距离跑简称短跑，是指用最快的速度跑完规定的较短距离。经常练习短跑，能有效地发展学生快速奔跑的能力，增强学生的体质，培养学生坚毅、顽强和勇往直前的意志品质。

（一）基本技术

短跑技术是一个不可分割的整体，为了便于分析，可将短跑技术分为起跑、起跑后的加速跑、途中跑和终点跑四个部分。

1. 起跑

起跑的任务是对枪声（或“跑”的口令）做出迅速、准确的反应，使身体迅速摆脱静止状态，获得向前的最大冲力，为起跑后的加速跑创造有利条件。

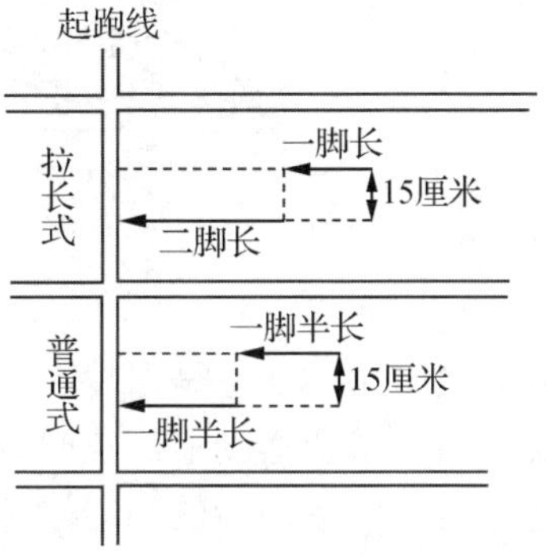

图 5.1.1

短跑采用蹲踞式起跑，短跑比赛必须使用起跑器。常见的起跑器安装方式有“普通式”和“拉长式”两种（图 5.1.1）。无论采用哪种安装方式，都应从运动员的实际情况出发，以能发挥最大肌肉力量、获得最大的向前冲力和在“预备”姿势时感到舒适而放松为准。目前，我国多数优秀运动员都采用适合自身特点的“普通式”安装方式。

在学校的体育教学和课外体育锻炼中，若是煤渣跑道未配有起跑器，可采用挖起跑穴代替，起跑穴的位置与安装起跑器的位置基本相同；若是塑胶跑道，必须按规定配齐起跑器。

起跑过程包括“各就位”“预备”“鸣枪”（或“跑”）三个环节，如图5.1.2所示。

若听到“各就位”口令后，做1～2次深呼吸，轻快地走到起跑器前，两手撑在起跑线前的地面上，两脚依次踏在起跑器的前、后抵足板上，后膝跪地。然后两手收回置于起跑线的后沿，两臂伸直，两手距离比肩稍宽，四指并拢与拇指成“八”字形支撑于地面。此时，身体重心应稍前倾，颈部自然放松，两眼视前下方50厘米处，注意听“预备”口令。

听到“预备”口令后，随之吸一口气，从容地抬起臀部，使之稍高于肩，同时身体重心适当前移，肩稍超出起跑线（10厘米左右），体重主要落在两臂和前脚上。前腿大、小腿夹角90°左右，后腿大、小腿夹角120°左右。注意力高度集中，静听枪响。

听到枪响（或“跑”）后，两手迅速推离地面，两臂及时做有力的前后摆动，同时两腿迅速蹬离起跑器，后腿以膝领先向前摆出，前腿要快速有力地蹬伸髋、膝、踝3个关节，把身体向前送出。

图5.1.2

2. 起跑后的加速跑

起跑后立即转入加速跑，其任务是在较短的距离内（通常为20～25米）尽快获得最大的速度。起跑第一步不宜过大，一般为3.5～4脚长，以后每步约增加半脚长，逐渐增加到途中跑步长。加速跑时，上体前倾较大，随着步长和速度的增加，逐渐抬起到途中跑的姿势（图5.1.3）。

图5.1.3

3. 途中跑

途中跑的任务是保持高速度跑。在跑的一个周期中，单腿经历着地缓冲、后蹬前摆阶段。当摆动腿摆到最高点时，大腿积极下压，膝关节放松，使小腿自然向前伸出，脚掌微翘起做由前向下向后的“扒地”动作，前脚掌在离重心投影点约1.5脚掌处着地，着地后迅速转入合理的缓冲动作，支撑腿的膝、踝适度弯曲，脚跟稍离地，为快速有力的后蹬做好准备（图5.1.4）。

图 5.1.4

身体重心移离支撑点，即开始后蹬。在摆动腿的大小腿折叠积极前摆配合下，支撑腿迅速伸展髋、膝、踝 3 个关节，最后用脚趾蹬离地面。后蹬角度约为 50°（图 5.1.5）。

图 5.1.5

支撑腿蹬离地面，即转入前摆。随着大腿前摆，小腿随惯性向大腿靠拢，当摆动腿膝关节摆过支撑腿膝关节稍前部位时，大小腿折叠达到最大限度，脚跟几乎触及臀部。接着，摆动腿继续前摆，当摆到最高点时与支撑腿之间的夹角为 100°～110°。

途中跑时，上体应稍前倾，头部正直并与上体保持一致。

摆臂的主要作用是维持身体平衡和调节跑的节奏。摆臂时，两手半握拳、屈肘，以肩为轴做前后摆动。前摆时稍向内，后摆时稍向外。

200 米和 400 米跑有一半以上的距离在弯道上进行。在弯道跑时，身体应向圆心倾斜。弯道半径越小，跑的速度越快，倾斜程度就应越大。为了跑最短距离，脚的着地点应尽量靠近左侧分道线。

4. 终点跑

终点跑的任务是尽量保持高速度跑过终点。此时，上体稍前倾，并加强摆臂。在距终点线约一步时，上体急速前倾，以胸部或肩部撞终点线，并跑过终点，然后逐渐减慢速度。

（二）主要练习方法

短跑的练习应以途中跑为主，在初步掌握途中跑技术的基础上，再依次练习起跑、起跑后的加速跑和终点跑。

短跑的主要练习方法如图 5.1.6 所示。

图 5.1.6

（三）比赛规则简介

（1）运动员挤撞或阻挡别的运动员而妨碍其跑进时，取消此运动员该项比赛资格。

（2）在分道径赛中，运动员应自始至终在各自分道内跑进。

（3）运动员由于受他人推、挤或被迫跑出自己的分道，但未从中获得实际利益，则不应取消其比赛资格；运动员在直道上跑出自己的分道或在弯道上跑出自己的分道外侧分道线，但未从中获得实际利益，也未阻挡其他运动员，则不应取消其比赛资格。

（4）在400米及以下各项径赛中，运动员必须使用起跑器和采用蹲踞式起跑。在“各就位”口令发出之后，运动员必须完全在自己分道内和起跑线后做好准备姿势，双手和一膝必须与地面接触，双脚必须接触起跑器。在“预备”口令发出之后，运动员应立即抬高重心，做好起跑姿势，此时双手仍与地面接触，双脚不得离开起跑器。

（5）在“各就位”或“预备”口令发出之后，所有运动员应立即做好最后预备姿势，不得拖延。经适当时间仍不服从命令者，以起跑犯规论。

（6）在“各就位”口令发出之后，如运动员用声音或其他方式干扰比赛中的其他运动员，以起跑犯规论。

（7）运动员在做好最后预备姿势之后和鸣枪之前开始起跑动作，以起跑犯规论。

（8）对于起跑犯规的运动员，必须给予警告。对于任意第2次起跑犯规的运动员，取消其比赛资格。

小贴士

目前，男子100米跑和200米跑的世界纪录由牙买加选手博尔特保持，成绩分别为9秒58和19秒19；男子400米跑的世界纪录由南非选手范尼凯克保持，成绩为43秒03。女子100米跑和200米跑的世界纪录由美国选手乔伊纳在1988年创造，成绩分别为10秒49和21秒34；女子400米跑的世界纪录由德国选手科赫在1985年创造，成绩为47秒60。

二、中长跑

中长跑是中距离跑和长距离跑的合称。经常参加中长跑锻炼,能改善呼吸系统和心血管系统的机能,发展耐力素质,培养坚毅、顽强的意志品质。因中长跑不受场地、器材、年龄、性别等条件限制,近年来在世界范围内掀起长跑热,以健身为目的的长距离跑被人们广泛作为锻炼身体的重要手段。

中长跑比赛项目有 800 米、1 500 米、3 000 米、5 000 米、10 000 米等。

(一) 基本技术

中长跑是耐力性运动项目,要求运动员在保持高频率跑的前提下,合理地分配体力,尽可能少地消耗能量。

1. 起跑和起跑后的加速跑

中长跑一般采用站立式起跑(图 5.1.7)。运动员听到“各就位”的口令后,迅速走到起跑线后将有力脚放在起跑线后沿,另一脚在后,两脚前后间距约一脚长,左右间距约半脚长,两腿微屈,上体前倾,重心落在前脚,后脚用前脚掌着地,前脚异侧臂自然下垂,同侧臂置于体侧,眼看前方 5 ~ 10 米处,身体保持稳定,集中注意力听枪响。

运动员听到枪响后,两腿迅速用力蹬地,两臂配合两腿做快速有力的摆动,使身体迅速向前冲出。加速跑时,上体前倾较大,蹬摆积极,当跑到能发挥个人跑速的战术位置时,就进入匀速而有节奏的途中跑。

图 5.1.7

2. 途中跑

中长跑中的途中跑的技术原理与短跑基本相同,但由于距离和跑速不同,两者在技术上存在着不同程度的差异。

(1) 后蹬用力的程度较短跑小些,后蹬的角度较短跑大些,一般为 55°。

(2) 大腿前摆的高度较短跑低些,前摆时大小腿折叠动作较短跑小些(图 5.1.8)。

(3) 身体前倾的角度较短跑小些(上体正直或稍前倾 5°左右)。

(4) 在弯道跑时,技术动作变化的程度较短跑小些。

图 5.1.8

3. 终点跑

中长跑中的终点跑是运动员在十分疲劳的情况下,竭尽全力进行最后一段距离的冲刺跑。终点跑要求运动员具有顽强的意志,动员全身力量,加强摆臂和蹬摆,向终点冲去。终点冲刺的时机应根据比赛项目、训练水平、战术要求和临场的情况而定。一般情况下,800 米跑可在后 200 ~ 250 米开始加速,若跑的距离更长,开始加速的距离可相应增加。

4. 中长跑的呼吸

中长跑由于能量消耗大,机体要产生一定的氧债,为了保证机体对氧气的需求,呼吸必须有一定的深度和频率,还必须与跑的节奏相配合,一般是跑 2 ~ 3 步一呼气,跑 2 ~ 3 步一吸气。

(二) 主要练习方法

(1) 匀速跑 80 ~ 100 米,主要是培养速度感觉和发展一般耐力。

(2) 加速跑(见短跑练习)。

(3) 变速跑(或走跑交替),即快跑与慢跑(或走)交替进行。例如,100 米中(快)速跑 + 100 米慢跑(或走); 200 米中(快)速跑 + 100 ~ 200 米慢跑(或走)。

(4) 重复跑,即多次重复跑固定距离。重复跑的距离比个人专项的距离要短,如 800 米跑、1 500 米跑等,可进行 200 ~ 400 米的重复跑。

(5) 定时跑,即在规定的时间内跑完一定的距离,可以发展专项耐力和培养跑的速度感觉能力。

(6) 越野跑(或自然地形跑),即在野外进行的跑。跑的距离、时间可长可短,跑的速度可快可慢。

(7) 登山。根据不同山的高度和练习者要达到的要求,重复次数可以进行选择。登山是发展耐力的好方法。

(三) 比赛规则简介

(1) 运动员擅自离开跑道,不得继续比赛。

(2) 中长跑的起跑口令是“各就位”,运动员准备就绪后等待“鸣枪”。

(3) 在800米跑比赛中,运动员应在第一个弯道沿分道跑,未过跑道标志线提前切入里道或过标志线后强行切入阻挡他人,视为犯规。

(4) 起跑出发时,运动员强行切入里道阻挡他人或在跑道上采用不合理的方法超越他人,则取消其比赛资格。

三、超长距离跑

对于超长距离跑,人们最熟知的是马拉松(42.195 千米)和铁人三项中的跑步,这类跑步是对人体极限的挑战,不经过专业训练是坚持不下来的,不建议学生参与。

小贴士

目前,男子马拉松的世界纪录保持者是肯尼亚选手埃鲁德·基普齐格,成绩为2小时01分09秒。女子马拉松的世界纪录保持者是肯尼亚选手布里吉德·科斯盖,成绩为2小时14分04秒。

四、跨栏跑

跨栏跑是在快速跑中跨越一定数量、一定距离和一定高度栏架的径赛项目,也是田径运动中技术比较复杂、节奏性比较强、锻炼价值比较高的项目之一。经常练习跨栏跑,可以培养勇敢、顽强、果断和克服困难的意志品质,并能有效地发展速度、弹跳力、柔韧性、灵敏性等身体素质。在室外举行的成年组跨栏跑比赛项目有男子110米栏和400米栏、女子100米栏和400米栏。

(一) 基本技术

跨栏跑的完整技术可分为起跑至第一栏、跨栏步、栏间跑和终点跑四个部分。

1. 男子110米栏

(1) 起跑至第一栏。起跑后快速准确地跨过第一个栏是跑好全程的重要环节。跨栏跑都要采用蹲踞式起跑,起跑技术与短跑基本相同。由于起跑线到第一个栏的距离和加速跑的步数是固定的,所以起跑和起跑后的加速跑与短跑又不完全相同。例如,起跑时身体与地面的夹角比短跑大;起跑后抬腿幅度大,步长增加快,起跑后上第一个栏架时步长已接近途中跑步长。

(2) 跨栏步。指起跨腿踏上起跨点开始到摆动腿的脚过栏后着地为止,包括起跨攻栏与腾空过栏两个阶段。

① 起跨攻栏。起跨点一般距栏架2.00~2.20米,起跨腿的脚着地点应在身体重心

投影点的稍前方，当身体重心移过支点时，迅速蹬伸，同时充分高抬摆动腿，起跨腿同侧臂有力前伸，上体随后蹬用力重心前移而逐渐加大前伸。当结束起跨攻栏动作时，起跨腿髋、膝、踝 3 个关节充分伸直，躯干和起跨腿基本成一直线(图 5.1.9)。

② 腾空过栏。起跨腿蹬离地面后，摆动腿大腿随惯性继续抬高，摆动腿异侧臂积极前伸。当摆动腿脚掌越过栏板后，即开始做积极的下压动作，同时起跨腿膝外展经体侧迅速向前提拉，起跨腿同侧臂屈肘后摆，以维持身体平衡。摆动腿着地时以前脚掌扒地，上体适当前倾，着地点尽量靠近身体重心投影点，着地点距栏架 1.40～1.50 米(图 5.1.9)。

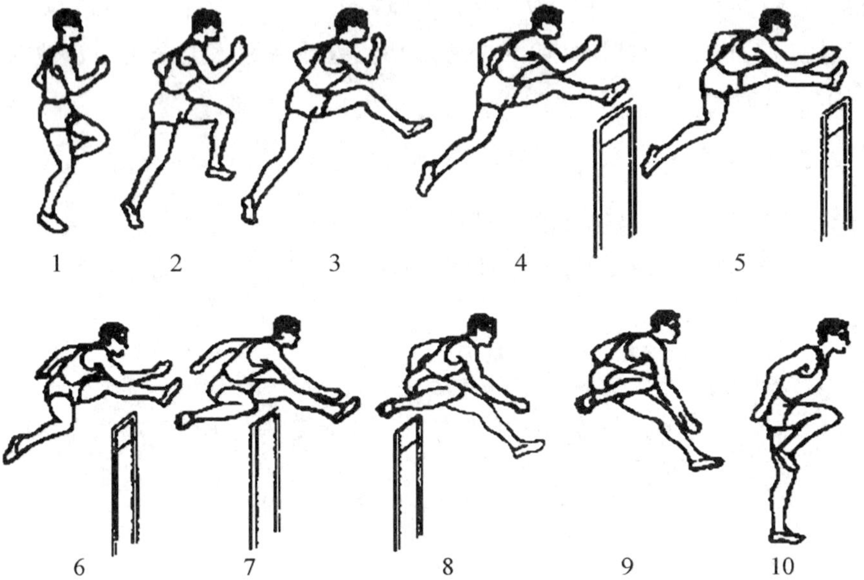

图 5.1.9

(3) 栏间跑。栏间跑要求身体重心高、跑的直线性强和加速节奏明显。

(4) 终点跑。当跨越最后一个栏架时，摆动腿应更积极地下压，着地点较近，起跨腿一过栏架即向前摆出。终点跑要加大身体前倾，加快频率，加强蹬摆，以最快的速度冲向终点，撞线动作与短跑相同。

2. 女子 100 米栏

女子 100 米栏技术与男子 110 米栏相比，由于栏架较低，栏间距离较短，所以起跨的后蹬角度和上体前倾角度都较小，摆动腿前摆较低，起跨腿前拉幅度和两臂摆幅也较小。过栏时身体重心腾起的高度低，过栏速度接近短跑。起跑至第一个栏一般跑 8 步，起跨点距栏架约为 2 米，下栏着地点距栏架为 1.05～1.10 米(图 5.1.10)。

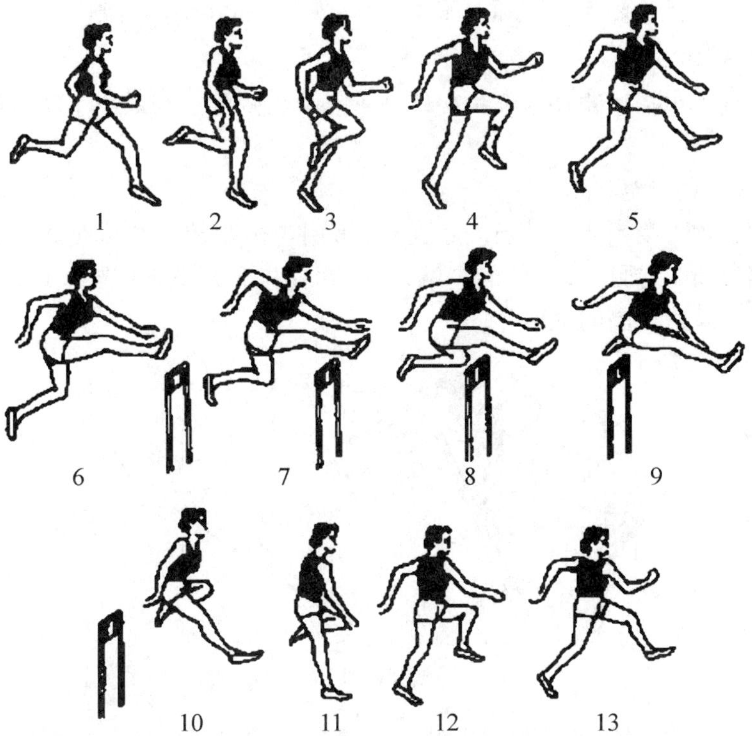

图 5.1.10

（二）主要练习方法

（1）原地或行进间做摆动腿的抬（屈膝高抬）、伸（小腿自然前抬）、压（积极下压）动作。

（2）原地或行进间做摆动腿“鞭打”练习。

（3）行进间（跑 3 ~ 5 步）由栏侧做攻摆练习。

（4）手扶肋木站立，体侧纵向或横向放一栏架，做起跨腿提拉练习。

（5）行进间（跑 3 ~ 5 步）由栏侧做摆动腿过边栏和起跨腿提拉练习。

（6）行进间（跑 3 步）做“跨栏步”动作，过 2 ~ 3 个栏。栏间距离为 7 ~ 8 米。

（7）做站立式起跑过栏练习，栏间跑 3 步。

（8）设置较短的栏间距离，做栏间跑 1 ~ 3 步过栏练习。

（三）比赛规则简介

（1）跨栏比赛均为分道跑，运动员应自始至终跑在各自的分道内。

（2）在过栏瞬间，运动员的脚或腿低于栏顶水平面，或者运动员跨越他人的栏架，或者裁判长认为运动员有意用手或脚推倒栏架，应取消其比赛资格。

五、接力跑

接力跑是田径运动中唯一的集体项目。接力跑以队为单位，每队 4 人，每人跑相同距离。其起源有多种说法，有的认为起源于古代奥运会祭祀仪式中的火炬传递，有的认为与非洲盛行的“搬运木料”或“搬运水坛”游戏有关，也有的认为是从传递信件文书的邮驿演变而来。练习接力跑可以发展速度、灵巧性等身体素质，培养团结协作的集体主义精神。

接力跑比赛项目主要为男子和女子 4×100 米、4×400 米接力跑。

（一）基本技术

接力跑的技术包括短跑技术和传接棒技术。接力跑的成绩取决于队员的速度和传接棒动作的配合。

1. 4×100 米接力跑技术

（1）持棒起跑。第 1 棒运动员右手持棒，采用与短跑相同的蹲距式起跑。持棒人用右手中指、无名指和小拇指握住棒的末端，拇指和食指分开撑地（图 5.1.11）。接力棒不得触及起跑线和起跑线前的地面。

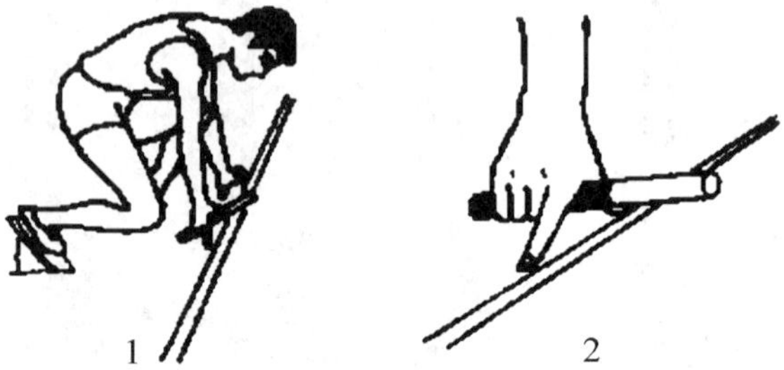

图 5.1.11

（2）接棒人起跑。接棒人常采用半蹲式起跑。第 2、4 棒队员起跑时站在本分道预跑区内的外侧（第 3 棒在内侧），用一手撑地，头转向侧后方，目视跑来的队员和自己起跑的标志。当传棒人跑至标志线时，接棒人即迅速起跑。

2. 传接棒的方法

常用的传接棒方法有上挑式和下压式两种。

（1）上挑式。接棒人手臂自然后伸，掌心向后，虎口张开朝下。传棒人将棒由下向前上方送到接棒人手中（图 5.1.12）。这种方法的优点是动作比较自然、容易掌握；缺点是接棒人握棒的位置随着多次传接过程会越来越下移，容易出现因传接棒而减慢跑速和掉棒的现象。

（2）下压式。接棒人手臂自然后伸，掌心向上，虎口张开朝后。传棒人将棒的前端由上向前下方送到接棒人手中（图 5.1.13）。这种方法的优点是每次接棒都能接到棒的前端，便于下次接棒；缺点是接棒人手腕动作较紧张，不容易掌握。

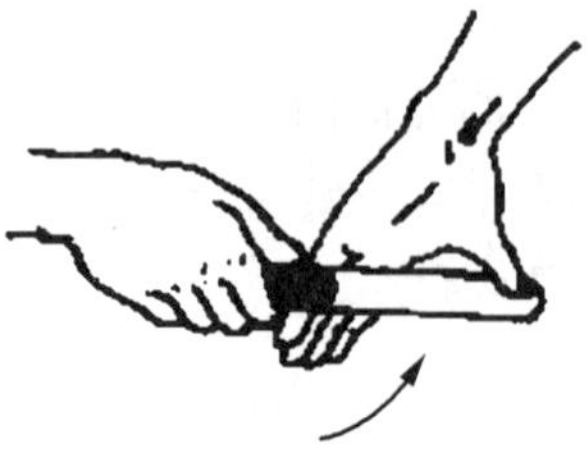

图 5.1.12

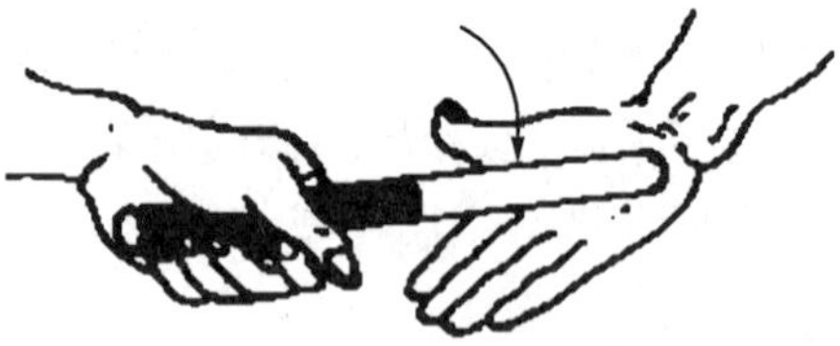

图 5.1.13

在比赛中经常采用混合式传接棒方法，即综合上挑式和下压式的优点，第 1、3 棒队员右手持棒，用上挑式把棒传到第 2、4 棒队员的左手中。第 2 棒队员左手持棒，用下压式把棒传到第 3 棒队员的右手中。

4×100 米接力跑全程由 4 名队员协作完成，因此在分配棒次时，必须考虑发挥每个队员的特长。一般，第 1 棒应安排起跑和弯道跑技术好的队员；第 2 棒应安排速度耐力好和传接棒技术好的队员；第 3 棒安排的队员除了要具备第 2 棒队员的条件外，还要善于跑弯道；第 4 棒应安排速度最快、意志品质和冲刺能力最强的队员。

（二）主要练习方法

（1）原地做传接棒练习。

（2）跑动中做传接棒练习。

（3）双人在接力区内快速跑中完成传接棒。

（4）各种距离的 2 人、3 人、4 人异程接力。

（5）进行 4×100 米接力跑比赛。

（三）比赛规则简介

（1）在 4×400 米接力跑中，各队运动员必须在各自的分道上跑完 3 个弯道，并跑过抢道标志线后方可进入里道。

（2）运动员须手持接力棒跑完全程，如接力棒掉落，须由掉棒运动员拾起，拾棒时不得阻碍其他运动员，否则将取消其比赛资格。

（3）在所有接力跑中，运动员必须在接力区内完成传接棒。是否在接力区内，应以接力棒的位置为准，不以运动员的身体或四肢位置为准。

（4）在 4×400 米接力跑中，第 3、4 棒接棒的运动员应在裁判员的指定下，按照同队传棒运动员跑完 200 米时的先后顺序，由内到外地排列各自的接棒位置。

（5）运动员传棒后，应留在各自分道或接力区内，直到跑道通畅，以免阻挡其他运动员。凡因跑错位置或跑出分道而阻碍其他队运动员的，将取消本队比赛资格。

（6）凡被推动跑或通过其他方法受到帮助的运动员，将取消其比赛资格。

（7）只准许有两名队员作为候补队员；在每赛次比赛前，必须声明各棒运动员的顺序；已参加过比赛的运动员，一旦被人替换，则不能再参加后继赛次的接力比赛。

小贴士

目前，男子 4×100 米接力跑的世界纪录由牙买加队创造，成绩为 36 秒 84；男子 4×400 米接力跑的世界纪录由美国队创造，成绩为 2 分 54 秒 2。女子 4×100 米接力跑的世界纪录由美国队创造，成绩为 40 秒 82；女子 4×400 米接力跑的世界纪录，由苏联队创造，成绩为 3 分 15 秒 17。

六、障碍跑

障碍跑就是在田径场地上跑越一定障碍的竞赛项目。它不但要求运动员具有长跑的耐力和技术，还要求其掌握跨越障碍和水池的本领。正式比赛项目只有 3 000 米障碍一项，全程共跨越 35 次障碍，其中有 7 次为带水池的障碍。途中障碍设置方法有两种：一种每圈长 390 米，跑 7 圈，起点至第一圈起点 270 米，第一圈起点至第一障碍 10 米，第二障碍至第五障碍 78 米，第五障碍至终点 68 米；另一种每圈长 410 米，跑 7 圈，起点至第一圈起点 130 米，第一圈起点至第一障碍 10 米，第二障碍至第五障碍 82 米，第五障碍至终点 72 米。

越过障碍栏架的方法有两种：一种是直接跨栏法，近似400米栏的动作，起跨点距栏架1.5～1.8米，起跨角略大，身体重心腾起稍高；另一种是踏上跳下法，用有力腿蹬地起跳后，前伸的摆动腿屈膝，脚跟踏上横木后沿，随之身体前移，待重心移过障碍栏架后，支撑腿转为脚尖蹬横木，使身体向前落下，用起跨腿落地。跨过水池障碍的方法采用踏上跳下法。

女子障碍跑开展较晚，国际田联1997年才开始推广。在2008年第29届奥运会上，女子3 000米障碍跑才被设为正式比赛项目。

小贴士

目前，男子3 000米障碍跑的世界纪录由埃塞俄比亚选手吉尔马创造，成绩为7分52秒11；女子3 000米障碍跑的世界纪录由肯尼亚选手切普科奇创造，成绩为8分44秒32。

第二节　跳　跃

田径运动中的跳跃项目是运用人体自身的能力（或同时借助一定的器材——撑杆），通过一定的运动形式，使人体腾越尽可能高的高度或跳越尽可能远的距离。

跳跃项目属非周期性项目，各个跳跃项目虽然运动形式和要求不同，但有其共同点，即人体的运动都是从静止状态开始向前跑进，而后转变为腾空，最后是落地。因此，各项跳跃运动都可以分成四个紧密相连的动作阶段：人体向前水平移动阶段，技术上称作助跑；人体向前水平移动转变为向前上运动阶段，技术上称作起跳；人体离地后的空中腾越阶段，技术上称作腾空；人体腾空后着地阶段，技术上称作落地。

一、跳高

跳高是人体通过快速的助跑和起跳，采用合理的过杆姿势和动作，使身体腾越垂直距离的运动项目。它是广大青少年喜爱的锻炼手段。练习跳高能有效地增强腿部的肌肉力量，发展灵敏性、协调性等身体素质，还可培养勇敢、果断等优良品质；熟练的跳高技术给人以美的感受。跳高可以在比较简易的条件下进行，是符合我国当前国情的一项运动。目前，我国各级各类学校的体育课中均有跳高内容。

在跳高技术的发展过程中，曾出现过跨越式、剪式、滚式、俯卧式、背越式五种姿势。目前，剪式、滚式由于技术落后已被淘汰。从竞技和表现运动成绩的角度来看，俯卧式也很少见，唯有背越式被世界优秀跳高运动员普遍采用。另外，在学校体育教学和课外体育锻炼中，简单的跨越式跳高也是重要而常用的锻炼手段。

（一）基本技术

跳高的完整技术由助跑、起跳、过杆和落地四个紧密相连的动作环节组成。从力学上讲，跳高成绩受以下几个因素影响：腾起初速度、腾起角及过杆补偿动作。腾起初速度是助跑水平速度与起跳垂直速度之合速度。腾起角则是人体重心轨迹与地面的夹角。通过运动增加人体内力（肌肉用力）和外力（支撑反作用力），以合理的技术有意识地提高腾起初速度和形成适宜的腾起角是提高跳高成绩的关键。

1. 助跑

助跑的任务是使人体获得一定的水平速度,为有力地起跳和顺利地过杆创造有利条件。

(1) 助跑的种类。跳高助跑可分为直线助跑和弧线助跑两种形式。

① 直线助跑(图 5.2.1):人体脚尖正对助跑方向沿直线跑进。直线助跑适用于跨越式跳高和俯卧式跳高。跨越式是摆动腿靠近横杆一侧起跳,俯卧式则是起跳腿靠近横杆一侧起跳。

② 弧线助跑(图 5.2.2):实际上,这是一种呈“丁”字形的助跑路线,即助跑的前段为直线,后 3 ~ 4 步为弧线。弧线助跑适用于背越式跳高。靠近横杆一侧是摆动腿。

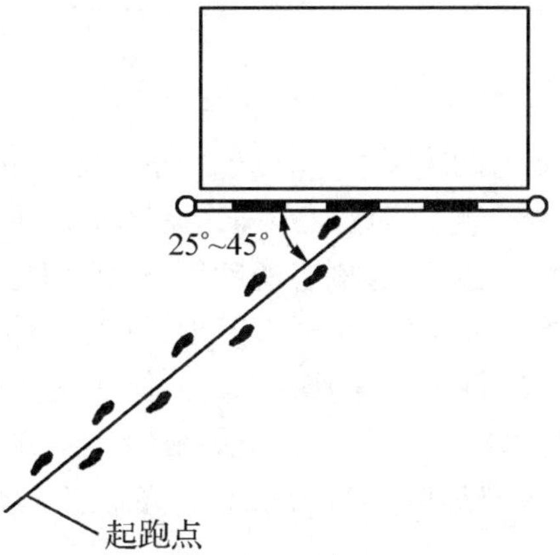

图 5.2.1

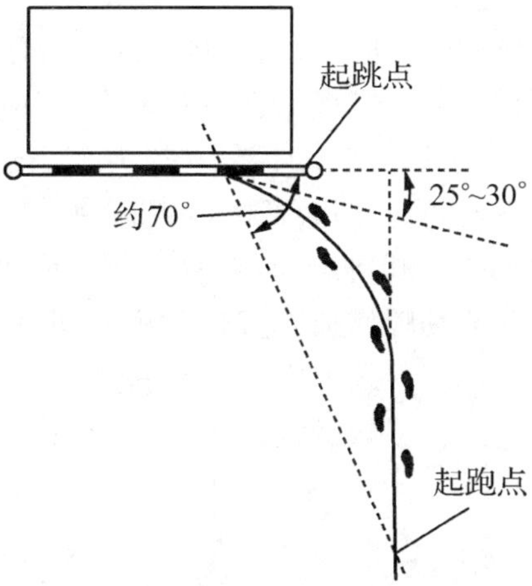

图 5.2.2

(2) 助跑丈量步点的方法。助跑丈量步点的方法有走步丈量法、等半径丈量法和直角坐标丈量法,通常采用走步丈量法(图 5.2.3)。

先确定起跳点。起跳点一般在离近侧跳高立柱 1 米、离横杆垂直投影线 60 ~ 90 厘米处。由起跳点沿横杆的平行方向走 5 步,再向右转成直角自然走 6 步做一标记,再向前走 6 步画起跑点。由标记点向起跳点画一弧线连接,即成最后 4 步的助跑弧线。直段也跑 4 步,全程共 8 步。直段丈量一般用公式$(2x-2)$确定,如跑 4 步,则 $4\times2-2=6$(步),即用自然步走 6 步也可。直线助跑步点丈量,也可采用反向跑的方式来确定。

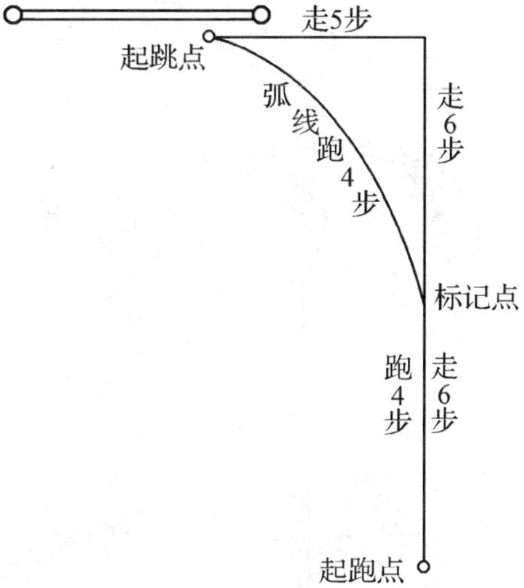

图 5.2.3

(3) 助跑的方法和要求。按照完成动作的先后,可把助跑分为加速阶段和准备阶段。加速阶段的要求是助跑动作轻松自然、重心平稳、步点准确和逐渐提高跑速。准备阶段是指最后几步助跑,也是助跑的主要阶段。这时练习者要注意逐渐加大用力程度,并保持动作的连贯性和合理的节奏,使动作快速有力。

快速助跑起跳是跳高技术的发展方向。提高助跑速度能够使更多的动能转化为压紧身体的弹性势能,使得练习者在很短的起跳时间内达到最大的用力效果。

直线助跑准备阶段采用脚跟先接触地面并迅速过渡到前脚掌着地的“滚动式”跑法,后蹬积极有力,摆动腿带髋向前。在助跑倒数第 2 步时应加大步长做专门的降低身体重心动作,以加长起跳工作距离和准备起跳。

2. 起跳

起跳的任务是将助跑所获得的水平速度转化为最大的垂直速度。起跳将改变人体运动的方向,使身体充分地向上腾起,同时还将产生一定的旋转动力,保证过杆动作的顺利完成。由起跳形成的腾起初速度和腾起角是决定高度的主要因素。因此,起跳是跳高技术的关键环节。

背越式起跳动作包括放脚、缓冲和蹬伸三个阶段(图 5.2.4 中的 1 ~6)。起跳脚踏上起跳点时,一般与横杆垂直面有 5°左右的夹角,即与助跑弧线的切线方向一致。在助跑最后一步前,摆动腿支撑时要压紧,并积极送髋。由于身体向圆心方向倾斜,身体重心已处于相对于身体直立时较低的位置,因此不需要做专门的降低重心的动作,这能缩短支撑时间、加快动作。起跳脚向前迈出,用脚跟外侧先触地并滚动为全脚着地,同时身体由倾斜转为垂直,摆动腿屈腿以髋带动大腿迅速前摆。起跳腿在全脚着地后,伸肌进行退让工作,同时摆动腿继续上摆,把同侧髋带出,带动骨盆扭转,同时蹬伸起跳腿。两臂配合腿的动作向上提肩,提腰摆臂,及时开始做引肩动作,为身体腾起转为水平姿势做好准备。

图 5.2.4

3. 过杆和落地

过杆的任务是充分利用身体重心腾起的高度,采用合理的过杆姿势和动作,使整个身体顺利地越过横杆。落地的任务是及时做好缓冲动作,安全落地。

背越式跳高由于骨盆在起跳时已经转动,因此在人体腾空后,身体继续转动成背对横杆的姿势。摆动腿的膝放松,起跳腿蹬离地面后自然下垂,肩继续向杆伸展,头和肩先过杆,骨盆向前翻转使髋部充分伸展,两腿有些向后,在杆上成背卧而又有反弓形的姿势。髋部伸展动作要延续到臀部越过横杆,而后过杆的两臂做向前的动作,同时借助于向后弓的"反弹"作用,把未过杆的两腿上举,使其越过横杆。身体过杆后,用肩背落于海绵垫上。(图5.2.4中的7~18)

(二)主要练习方法

跳高是技术较为复杂的非周期性的田径运动项目。因此,在学习跳高技术时应突出重点(起跳),突破难点(助跑与起跳结合),先分解练习,后完整练习,同时注意把发展腿部力量、柔韧性、协调性等身体素质结合起来,这样才能掌握好跳高技术,并使之成为锻炼身体的有效手段。

练习之前,首先应建立正确的跳高技术概念,即结合示范、讲解认识跳高技术的重点和难点,并通过技术录像、图片等,进一步了解背越式跳高的完整技术。背越式跳高的主要教学手段如下。

1. 过杆和落地技术的练习方法

(1) 后倒成"桥",两肩着垫(图5.2.5)。

(2) 仰卧蹬高物,利用蹬力挺髋,接着收腹举腿(图5.2.6)。

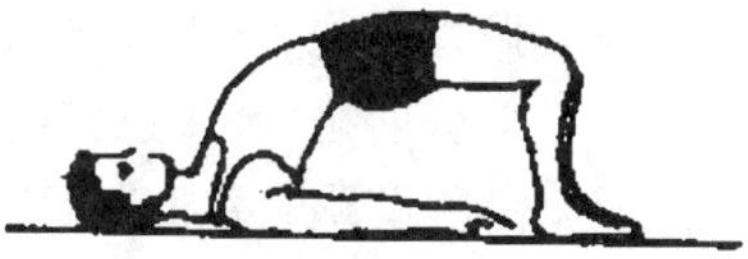

图5.2.5

图5.2.6

(3) 原地双脚起跳、引肩、提髋、屈膝、肩背着垫(图5.2.7)。

图5.2.7

2. 起跳技术的练习方法

(1) 摆臂练习。两臂屈肘上摆,提肩、拔腰,在肘与肩平行时急停。摆动腿同侧肩臂略高于起跳腿同侧肩臂。

(2) 摆腿练习。侧立,摆动腿折叠高抬带同侧髋摆出,同时扣膝内转,约转体90°成背对。

(3) 放起跳腿练习。起跳腿由后向前迈出,大腿不高抬,用脚跟及脚掌外侧先着地,同侧肩在后形成髋、肩轴交叉,身体稍内倾的姿势。

(4) 迈步起跳练习。起跳腿前迈起跳,动作快速有力,蹬摆协调,起跳后,保持腾起姿势落地。此练习可由帮助者托腰腾起,进一步体会腾起的感觉。

3. 助跑与起跳相结合技术的练习方法

(1) 弧线助跑练习(图5.2.8)。

(2) 在弧线助跑练习的基础上,沿弧线每走3~4步做一次起跳练习,起跳腾空后面对圆心,起跳腿落地。

(3) 沿弧线跑3~4步起跳,用摆动腿同侧臂做单手反手触摸高悬物或篮板练习。

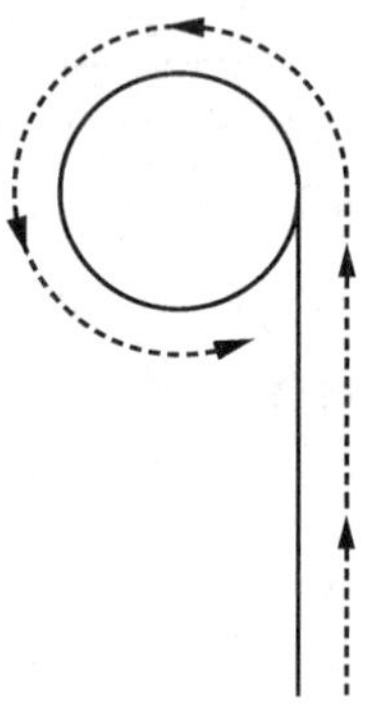

图5.2.8

4. 完整技术的练习方法

弧线助跑3~4步起跳后,仰卧在高置的海绵垫上(图5.2.9)。

(1) 弧线助跑3~4步,起跳过杆练习。

(2) 短程助跑,起跳过杆练习。

(3) 全程助跑,背越式技术完整练习。

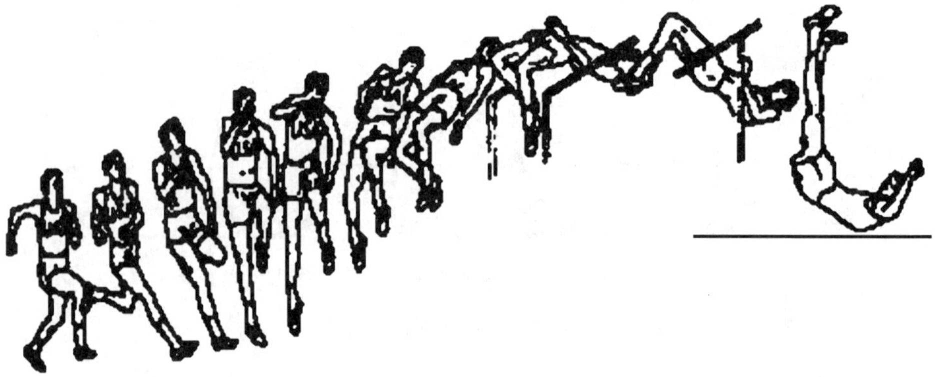

图5.2.9

(三) 比赛规则简介

(1) 运动员的试跳顺序,应通过抽签排定。

(2) 比赛开始前,裁判员应向运动员宣布起跳高度及每轮横杆的升高计划,此计划直到比赛中只剩下一名运动员或出现第一名成绩相等时为止。

(3) 除非比赛中只剩下一名运动员,并且他已获得该项比赛冠军,否则,每轮之后,横杆提升的高度不得少于2厘米;全能比赛每轮横杆提升的高度均为3厘米。

(4) 运动员必须用单脚起跳。

(5) 如有下列情况之一,判为试跳失败:① 试跳后,由于运动员在试跳时的动作触及横杆,横杆未能留在横杆托上;② 在越过横杆之前,运动员身体的任何部分触及立柱之间、横杆延长线垂直面以外的地面或落地区。在试跳中，运动员一脚触及落地区，而裁判员认为其并未从中获得利益，则不应判为试跳失败。

（6）运动员可以在主裁判事先宣布的横杆升高计划中的任何一个高度上开始起跳，也可以在以后任何一个高度上根据自己的意愿决定是否试跳。但不管在哪一高度上，运动员只要连续 3 次试跳失败，即失去继续比赛的资格。因成绩相等而进行的第一名决名次的试跳除外。此规则允许运动员在某一高度上第 1 次或第 2 次试跳失败后，在其第 2 次或第 3 次试跳时请求免跳，并在后继的高度上继续试跳。运动员在某一高度上请求免跳后，则不准在同一高度上恢复试跳，第一名成绩相等的情况除外。

（7）运动员在比赛中取胜之后，有关裁判员或裁判长应征求该运动员意见，然后确定横杆提升的高度。此规定不适用于全能运动项目。

（8）每名运动员应将其最好的一次试跳成绩（包括第一名成绩相等决名次的试跳成绩）作为其最后的决定成绩。

小贴士

目前，男子跳高的世界纪录为：古巴的索托马约尔保持室外跳高世界纪录 2.45 米和室内跳高世界纪录 2.43 米；女子跳高的世界纪录为：保加利亚的科斯塔迪诺娃保持室外跳高世界纪录 2.09 米，瑞典的伯格奎斯特保持室内跳高世界纪录 2.08 米。

二、跳远

跳远是人体通过快速的助跑和积极的起跳，采用合理的姿势和动作，使身体腾越尽可能远的水平距离的运动项目。

跳远是田径运动跳跃项目，又称急行跳远，由助跑、起跳、腾空、落地等动作组成。运动员沿直线助跑，在起跳板前沿线后用单足起跳，经腾空阶段，然后用双足在沙坑落地。比赛时以跳的距离长短决定名次 。在跳远技术的发展过程中，曾出现过三种空中姿势，即蹲踞式、挺身式和走步式。尽管走步式竞技效果很好，但技术难度大，对身体素质要求高，因此，把跳远作为锻炼身体的手段时，仍普遍采用蹲踞式和挺身式。

三级跳远是助跑后沿直线连续进行三次不同形式跳跃（第一跳为单足跳，用起跳腿落地；第二跳为跨步跳，用摆动腿落地；第三跳为跳跃，必须用双足在沙坑落地），腾越尽可能远的水平距离的运动项目。相对于跳远来说，三级跳远技术更复杂，对人体支撑器官要求更高，其锻炼价值很大，常是发展力量、速度、协调性等身体素质的重要手段。

（一）基本技术

跳远的完整技术由助跑、起跳、腾空和落地四个紧密相连的动作环节组成。用力学观点来分析，跳远成绩取决于快速起跳的腾起初速度与合理的腾起角度，而腾起初速度受助跑获得的水平速度和起跳产生的垂直速度影响最大，因而跳远技术的关键是助跑和起跳的结合，其次是维持身体平衡所需要的空中姿势和正确的落地动作。

1. 助跑

助跑的任务是获得可控制的最大水平速度和为起跳做好准备。助跑的距离要根据练习者的素质状况和技术水平高低来定，男子一般为 30 ~ 40 米，跑 16 ~ 22 步；女子一般为

25～35 米，跑 14～20 步。助跑距离的测定方法：从起跳板（线）以助跑速度向反方向跑，最后一步踏跳点即为起跑点。助跑起动方式对步点准确性有一定影响，站立式起动和走或跑几步后踏标志线开始助跑是常用的两种起动方式。

全程助跑应轻松而有节奏，速度应逐渐加快，最后几步达到最高速度。助跑的最后几步是跳远技术的重要环节，它能够影响起跳前的速度、踏板的准确性和起跳动作的合理性。在助跑的最后阶段，为了准备起跳，助跑的节奏稍有变化，主要是倒数第 2 步的步长稍有增加，身体重心稍有下降。最后一步由于加快起跳腿的放脚动作，步长稍短，重心略升高，进入起跳状态。

2．起跳

起跳的任务是在尽量减少水平速度损失的情况下获得必要的垂直速度，改变身体重心向前运动的方向，使人体沿适宜的腾起角向空中腾起。起跳动作包括放脚、缓冲和蹬伸三个过程（图 5.2.10）。

图 5.2.10

助跑最后一步，当摆动腿支撑时，应用力蹬地使身体加快向起跳板推进。起跳腿快速折叠前摆，并积极压大腿，用脚跟触地并迅速滚动至全脚；身体重心越过支撑点时，蹬直髋、膝、踝 3 个关节；同时，摆动腿积极向前上方摆至水平位置，摆动时，小腿自然下垂，上体正直，两臂协调配合，起跳腿同侧臂屈肘摆至体前上方，异侧臂屈肘摆至体侧。

蹬伸不仅是起跳腿快速有力地蹬地，而且要与摆腿、摆臂、提肩、提腰等动作协调配合，使整个身体向前上方伸展。当摆动腿与两臂摆动到一定位置时，要有意识地做“突停”。这个“突停”动作不仅能维持身体平衡，而且能减小起跳腿的压力，增加起跳腾起的速度。

3．腾空

腾空的任务是维持身体在空中的平衡，并为合理、完善的落地缓冲动作创造有利条件。

正确的腾空应上体正直，摆动腿保持起跳时的前摆，起跳腿自然放松地留在身体后面。这一起跳结束时延续在空中的动作姿势，叫作“腾空步”（图 5.2.11）。

图 5.2.11

“腾空步”以后的空中姿势分为蹲踞式和挺身式。

（1）蹲踞式（图 5.2.12）。蹲踞式跳远时，保持“腾空步”的时间相对较长，摆动腿大腿抬得较高，膝关节的屈度较大，两大腿之间的夹角较大。当身体重心达到抛物线的最高点时，起跳腿屈膝向前提拉并与摆动腿并拢，形成“蹲踞”姿势，上体前倾，两臂同时自前向下、向后摆动，小腿自然前伸准备落地缓冲。

图 5.2.12

图 5.2.13

（2）挺身式（图 5.2.13）。挺身式跳远时，保持“腾空步”的时间比蹲踞式稍短。起跳后，摆动腿自然下放，小腿向后下方弧形摆动，两腿迅速靠拢，形成挺身姿势；两臂在摆动腿放下时同时下落，然后配合收腹举腿做绕环摆动；接着前伸小腿准备落地缓冲。

挺身式跳远的空中动作，能拉长体前肌肉，有利于做收腹举腿和伸腿落地动作，效果比蹲踞式好。但要注意挺身反弓的程度和时机，否则会使动作紧张，不利于身体在空中的平衡。

4. 落地

正确的落地动作能帮助提高跳高成绩，同时可防止伤害事故的发生。因此，当人体将要落地时，应保持上体前倾，高抬大腿，前伸小腿，脚触地刹那，迅速向前屈膝缓冲，髋部前移，两臂屈肘前摆，使身体尽快移过支撑点，并向前或向侧倒体，避免后坐（图 5.2.14）。

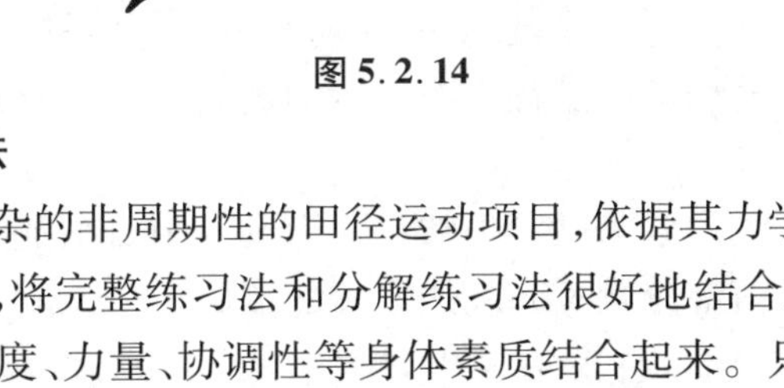

图 5.2.14

（二）主要练习方法

跳远是技术较为复杂的非周期性的田径运动项目，依据其力学特征，应抓住助跑和起跳相结合这个技术关键，将完整练习法和分解练习法很好地结合起来，同时注意把学习、掌握跳远技术和发展速度、力量、协调性等身体素质结合起来。只有这样，才能掌握好跳远技术，并使之成为锻炼身体的有效手段。

练习之前，首先应建立正确的跳远技术概念，即结合示范、讲解认识跳远技术的重点和难点，并通过录像、图片等进一步了解跳远的完整技术。

1. 助跑与起跳相结合技术的练习方法

（1）摆臂练习。起跳腿同侧臂屈肘向前上方摆动，异侧臂屈肘摆向体侧，两肘与肩平时急停，同时顶肩拔腰。

（2）摆腿练习。摆动腿屈腿高抬向前上方摆出，并把同侧髋带出。

（3）起跳腿放脚攻板练习。起跳腿低平而快前摆，大腿积极下压，脚掌由上向下后扒踏，同时配合摆腿和摆臂动作。

（4）走步、小步跑、半高抬腿跑等结合起跳成“腾空步”。

（5）3 ~4 步助跑起跳成“腾空步”。

（6）6 ~8 步助跑起跳成“腾空步”，以摆动腿落坑向前跑出。

2. 落地技术的练习方法

（1）立定跳远练习。空中团身，落地前及时伸腿，并利用两臂前摆，使身体重心移到落地点，然后前倒或侧倒入沙坑。

（2）原地高抬单腿起跳、团身、落地练习。

3. 蹲踞式动作的练习方法

（1）悬垂于单杠或支撑于双杠上成“腾空步”姿势，接着起跳腿屈膝提举与高抬的摆动腿靠拢成蹲踞姿势。

（2）原地单腿起跳成蹲踞式练习。起跳腿提举拉收与摆动腿靠拢成蹲踞姿势。

（3）4 ~6 步助跑蹲踞式跳远练习。

4. 挺身式动作的练习方法

（1）原地模仿练习。成“腾空步”姿势，随即摆动腿下放后摆，手臂配合由上向下向后上方摆动，展髋挺身成“反弓”，然后身体跃起收腹举腿落地。

（2）3 步助跑起跳成“腾空步”，完成挺身式动作。

（3）4 ~6 步助跑成“腾空步”，完成挺身式动作。

（4）6 ~8 步助跑成“腾空步”，完成挺身式动作。

5. 完整技术的练习方法

（1）丈量全程助跑步点前进行全程助跑练习。

（2）在准确的步点基础上完成起跳成“腾空步”。

（3）进行蹲踞式或挺身式的完整技术练习。

（三）比赛规则简介

（1）运动员的试跳顺序，应通过抽签排定。

（2）运动员超过 8 人时，每人先试跳 3 次，前 8 名可再试跳 3 次。如出现第 8 名成绩相等，则成绩相等的运动员均可再试跳 3 次。运动员只有 8 人或不足 8 人时，每人均可试跳 6 次。

（3）如有下列情况之一，判为试跳失败：① 不论是在未做起跳的助跑中还是在跳跃动作中，运动员身体的任何部分触及起跳线以外的地面；② 从起跳板两端之外（不论是起跳线延伸线的前面或后面）起跳；③ 在落地过程中触及落地区以外的地面，而区外触点较区内最近触点离起跳线更近；④ 完成试跳后，向后走出落地区；⑤ 采用任何空翻姿势。除了上述情况外，运动员在起跳板后面起跳，应判为有效试跳。

（4）试跳成绩应从运动员身体任何部分着地的最近点至起跳线或起跳线的延长线成直角丈量。

（5）每名运动员应将其最好的一次试跳成绩（包括第一名成绩相等决名次的试跳成绩）作为其最后的决定成绩。

小贴士

男、女跳远分别于1896年和1948年被列为奥运会比赛项目。目前，男子跳远的世界纪录为美国选手鲍威尔创造的8.95米，女子跳远的世界纪录为苏联选手奇斯佳科娃创造的7.52米。

第三节　投　掷

田径运动中的投掷项目包括铅球、铁饼、标枪和链球，本节以铅球为例进行重点介绍。

经常练习推铅球可以增强四肢和躯干的肌肉力量及身体的协调性。推铅球的远度取决于出手的初速度、角度和出手高度三个因素。

一、基本技术

推铅球技术有侧向滑步推铅球技术、背向滑步推铅球技术和旋转推铅球技术三种。其动作方法虽不相同，但都是一个完整连贯的技术。为了便于分析，可从技术上将推铅球分为握球和持球、预备姿势、滑步、最后用力及维持身体平衡五个部分。下面着重介绍侧向滑步推铅球技术。

1. 握球和持球（以右手为例）

（1）握球。握球手五指自然分开，球托于食指、中指和无名指的指根面上，拇指和小指扶在球的两侧，手腕背屈（图5.3.1）。

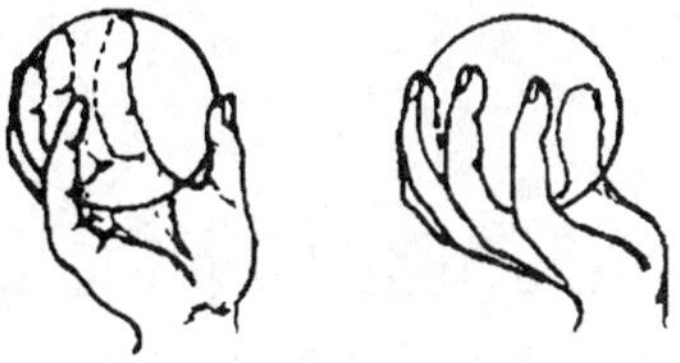

图5.3.1

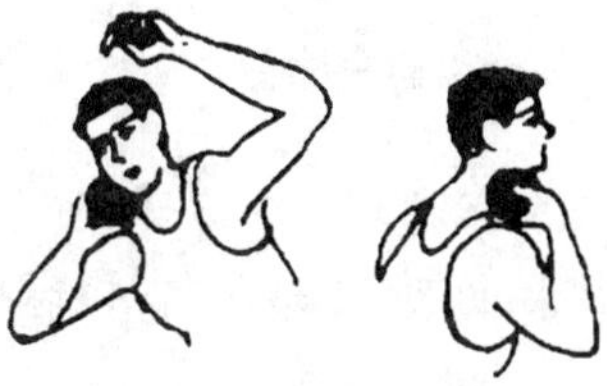

图5.3.2

（2）持球。握好球后，将球置于锁骨窝处，颈部贴紧铅球，右臂屈肘稍外展，掌心向前，上臂与躯干约成45°角，完成持球动作（图5.3.2）。

2. 预备姿势

上体正直，身体左侧对投掷方向，两脚左右开立与肩同宽，右脚靠近投掷圈的后沿，左脚前脚掌内侧着地，重心落在右腿上。然后上体稍向右倾，左臂微屈在体前上方自然举起。

3. 滑步

滑步的目的是使铅球获得预先速度，并为最后用力推出创造良好条件。滑步前，左腿向投掷方向做一两次预摆，预摆时左腿微屈，以大腿带动小腿向投掷方向摆起，上体向右倾倒，接着左腿屈膝回摆靠近右腿，同时右腿屈膝，降低重心，上体稍前倾，收腹含胸，左臂摆至身前准备滑步。滑步时，左腿积极用力向投掷方向摆出，右腿用力蹬地，使身体重心向投掷方向移动。在右腿蹬离地面的瞬间，右腿积极收拉右小腿，前脚掌落在圆心附近，同时左腿积极下压，用前脚掌内侧着地（与右脚几乎同时着地），并与投掷方向成45°角，以形成稳固有力的左侧支撑，且左脚尖与右脚跟在一条与投掷方向一致的直线上，人体重心落在弯曲的右腿上，完成滑步动作（图5.3.3）。滑步的关键是身体移动快，重心起伏小。滑步结束时，身体处于最后用力前的有利姿势。

图5.3.3

4. 最后用力

最后用力是推铅球技术的关键环节。动作的正确与否直接影响出手速度、角度和出手高度。在左脚即将着地的瞬间，右脚迅速蹬地，右膝内转，右髋积极前送，使上体抬起并转向投掷方向。在身体左侧移至与地面垂直的瞬间，左臂摆至身前制动，以左肩为轴，右肩积极向投掷方向送出，抬头挺胸，右臂快速伸直将球推出，其出手角度一般为38°~42°。在铅球离手的一刹那，两腿充分伸直，手腕内转屈腕，手指拨球，加快铅球出手的初速度（图5.3.3）。

5. 维持身体平衡

铅球出手后，要及时交换两腿，同时右腿屈膝、降低重心，以维持身体平衡。

二、主要练习方法

1. 原地前抛铅球(1~2千克)

双手持球，面对投掷方向，将球由前下方向前上方抛出，体会用力顺序及上下肢的协同配合。

2. 原地后抛铅球(1~2千克)

双手持球，背对投掷方向，将球由前下方经头上向后上方抛出。

3. 正面原地推铅球

面对投掷方向，两脚前后（左右）站立，前后站立时左腿在前，右手持球于锁骨窝处，用推铅球持球技术将球推出。

4. 侧向原地推铅球

左腿在前，侧对投掷方向，原地将球推出，体会上下肢的协调用力及铅球出手方向，掌握正确的推球技术。

5. 徒手或持球做侧向滑步推铅球

徒手做侧向滑步推铅球;持较轻球做侧向滑步推铅球；在投掷圈内持球做侧向滑步推铅球。

三、比赛规则简介

（1）铅球应从圈内在肩部用单手推出。

（2）运动员必须从静止姿势开始进行试掷。

（3）铅球必须完全落在落地区角度线内沿以内,试掷方为有效。

（4）丈量是从铅球着地的最近点起沿与圆心之间的直线量至投掷圈内沿。

（5）运动员在铅球落地后方可离开投掷圈。

小贴士

目前,男子铅球的世界纪录为美国选手克劳瑟创造的23.56米,女子铅球的世界纪录为苏联选手利索夫斯卡娅创造的22.63米。

第六章

球类运动

第一节　篮　球

现代篮球于1891年由美国体育教师奈史密斯发明。开始是将竹篮钉在室内的墙上，向竹篮投球的一种游戏，无固定规则，因而出现了运动员动作粗野等情况。为此，1982年奈史密斯制定了13条比赛规则，比赛分上、下半时，各15分钟，另外对场地大小也做了规定。此后，每队上场人数从10人减至9人、7人，1893年最后降至5人。1932年国际业余篮球联合会成立，并统一了世界篮球竞赛规则。1936年第11届奥运会将男子篮球列为正式比赛项目，1976年第21届奥运会将女子篮球列为正式比赛项目。

一、基本技术和基本战术

（一）基本技术

篮球基本技术是篮球战术的基础，主要包括传接球、运球、投篮、持球突破、防守等技术动作。

1. 传接球

（1）传球技术动作。

传球是进攻队员有目的地转移球和进行战术配合的必要手段。最基本的传球技术有以下几种：

① 原地双手胸前传球（图6.1.1）。双手持球于胸前，掌心空出，两肘自然下垂。传球时，后脚蹬地，重心前移，伸臂翻腕将球传出。

动作要点：蹬、伸、翻、抖、拨。动作协调连贯，双手伸直，用力均匀。

1　2　3

图6.1.1

② 单手肩上传球（以右手传球为例）。传球时，左脚向传球方向迈出半步，右手引球至肩上方，肩关节外展，重心落在后脚上。通过蹬地、转体、甩臂将球传出。

动作要点：引、蹬、转、甩、扣。

③ 单手胸前传球（以右手传球为例）。传球时，将球引至右肩下部，右手翻腕，掌心向前，左手扶球的侧下部。通过右臂的短促前伸及扣腕、拨球动作将球传出。

动作要点：抖、伸、弹。

④ 反弹传球。这是一种通过球击地后反弹将球传给同伴的隐蔽传球方法，多用于向内线传球。其特点是隐蔽性强，不易被对方抢断。反弹传球的击地点一般应在传接球队员之间距离的2/3处，其动作方法与各种传球方法基本相似，但腕、指用力要更大些，球反弹的高度最好在接球人的腰部位置。

动作要点：击地点及力量要适当，反弹高度要适宜。

（2）接球技术动作。

接球时，两臂前伸迎球，手指自然分开，两拇指成“八”字形，两手成半球形。手触球后，两臂后引缓冲，持球在胸前。

动作要点：迎、收、护（保护球）。

（3）传接球技术的练习方法。

① 两人一组一球，面对面站立，做各种传球练习。

② 两人一组两球，面对面站立，做不同高度、不同方向的传接球练习。

③ 两人一组，两人之间距离3～4米，侧身跑，做移动传接球上篮练习。

④ 四角传球练习（图6.1.2）。从传一个球到三个球同时传。

⑤ 综合性传接球练习（图6.1.3）。

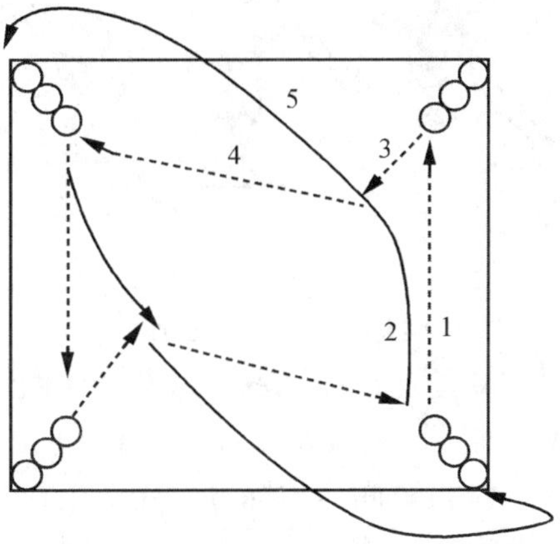

图6.1.2

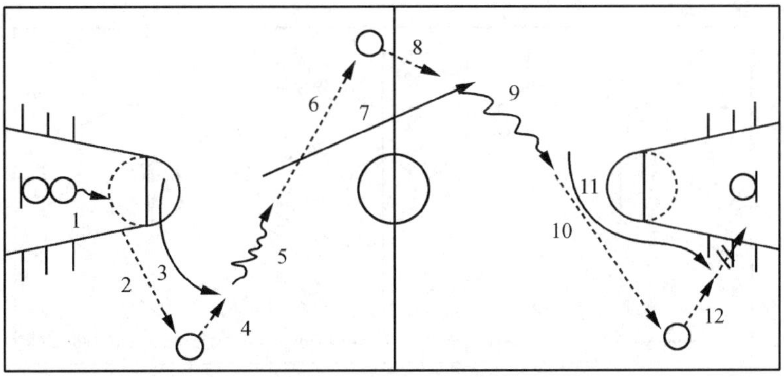

图6.1.3

2. 运球

运球是指用单手连续接由地面反弹起来的球。运球动作由身体姿势、手臂动作、球的落点、手脚协调配合四个环节组成。

（1）运球技术动作。

① 高运球。球反弹的高度在腰部以上位置叫高运球。运球时，上体稍前倾，抬头看前方，以肘关节为轴，用手按拍球的后侧上方。

动作要点：手脚协调配合，按拍部位正确。

② 运球急停急起。运球急停急起是指运球时利用速度的突然变化来摆脱防守的一种方法。急停时，用手拍球的前上方，做跨步急停动作，并转入低运球。急起时，后脚用力

蹬地，手按拍球的后上方，加速超越对手。

动作要点：跨、停、推、蹬。

③ 体前变向换手运球（图 6.1.4）。体前变向换手运球是运球队员突然改变运球方向，以突破防守的一种运球方法。运球时，先向对手右侧快速运球（以运球队员左手运球向对手左侧突破为例），当对手向右侧移动堵截时，突然变向，将球按拍至身体右侧，同时，左脚迅速向右侧前方跨出，上体右转并前倾侧肩，换手推拍球的后上方，加速运球突破。

动作要点：拍、跨、转、侧、推。

图 6.1.4

（2）运球技术的练习方法。

① 原地运球练习。每人一球做高、低运球，左、右手交替在体前做横运球，脚分前后做前推后拉运球等练习。

② 行进间运球练习。让学生在行进间做高、低运球，急停急起运球，曲线运球，弧线运球练习。

③ 综合性运球练习（图 6.1.5）。

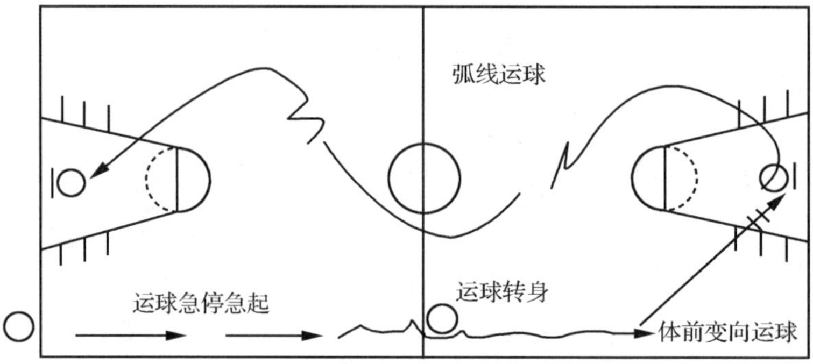

图 6.1.5

3. 投篮

投篮是队员运用各种专门的动作将球投入球篮的方法。其动作主要由手法、瞄准点及抛物线三个要素组成。

（1）投篮技术动作。

以右手投篮为例。

① 单手肩上投篮（图 6.1.6）。右脚稍前或两脚平跨，两膝微屈，重心落在两脚之间，五指分开，以指根及指根以上部位触球，掌心空出，翻腕托球于肩上，肩内收，左手扶球的左侧，投篮时，通过蹬地、提肘、伸臂、压腕和拨球动作，使球从食指、中指指端后旋式飞出。

动作要点：蹬、提、伸、压、拨。

图 6.1.6

② 行进间单手低手投篮(图 6.1.7)。右脚跨步接球,左脚上步起跳,右腿屈膝上提,当身体接近最高点时,右手掌心向上托球的下部,右臂向前上方伸展,接近球篮时,用手腕上挑和手指的拨球动作使球前旋入篮。

动作要点:跨、蹬、提、伸、拨。

图 6.1.7

③ 行进间单手肩上投篮。右脚跨步接球,左脚上步起跳,右腿屈膝上提,双手接球于右肩前上方,跳起后,掌心向前,接近最高点时,用力柔和地将球投出。

动作要点:跳起时身体稍后仰,控制平衡,柔和投球。

④ 原地跳起单手肩上投篮。双手持球于胸腹间,两脚左右开立,屈膝,重心在两脚之间。投篮时,通过蹬地、起跳、提腰等动作,双手持球至右肩前上方,当身体腾空接近最高点时将球投出。

动作要点:蹲、蹬、提、伸、拨。重点掌握好持球、起跳、耸肩及球出手的时机。

(2) 投篮技术的练习方法。

① 原地徒手投篮模仿练习。两人一组对投练习,不同位置的近距离投篮练习。

② 行进间接球投篮练习(图 6.1.8)。学生传球给教师,跑至教师面前,跨右脚接球,左脚上步起跳投篮。

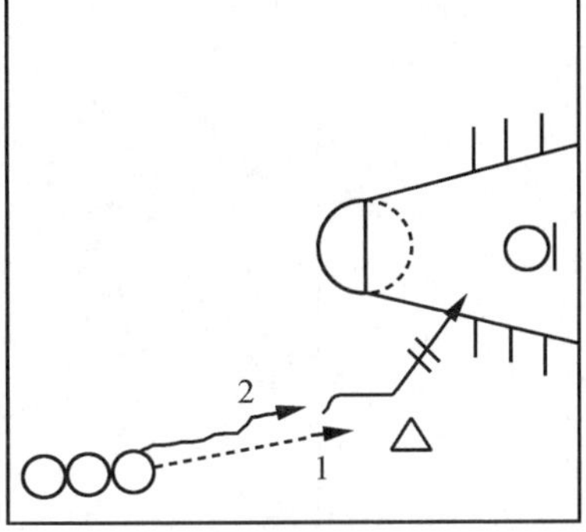

图 6.1.8

③ 原地徒手、持球跳起投篮练习。原地徒手跳起投篮,原地持球跳起不出手练习,原地持球跳起对投练

习，运球上步跳起投篮练习。

④ 综合性投篮练习(图 6.1.9)。

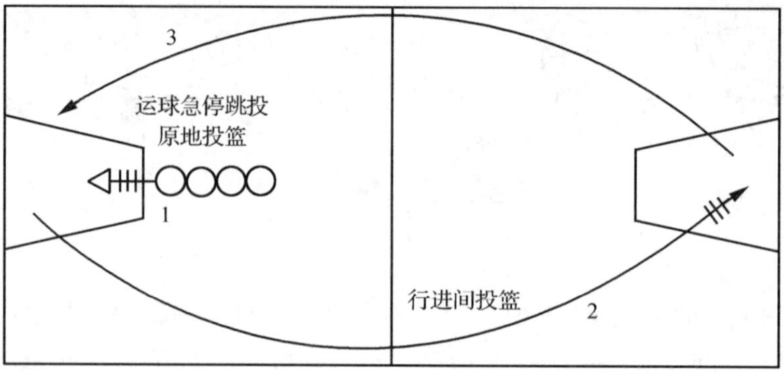

图 6.1.9

4. 持球突破

持球突破是持球队员合理运用运球技术并配合脚步动作，超越防守队员的一项进攻技术。其动作主要由蹬转、假动作转体、探肩、推拍球、加速超越等几个环节组成。

(1) 持球突破技术动作。

① 原地持球交叉步突破。以从防守队员左侧突破为例，突破时，用上体、头部及左脚向左做假动作，左脚前掌内侧蹬地。移重心，体右转，左脚向右侧前方跨一大步，探左肩，右手推拍球超越对手。

动作要点：蹬、移、转、跨、探、拍、蹬。

② 同侧步(顺步)持球突破。以从防守队员左侧突破为例，突破时，体前倾，右脚顺势向右前方跨一大步，体右转，探左肩，左脚内侧蹬地，右手推拍球，左脚跨步抢位，加速运球超越对手。

动作要点：蹬、跨、转、探、推。

(2) 持球突破技术的练习方法。

① 在持球突破中，每人一球，做原地持球突破及向前抛球练习。一定要注意使用中枢脚，并做好突破前的准备动作。

② 两人一组，轮流做原地及抛接球后持球突破练习。

③ 先做原地持球突破练习，后做行进间接球急停持球突破练习。

④ 做接球急停持球突破练习(图 6.1.10)。

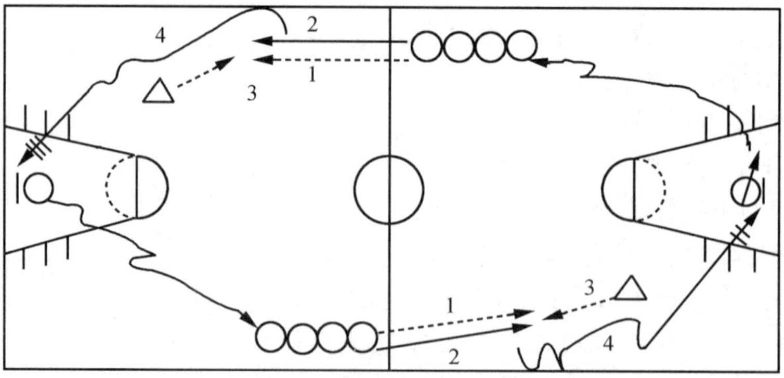

图 6.1.10

5. 防守

防守是防守队员合理地运用脚步移动和手臂动作积极地抢占有利位置，阻挠和破坏对手的进攻动作。

(1) 防守的步伐。

① 基本姿势：两脚稍分前后站立，两脚之间的距离比肩宽，重心在两前脚掌上，两膝弯曲，上体较直，两眼平视，两臂屈肘高于腰。

② 滑步：滑步可分为侧滑步、后滑步和前滑步。

侧滑步：两脚平行站立，两膝较深弯曲，上体略前倾，两臂侧伸，向左侧滑时，左脚向左迈出的同时，右脚蹬地滑动，向左脚靠近，两脚保持一定距离，左脚继续跨出。

后滑步：后滑步的动作方法与侧滑步相同，只是向后滑步。

前滑步：向前滑步时，前脚向前迈出一步，着地的同时，后脚紧随着向前滑动，保持前后开立姿势。

③ 交叉步：向左后方移动时，重心移向左脚，右脚在体前向左做交叉步。右脚落地时，左脚随即向移动方向撤步。

(2) 防守无球队员。

防守人应站在对手和球之间并偏向有球一侧，随球的转移而不断移动防守位置。当球离防守人较近时，可采用面向人、侧向球的站法；当球离防守人较远时，可采用面向球、侧向人的站法，做到人球兼顾，以便伺机断球。

(3) 防守持球队员。

① 重点防突破时，一般两脚左右开立，两手左右伸出摇摆，重心下降，与持球人保持一步半距离时，根据对手脚步移动采用左右滑步或后撤步堵截突破。

② 重点防投篮时，一般两脚前后开立，重心下降，前脚同侧手臂前伸并上下摆动，采用前后滑步阻挠对手投篮。

(4) 防守技术的练习方法。

① 看手势、听信号做向左、右、前、后滑步练习。

② 进行一人进攻运球，另一人进行防守练习。

③ 进行半场三对三或四对四盯人防守练习。

(二) 基本战术

1. 进攻基础配合

进攻基础配合是指为了创造进攻机会，两三名进攻队员合理运用技术而组成的合作方法。配合方法主要有传切配合、突分配合、掩护配合和策应配合四种。

(1) 传切配合。

传切配合是进攻队员之间利用传球、切入等技术组成的简单配合，包括一传一切和空切配合两种。

① 一传一切(图6.1.11)。④传球给⑤后，立刻摆脱对手向篮下切入，接⑤传来的球投篮。

② 空切配合(图6.1.12)。在⑤与⑥互相传球之际，④乘其对手不备之机，突然空切篮下，接外围同伴的传球，然后投篮。

传切配合的要求：切入队员要根据情况把握切入时机，果断、快速摆脱对手，并随时注意接同伴的传球。传球队员要运用假动作吸引、牵制对手，当切入队员已摆脱对手并处于有利位置时,应及时、准确地把球传给他。

(2)突分配合。

突分配合是持球队员突破后,利用传球与同伴配合的方法。

例如,如图6.1.13所示,⑤突破后,遇到△7迎上补防,这时⑤应立刻把球传给切入篮下的⑦,⑦接球后投篮或与其他同伴配合。

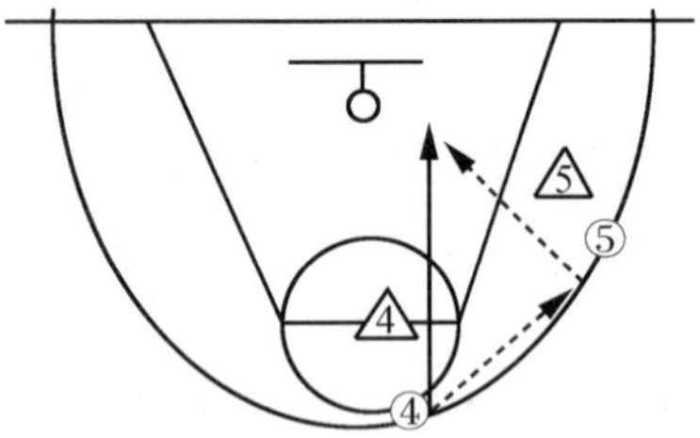

图6.1.11

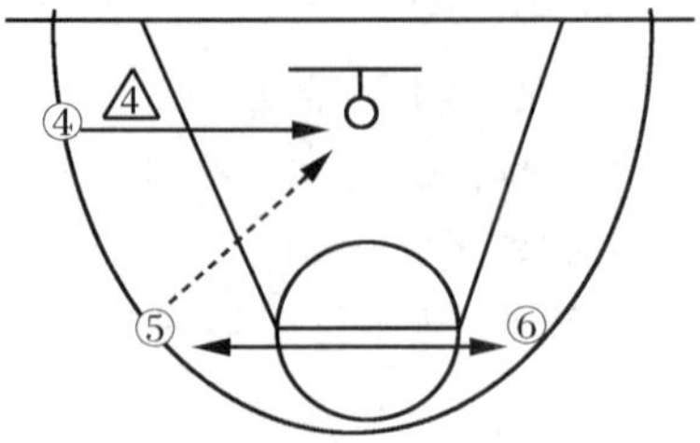

图6.1.12

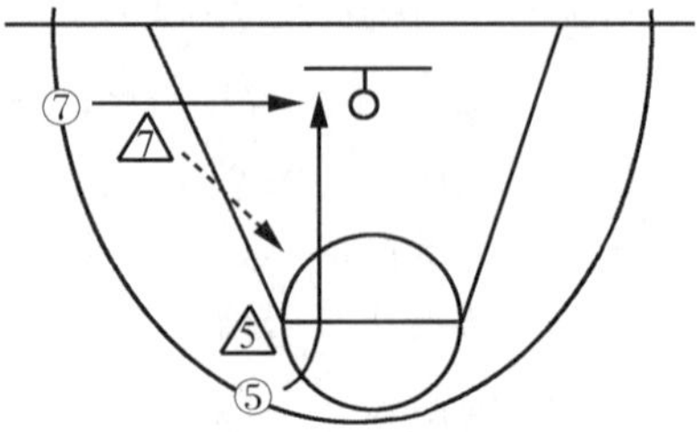

图6.1.13

突分配合的要求:突破要突然、快速,在突破过程中既要做好投篮的准备,又要随时注意观察场上攻守队员的位置和行动,以便抓住有利时机,及时、准确地把球传给处于有利进攻位置的同伴。

(3)掩护配合。

掩护配合是掩护队员采用合理的行动,用身体挡住同伴的防守者的移动路线,使同伴借以摆脱防守,或利用同伴的身体摆脱防守,从而接球进攻的一种配合方法。

掩护时,掩护队员跑到同伴的防守者前、后或侧面,保持适当距离(要符合规则要求),两脚开立,膝微屈,两臂屈肘于胸前,上体稍前倾,扩大掩护面积。当同伴利用掩护摆脱防守时,掩护队员要及时转身跟进,准备抢篮板球或接回传球。

掩护配合可以由无球队员给有球队员做掩护,也可以由有球队员给无球队员做掩护,还可以由无球队员给无球队员做掩护。具体来说,掩护配合有前掩护、后掩护、侧掩护三种配合方法。

① 前掩护是掩护队员站在同伴的防守者前面,用身体挡住防守者向前移动的路线,使同伴借以摆脱防守的一种配合方法。

如图6.1.14所示,④传球给⑤后,先做向篮下切入的假动作,然后突然跑到△5身前,形成前掩护,⑤接球后投篮或做其他进攻动作。

② 后掩护是掩护队员站在同伴的防守者身后,用身体挡住防守者的移动路线,使同伴借以摆脱防守的一种配合方法。

如图6.1.15所示,⑤传球给④的同时,⑥到△5身后做掩护。⑤传球后先做切入假动

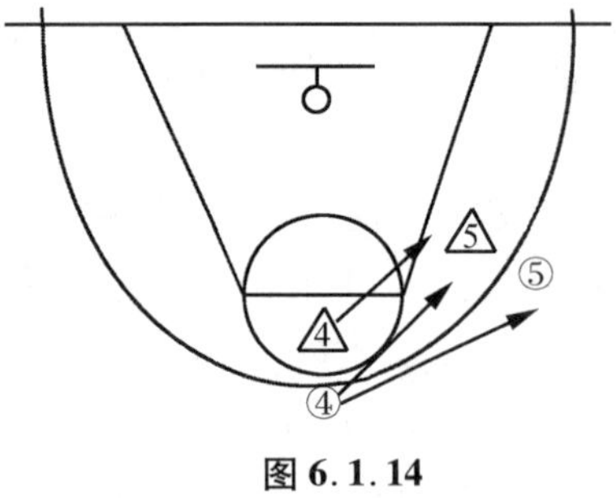

图6.1.14

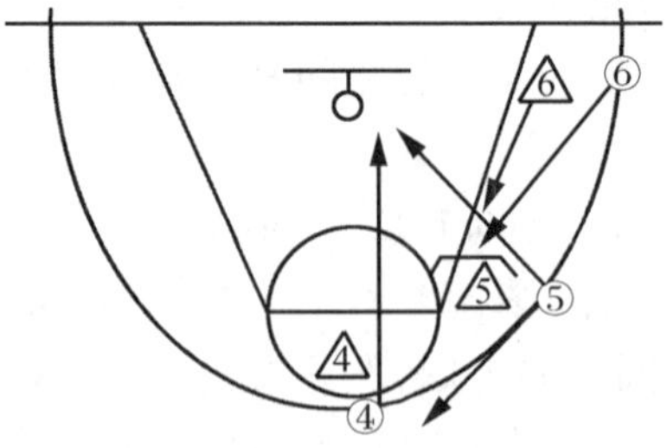

图6.1.15

作，然后利用同伴的后掩护摆脱防守，切入篮下，接④的传球后投篮，⑥及时转身跟进。

③ 侧掩护是掩护队员站在同伴的防守者侧面，用身体挡住防守者的移动路线，使同伴借以摆脱防守的一种配合方法。

例如，无球队员给无球队员做侧掩护，如图 6.1.16 所示，⑤传球给④后，去给⑥做掩护，⑥摆脱防守切入篮下，接④的传球后投篮。④传球前要利用假动作吸引自己的对手，从而调整配合的时间，⑤做完掩护后要及时转身跟进。

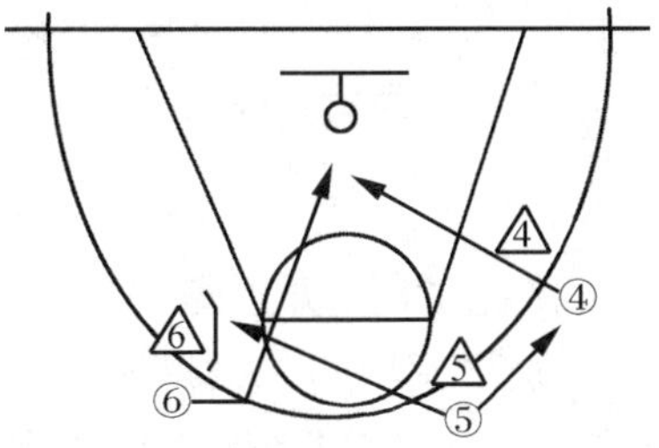

图 6.1.16

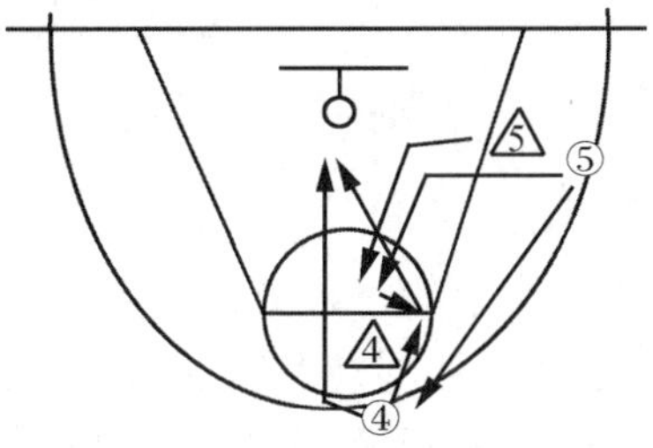

图 6.1.17

（4）策应配合。

策应配合是指进攻队员背对篮筐或侧对篮筐接球，并作为枢纽，与同伴相互配合而形成一种里应外合的配合方法。

例如，如图 6.1.17 所示，⑤传球给④后，利用假动作摆脱防守，移动到外策应位置接④的传球做策应，④传球后摆脱防守，然后接球投篮或上篮。

策应配合的要求：策应者要及时抢位要球，接球后，两手持球于胸前，两肘外展保护球。策应者如果身材高大，也可把球置于头上方，随时观察场上情况，以便及时把球传给处于最有利位置的同伴，同时注意自己的进攻机会，根据攻防情况，处理好内外结合的关系。在策应时，策应者要用转身、跨步等动作协助同伴摆脱防守或进行攻击。配合队员要根据策应者的位置，及时把球传到远离防守的一侧，做到人到球到，并设法摆脱防守，准备接球。配合结束（投篮）后，两人立即跟进抢篮板球。

2. 防守基础配合

防守基础配合是两三个防守队员利用合理的技术、协调的动作破坏进攻的一种配合方法，包括挤过、穿过、绕过、交换防守、关门、夹击、补防等配合。

（1）挤过配合。

这是破坏掩护配合的方法之一。防守队员在掩护队员接近自己时，要迅速向前跨出一步，靠近对手，从对手与掩护队员之间侧身挤过，继续防守自己的对手。防守掩护者的队员应及早提醒同伴并后撤一步，以备补防。

例如，如图 6.1.18 所示，④传球给⑥后，去给⑤做掩护，④要及时提醒⑤，⑤在掩护队员接近自己时，迅速向前跨一步，靠近△5，并从△5与④之间侧身挤过，继续防住△5，此时，④应向后撤一步，以备补防。

挤过配合的要求：挤过时要贴近进攻队员，上前抢步要快，防守掩护者的队员要提醒同伴，并选择协防的有利位置，密切注意两个进攻队员的行动，及时做好补防的准备。

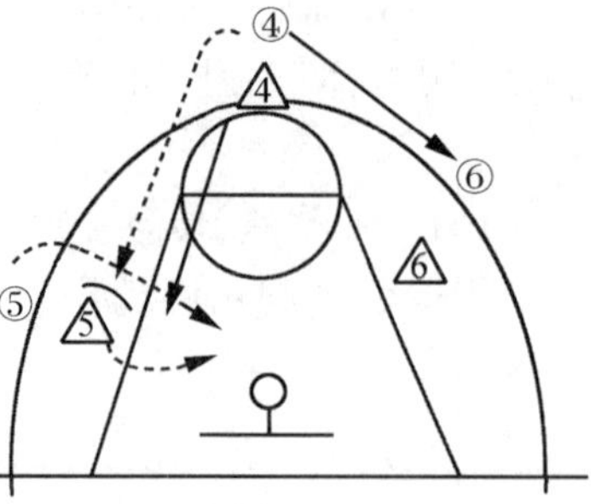

图 6.1.18

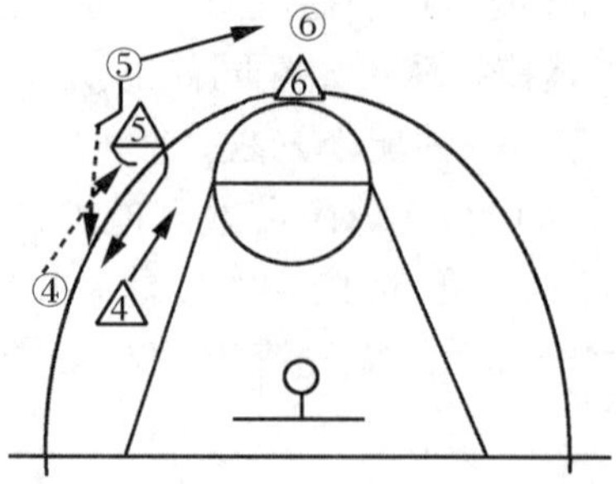

图 6.1.19

（2）穿过配合。

这是破坏掩护配合的一种方法。当进攻队员做掩护时，防守掩护者的队员及时提醒同伴并主动后撤一步，让同伴及时从自己和掩护队员之间穿过，继续防守自己的对手。

例如，如图 6.1.19 所示，⑤传球给⑥，④给⑤做掩护，⑤后撤从④和△4 中间穿过，继续防守自己的对手。

（3）绕过配合。

这是破坏掩护配合的一种方法。当进攻队员做掩护时，防守掩护者的队员贴近对手，让同伴从自己的身后绕过，继续防守自己的对手。

例如，如图 6.1.20 所示，④传球给⑥后，去给⑤做掩护，⑤切入，⑤发现不便于挤过或穿过时，从④身后绕过，④要配合默契，主动贴近自己的对手，以便同伴顺利通过。

（4）交换防守配合。

这是破坏掩护配合的一种方法。进攻队员利用掩护已经摆脱防守时，防掩护的队员及时发出换防的信号，与同伴互换各自的对手。在适当时候再换防原来的对手。

例如，如图 6.1.21 所示，⑤去给④做掩护，⑤要提示同伴，④被挡住时，⑤主动呼唤同伴换防，△5 防守④的运球，⑤应迅速调整位置防守△5。

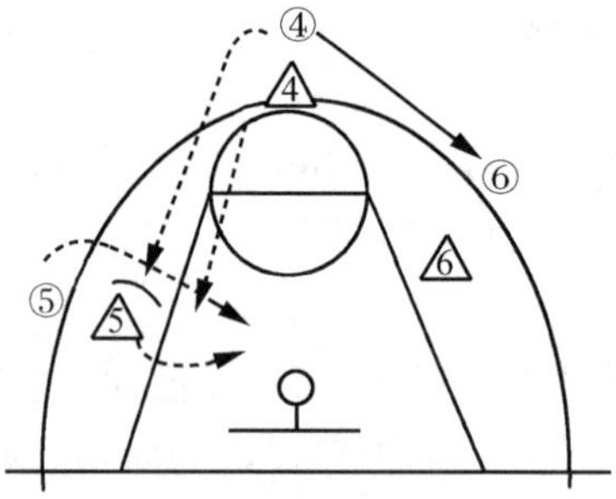

图 6.1.20

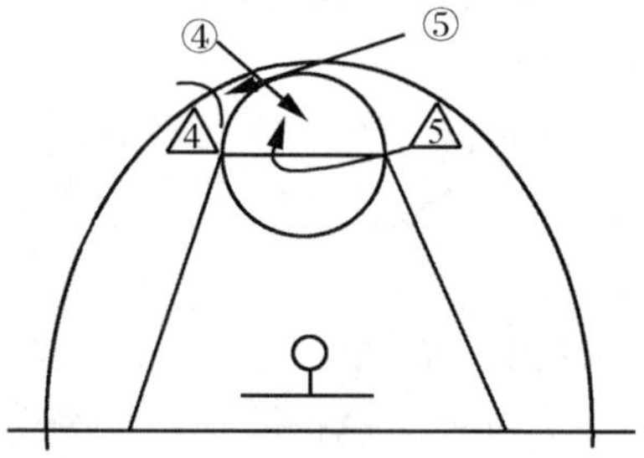

图 6.1.21

交换防守配合的要求：交换防守前，一般是由防守掩护者的队员主动提示同伴，换防时，动作要果断、快速。在适当时候再换回来，防守各自原来的对手，以免在个人力量对比上失利。

（5）关门配合。

这是两个防守队员协同防守突破的配合方法。当进攻队员运球突破时，防守突破的队员向侧后方移动挡住其移动路线，临近突破一侧的防守队员应及时快速向突破队员的前进方向移动，与突破队员靠拢，像两扇门一样关起来，堵住进攻队员的前进路线。

例如，如图 6.1.22 所示，④向右侧突破时，△4 和△6 进行关门配合，④向左侧突破时，△4 和△5 进行关门配合。

关门配合的要求："关门"时，动作要快，配合要默契，两人要靠紧，不留空隙。与突破队员距离很近时，则可横移"关门"，堵截突破队员的去路。

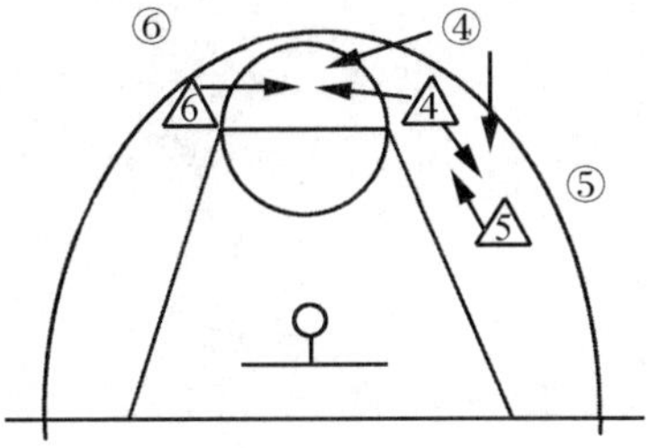

图 6.1.22

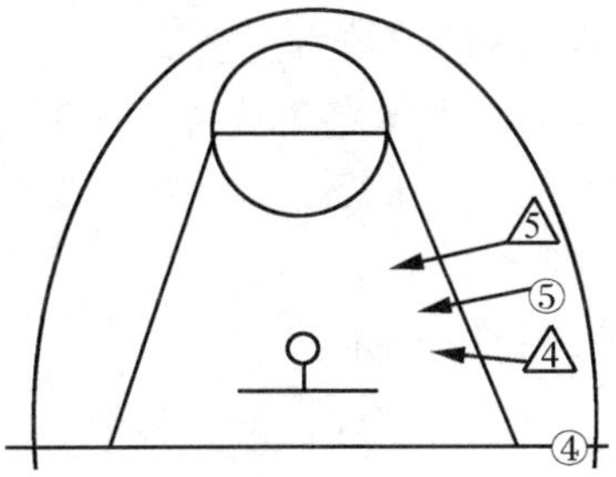

图 6.1.23

(6) 夹击配合。

这是两个防守队员防守一个进攻队员的一种配合方法。

例如，如图 6.1.23 所示，④在后场掷界外球，△4 放弃对④的防守，协同△5 夹击⑤。△4 面对⑤，积极封阻他从正面接球，△5 在⑤的身后控制其快下的路线，并准备截断④的高吊球。△4 和△5 协同配合，防止⑤接球。

又如，如图 6.1.24 所示，当④沿边线运球过中线时，△5 突然迎上去迫使其停球，并协同△4 夹击停球的④。

夹击配合的要求：当进攻队员运球停止和持球队员处于各个场角时，要果断夹击，并积极挥动手臂，封阻其传球路线，不要盲目抢、打球，尽量避免不必要的犯规。

(7) 补防配合。

这是两个防守队员之间的一种协同配合方法。当同伴被突破时，临近的防守队员立即放弃自己的对手，去补防那个威胁最大的进攻队员，漏人的防守队员则要及时换防。

例如，如图 6.1.25 所示，当△6 被突破后，△7 应迅速补防⑥。△5 应放弃⑤，撤到篮下，防止⑦切入篮下要球、投篮。

补防配合的要求：补防时，动作要快速、果断。其他防守队员要及时换防威胁最大的进攻队员。

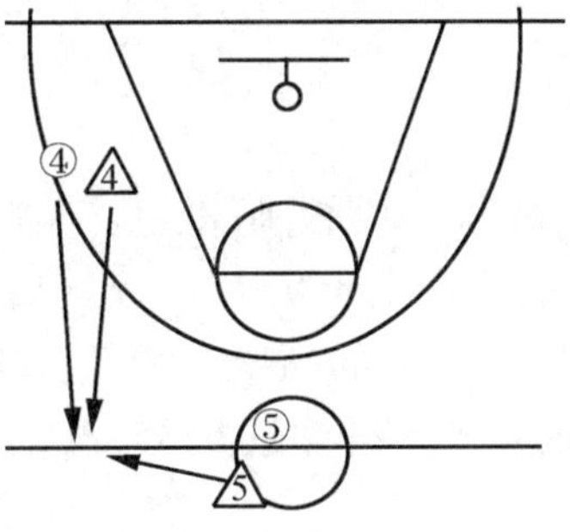

图 6.1.24

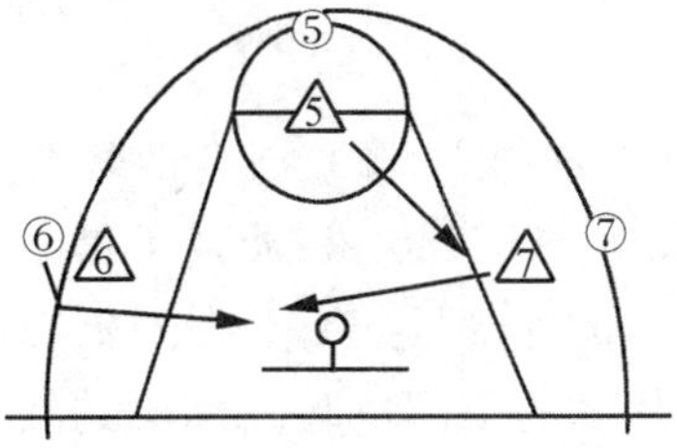

图 6.1.25

二、比赛规则

世界上通用的篮球规则是国际篮球联合会指定的 FIBA 官方篮球规则。下面对该规则做一简要介绍。

（一）关于比赛

比赛分四节，每节 12 分钟。第二节与第三节之间休息 15 分钟，第一节与第二节及第三节与第四节之间分别休息 2 分钟。比赛中，除了三分投篮区投中得 3 分外，投球中篮得 2 分，罚球中篮得 1 分。比赛时间终了，双方得分相等时，需要一个或多个 5 分钟的决胜期来继续比赛，直到分出胜负为止。

（二）关于场地与器材

如图 6.1.26 所示，篮球场的长度为 28 米、宽度为 15 米，长边的界线叫边线，短边的界线叫端线。场中有跳球圈、限制区和三分投篮区。篮圈距地面的高度为 3.05 米，篮板的宽度为 1.80 米、高度为 1.05 米，篮板下沿距离地面 2.90 米，罚球线与端线的距离为 5.80 米。四条界线外至少 2 米处不得有任何障碍物，如在室内则天花板的高度至少应为 7 米。球场分中线、前场和后场，中线上的中圈和前、后场罚球区罚球线上的两个半圆半径均为 1.80 米。篮圈下面的矩形区域为限制区，通常称禁区。前、后场内的拱形弧线外的区域称三分投篮区，在拱形弧线外投篮命中得 3 分。

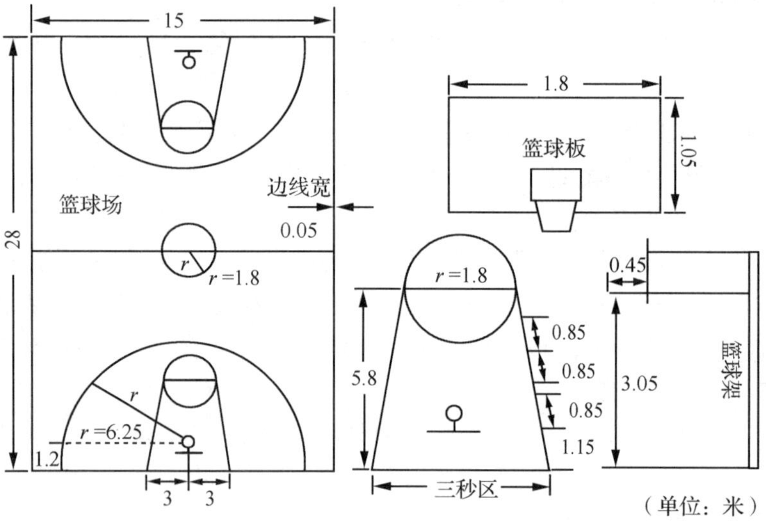

图 6.1.26

篮球的外壳是用皮、橡胶或合成物质制成的，篮球呈圆形，暗橙色。其圆周不得小于 0.749 米，不得大于 0.780 米；质量不得小于 567 克，不得大于 650 克；充气后，使球从 1.80 米的高度（从球的底部量起）落到球场的地面上，反弹起来的高度不得低于 1.20 米，不得高于1.40米（从球的顶部量起）；球面的接缝或槽的宽度不得超过 6.35 毫米。

（三）关于球队

每队为 12 ~15 名队员，有 5 名队员上场，并可根据规则的规定进行替换。球队所使用的号码为 4 ~15 号。

（四）关于替换

当发生争球、犯规、暂停、对方违例、队员受伤、裁判员中止比赛时，可以替换队员。一方换人，另一方也可以换人。换人的信号必须在球重新进入比赛状态前，由替换的队员发出。

（五）关于暂停

当发生争球、犯规、对方投中篮、违例、裁判员中止比赛时，可以请求暂停。当一方请求暂停时，另一方也可请求暂停。暂停的信号必须在球重新进入比赛状态前，由教练员发出。前三节每队可暂停1次，第四节每队可暂停2次。

（六）关于违例

1. 球出界

队员使球触及界线或界线外面的地面、人、障碍物及篮板背面，为该队员使球出界。

2. 非法运球

运球时球在手中有明显的停顿、第一次运球结束后又再次运球、双手拍球等为非法运球（两次运球）。

3. 带球走

接球时，脚分前后站立，只准以后脚为中枢脚；两脚平行站立，可以任何一脚为中枢脚。比赛中，发生明显的双脚移动、中枢脚移动或抬起中枢脚运球均为带球走。

4. 3秒违例

某队控制球时，该队队员在对方限制区内持续停留时间不得超过3秒，但篮下连续投篮时不计3秒。

5. 5秒违例

场内持球队员在被严密防守的情况下，5秒内没有传、投、运球；掷界外球时，5秒内没有将球传进场内；罚球时，5秒内没有投篮出手，均为5秒违例。

6. 8秒违例

在后场控制球的队必须在8秒内使球进入前场，否则为8秒违例。

7. 24秒违例

控制球的球队必须在24秒内完成投篮，否则为24秒违例。在一次进攻中，如球被对方打出界，则按24秒连续计时计算。

8. 球回后场

控制球的队员在前场使球进入后场、踏及中线，后场队员接前场球队员的传球、直接从后场跑入前场接球，发生以上等情况，均为球回后场违例。

9. 拳击球和脚踢球

比赛中，队员用拳击球，故意踢球或用腿的任何部分拦阻球，均为违例。

10. 罚球违例

队员罚球时，踩线罚球、故意掷板或过早进入场地等均为罚球违例。

（七）犯规

犯规是违反规则的行为，发生犯规时，按照规则的有关条款进行处罚。

1. 侵人犯规

队员明显通过伸展臂、肩、髋、膝或过分弯曲身体成不正常姿势以阻挡、拉人、推人、撞人、绊人来阻碍对方行进的行为，均视为侵人犯规。发生侵人犯规时，应登记犯规队员一次侵人犯规。对不持球或未做投篮动作的队员犯规，由对方在就近点发界外球。对投篮队员的犯规，若投中，得分有效，再加罚 1 次；若如投篮不中，判 2 次或 3 次罚球。

2. 故意犯规

队员蓄意造成的侵人犯规和危险动作，视为故意犯规。发生故意犯规时，执行两罚一掷法则。

3. 技术犯规

队员、教练员等用不道德的语言或行为干扰比赛或不尊重裁判员，视为技术犯规。发生技术犯规时，执行两罚一掷法则。

4. 个人 6 次犯规

队员个人在全场比赛中，各种犯规累计达 6 次时，必须自动离场，由其他队员替换。

5. 全队 4 次犯规

每节一个队各种犯规累计达 4 次，从第 5 次犯规开始，判对方 2 次罚球。但控制球队犯规时，不执行 2 次罚球。

（八）裁判手势

1. 得分

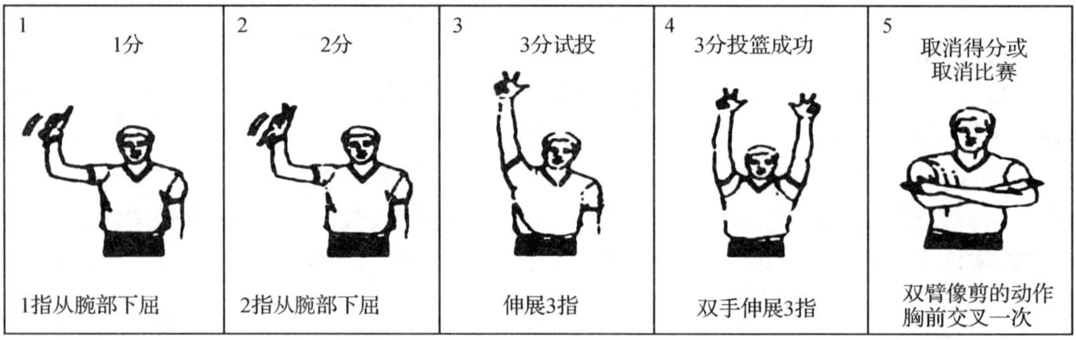

2. 有关计时钟

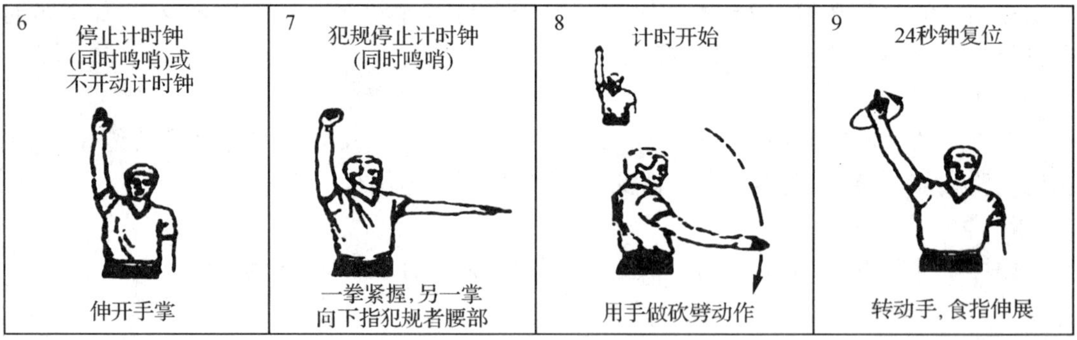

3．管理

10 替换 (同时鸣哨)  前臂交叉	11 招呼入场  伸开手掌摆向身体	12 暂停 (同时鸣哨)  成“T”形 （食指示之）	13 裁判员和记录台人员之间的联系  拇指向上

4．违例的类型

14 可见的计算 (5和8秒钟)  手指显示计算	15 带球走  转动双拳	16 非法运球或两次运球  轻拍动作	17 携带球  朝前半转
18 3秒钟  伸出手臂示 3 指	19 5秒钟  示 5 指	20 8秒钟  示 8 指	21 24秒钟  手指触肩
22 球回后场 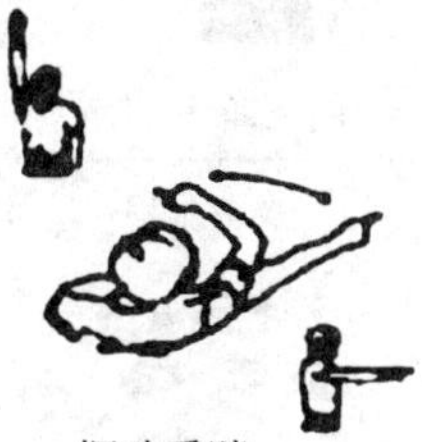 摆动手臂 食指指示	23 故意脚球  手指指脚	24 出界或 比赛方向  食指指示 平行边线	25 跳球情况  两拇指向上， 两臂伸直过头

5. 向记录台报告

第一步：报队员号码。

第二步：报犯规类型。

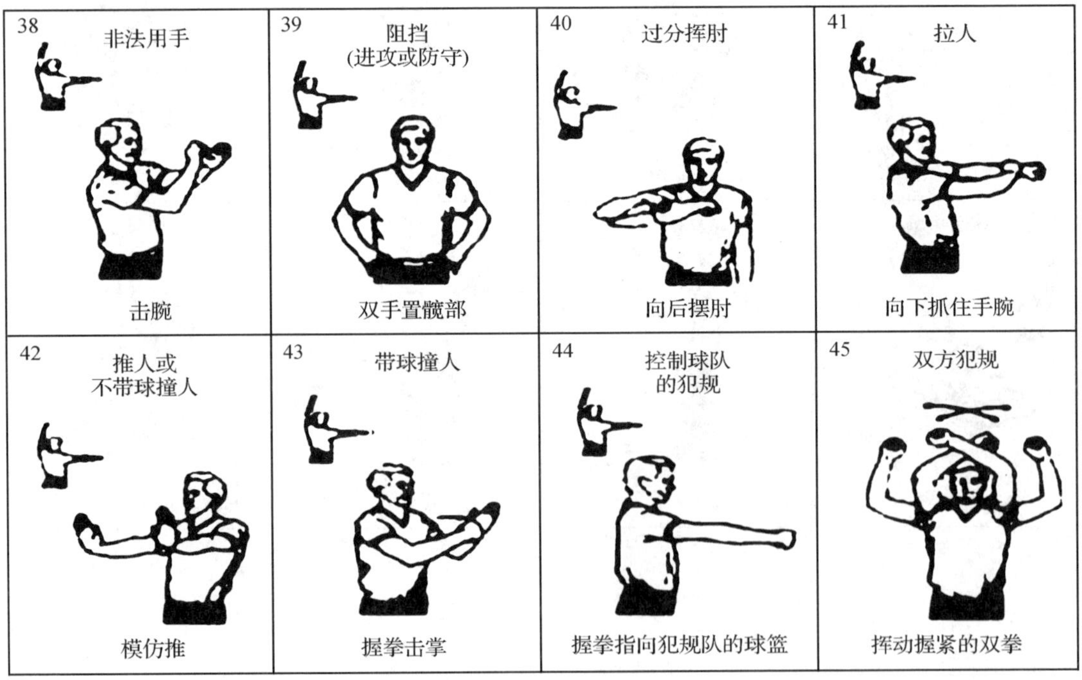

46 技术犯规  成“T”形 （手掌示之）	47 违反体育 运动精神的犯规  向上抓住手腕	48 取消比赛资格 的犯规  紧握双拳

第三步：判给罚球的次数或比赛方向。

49 1次罚球  举起1指	50 2次罚球  举起2指	51 3次罚球  举起3指

52  手指指向比赛方向，手臂与边线平行	53 控制球队犯规后 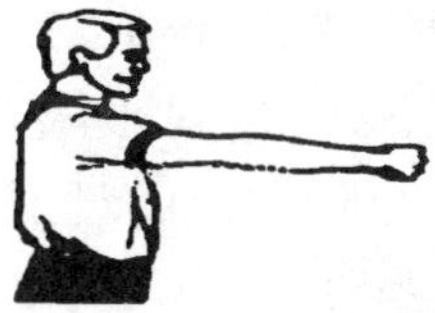 握拳指向比赛方向，手臂与边线平行

6. 罚球管理

第一步：在限制区内。

54 1次罚球  水平伸1指	55 2次罚球  水平伸2指	56 3次罚球  水平伸3指

第二步：在限制区外。

57 1次罚球  伸食指	58 2次罚球  双手手指并拢	59 3次罚球  双手伸展3指

第二节 足 球

足球运动是世界上最受人们喜爱、开展最广泛、影响最大的体育运动项目，被誉为“世界第一运动”。它最早起源于我国古代的一种球类游戏“蹴鞠”。“蹴”和“蹋”都是踢的意思，“鞠”是球名。“蹴鞠”一词最早记载在《史记匪涨亓写》里，汉代的《别录》和唐代的《汉书·枚乘传》均有记载。到了唐宋时期，“蹴鞠”活动已十分盛行，成为宫廷之中的高雅活动。1958 年 7 月，国际足联时任主席阿维兰热博士来中国时曾表示：足球起源于中国。

近代足球最早在 19 世纪的英国产生。进入 20 世纪后，现代足球开始起步，并逐渐形成了职业联赛。现在最知名的足球联赛是欧洲的五大联赛（意甲、英超、西甲、德甲、法甲）。如今，奥运会足球赛和世界杯足球赛都是重大的国际足球比赛。

1896 年在希腊举行的第 1 届奥运会上，足球是表演赛的项目。从 1900 年第 2 届奥运会起，足球被列为正式比赛项目。国际奥林匹克委员会章程规定，只有业余的足球运动员才能参加奥运会的比赛。1979 年又补充规定，欧洲和南美国家，凡参加过世界杯足球赛的运动员，一律不能参加奥运会足球赛，其他国家的运动员不受此限制。1989 年国际足联在此基础上又做了以下规定：允许参加过世界杯足球赛的职业运动员参加奥运会足球赛，奥运会足球运动员年龄限制在 23 岁以下，每队允许有 3 名超龄运动员。按规定，经过预选赛进入奥运会足球决赛阶段比赛的共 16 个队，即欧洲 4 个队，亚洲和非洲各 3 个队，北美洲和南美洲各 2 个队，再加上上届冠军队和本届举办国队。近几届决赛阶段的比赛是：先分 4 个组进行预赛，每组前 2 名再编成 2 个组用交叉比赛的方法进行复赛，复赛中 2 个组的第 1 名决冠亚军，2 个组的第 2 名争第 3、4 名。

国际足球联合会世界杯比赛，简称世界杯足球赛，是由国际足球联合会统一领导和组织的世界性的足球比赛。它是世界上规模最大、影响最大、水平最高的足球比赛，也是世界上观众最多的体育比赛项目。

一、基本技术和基本战术

（一）基本技术

1. 颠球

颠球是学习足球运动的一把金钥匙，是初学者熟悉球性、提高兴趣、发展身体协调性、提高对球的反应能力、学习和掌握其他基本技术的基础。在健身运动中，颠球也是一种很好的娱乐和锻炼身体的方法。

（1）颠球技术动作。

颠球一般有正脚背颠球、脚内侧颠球、脚外侧颠球、大腿颠球、头部颠球、肩部颠球、胸部颠球等，触及身体 12 个部位。下面主要介绍前四种颠球方法。

① 正脚背颠球（图 6.2.1）。从挑球开始，球放在脚前 30 厘米处，用脚向后轻拉球，当球的中心部位滚过脚趾时，立即向上挑起，颠球就开始了。颠球时必须触及球的底部。当颠球的高度在膝关节以下时，膝、踝关节要适当放松，并柔和地向前上方甩动小腿，脚尖稍翘起，将球颠起。

② 脚内侧颠球(图6.2.2)。支撑腿膝关节微屈,身体重心在支撑脚上。当球落至膝关节高度时,颠球腿屈膝盘腿,脚内侧向上摆,脚内翻,轻击球的底部,将球颠起,全身放松。

图6.2.1

图6.2.2

③ 脚外侧颠球(图6.2.3)。支撑腿膝关节微屈,身体重心在支撑脚上。当球落至膝关节高度时,颠球腿屈膝内扣,腿外侧向上摆,脚外翻,轻击球的底部,将球颠起,全身放松。

④ 大腿颠球(图6.2.4)。支撑腿膝关节微屈,身体重心在支撑脚上。当球落至髋关节高度时,颠球的腿屈膝上摆,小腿摆至水平状态时,轻击球的底部,将球颠起,全身放松。

图6.2.3

图6.2.4

(2) 颠球技术的练习方法。

① 初学者应以正脚背颠球练习为主。上选项课的学生,以正脚背和大腿交替颠球练习为主。上专项课的学生,以多部位交替颠球练习为主,逐渐发展到12个部位颠球。

② 颠球练习,不要单纯追求数量,应注意提高对球的方向、高度、旋转的控制能力。

2. 踢球

踢球是足球基本技术中最主要的技术之一,根据脚与球接触部位的不同,可分为脚内侧踢球、正脚背踢球、内脚背踢球、外脚背踢球、足尖踢球、脚跟踢球等。不管哪种踢球,都是由助跑、支撑脚的位置、踢球腿的摆动、脚与球接触的部位、踢球后维持身体平衡五个因素组成。脚与球接触的部位是决定踢球质量的关键因素。

(1) 踢球技术动作。

① 脚内侧踢球(图6.2.5)。脚内侧接触面积大,出球平稳、准确,常用于短传和射门,以及二过一战术配合。

动作要领:踢球时,支撑脚踏在球的侧后方15厘米左右处,膝部微屈,踢球脚稍向后提起,膝关节外转,脚尖稍翘起,前摆时小腿加速,脚掌与地面平行,脚腕用力,用脚内侧(踝骨下面,跟骨前面)的部位踢球的后中部。

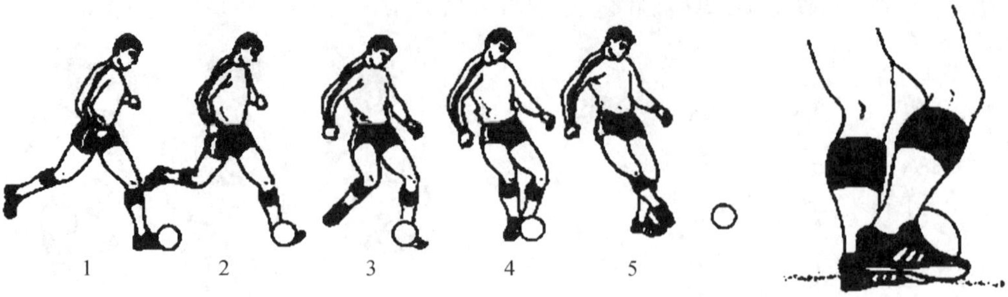

图 6.2.5

向左传球时(以右脚为传球脚,下同),传球脚内侧对正出球方向,由右向左侧摆,用推送或敲击的动作将球传出。向右传球时,以支撑脚前脚掌为轴,上体向右扭转,使脚内侧对正出球方向推送球。空中球直接传球时,大腿在踢球前先抬起,小腿拖在后面,脚内侧对正出球方向,利用小腿摆动平敲球的中部。如要踢出低球或高球,可踢球的中上部或中下部。

② 正脚背踢球(图 6.2.6)。正脚背踢球因腿的摆动与髋、膝关节的结构相适应,便于加大摆幅和摆动速度,动作自然顺畅,脚与球接触面积也大,踢出的球准确有力,常用于中远距离传球、射门等。

动作要领:正面助跑,最后一步稍大并要积极着地,支撑脚踏在球侧 10 ~ 15 厘米处,脚尖对准出球方向。踢球腿后摆放松,前摆时大腿带动小腿,当膝盖摆正至接近球的正上方的刹那,小腿加速前摆,脚面绷直,脚趾扣紧,用脚背击球的后中部,踢球腿提膝随球前摆。若踢反弹球(图 6.2.7),先判断好来球落点,支撑脚踏在落球点的侧面,当球将要落地时,踢球脚小腿急速前摆,在球刚反弹离地时,踢球的后中部。

图 6.2.6

③ 内脚背踢球(图 6.2.8)。用脚的大趾骨后方脚背的部位踢球。腿的摆幅较大,出球有力,脚与球接触的面积大,所以踢球准确,常用于中长距离的传球与射门。

动作要领:斜线助跑,身体与球成 45°角,支撑脚踏在球的侧后方(踢平直球要踏在球的侧方)距球约 25 ~ 30 厘米处,足尖指向出球方向。在支撑脚着地的同时,踢球脚以髋关节为轴,大腿带动小腿由后向前摆。当身体转向出球方向,膝关节摆至接近球的内侧上方的刹那,小腿加速前摆,脚

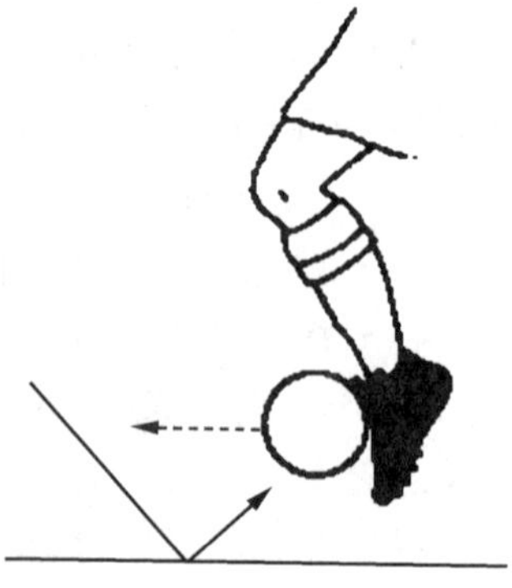

图 6.2.7

面绷直,脚跟提起,用脚背内侧击球的后中部。出球后,踢球腿顺势前摆,两臂自然摆动。

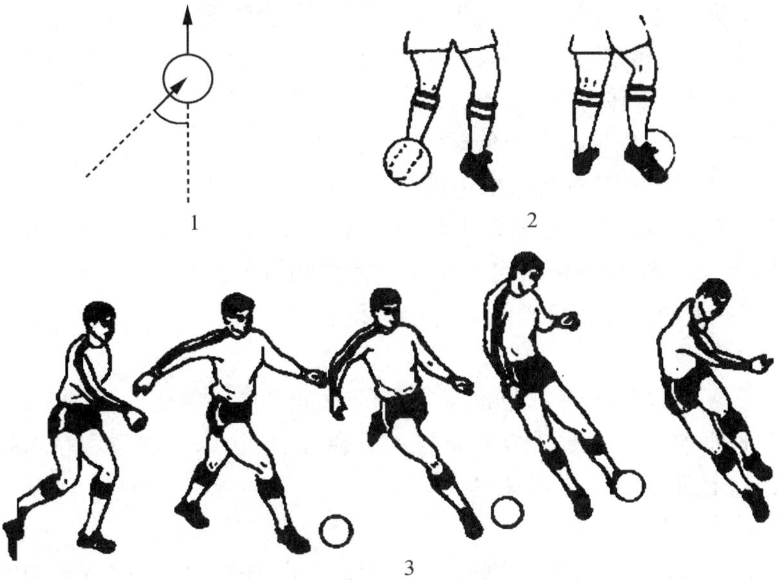

图 6.2.8

④ 外脚背踢球(图 6.2.9)。它能充分利用脚腕的动作和力量,隐蔽性强,对方不易判断出球方向,常用于中短距离的传球、射门和二过一战术配合。

动作要领:基本上与正脚背踢球相同,只是踢球脚的膝关节和脚尖内转,脚面绷直,脚趾扣紧,以脚背外侧触球。踢弧线旋转球时,支撑脚踏在球侧约 20 厘米处,身体稍向支撑脚一侧倾斜,踢球的侧后方,踝关节紧张,用力切削球。踢球后,腿向侧上方摆出,以加大旋转力量。

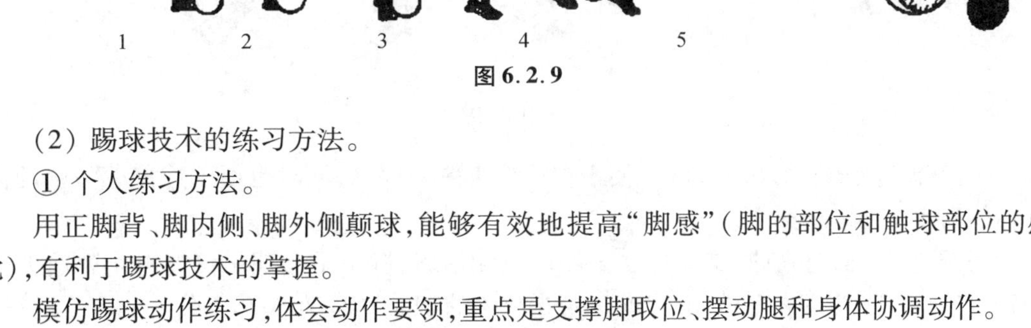

图 6.2.9

(2)踢球技术的练习方法。

① 个人练习方法。

用正脚背、脚内侧、脚外侧颠球,能够有效地提高"脚感"(脚的部位和触球部位的感觉),有利于踢球技术的掌握。

模仿踢球动作练习,体会动作要领,重点是支撑脚取位、摆动腿和身体协调动作。

面对板墙,距离 3 ~ 5 米,做各种踢球练习。

② 集体练习方法。

a. 2 人一组,一人用脚掌着球,一人做轻踢球练习,体会动作要领和触球部位。

b. 2 人或 2 队一组,相距 10 ~15 米,对踢定位球,进一步体会动作要领和触球部位。

c. 2 人或 2 队一组,相距 10 ~15 米,踢迎面轻滚过来或抛来的球。

d. 3 人一组,三角传球,先做停球后再传球练习,再做不停球直接传球练习;先做原地传球练习,再做跑动中传球练习。

e. 2 人一组,做 6 ~8 米跑动中传球练习。

f. 3 人一组,做 20 米左右跑动中传球练习。

g. "斗牛"游戏。几个人围成圈传球。1 人或 2 人在中间抢球,只要触到球或传接球失误,双方即换位置。游戏中可规定某种踢球动作和触球次数。

h. 2 ~3 人一组的传球都可以结合射门进行练习。

3. 停球

停球就是利用身体的合理部位把运行中的球停挡在所需要的控制范围内的动作,其原理就是泄力的原理。准确地判断来球的力量和方向、触球的部位和触球瞬间的泄力动作(后撤或下撤)是停球技术中的关键。

(1) 停球技术动作。

① 脚内侧停球(图 6.2.10)。脚触球的面积大,易停稳,便于改变方向和衔接下一个动作。

动作要领:停地滚球时,支撑脚膝关节微屈,停球脚正对来球,小腿放松。当球滚到身体下方时,触球的中部。来球力量较大时,停球脚随球后撤,把球停好。停反弹球时,支撑脚踏在球落点的侧前方;接触球时,停球脚小腿与地面成 45°角,小腿放松,当球刚落地反弹离地时,用脚内侧压推球的后上部,把球停在身前。停空中球时,停球脚大腿高抬,膝关节外转,停球脚前迎以脚内侧对准来球,脚触球刹那,小腿放松,顺势向后下撤,将球停好。

图 6.2.10

② 正脚背停球(图 6.2.11)。便于在快速奔跑中停球,同时也便于连接下一个动作。多在停高空下落球时采用。

动作要领:面对来球,支撑脚立于停球点侧后方,膝关节微屈。停球脚小腿前伸,以脚背对准正在下落即将触地的球,使球砸在放松的脚面上,即可将球停住。

③ 脚外侧停球。脚外侧停球常与假动作结合起来做,具有隐蔽性,但重心移动较大。

动作要领:停正面来的地滚球时,停球脚稍提起,膝关节和脚内转,以脚外侧对准正面来球,触球时向停球脚一侧轻拨,把球停在侧方或侧后方。

1　2　3　4

图 6.2.11

④ 大腿停球(图 6.2.12)。用大腿股四头肌的部位触球,触球面积大,停球稳准,动作较为简单,容易掌握。停空中下落的球时多采用这种方法。

动作要领:判断好球的落点,支撑脚立在停球点的侧后方。停球时,停球脚大腿高抬,小腿自然下垂,以大腿停球的部位对准来球,触球一刹那,大腿肌肉放松,并顺势向后下撤,把球停在体前。

1　2　3　4

图 6.2.12

⑤ 胸部停球(图 6.2.13)。用胸大肌之间的部位触球,触球面积大、位置高,停球稳,用途广。停空中下落球的时多采用这种方法。

动作要领:正对来球,两腿微屈,上体稍后仰,身体重心放在后脚或两脚之间。当球与胸接触的刹那,吸气,两脚蹬地,胸部迎球上挺,触球的后中下部,使球微微弹起,把球停在体前。

1　2　3

图 6.2.13

(2) 停球技术的练习方法。

① 个人练习颠球,最后一下颠过头顶,做停球练习。

② 在慢跑过程中向前上方抛球,做停球练习;做组合停球练习,如先做大腿停球练

习,接着做脚内侧停反弹球练习。

③ 2 人一组,相距 6 ~ 8 米,原地稍做移动,停对面抛来的地滚球、平球、高球、反弹球。

④ 2 人一组传接球,停迎面踢来的地滚球、平球、高球、反弹球,距离由近到远逐步增加。

⑤ 结合各种踢球练习,做停球练习。

4. 运球

运球是运动员在跑动中有目的地连续用脚推、拨球的动作,使球处于自己的控制之下,寻找传球、突破、射门的机会。一般常用外脚背和脚内侧运球。

(1) 运球技术动作。

① 脚外侧运球(图 6.2.14)。用脚外侧运球,便于快速奔跑和改变方向,十分灵活。

动作要领:运球时身体自然放松,跑动中运球脚提起,脚尖稍向内转,踝关节放松,在向前迈步将要落地前,用外脚背推拨、球的后中部。做改变方向的运球时,如向右运球,支撑脚在球的左侧后方,身体向右侧倾转,运球脚去推、拨球的左侧。

图 6.2.14

② 脚内侧运球(图 6.2.15)。当接近防守队员,要用身体掩护球时,多采用脚内侧运球。

动作要领:右(左)脚运球时,左(右)脚向前跨出一步,在球的前侧方落地,膝微屈,身体重心随着向前移动,上体前倾并稍向右转。右(左)脚提起,用脚内侧推、拨球的后中部。变向运球时,常用两种办法(以用右脚内侧做直线运球改为左侧运球为例):先用右脚背内侧扣、拨球的前侧方,然后用左脚外脚背向左拨球,使球改向左侧,接着用左脚内侧运球。

图 6.2.15

(2) 运球技术的练习方法。

① 在慢跑过程中交替用两脚的内侧做直线运球,主要体会推、拨球的动作。

② 原地用脚内侧连续做横拨球,加转身180°做连续横拨球。

③ 用两脚的内侧,做1步节拍(一左一右)的向斜前方运球,做2步节拍的向斜前方运球,注意身体重心的移动。

④ 动作同上一条,但要做出一侧慢、一侧快的节奏来。做2步节拍的快动作时,第1节拍推、拨球后,运球脚不要落地,立即完成第2节拍推、拨球动作。

⑤ 用两脚的脚背外侧,做1步节拍的向斜前方运球,注意换脚时运球脚先向外侧跨一步再换脚;做2步节拍的向斜前方运球,注意身体重心的快速移动。

⑥ 动作同上一条,但要做出一侧慢、一侧快的节奏来。做2步节拍的快动作时,第1节拍推、拨球后,运球脚不要落地,立即完成第2节拍推、拨球动作。

⑦ 用一只脚的脚内侧、脚背外侧,连续做向里推、向外拨球的动作,再做出一侧慢、一侧快的节奏来。

⑧ 在上述练习的基础上,增加一名消极防守者进行练习,同时与射门练习相结合。

⑨ 在较小的区域内,多人进行随意运球。要抬头看人,人球兼顾,注意观察。

⑩ 结合运球、传球练习,做3对3或5对5的控制球练习。

(二)基本战术

足球运动是一项对抗性的体育运动项目,它是由进攻和防守组成的。足球战术是指比赛双方为了充分发挥个人与集体的特长,进攻对方弱点,取得比赛胜利所采用的手段和方法。

1. 集体的局部配合进攻战术

集体的局部配合进攻战术是指两个或两个以上队员在比赛中为了完成全队攻防任务而采用的局部协同作战的配合方法,包括"二过一"战术配合、"三过二"战术配合、反切配合等进攻战术。

(1)"二过一"战术配合。

顾名思义,"二过一"是两个进攻队员通过传球配合突破一个防守队员。"二过一"是集体配合的基础,可以在任何场区、任何位置上运用这种方法来摆脱对方的抢截或突破防线。"二过一"是两个进攻队员之间相距10米左右,进行一传一切的配合。要求传球平稳、及时,一般多用脚内侧、脚外侧等脚法,以传低平球为主。传球的位置尽可能是接球人脚下或前面两三步远的地方。

(2)"三过二"战术配合。

"三过二"是在比赛中局部场区三个进攻队员通过连续配合突破两个防守队员。由于这种配合有两个进攻队员可以同时接应传球,因此持球人的传球路线更多,且进攻面扩大。

2. 全队进攻战术

全队进攻战术是指比赛中一方获得球后,为了通过队员之间的传递配合达到射门的目的而采用的配合方法。与局部进攻战术相比,全队进攻战术的进攻面比较广,参加进攻的人数较多,具体应用中变化也更多。

(1)边路进攻。

利用球场两侧区域发起进攻的方法叫作边路进攻。边路进攻是全队进攻战术的主要形式之一,其主要特点是有利于发挥进攻速度,打破对方防线制造缺口。

(2) 中路进攻。

利用球场中间区域组织进攻的方法叫作中路进攻。这种进攻虽能直接射门,但难度最大,由于中路防守最为严密,所以前方的攻击手必须是反应极其敏锐、抢点意识强、技术高、敢于冒险、速度快和善于路位策应的队员。

(3) 快速反击。

比赛中当攻方进攻时,后卫线往往压至中场附近,防守人数也因插上进攻和助攻而相对减少,此时如能抓住对方防区空隙较大和回防较慢的机会,乘其失球发动快速反击,往往能取得良好的效果。

快速反击是最有威胁性的进攻方法,有效的进攻在于突然快速的反击,但其难度较大,既要冒险,又要有准确、快速的传切配合技能。快速反击要有组织,配合要极为默契,必须进行专门性的训练,否则很难在比赛中实施。

3. 集体的局部配合防守战术

(1) 补位。

补位是足球比赛中局部场区集体配合进行防守的一种方法。当防守过程中一个防守队员被对手突破时,另一个防守队员则立即上前进行堵封。

(2) 围抢。

围抢是指比赛中在某局部位置上,防守方利用人数上的相对优势(通常是两三个队员)同时围堵对方的持球队员,以求在短暂时间内达到抢断或破坏对方的目的。

(3) 造越位。

造越位是利用规则设计的一种防守战术,是一种以巧制胜的省力打法,因而成为一种重要的防守手段。但由于其配合难度较大,处理不好会适得其反,让对手钻空子,因此该战术往往为水平较高的球队所使用,但在一场比赛中也不会多次使用。

4. 全队防守战术

全队防守战术可分为两种基本类型:盯人紧逼防守(人盯人防守),即在规定的范围内盯人紧逼,不交换看守;区域紧逼防守(盯人和区域相结合),即现今流行的综合防守,紧逼和保护相结合,在个人的防区内紧逼,做交替看守。防守最根本的原则是紧逼和保护。只有紧逼才能有效地主动抢断,压制对方技术的优势而获取主动权;保护是为了更好地紧逼和控制空当。

5. 特殊战术

特殊战术主要指位置战术和定位球战术两大方面。位置战术涉及不同位置队员战术运用职责的特定要求。定位球战术是在死球状态下所进行的一次攻守角逐,它在球的状态、攻守准备时间、完成既定战术计划的条件等方面都与一般攻守战术存在不同点。

(1) 位置战术。

位置战术主要指场上不同位置队员的战术运用。它包括拖后中卫、盯人中卫、边后卫、前卫、中锋、边锋等位置战术。为了便于队员正确理解各位置职责并在实践中灵活合理地履行职责,应明确三点:第一,全面型足球所带来的位置活动高度灵活,因此,任一位置的战术职责都不局限于攻或守的某一方面。第二,尽管每一位置队员可能在比赛中活动到其他位置,但总有其主要职责特点,位置战术职责针对其主要活动形式而言。第三,位置战术职责不限制队员超越职责范围活动,根据场上需要和自身能力,各位置队员可创造性地发挥主观能动性。下面就各具体位置做以下战术分析：

① 拖后中卫位置战术。拖后中卫在场上是守门员位置之前的最后一道防线。在防守中，其主要职责是补位和指挥。在对方进攻时，他应当能清楚准确地告诉同伴怎样组织防守，盯住那些具有威胁性的对手；当同伴被突破时，他应当能灵活、及时地补位。为了确保拖后中卫防守战术成功，拖后中卫应当具备以下能力：敏锐的预测力和洞察力，令同伴信服和尊重的控制比赛的能力及组织才干，丰富的临场经验和稳定的情绪，良好的争顶球、抢截球、选位意识和起动速度。

② 盯人中卫位置战术。盯人中卫的主要职责是盯住位于门前中路的进攻得分手，由于这一区域随时伴有对方射门的可能性，因此这一位置的防守任务也是极为重要的。盯人中卫必须具备以下条件：全面的抢断球技术，包括空中争顶、抢先断球、脚下抢铲、贴身盯人等；良好的灵敏性、充沛的体力、强劲的爆发力等身体素质；稳定的情绪、果断的判断力、勇敢顽强的作风等心理素质；清楚的位置意识。

③ 边后卫位置战术。边后卫的主要职责是盯住进入本防区的进攻队员，不让对手个人运球突破或通过配合突破，保护中路防区。当球在异侧活动并且中卫队员靠向异侧时，及时向中路靠拢；当中路被突破时迅速补位，同其他后卫队员保持默契联系；当拖后中卫制造越位时，应同步行动。为了完成这些防守职能，边后卫必须具备以下条件：全面的抢、断、铲球技术，急转急停能力，良好的起动速度和爆发性力量，良好的整体、局部防守意识和机敏的选位能力，勇敢顽强的拼搏精神。

④ 前卫位置战术。前卫作为锋线与卫线间联系的桥梁，具有进攻和防守双重职责。一个队的攻与守是否平衡，在很大程度上取决于前卫位置战术的运用。前卫的进攻职责主要体现在组织指挥和自身参与进攻两个方面。前卫队员应当善于根据比赛的具体情况，灵活地运用长传和短传为同伴送球，巧妙地运用控球和快攻改变比赛的节奏，并能有意识地变换进攻方向，同时，还应当随机应变地积极投入进攻，运用插上射门、套边传中、带球突破、局部渗透配合等手段，直接构成对球门的威胁或破门得分。前卫必须具备以下基本能力：娴熟、准确、全面的技术和充沛的体力，敏锐的视觉、聪明理智的头脑和灵活机警应变的战术思维。

⑤ 中锋位置战术。中锋的主要任务是破门得分和为同伴创造中路得分的机会。中锋的进攻形式灵活多样。为了胜任其职责，中锋应具备以下能力：强烈的射门意识和把握射门时机的能力及快、准、狠完成射门的技巧；突然摆脱对手的动作速度、起动速度和难以捉摸的行动意识；保证个人行动与同伴配合效果的控、传、运、争顶球等娴熟技巧和即兴创造力；敏锐洞察局势并能依局势灵机跑位，牵制对方行动的有效穿插能力；由于中锋作为进攻中的"尖刀"，防守方对其逼抢甚凶，因此中锋也必须具备强壮的体魄、勇敢顽强的拼搏精神和屡败不馁的自信心。

⑥ 边锋位置战术。在一个队进攻战术的直接效果上，边锋常起着举足轻重的作用。边锋在进攻中的主要战术内容有三个方面：一是外围或下底传中；二是斜线突破射门、包抄射门或远射；三是与前卫、中锋和边后卫换位配合进攻。

从技术上看，边锋更强调传球的准确性、运控球过人的灵巧性、射门的准确与有力等。从身体素质上看，边锋更突出速度与灵敏性，机敏的晃动摆脱和疾驰如飞的速度。从心理素质上看，边锋更需要勇敢善战、不屈不挠的冒险和进取精神。在防守上，边锋与中锋一样，担负着第一道防守的重任，其主要职能是干扰、堵截及抢断球。当对方在左右两边发动进攻并靠近自己位置时，应上去延缓对方进攻速度，干扰其进攻效果，如果时机许可，应积极抢断。每一个锋线队员应明白，作为边锋，在前场抢下球后组织快攻，常使对手措手不及，从而起到意想不到的效果。当由攻转守时，如果同侧边后卫因插上助攻不能及时回位，边锋也应有意识地补位帮助防守。

（2）定位球战术。

定位球战术是指死球状态下的攻守战术。它包括任意球、角球、掷界外球、球门球和中圈开球战术。定位球战术在现代足球比赛中的作用和效果极为重要，尤其是任意球和角球时常左右着比赛的形势甚至决定着比赛的胜负。

① 任意球战术。任意球进攻，特别是前场任意球进攻，是当今足球比赛中破门得分最锐利的武器之一。常用的任意球进攻方式有三种：一是直接射（直接任意球）；二是两人配合射；三是三人或三人以上配合射。

任意球进攻方式的选择，主要取决于队员的特点和场上的具体形势。一般来说，在发任意球时应遵循以下几个原则：第一，任意球机会在高水平比赛中甚为难得，组织进攻必须考虑周密，认真对待，力争成功；第二，任意球进攻时，任何一个队员只要有直接射门的机会就应直接射门，不必要弄华而不实的骗术；第三，任意球进攻过程应尽可能快速，每一个队员都应尽量减少不必要的传、带球；第四，发任意球前，场上每一个队员都应根据位置特点和赛前布置及时到位；第五，前场任意球失败后，队员必须迅速回位。

② 角球战术。角球如同任意球一样，也是易于破门得分的锐利武器。在组织角球进攻中，站位的基本原则是队员分布在禁区内和附近区域，力争获得更多的进攻点。站位形式有两种：一是由球门区近角、罚球点和罚球区远角的三点构成，形成进攻的宽、深度；二是略居第一条线之后，以便获得同伴回传和对方顶出的短距离球。有时，在角球进攻中，根据战术需要，角球区附近也站一名队员，其作用是为短传配合或为诱惑防守者，分散中路防守的注意力。

③ 掷界外球战术。由于掷界外球不存在越位问题，进攻者灵巧的跑位加之快速、娴熟的配合，常常能造成防守阵脚大乱，取得良好的进攻效果。因此，在定位球战术中，掷界外球战术也是人们极为重视的战术内容之一。

④ 球门球战术。球门球战术在比赛中的进攻效果不太显著，这主要是由发球区域的位置特点决定的。球门球进攻的形式通常有三种：一是与守门员配合后由守门员发动进攻；二是中短传于两翼或中路队员组织进攻；三是长传快攻。其中，长传快攻威胁最大。长传快攻的运用与否主要取决于防守队员的回位速度，一般来说，在防守队员回位较慢或组织不稳且进攻队员已居于前方的形势下运用。

⑤ 中圈开球战术。中圈开球战术类似于球门球战术，一般对防守队球门构成的直接威胁不大，这主要是因为中圈开球时防守队有足够的准备时间。中圈开球进攻的形式通常有两种：一是有组织配合地层层推进，主要在对方防守阵脚稳定、布置严密的形势下运用；二是长传快攻，一般是在防守队员注意力不集中或防守方布局有漏洞的形势下运用。

二、比赛规则

（一）赛制

室外足球比赛有 7 人制和 11 人制两种，室内足球比赛为 5 人制。

（1）7 人制：每队上场队员 7 人，其中守门员 1 人。比赛分上半时和下半时，各 35 分钟，中间休息 10 分钟。

（2）11 人制：每队上场队员 11 人，其中守门员 1 人。比赛分上半时和下半时，各 45 分钟，中间休息 10 分钟。

（二）场地

（1）如图 6.2.16 所示，足球比赛场地必须是长方形的平整场地，长度为 90～120 米，宽度为 45～90 米。国际比赛场地长 100～110 米，宽 64～75 米。场地的长度必须大于宽度。

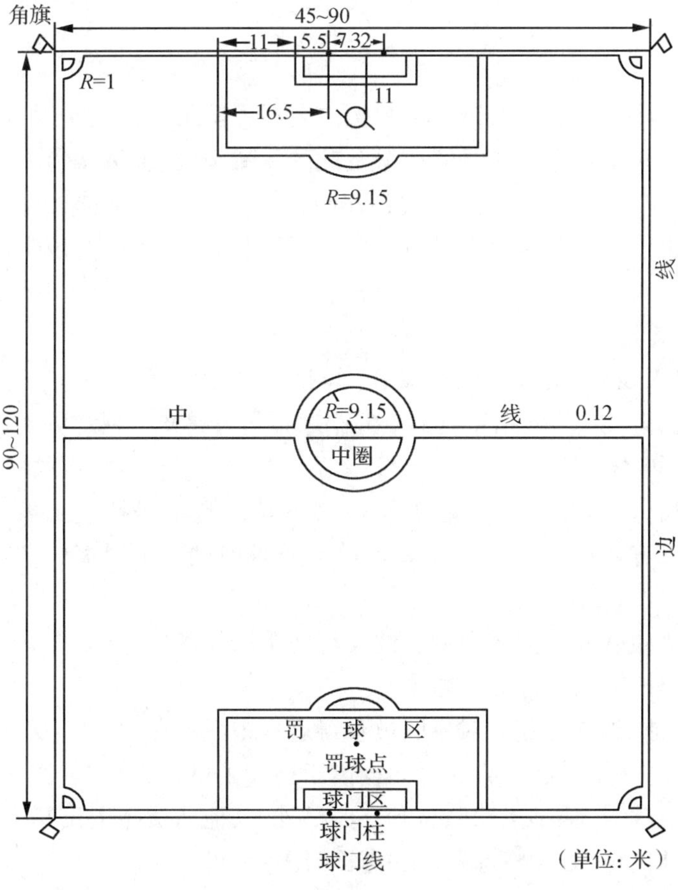

图 6.2.16

（2）场上各线宽不得超过 12 厘米。

（3）角旗：场地四角必须各竖一平顶的旗杆，杆高不低于 1.50 米，上挂小旗一面，叫角旗。

（4）中线旗：在中线两端的边线外至少 1 米处可以各竖一面与角旗相同的小旗，叫中线旗。

(5) 球门：两柱的内沿相距7.32米，横木的下沿距离地面2.44米，立柱与横木的宽度和厚度均不得超过12厘米。

(三) 基本规则

1. 界外球

在比赛过程中，若球被一队踢出边线，就由对方用掷界外球的方法将球掷入场内，继续比赛。如果球被攻方踢出对方端线，就由守方将球放在本方球门区内发球门球。如果球被守方踢出本方端线，就由攻方将球放在角球区内罚角球。

2. 手球

在比赛过程中，除了守门员外，其他人用手碰球就是手球犯规，由对方将球放在手球犯规地点罚球。防守队员如果在自己本场的罚球区内用手碰到球，就由对方将球放在罚点球位置上罚点球。守门员只能在本方罚球区内用手接触球，如果在罚球区外用手碰到球，应判为手球犯规。

3. 越位

越位是指攻方队员在前场接球比倒数第二名对方队员更接近于对方球门线。处于越位位置的攻方队员只有在同队队员踢或触及球的一瞬间，裁判员认为其干扰比赛，或干扰对方队员，或利用越位获得利益时，才被判罚越位犯规，由对方将球放在越位犯规地点发间接任意球。如果该攻方队员处在越位位置上，但裁判员认为这对该队无利，也不阻碍对方，可不判罚。

4. 犯规动作及判罚

脚踢人、手打人及蹬、踏人等粗野动作，绊摔或企图绊摔人、不合理冲撞人等危险动作，都属于犯规动作。禁区内用手触球，罚点球；如果是球打手(如对方射门或传球打手)，属无意手球，可不判罚。

守门员持球后，出球时间不得超过3～5秒开球步数不得超过4步，违反者在原地判罚间接任意球。掷界外球必须双手举球过头顶，掷球时两脚不得离地，违反者判对方掷界外球。

球在空中出边线、端线，因风向或弧线飞行而重回场内，应判界外球、角球或球门球。

球门球、掷界外球、罚角球时无越位。

中圈开球时，球未向前滚动，对方队员不得进入中圈抢球。

当比赛进行中，一个队在本方罚球区内由于违反了可判为直接任意球的规定时，应判罚点球。在执罚点球时，除了主罚队员和守门员外，其他队员须退出罚球区。守方在此区域内罚任意球或球门球，必须将球踢出罚球区，比赛方可开始。

5. 直接任意球

罚球队员可以直接射门得分。队员故意违反以下十条规定中的任何一条，由对方在犯规地点罚直接任意球。如果队员在本方罚球区内故意违反这些规定，则应判罚点球。十条规定是：踢或企图踢对方队员；绊摔或企图绊摔对方队员；跳向对方队员；冲撞对方队员；打或企图打对方队员；推对方队员；拉扯对方队员；向对方队员吐唾沫；故意手球；为了得到对球的控制而抢截对方队员时，触球前触及对方队员。

6. 间接任意球

罚球队员不可直接射门得分,踢出的球必须触及场上任何队员(包括双方队员)再入球门方可算进一球。队员在场上违反下列情形之一的,应罚间接任意球:蹬踏;踢球抬腿过高;一队员正准备踢球,另一队员突然上体前倾要去顶球;守门员已接到球,进攻队员企图把球从守门员手中踢出;队员不去踢球而故意阻挡对方队员;冲撞守门员;守门员违例;越位及各种情况下的连踢(如罚任意球、角球、掷界外球等)。

第三节 排 球

排球运动始于1895年左右,当时有些美国人在海滩上支起渔网将足球或篮球胆打来打去做游戏,麻省(现马萨诸塞州)霍利约克城青年会干事威廉·摩根受到启发,把这种游戏移到室内:在篮球场中间挂上网,网高6.6尺,参加者站在球网两侧,球为充气篮球胆,用手击球过网,击球次数不限。由于球的体积大、重量轻,在空中飞来飞去别有风趣,因此吸引了很多爱好者。但当时,摩根并没有给这种游戏命名。

1896年,在美国斯普林菲尔德体育专科学校举行排球比赛,哈尔斯德博士见球在空中飞来飞去,于是将其定名为"Volley Ball",即"空中飞球"。

1947年4月,在法国巴黎正式成立国际排球联合会。国际排联举办的世界排球锦标赛和世界杯排球赛及奥运会排球赛是当今世界排坛最重要的三大赛事,每4年举行一次。这使排球运动在世界范围内广泛开展,其技术、战术水平得以飞速发展。排球比赛的激烈角逐和高水平的竞争,得到人们的广泛关注和喜爱。

1905年排球运动传入我国,最初为16人制,1919年改为12人制,1927年采用9人制,1950年后在全国逐渐开展6人制排球运动。

当今世界排球运动正向着职业化、商业化方向发展,技术、战术向全面、高度、快速、多变方向发展,规则向有利于攻防平衡方向发展,排球教学、训练向多学科综合运用和科学化方向发展。

排球运动是便于开展、易于锻炼的运动项目,它不受年龄、性别的限制,既可竞技,又可娱乐健身,丰富业余文化生活。它既是弹跳运动,又是速度运动。经常参加排球运动,可以增强人体的神经、呼吸、血液循环等系统的机能,提高人体的力量、速度、灵敏性、耐力、弹跳力、柔韧性等素质,培养机智果断、勇敢顽强的拼搏精神和团结协作、密切配合的集体主义思想。

一、基本技术和基本战术

(一)基本技术

排球技术是运动员在排球比赛中所采用的合理击球动作和完成动作必不可少的其他配合动作的总称。它包括准备姿势和移动、发球、垫球、传球、扣球、拦网等技术。

1. 准备姿势和移动

准备姿势和移动是排球运动中各项技术的基础,其目的是迅速起动、快速移动接近球。准备姿势的好坏直接影响着脚步的移动,而脚步的移动直接影响着技术动作的质量。

判断、准备和起动的衔接是学习的关键,起动快慢是学习的难点。

(1) 准备姿势(图 6.3.1)。

动作要领:两脚左右开立,略宽于肩,脚尖向前稍向内扣,脚跟稍提起,两腿弯曲,膝关节投影点超过脚尖,上体前倾,重心靠前,两臂自然弯曲,双手置于腹前,上体放松,两眼注视来球,随时准备起动、移动或做相应的动作。

图 6.3.1

(2) 移动(图 6.3.2、图 6.3.3)。

动作要领:在做好准备姿势和起动的基础上,根据完成技术动作和战术配合的需要,灵活运用各种步法进行移动。在准确判断之后要快速移动,边移动边注视来球,使身体尽快接近球并做好击球的准备姿势。

图 6.3.2

图 6.3.3

根据来球的距离和速度,采用不同的移动步法:

① 跨步法。当来球较低,离身体一两步远时,可采用跨步法。移动时,一脚蹬地,另一脚向来球方向跨出一大步;上体前倾,使重心移至跨步脚上,另一脚适当伸直或随重心移动而跟着上步,成击球前的准备姿势。

② 并步法。当来球离身体一步左右时,可采用并步法。移动时,移动方向的同侧脚先向移动方向跨出一步,当跨出脚落地时,另一脚迅速并上,成击球前的准备姿势。

③ 交叉步法。当球在体侧或体前侧距离 1 米左右时,可采用交叉步法。若向右移动,起动时,上体稍向右转,左脚从右脚前向右交叉迈出一步,然后右脚再向右跨出一步,同时身体转向来球方向,成击球前的准备姿势。

④ 跑步法。来当球的落点离身体较远时,可采用跑步法。跑步时,应迅速起动,跑动的最后阶段要逐渐降低重心,做好击球前的准备姿势。

⑤ 后退法。当来球的落点在身后时,可采用后退法。移动时,身体保持稍低的姿势,两脚交替快速向后退步,重心应保持在体前。

(3) 准备姿势和移动技术的练习方法。

① 徒手姿势练习,看手势练习。

② 跑进过程中看到信号或听到哨音后向前跨一步做半蹲、稍蹲、低蹲准备姿势后接着移动。

2. 发球

发球是队员在发球区内自己抛球后,用一只手或手臂将球击入对方场区的一种击球方法,是比赛和进攻的开始。发球按性能一般可分为旋转球与飘球两大类。按发球姿势,旋转球有正面上手发球、侧面下手发球、勾手大力发球等,飘球有正面上手发飘球、勾手发飘球等。各类发球的抛球、击球、用力是发球的三个重要环节,抛球和击球是教学的难点。下面介绍侧面下手发球和正面上手发球。

(1) 侧面下手发球(图 6.3.4)。

动作要领:以右手发球为例,左肩对网站立,两脚左右开立与肩同宽,两膝微屈,上体稍前倾,左手持球于腹前。发球时,将球垂直上抛到身体的正前方约一臂距离,离手约 30 厘米,同时右臂摆至右侧后下方。引臂后,利用右脚蹬地和向左转体的动作,带动右臂迅速向前挥动,在体前腹部高度用掌根击球后下方。击球后,身体应转成面向球网。

图 6.3.4

侧面下手发球技术的练习方法:

① 徒手练习。体会身体的协调用力和挥臂的动作及路线。

② 抛球练习。球抛起要垂直向上,人和球的位置和抛起高度要适当。

③ 对墙发球练习。距墙 6 ~ 8 米,注意击球手法和击球部位,球击到墙要有一定高度。

④ 近、远距离隔网发球练习。两人一组,相距 8 ~ 10 米,逐渐到端线外,隔网发球。

(2) 正面上手发球(图 6.3.5)。

图 6.3.5

动作要领:以右手发球为例,面对球网,两脚前后开立,左脚在前,重心偏于右脚,左手持球于身前。发球时,将球抛向右肩上方约高出击球点两个球的位置,右臂同时抬起,屈肘后引,肘与肩平,上体移向右侧转动,挺胸展腹。击球时,利用蹬地、收腹、挥臂的力量,用全掌击球的后中下部,手腕向前推压。

正面上手发球技术的练习方法:

① 徒手发球练习。两人一组,体会完整动作过程,主要是挥臂动作。

② 对墙发球练习。距墙 3 ~5 米,在墙上定个目标,发出的球尽量打中目标。体会抛球与击球时的手臂挥动配合。

③ 近、远距离隔网发球练习。两人一组,相距 6 ~8 米,逐渐到端线外发球。体会击球用力和动作的连贯性。

④ 发直线球和斜线球练习。将对方场区一分为二,固定发球位置,然后发直线球和斜线球,发球要稳、准。

3. 垫球

垫球是手臂插到球的下部,利用来球的反弹力向上击球的技术动作,主要用来接发球和接扣球。垫球技术种类很多,可分为接发球垫球、接扣球垫球、接拦回球垫球和垫击二传球。各种垫球技术教学的难点是击球,即击球点和击球部位。

(1) 正面双手垫球技术动作。

根据来球路线迅速取位,使球尽量保持在腹前。双手重叠互握,掌根并拢,拇指平行,两臂伸直相夹并外旋成平面。垫球时重心降低,两臂前伸插入球下,击球点保持在腹前,取好击球角度,手臂夹紧,利用蹬地、提肩、顶肘、压腕的动作,用腕上 10 厘米左右的小臂内侧构成的平面将球击出。正面双手垫球动作如图 6.3.6、图 6.3.7 所示。

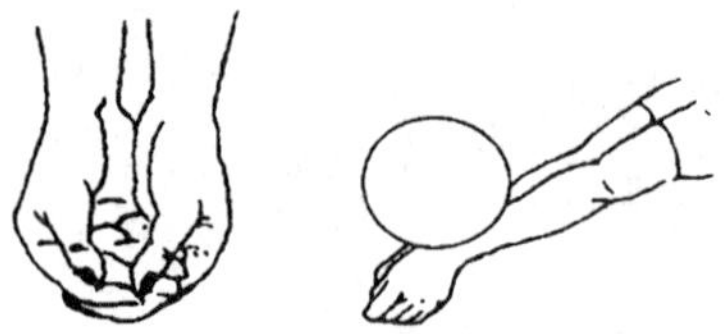

图 6.3.6

图 6.3.7

(2) 正面双手垫球技术的练习方法。

① 固定球垫击练习。两人一组,一人持球于腹前,另一人做垫击动作,体会击球部位的感觉,掌握好插、夹、提、压动作。

② 自垫球练习。自行将球垫起,垫出的球有高有低,巩固垫球动作。

③ 抛垫、对垫练习。两人一组,相距 3 ~5 米,一抛一垫或对垫。要求垫出的球有适当高度。

④ 三人两球移动垫球练习。三人拿两个球,两人相距 4 米左右平行站立,向前抛球,另一人移动垫球。要求移动快,尽量将球置于腹前。

⑤ 接发、扣球、垫球练习。两人一组,一发一垫或一扣一垫。距离由近到远,尽量将球垫到位。

4. 传球

传球是利用全身协调力量并通过手指、手腕的弹力去迎击球的一种技术动作。它在组织进攻、串联攻防中起纽带作用。传球的方式很多,有正面双手传球、背传、跳传、侧传、单手传等。这些传球动作是由准备姿势、迎球、击球、手型、用力五个动作部分组成的。

（1）正面双手传球技术动作。

根据来球迅速移动到传球合理位置。当球接近额前时，两手在脸前成半圆形，主动迎球。两拇指成“一”字形，食指、中指托住球的后下部，无名指、小指在球两侧辅助控制球。触球瞬间，手指、手腕适当紧张，用手指、手腕的弹力和蹬地、伸膝、伸臂的协调力量，在额前上方约一球距离将球传出。正面双手传球动作如图 6.3.8、图 6.3.9 所示。

图 6.3.8

图 6.3.9

（2）正面双手传球技术的练习方法。

① 徒手传球练习。两人一组徒手做传球动作，徒手模仿传球的蹬地、伸膝、伸臂动作，在额前上方用正确的手型做推送动作。

② 抛接练习。轻轻将球在额前抛起，在额前上方用正确的手型将球接住，检查手型和击球点是否正确。

③ 自传练习。向上一高一低传球，体会传球手型和手触球部位。

④ 对墙传球练习。向墙上固定目标连续传球，或自传一次，再向墙上固定目标传一次，体会身体协调伸展及手的推送动作。

⑤ 平网对传练习。两人一组，平行站于网前，传高球和传平球交替进行，体会网前传球动作。

⑥ 网前移动传球练习。四人一组，4 号位站一人，6 号位站一人，2、3 号位之间站两人。2、3 号位传向 4 号位，4 号位传向 6 号位，6 号位传向 2、3 号位，2、3 号位传球后跑到进攻限制线后，两人交替移动传球，体会移动传球动作。

5. 扣球

扣球是练习者跳起在空中，利用身体的爆发力和快速挥臂，最后以全手掌击球的一种技术动作。它是排球技术中最有效的进攻方法。扣球包括正面扣球、勾手扣球、扣快球等。在扣球动作环节中，选择好起跳点及起跳时机、保持好人与球的位置是扣好球的基础，挥臂击球是完成扣球动作的关键环节。起跳、击球是教学的难点。

（1）正面扣球技术动作（以右手为例）。

① 助跑起跳。一般采用两步或三步助跑。两步助跑时，左脚先向球的落点方向迈出一步（方向步），紧接着右脚根据球的落点调整步幅，确定位置后跨出一大步，同时左脚跟上，双脚落地后，立即用力蹬地起跳。起跳时，两臂由后经腹前屈臂向上猛摆，配合起跳。

② 挥臂击球。起跳后，要挺胸展腹，上体稍向右转，右臂向上向后挥起，肘高于肩，左臂上摆到头前，身体成反弓形。挥臂时，以迅速转体、提肩、收腹动作发力，带动肩、肘、腕各关节成“鞭打”动作向前上方挥出。击球时，手呈勺形包满掌，击球的后中上部。

③ 落地。双脚前脚掌先着地,再过渡到全脚掌着地,随势屈膝、收腹、缓冲落地。

正面扣球动作如图 6.3.10 所示。

图 6.3.10

(2) 正面扣球技术的练习方法。

① 助跑起跳练习。听口令做两步助跑起跳练习,体会助跑、起跳的衔接和节奏。

② 挥臂击球手法练习。徒手做扣球挥臂击球动作。一人双手执球于头上,另一人扣固定球,体会挥臂动作及手法、击球部位。

③ 原地对墙自抛自扣或原地自抛起跳扣球练习。体会人与球的位置、起跳时机、挥臂击球动作。

④ 结合二传扣球练习。扣球人在限制线附近传球至二传处,由二传进行传球,扣球人用助跑起跳扣传过来的球,巩固扣球的完整技术动作。

6. 拦网

拦网是队员在球网上空拦阻对方击球过网的一种技术动作。它是一种具有进攻性的防御技术。拦网分为单人拦网和集体拦网。其技术动作由准备姿势、移动、起跳、空中拦击和落地五个部分组成。起跳时间是否合适尤为关键。正确地确定起跳时间和起跳点是教学的难点。

(1) 拦网技术动作。

① 准备姿势和移动。拦网的准备姿势与一般的准备姿势不同。队员面对球网,距离 30 厘米,两脚分开与肩同宽,平行站立。两膝稍屈,上体稍前倾,两臂弯曲置于胸前。当判断出对方进攻点时,一般采用横向并步或交叉步迅速移动,并降低重心做好起跳准备。

② 起跳。两脚用力蹬地,两臂在体侧前方划小弧用力上摆,带动身体垂直向上跳起。起跳后,稍收腹,以便控制身体平衡和延长腾空时间。

③ 空中拦击。身体腾空后,两手从胸前向头上方伸出,两臂向上伸直并有提肩动作,两手平行上举,尽量接近球。当手触球时,两手要紧张,手腕下压"盖帽"捂球。

④ 落地。拦网后,身体要自然下落,先以前脚掌着地,随之屈膝以缓冲身体落地力量,同时迅速做好下一个动作的准备。

拦网动作如图 6.3.11 所示。

图 6.3.11

（2）拦网技术的练习方法。

① 原地做拦网徒手练习，体会手向上直伸、拦球动作。

② 教师站在高台上双手持球，学生轮流起跳拦网练习，体会起跳拦网动作。

③ 两人隔网相对站立，做向左（或右）移动一步起跳拦网练习，体会移动拦网动作。

④ 双人拦网移动起跳配合练习。2、4 号位网前各站一人，3 号位网前站两人。听到口令后，两名 3 号位队员分别向左、右移动，与 2、4 号位队员配合拦网。

⑤ 扣、拦练习。教师在网前 2、3、4 号位扣球，队员轮流做拦网练习。

（二）基本战术

排球战术是指队员在比赛中，根据排球规则的要求和排球运动规律，以及双方当时的情况，合理运用技术所采取的有意识、有目的、有组织的个人和集体配合行动。全面、准确、熟练和实用的技术是组织战术的基础，而合理地运用战术又能更加充分地发挥技术的威力。

1. 阵容配备

阵容配备是指比赛时场上人员的搭配布置。其目的在于把全队的力量有效地组织起来，扬长避短，最大限度地发挥每一个队员的作用和特长。

（1）“四二”配备（图 6.3.12）。“四二”配备是指场上有 4 个进攻队员和 2 个二传队员。4 个进攻队员又可分为 2 个主攻、2 个副攻，他们分别站在对角位置上。其优点是无论怎样轮转，前后排都能保持 1 个二传队员和 2 个进攻队员，便于组织和发挥攻击力量，给对方的拦网及防守造成困难。但对 2 个二传队员的进攻和拦网能力的要求较高，否则就会影响“四二”配备的进攻效果。

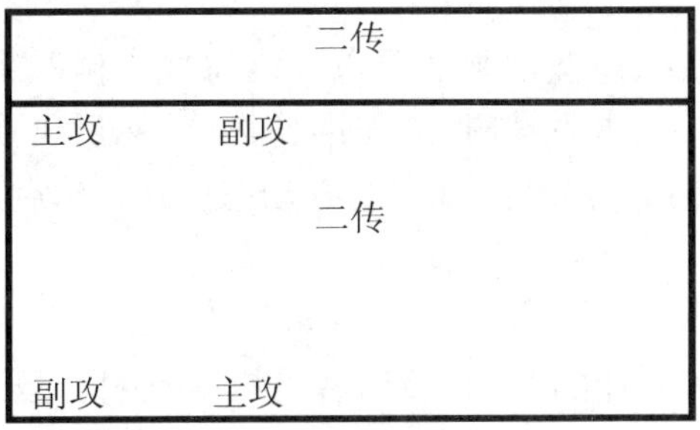

图 6.3.12

(2)“五一”配备(图 6.3.13)。“五一”配备是指场上有 5 个进攻队员和 1 个二传队员。这一阵容配备的优点是拦网和进攻力量得到加强,全队只要适应 1 个二传队员的打法,相互之间就容易建立默契,这有利于二传队员统一贯彻战术意图。但二传队员在前排时,只有两点攻,要充分利用两次球、吊球、后排扣球等战术变化突袭对方,以弥补“五一”配备的不足。

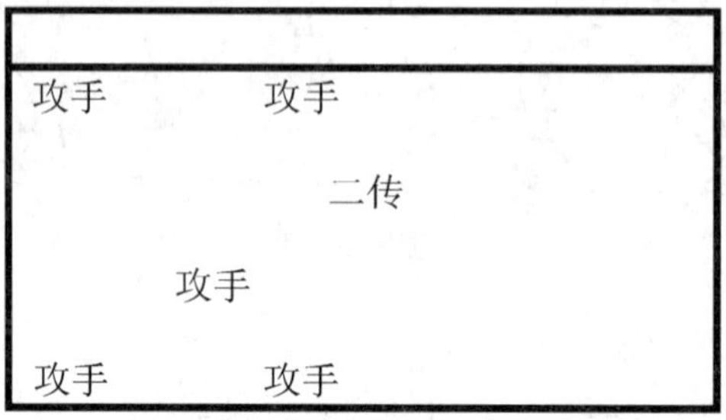

图 6.3.13

(3)“三三”配备(图 6.3.14)。“三三”配备是指场上 3 个进攻队员与 3 个二传队员间隔站位,使每一轮次都有传有扣,它是初学者常用的阵容配备。

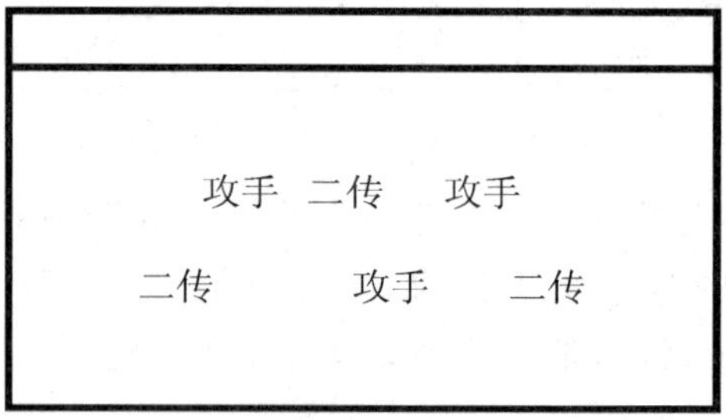

图 6.3.14

2. 位置交换

排球规则规定,发球后,队员在场上可任意交换位置。利用这一规则,各队通常采用专位进攻、专位防守的方法。一般来说,在前排,主攻队员换到 4 号位,拦网好、移动快、连续起跳能力强的副攻队员换到 3 号位,二传队员换到 2 号位;在后排,主攻队员换到 5 号位,副攻队员换到 6 号位,二传队员换到 1 号位。这种位置交换,使队员专位化,便于发挥每个队员的特长,有利于队员集中学习训练以掌握某项实用技术。但专位化也容易造成队员技术不全面。

换位时应注意:换位前,应按规则的要求站位,防止“位置错误”犯规;发球队员击球后,应立即换到预定位置;对方发球时,应先准备接球,然后再换位,以免影响接发球;本方发球时,换位队员应面向对方场区,观察对方动态;成死球后,应立即返回原位,及早做好下一个球的准备。

3. 发球战术

由于发球不受对方和同伴的制约,发球者可以根据对方场上的站位情况和自己发球的技术特点,灵活运用发球战术。发球战术包括找对方的弱点或空当、破坏对方战术、利用自然条件等,目的在于直接得分或破坏对方一传。

找对方的弱点或空当发球战术主要是根据对方对不同性能球的适应程度、接发球的站位方法、轮次特点等，采用加强攻击、控制落点、灵活变化等发球方法，造成对方判断错误，使其接发球失误或一传不到位。破坏对方战术发球技术是指把球发给对方换位队员、插上队员或善于扣两次球的队员等，使对方组织不起进攻。利用自然条件发球战术主要适合于室外比赛，是指发球者利用阳光、风向等特点来增加对方接发球的难度。

4. 接发球进攻战术

接发球进攻战术可简称为“一攻”战术。“一攻”的好坏直接关系到能否夺得发球权，要力避失分和使一传到位，取得主动权。“一攻”战术主要有“中一二”“边一二”“插上”“两次球及其转移”几种形式。每一种战术形式可以采用多种多样的战术变化，而各种战术变化又可以运用适合于自己的某种战术形式。战术形式是固定的，但战术变化是灵活的。

(1) “中一二”进攻战术。

“中一二”进攻战术是指3号位队员做二传，将球传给4、2号位队员进攻的组织形式。其优点是一传向网中3号位垫球比较容易，因而有利于组成进攻，适合初学者采用；二传队员在网前接应一传的移动距离近，向2、4号位传球的距离较短，容易传准。缺点是战术变化少，容易被对方识破进攻意图。

(2) “边一二”进攻战术。

“边一二”进攻战术是指2号位队员做二传，将球传给3、4号位队员进攻的组织形式。其优点是右手扣球者在此3、4号位扣球比较顺手，战术变化较多。缺点是5号位接一传时，向2号位垫球距离较远；一传垫到4号位时，二传传球较为困难。

(3) “插上”进攻战术。

“插上”进攻战术是指二传队员由后排插上前排做二传，把球传给前排4、3、2号位队员进攻的组织形式。其优点是能保持前排三点进攻，战术配合变化多，并能利用网的全长组织进攻。缺点是对插上的二传队员要求较高。

(4) “两次球及其转移”进攻战术。

“两次球”是指一传稳妥准确地将球传到了网前的适当位置，第二次击球即可进攻的一种形式。第二次击球前，如果发现对方拦网，可在空中改做二传，将球转移给其他队员进攻，这种形式叫转移进攻。“两次球”和“转移”的特点是能保持前排三人进攻，在三次击球中，有两次进攻机会，并且具有较大的突然性。“两次球”可以加快进攻的速度，打乱对方的节奏，使对方措手不及；运用转移扣球，使进攻具有较大的隐蔽性，增加了对方的拦网难度。采取这种战术形式，要求场上6个队员都要具有较好的接发球能力和进攻能力，特别是对一传要求很高。前排队员还要有很强的观察判断能力和熟练的跳传技巧，以便在腾空的一刹那能根据情况很快做出是扣球还是转移的决定。这种战术较难组织，但一旦形成，扣死率很高。在对方发球攻击性较小、扣球威力不大时，可以较多地运用这种战术。

5. 防守战术

运用防守战术时要根据对方的进攻特点和怎样有利于自己组织反攻来部署力量。现代防守战术的部署都是与拦网力量的安排相联系的，因此，防守战术可根据拦网的情况分为单人拦网、双人拦网、三人拦网、无人拦网等几种形式。下面简单介绍单人拦网和双人拦网这两种防守战术形式。

（1）单人拦网。

单人拦网的防守战术形式一般在对方技术水平较低、扣球威力不大、战术变化不多的情况下采用。这种形式后排防守的人数多，便于组织进攻。在遇到强队时，由于对方进攻变化多、速度快，防守时来不及组成集体拦网，有时也只得采用人盯人拦网。

（2）双人拦网。

双人拦网的防守战术形式一般在对方进攻力量强、战术变化较多的情况下采用。这种两人拦网、四人防守的形式是现代排球比赛中主要的防守战术。根据它的保护形式又可分为以下两种：

一是"边跟进及其灵活变位"。即当对方进攻时，本方前排两人拦网，另一名不拦网队员后撤，同后排三名队员组成半弧形防守阵式，也称马蹄形防守。如遇对方吊球，由后排同列队员（1 号位或 5 号位）跟进，同时 6 号位队员要根据情况灵活补位。这种形式的优点是有利于防止对方重扣，便于组织反攻；缺点是场中间空隙较大，对方吊球时较难保护。

二是"边跟进及其灵活进退"。采用这种形式，前排队员在布局上同"边跟进"形式一样，6 号位队员先站在离网 4 米左右的位置上，如遇到对方吊球，则向前跟进；如对方向后排进攻，则迅速后退，协同 1 号位和 5 号位队员进行防守。

二、比赛规则

（一）场地和器材

排球项目是在一块长 18 米、宽 9 米的场地上进行的。场地被一张高 2.43 米（男排场地）或 2.24 米（女排场地）的网分成两个对等的部分。距离网 3 米的两侧处是进攻线，用来限制后排队员击球进攻的距离（如拦网）。边线是场地的一部分，所以当球压线时按界内球计算。

排球用网由 10 平方米的黑色小孔构成。在网的顶部缝上两条 5 厘米长的白色帆布带。在底部有一条绳子拴在柱子上以保证网处于拉紧的状态，因为有时在比赛进程中球会碰到网上。两个连接在网上的触角标志着交叉空间的边界。球被一方传过网时必须越过这个交叉空间。

比赛用球由一个内置的球胆和柔软的皮革制成。室内排球用球和沙滩排球用球的大小相同，圆周为 65～67 厘米，质量为 260～280 克，唯一不同的是室内排球用球的气压比沙滩排球用球的气压要高。

（二）基本规则

1．球队

排球运动由两队各 6 名选手组成，现在增设了自由人。该运动的目的在于使击出的球稍高于网前伸出的双手，从而使球落入对方的半场而得分。

2．击球

每队的 6 名球员都有自己固定的位置，3 名网前选手和 3 名靠近底线的选手。每一方击球过网不得超过 3 次，原则上一名攻击手将和一名队友在网前拦截，阻止球落入本方半场并可以通过拦截直接得分。

简单来说，运动员不得持球，不得连续击球两次。他们可以用身体的任何一个部位击球,但是如果球从球员身上的某一部位弹到另一部位,将被认作两次击球,按违例计算。如果球员在界外击球或击球时身体的某一部位触网,将被判失分。

3. 发球

每方的6名球员按顺时针方向轮流发球。每次本队获得发球权后由发球球员在本方半场的右后角将球发入对方半场重新开始比赛。发球球员可以用上手或下手发球,用拳、伸开的五指或手臂都可以。发球可以在底线后的任一处,但是规则又允许进行跳发球的队员在落下时进入场内。排球可以落入对方半场的任何一处。发球球员发球得分后将继续发球,直至本队失去发球权。

4. 得分

在新的得分规则下,一方在获得发球权的同时得分,即所谓的每球得分制。比赛由5局构成。在前4局的比赛中,获胜的一方必须达到25分,或在此基础上比对方高出2分。在第5局的比赛中,获胜的一方只需达到15分,或在此基础上比对方高出2分。

5. 自由人

新设置的自由人是一名防守专家,可以在后排进行任意的替换,帮助本队抵御对手的进攻。自由人不得发球、拦网或绕到前排,所以一般由一名身材矮小但动作灵活、能够迅速倒地救球使得比赛得以继续的球员担任。自由人可以自由替换,为了易于区别,自由人将穿上与其他球员不同颜色的衣服。

6. 换人

根据另一项被修改的规则,教练员可以在比赛期间站着向球队发号施令,但是必须待在一个特定区域。包括替换自由人在内,教练在每局比赛中共有6次机会替换队员。替补队员可以换下某一名先发队员或再被相同的队员替下。

(三)其他规则

(1)只有前排的球员可拦网。

(2)球员可在球越过网之前进行拦截,但是不得触网或干扰对手。

(3)拦网不算作一次击球。

(4)球不得触网,也不得碰到同队的队友。

(5)每个队在每局比赛中都有两次暂停的机会。

第四节 乒乓球

乒乓球因打球时发出“乒乓”的声音而得名,19世纪末起源于英国,20世纪初传入我国。1959年在德国举行的第25届世界乒乓球锦标赛上,我国运动员容国团首次获得男子单打冠军。1961年第26届世界乒乓球锦标赛在北京举行,我国获得了男子团体世界冠军,庄则栋获得了男子单打世界冠军,邱钟惠获得了女子单打世界冠军。从此,我国乒乓球技术进入世界先进水平,一直雄踞世界乒坛。

一、基本技术和基本战术

（一）基本技术

1. 握拍

握拍技术有两种，即直拍握法和横拍握法。

（1）直拍握法。

① 快攻型握拍法。拇指与食指自然而平均地钳住拍柄，拍柄贴住虎口，其他三指自然弯曲重叠于球拍的背面，中指第一指关节顶在拍背1/2处，使球拍保持平衡。（图6.4.1）

图6.4.1

② 弧圈型握拍法。在球拍的正面，食指扣住拍柄，形成一个环状，拇指贴住拍柄左侧；在球拍的背面，中指和无名指较直地以第一指节顶住拍背，小指自然贴在无名指之下。（图6.4.2）

图6.4.2

③ 削攻型握拍法。拇指自然弯曲，紧贴拍柄左侧，第一指关节用力下压，其余四指自然分开托住球拍的背面。（图6.4.3）

图6.4.3

（2）横拍握法。

横拍攻击型（快攻型和弧圈型）握拍法。中指、无名指、小指自然地握住拍柄，拇指在球拍的正面，食指自然伸直斜放于球拍的背面，虎口贴在拍肩。正手攻球时，食指稍向上移动；反手攻球时，拇指稍向上移动。（图6.4.4）

图6.4.4

（3）握拍技术的练习方法。

① 握拍模仿练习。

② 两人一组对练，体会和掌握各种握法技术。

2. 发球

(1) 发平击球。

动作要领：如图6.4.5所示，发球时，持球手将球向上轻轻抛起，同时持拍手向后引拍，上臂自然地靠近身体右侧。当球从高点下落时，持拍手以肘为轴，前臂向右前方横摆击球。向前挥拍时，拍面稍前倾，击球中上部。击球后，第一落点应在球台中区。

图6.4.5

(2) 反手发上旋长球。

动作要领：发球时，持球手将球轻轻抛起，同时持拍手向后引拍，上臂自然地靠近身体右侧。当球从高点下降到高于台面、低于球网时，持拍手以肘为轴，前臂向右前方横摆发力击球。触球时，拍面稍前倾，摩擦球的中上部，使球快速前进并具有一定上旋。球离拍后，第一跳要落在球台端线附近。

(3) 正手发下旋加转球与不转球。

动作要领：如图6.4.6所示，持球手将球抛起后，持拍手向上方引拍，拍呈横状并略微前倾。发加转球时，手臂由后上方向前下方挥摆，前臂外旋的转动要快些，使拍面后仰的角度大些，要用球拍的下部靠左的地方去摩擦球的底部。由于力臂大，球的旋转也就强。发不转球时，手臂由后上方向前下方挥摆，前臂外旋的转动则要慢些，使球拍后仰角度小些，用球拍下部偏右的地方去碰球的中下部。由于力臂小，球的旋转也就弱。

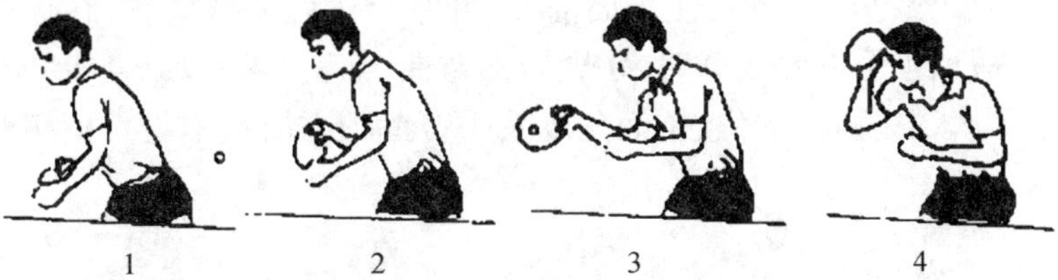

图6.4.6

(4) 发球技术的练习方法。

① 反复练习将球抛起后再击球。

② 模仿练习，发多球练习。

③ 两人一组，一人反复发一种类型的球，一人推挡球。

3. 接发球

(1) 接发球技术动作。

接发球技术动作由点、拨、带、拉、攻、推、按、削等综合组成。

① 选择合适的站位。根据对方发球位置选择站位。一般来说，对方站在球台的右

角，接发球站位应靠左一些。对方究竟要发什么样的球，有时极难预料，所以选择的站位要有利于照顾球台的各个部位。站位距离球台不宜过远或过近，一般离台30～40厘米。

② 准确识别发球的旋转和落点。接发球的关键是注意对方球拍和球触及瞬间的触拍和触球的部位、球拍移动方向、用力程度。一般来说，对方发斜线球时，手臂常会向斜前方用力；对方发直线球时，手臂由后向前用力。发球时，如果手腕抖动摩擦球体，球的旋转较强。因此，要盯紧球拍触球瞬间的动作，只有这样才不会被对方的假动作迷惑。

③ 区别不同性能的球拍。在遇到使用长胶粒与反贴胶皮相结合的两面不同性能球拍的对手时，可以通过听对方球拍击球的声音来区别不同的旋转。一般来讲，声音较响的那一面是长胶粒，声音不太响的那一面是反贴胶皮。

④ 接好各种旋转球。对方发旋转球时，一般是逆着对方发球旋转方向进行还击。如回接左侧旋发球，拍面方向和用力方向略朝对方右侧偏斜；回接右侧旋发球时，拍面方向和用力方向略朝对方左侧偏斜；回接上旋发球时，拍面角度略为前倾，用力方向略向下；回接下旋发球时，拍面角度略为后仰，用力方向略向上；回接左侧上（下）旋发球时，拍面角度略为前倾（后仰），拍面方向略朝对方右侧偏斜，多向对方的右下（上）方用力击球。

（2）接发球技术的练习方法。

① 两人一组，一人反复发一种类型的球，另一人接发球，以适应各种发球动作。

② 接对方连续发多球练习。

4．正手近台快攻

正手近台快攻的特点是站位近、出手快、动作幅度小，可以为加力扣杀创造条件，也可以直接得分。

（1）正手近台快攻技术动作。

如图6.4.7所示，以右手握拍为例，直拍正手近台攻球时，身体距球台30～40厘米，右脚稍后，两膝微屈，上体略前倾。击球前，引拍身体右侧，成半横状，上臂与身体约成35°角、与前臂约成120°角。当球在台面弹起时，手臂由右侧向左前方迅速挥动，以前臂发力为主，击球时食指放松，拇指压拍，使拍面前倾，并结合手腕内转动作，在球弹起至上升期击球的中上部。横拍正手近台攻球时，手臂自然弯曲，前臂和手腕成直线并与台面接近平行，拍面略朝下，击球的时间、部位、拍面角度及手臂挥拍方向基本与直拍相似。

图6.4.7

（2）正手近台快攻技术的练习方法。

① 徒手模仿快攻练习。

② 两人对练，一人自抛自攻，另一人用挡球回击。

③ 两人一组进行对攻练习。

（二）基本战术

1．攻对攻战术

（1）发球抢攻。用相似的动作发不同旋转的球，配合落点的变化，找机会抢攻。

（2）推挡变线。推左右两角，突击一点或中路。

（3）搓中突击。用搓球控制落点或转与不转球，伺机突击。

（4）加、减力推挡。用加力推或减力挡，调动对方，伺机突击。

（5）突击变换。紧逼一角，突击另一角。

2．攻对削战术

攻对削战术有：发球抢攻；拉两角突击中路；长拉短吊，打乱对方步法，伺机扣杀；搓球变线或变换落点，调动对方，趁机攻球。

3．削对攻战术

削对攻战术有：紧逼一角，突击空当；削转与不转球，扰乱对方，趁机攻球；交替逼两角，伺机扣杀；发转与不转球，抢攻。

4．双打战术

双打战术有：发球抢攻或拉攻；接发球抢攻；控制强者，攻击弱者；紧逼一角，突击另一角。

二、比赛规则

（一）场地与器材

1．球

乒乓球直径为 40 厘米，质量为 2.7 克。

2．球网装置

球网长 183 厘米、高 152.5 厘米，用一根绳子系在网柱上，网柱外缘离台面边外缘 15.25 厘米。

3．球台

球台长 274 厘米、宽 152.5 厘米、高 76 厘米，台面为暗色，无光泽，沿边缘有 2 厘米宽的白线。双打时，各台面由中间一条 0.3 厘米宽的白线分成两个相等的半区。

4．球拍

球拍的大小、质量和形状不限。海绵胶拍的海绵连同黏合剂厚度不超过0.4 厘米。拍面为不同颜色的暗色。

（二）基本规则

1．合法发球

发球时，球应放在不执拍的手掌上，手掌张开和伸平，球静止在比赛台面的水平面之上、端线之后；发球员须用手把球几乎垂直地向上抛起，不得使球旋转，使球在离开不执拍手的手掌之后，上抛不少于 16 厘米。当球从抛起的最高点下落时，发球员方可击球，使球先触及本方台区，然后越网再触及接发球球员的台区。从被抛球在手掌上静止的最后一瞬间到击球时，球和拍应在比赛台面的水平面之上。

2．比赛状态

从球被抛起前静止状态的最后一瞬间起，球即处于比赛状态，直到这个回合被判为重发球或得分。

3. 重发球

发出的球触及球网装置，或者接发球的球员还未准备好但球已发出，这些情况下都要重发球。

4. 得分和失分

比赛中球处在比赛状态下，如果球员未能合法发球、未能合法还击、阻挡、连击、两跳、用不符合规定的拍面击球、移动台面、不执拍手触及台面或触网，其中任何一种情况均为本方失分，而对方得分。

比赛中先得 11 分的一方为胜一局，打到 10 分平后，先多得 2 分的一方为胜一局。一场比赛七局四胜制。

5. 发球及方位选择

选择发球、接发球和方位的权力应通过抽签决定，此权力的获得者可以选择先发球或先接发球，或选择方位，或要求对方先行选择。

在获得每 2 分之后，接发球一方即成为发球方，以此类推，直至该局结束；或者直至双方比分达到 10 分平，即实行轮换发球法，这时发球和接发球次序仍然不变，但每方只轮发 1 分球。

一局中，首先发球的一方在该场下一局应首先接发球。一局中，在某一方位比赛的一方在该场下一局换到另一方位。在决胜局中，一方先得 5 分应变换方位。

第五节　羽毛球

据《吉尼斯世界纪录大全》记载，最早打羽毛球的是公元 2 世纪的中国人。又相传，羽毛球起源于印度。在 18 世纪以前，亚洲和欧洲一些国家就有了类似羽毛球运动的游戏。那时的羽毛球游戏是两个人相对站着，手执木板来回拍击球而进行的。1877 年，英国出版了第一部羽毛球比赛规则。1893 年，英国的 14 个俱乐部代表举行会议，决定成立英国羽毛球协会。1899 年，英国举办首届羽毛球锦标赛，这就是著名的“全英羽毛球锦标赛”。所以，一般认为现代羽毛球运动起源于英国。

一、基本技术和基本战术

（一）基本技术

1. 握拍（以右手握拍为例）

（1）正手握拍（图 6.5.1）。

动作要领：握拍时，先用手拿住拍柄，使拍面与地面垂直，然后张开右手，使手掌下部（小鱼际）靠在球拍的握柄底托，拍柄末端与小鱼际齐平，虎口对着拍柄窄面内侧的小棱，拇指和食指贴在拍柄的两个宽面上，食指和中指微微分开，并环扣住拍柄，中指、无名指、小指并拢，握住拍柄。

正手发球，一般用于右场区的各种击球和头顶击球。

（2）反手握拍（图 6.5.2）。

动作要领：在右手握拍的基础上，拇指和食指使拍柄稍微外旋，食指向中指并拢，第二指关节贴在拍柄内侧的宽面上，其余四指并拢握住拍柄，柄端靠紧小指根部，使手心留出空隙。

图 6.5.1

图 6.5.2

正确的握拍姿势有利于手腕、手指力量的灵活运用，能合理准确地完成发球、接发球技术，有利于球技的掌握和提高。

2. *发球(以右手发球为例)*

发球分正手发球和反手发球两种。高质量的发球能给本方创造进攻机会，使对方只能做防守性的回击，甚至造成对方失误。

(1) 正手发高远球(图 6.5.3)。

动作要领：站于靠中线一侧，离前发球线 1 米左右。左脚在前，右脚在后，身体稍对网，两脚与肩同宽，上体自然直立，重心落在右脚上；右手握拍并自然屈肘于身体右侧，左手拇指、食指、中指夹住球，举在身体右前方的胸腹部。发球开始，左手手指分开，使球落下，右臂后引，由上臂带动前臂，从右后方沿身体向左上方挥拍，在击球一刹那握紧球拍，由伸腕经前臂内旋到屈腕，向左前方发力击球。击球后，球拍顺势自左前上方缓冲挥动，身体重心也由右脚过渡到左脚，右脚跟稍提起，最后手收到胸前。

图 6.5.3

(2) 正手发平高球。

动作要领：动作基本同正手发高远球，只是飞行弧度较高远球低，速度较高远球快，所以在击球一刹那，前臂加速外旋，带动手腕向前上方挥动，使球落在对方后场底线。

(3) 正手发网前球。

动作要领：准备姿势同正手发高远球，发球时，用力小，主要靠前臂带动手腕向前切送；拍握松，夹臂动作小，使球飞行弧线较低，距离较短，刚好越网而过，落在对方前发球线附近。

(4) 反手发球(图 6.5.4)。

准备姿势：面对球网，反手握拍，两脚前后站立，重心在前脚上。击球时，前臂带动手腕向前横切推送，用力要轻。

图 6.5.4

3. 击球

击球技术可分为后场高空击球技术、前场击球技术和中场平击球技术。下面简要介绍后场正手击高远球和扣球技术。

(1) 正手击高远球(图 6.5.5)。

高远球就是击出的球高而远，直到对方上空并垂直落在有效场区内。

动作要领：正手握拍，判断好正确的来球方向和落点，迅速移至适当位置，侧身对网，左脚在前，右脚在后，稍屈膝，重心在右脚。左臂屈肘自然上举，右手持拍于身体右侧。击球时，右臂后引展顶胸，肘关节明显高于肩部，球拍后引，手腕后伸，接着后脚蹬地、转体，腰腹协调用力，并以肩为轴，上臂带动前臂急速向前上方挥动，手腕抖动发力，握紧球拍，在手臂伸直的最高点击中球的后部。击球后，手臂随惯性收至胸前，身体转成面向球网方向，重心移至左脚，并迅速向中心回动。

图 6.5.5

(2) 扣球(图 6.5.6)。

扣球就是把高球用力向前方重压、重切、重点击球，使球的飞行弧线较直，落地快，给对方较强的威胁力。

动作要领：动作基本同击高远球，只是在击球一刹那，手腕加速向下扣压，使球迅速贴网沿直线落入对方场区。

图 6.5.6

4. 步法

步法是指迅速、准确地起动或移动来完成击球动作并迅速回到中心位置的脚步移动方法。羽毛球的击球步法可分为上网步法、后退步法、两侧移动步法和起跳突击步法。这些步法用垫步、跨步、并步、蹬步、交叉步等脚部动作完成。快速、灵活的步法与准确、巧妙的手法协调配合,能使打球者得心应手,为掌握较高难度的动作打下基础。

(二) 基本战术

1. 单打战术

(1) 平高球压后场底线。伺机大力扣杀或吊网前空当。

(2) 攻对方场地四角。控制落点,使对方前后左右奔跑,打乱对方阵脚,攻其空当。

(3) 快拉快吊控制网前。先以平高球压对方于后场两底角,然后突然以吊球或劈杀引对方上网,再迅速控制网前,创造中后场扣杀机会。

(4) 守中反攻。先拉吊对方四角,调动对方勉强进攻。当对方攻球质量不好或回击被动球时,乘机出击,争取一拍成功。

2. 双打战术

(1) 攻人战术。集中力量攻击对方较弱的一个,形成“二打一”。

(2) 攻中路战术。将球尽量攻到两人之间的空隙区,造成对方漏接或争接失误。

(3) 攻后场战术。当后场扣杀较差时,可采用平高球、平推球等把对方一人紧逼在底线附近,使其处于被动。

二、比赛规则

(一) 场地与器材

1. 球场

如图 6.5.7 所示,羽毛球场地为长方形,长 13.40 米,双打场地宽为 6.10 米,单打场地宽为 5.18 米,球场上各线宽为 4 厘米,球场四周 2 米内不得有任何障碍物。在距球网 1.98 米的两侧各有一条前发球线,前发球线的中点与端线的中点的连线为中线,中线把场区分为左、右发球区。球网长 6.10 米、宽 76 厘米、高 1.55 米,球网中部上沿离地面 1.524 米。

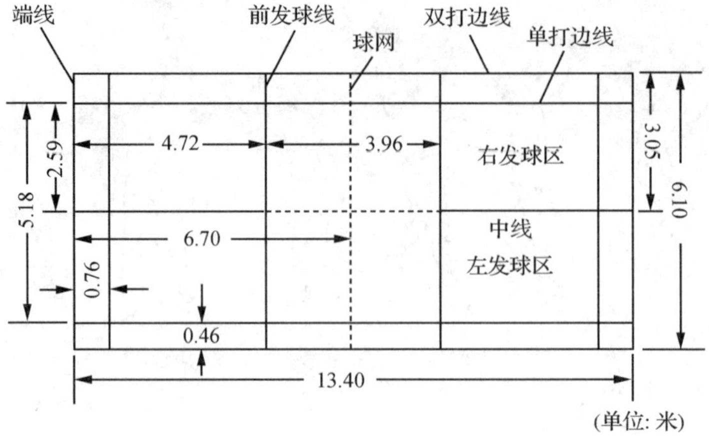

图 6.5.7

2. 球与球拍

羽毛球重 4.74 ~ 5.50 克,有 16 根羽毛固定在软木托上。拍框为椭圆形平面,拍长不超过 68 厘米,拍宽不超过 23 厘米,拍重 95 ~ 120 克。

(二) 基本规则

羽毛球比赛采用 21 分每球得分制。每场比赛采用三局两胜制,先到 21 分的一方赢得当局比赛。如果双方比分为 20 平,则某一方须超过对手 2 分才算取胜。如果双方比分为 29 平,则得分先到 30 分的一方为胜者。

(三) 违例与判罚

1. 发球违例

发球员任何一脚踩线、触线或移动;故意拖延发球时间和做假动作;发球时未击中球或球的最初接触点不在球托上;击球瞬间,球的任何部分高于发球员的腰部(发球过腰);球拍杆没有指向下方,使得整个球拍拍头没有明显低于发球员的握拍手部(发球过手);球的落点不在规定场区内。

2. 接发球违例

对方发出球以前,接球员脚步移动或踩线,或以任何行动和叫喊故意干扰发球员的发球。

3. 击球违例

队员两次挥拍连续两次击中球,或双打中两名队员连续各击中一次球;击球时,球停滞在拍上,紧接着被拖带抛出;任何一方妨碍对方的合法击球;比赛中,运动员的球拍、身体或衣服侵入对方场区,或触及球网或球网的支撑物(触网);在比赛进行中,对方击来的球尚未过网,而本方队员在对方场区上空抢先击球(过网击球)。

第七章

武术运动

第一节　武术运动概述

一、武术运动的起源与发展

武术是我国的一项强身健体、训练格斗技能的独具风格的民族传统体育项目，又称功夫或国术。它具有悠久的历史和广泛的群众基础，是中国人民在长期的实践中不断积累和丰富起来的宝贵的文化遗产。它的内容丰富多彩，形式多种多样。它是由踢、打、摔、拿、击、劈、刺等动作按照一定组合形成的徒手和器械的攻防技术。现代社会，武术逐渐由实用的攻防技术转变为强身健体的锻炼手段。它不仅能使人们在形体上得到锻炼，而且也能使身心得到全面发展。长期从事武术锻炼，将受益终身。

1949 年后，我国相继制定了武术竞赛规则和运动员等级标准。1957 年，武术被列为国家体育竞赛项目。1958 年，中国武术协会成立。1990 年在北京举办的第 11 届亚运会上，武术被列为正式比赛项目。1991 年，第 1 届世界武术锦标赛在中国北京举行。

二、武术运动的特点

（一）寓技击于体育之中

武术最初作为军事训练手段，与古代军事斗争紧密相连，其技击的特性是显而易见的。在实际应用中，其目的在于杀伤、制限对方。它常常以最有效的技击方法，迫使对方失去反抗能力。这些技击术至今仍在军队、公安系统中使用。武术作为体育运动，不仅在技术上保留了攻防技击的特性，而且将技击寓于搏斗与套路运动之中。搏斗运动集中体现了武术攻防格斗的特点，在技术上与实用技击基本是一致的。但是，从体育观念出发，它受到竞赛规则的制约，以不伤害对方为原则。例如，对散手中有些传统的实用技击方法做了限制，而且严格规定了击打部位和保护护具；对短兵中使用的器具做了相应的变化；推手则是在特殊技术规定下进行竞技对抗的。因此，可以说武术的搏斗运动具有很强的攻防技击性，但又与实用技击有所区别。

套路运动是中国武术的一个特有的表现形式，不少动作在技术规格、运动幅度等方面与技击的原形动作相比有所变化，但是动作方法仍然保留了技击的特性。即使因连接贯串及演练技巧的需要而穿插了一些不一定具有攻防技击意义的动作，但就整套技术而言，还是以踢、打、摔、拿、击、刺诸法为主，技击术仍是套路的主要成分。它的攻防技击特性是通过一招一式来表现的，汇集百家；它的技击方法极其丰富，在散手、短兵中不宜采用的技术方法在套路运动中仍有所体现。

（二）“内外合一，形神兼备”的民族风格

内外合一的整体观是中国武术的一大特色。所谓“内”，就是指心、神、意等心志活动和气的总运行；所谓“外”，就是指手、眼、身、步等形体活动。内与外、形与神是相互联系的统一整体。

武术“内外合一，形神兼备”的特点主要通过武术功法和技法来体现。“内练精气神，外练筋骨皮”是各家各派练功的准则。例如，太极拳主张身心合修，要求“以心行气，以气运身”；形意拳讲究“内三合，外三合”；少林拳要求精、力、气、骨、神内外兼修。此外，武术套路在技术上往往要求把内在精气神与外部形体动作紧密相合，完整一气，做到“心动形随”“形断意连”“势断气连”，以“手、眼、身、步，精、气、力、功”八法的变化来锻炼心身。这一特点反映了中国武术作为一种文化形式，在长期的历史演进中备受中国古代哲学、医学、美学等方面的渗透和影响，形成了独具民族风格的练功方法和运动形式。

（三）广泛的适应性

武术的练习形式、内容丰富多样。武术中有竞技对抗性的散手、推手、短兵，有适合演练的各种拳术、器械和对练，还有与其相适应的各种练功方法。不同的拳种和器械有不同的动作结构、技术要求、运动风格和运动量，分别适合不同年龄、性别、体质的人练习，人们可以根据自己的条件和兴趣爱好进行选择练习。同时，武术对场地、器材的要求较低，俗称“拳打卧牛之地”，练习者可以根据场地的大小变化练习内容和方式，即使一时没有器械也可以徒手练拳、练功。一般来说，武术受时间、季节限制也很小。较之不少体育运动项目，武术具有更为广泛的适应性。武术能在民间历久不衰，与这一特点不无关系。这一特点可为现代群众性体育活动提供方便，使武术进一步社会化。

（四）修身养性，自我完善

武术锻炼可以陶冶性情，培养良好的道德修养和正义感。长期的武术锻炼能磨炼人坚韧不拔、积极向上的品质，使人达到临危不惧、处乱不惊的境界。人们以武术为载体，以一种近乎纯净的状态，孜孜追求人类精神文明的美好境界，最大限度地追求对自身潜力的发挥和自我身心的完善。

三、武术运动的锻炼价值

武术运动在长期的实践中积累了很多行之有效的锻炼手段，逐步形成了一整套较完整的运动系统，可使身体各部位得到较全面的锻炼。武术运动的锻炼价值主要体现在以下三个方面。

（一）锻炼身体，强身祛病

武术动作有刚有柔，各具风格特色，长期进行锻炼，对身体的中枢神经系统、内脏器官、骨骼、肌肉、关节、韧带等都会起到锻炼作用，有利于身体的柔韧性、力量、速度、耐力、灵敏性等素质的全面发展，有利于勇敢、顽强的意志品质的培养。例如，太极拳尤其适合年老体弱的人和慢性病患者练习，它是一种良好的体育医疗手段。

(二)培养攻防意识

武术套路都利于健身,而且套路中的招式实际上都是格斗的攻防动作和姿势。例如,拳术中的踢、打、摔、拿、点,太极拳中的掤、捋、挤、按、采、挒、肘、靠等动作,都具有攻防的含义。武术锻炼不仅能增强体质,而且能培养攻防意识,这在平时健身防身和国防上具有一定的现实意义。

(三)武术的姿势、动作富有艺术性

武术运动要求节奏鲜明,一招一式都要舒展大方。富有力量、造型优美,构成了武术所特有的艺术魅力,为人们所喜爱。武术运动不仅能发展身体的灵活性、协调性,提高内脏器官和中枢神经系统的功能,还能陶冶人们的情操,培养民族自豪感和提高艺术欣赏能力。

第二节 武术基本技术

一、手型

武术中常用的手型有三种:拳、掌、勾(图7.2.1)。

拳:四指卷拢,拇指屈压于食指中节。

掌:四指伸直并拢向后伸张,拇指一节屈拢于食指一侧。掌面要平,任何四指不准凸出掌面。

勾:五指尖捏拢屈腕。

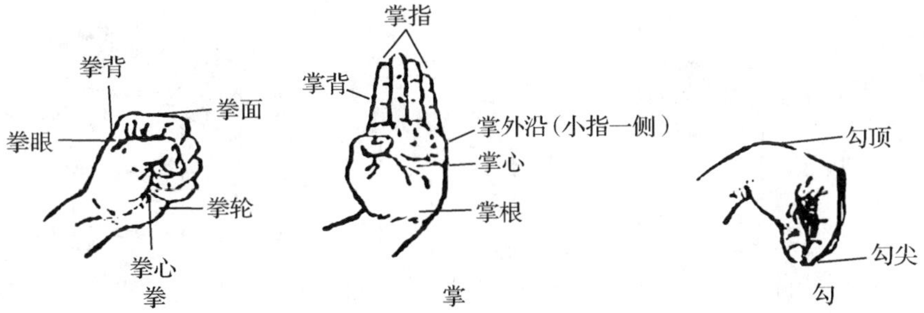

图7.2.1

二、手法

武术中常用的手法如图7.2.2所示。

图7.2.2

三、步型

武术中常用的步型有弓步、马步、虚步、仆步和歇步五种(图 7.2.3)。

(1) 弓步：前腿屈膝半蹲，大腿接近水平，膝盖向前与脚尖垂直，后腿挺膝伸直，脚尖内扣，两脚全掌着地。

(2) 马步：两脚平行开立大于肩宽，两腿屈膝半蹲，大腿屈平。

(3) 虚步：一腿屈膝半蹲，大腿近似水平，另一腿稍屈膝前伸，脚拇指虚点地面。

(4) 仆步：一腿全蹲，脚尖稍外展，另一腿伸直平铺地面，脚尖内扣，两脚全掌着地。

(5) 歇步：两脚前后交叉站立，屈膝全蹲，后腿膝盖前插，与前腿膝窝小腿外侧贴紧，臀部坐于后腿脚跟处。前脚全掌着地，后脚前脚掌着地。

弓步　马步　虚步　仆步　歇步

图 7.2.3

四、腿部练习

腿部练习如图 7.2.4 所示。

正压腿　侧压腿　后压腿

仆步压腿　竖叉劈腿　横叉劈腿

正搬腿　侧搬腿　后搬腿

图 7.2.4

五、腰部练习

腰部练习如图 7.2.5 所示。

图 7.2.5

六、组合练习

五步拳的练习就是一种很好的组合练习方法。五步拳动作如下：弓步冲拳、弹腿冲拳、马步架打、歇步盖冲拳、提膝仆步穿掌、虚步挑掌、并步抱拳。

预备姿势：并步抱拳(图 7.2.6)。

图 7.2.6

图 7.2.7

动作说明：

1. 弓步冲拳(图 7.2.7)

成左弓步,左手向左平搂收回腰间抱拳,冲右拳,目视前方。

2. 弹腿冲拳(图 7.2.8)

重心前移,右腿向前弹踢,同时冲左拳,收右拳,目视前方。

图 7.2.8

图 7.2.9

3. 马步架打(图 7.2.9)

右脚落地,向左转体 90°,下蹲成马步,左拳变掌,屈臂上架,冲右拳,目视右方。

4. 歇步盖冲拳(图 7.2.10)

左脚向右脚后插一步,同时右拳变掌向左下盖,掌外沿向前,身体左转 90°,收左拳,目视右掌；上身不动,两腿屈膝成歇步,同时冲左拳,收右拳,目视左拳。

5. 提膝仆步穿掌(图 7.2.11)

两腿起立,身体左转。随即左拳变掌,顺势收至右腋下；右拳变掌,由左手背上穿出,手心向上。同时左腿屈膝提起,目视右手。上动不停,左脚落地成仆步；左手掌指朝前,沿左腿内侧穿至左脚面,目视左掌。

图 7.2.10

图 7.2.11

6. 虚步挑掌(图 7.2.12)

左腿屈膝前弓,右脚前上成右虚步。同时左手向后划弧成勾手,右手顺右腿外侧向上挑掌,目视前方。

图 7.2.12

图 7.2.13

7. 并步抱拳(图 7.2.13)

左脚向右脚靠拢成并步。同时左勾手和右掌变拳,回收抱于腰间,目视前方。

第三节 常见的几种武术套路

一、长拳

长拳是我国重点推广普及的拳种之一,它包括在群众中广泛流传的查、华、洪、炮、少林等拳种。

长拳的运动特点是动作舒展大方,快速有力,节奏明显,起伏转折较多,强调主动出击,长击速打,以快制慢,以刚为主。

(一) 长拳的技法与要求

长拳的技法与要求有传统的“二十四要”之说,也就是常指的“四击”“八法”“十二型”。

1. “四击”

“四击”是指武术中的踢、打、摔、拿四种技击法则。“踢”是就腿法而言的,主要包括蹬、踹、弹、点、缠、摆、扫、挂等。“打”是就上肢的手法而言的,主要包括冲、撞、挤、靠、崩、劈、挑、砸、撑、采、拦等。“摔”是指摔法,主要包括崩、揣、捣、勾等。“拿”即擒拿,主要包括刀、拿、锁、封、错、截等。

2．“八法”

“八法”是指手法、眼法、身法、步法（外四法）及精神、气（呼吸）、力（劲力）、功夫（内四法）。在运动中，手法、眼法、身法、步法是紧密相联、不可分割的整体，必须协调一致，合而为一。具体要求如下：

（1）对手法的要求：“拳如流星”，即手法要迅速、敏捷、有力。

（2）对眼法的要求：“眼似电”，即眼要锐利、明快，并且要“眼随手动”“目随势注”，要求手法如流星般的快速有力，而眼光要像闪电一样的明快锐利才行。

（3）对身法的要求：“腰如蛇行”，即躯干要灵活、柔韧、自如。

（4）对步法的要求：步赛铅，包括步要轻快、稳键，脚就像黏在地上一样，不能掀脚，不能拔跟。

（5）对精神的要求：“精要充沛”，即在练武时精力集中，精神饱满。

（6）对呼吸的要求：“气宜沉”，即呼吸应自然、深沉，根据动作的不同，运用不同的呼吸方法。

（7）对动作的发力要求：“力要顺达”，如果发力不顺，动作就会僵硬、呆板、不协调。

（8）对功夫的要求。功夫是对力量、速度、耐力、灵敏性、协调性等素质技巧的综合概括。“功宜纯”，“纯”就是指“纯一不染”“炉火纯青”，要想使技术炉火纯青，就要强调“拳练千遍，身法自然”，只有不断实践才能练出真功。

3．“十二型”

“十二型”是以型喻势，是对长拳运动的技术要求。传统的说法如下：

（1）动如涛：“活动之势”，要像大海的波涛那样激荡，在万马奔腾之中仍有明朗感和稳定感，做到“动要有韵”“动中有静”。

（2）静如岳：“静止之势”要像大山那样巍峨、强大、气势磅礴、宏伟，即“静要有势”。

（3）起如猿：“跳起之势”，要像猿猴纵身时那样机灵、矫健、敏捷。

（4）落如鹊：“落降之势”，要像喜鹊落在树枝上那样轻稳。

（5）立如鸡：“单腿独立之势”，特别是由活动转入静止性的独立动作时，要像鸡在行走中突然听到声音，立刻停止，蜷曲起一只脚来那样安逸稳固。

（6）站如松：“双脚站立之势”，要像苍松那样刚健、挺拔、富有生气，体现出“静中有动”之感。

（7）转如轮：“旋转之势”，要像车轮绕着轴心那样转动，善于创造和掌握的轴心。

（8）折如弓：“折叠之势”，在扭身拧腰转折的运动中，要像弓箭那样越折越有力。

（9）轻如叶：“轻飘之势”，要像树叶那样轻飘。

（10）重如铁：“沉重之势”，要像钢铁砸下那样沉重有力，但“重而忌狠”，不能从脸上表现出咬牙切齿的神情。

（11）缓如鹰：“缓慢之势”，要像鹰在空中盘旋那样精神贯注，缓中有快而无松懈之感。

（12）快如风：“快速之势”，要像一阵疾风那样迅速，但“快而忌毛”“快易生爆”，火爆可以藏拙，会产生不准确的错误。

（二）初级长拳第二路

1．第一节

（1）动作名称。

预备姿势、拗弓步搂手冲拳、冲拳弹踢、马步上架冲拳、虚步挎肘、拗弓步搂手冲拳、冲拳弹踢、马步上架冲拳、虚步挎肘。

（2）动作说明。

① 预备姿势。

两脚并拢站立，眼看前方。（图 7.3.1）

两手握拳，屈肘抱于两腰侧，拳心向上，脸向左转，眼向左侧方平视。（图 7.3.2）

要点：挺胸、直腰，两肩后张，两拳紧贴腰侧，拳面与腹壁相齐。

图 7.3.1

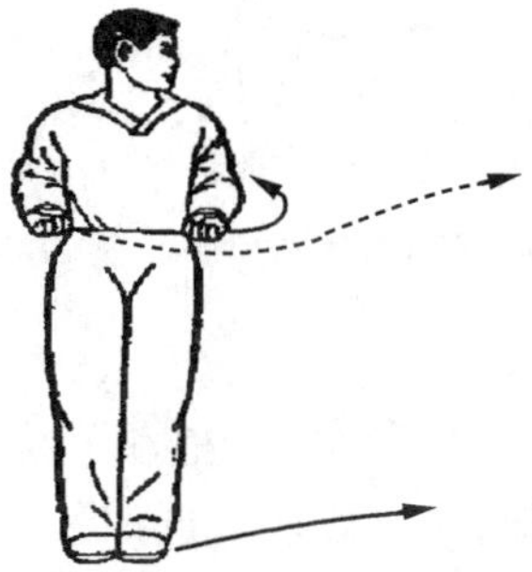

图 7.3.2

② 拗弓步搂手冲拳。

先使左拳变掌，臂内旋成俯掌向身前平伸。

上身左转，左脚向侧方上一步，右脚跟外展，左腿屈膝半蹲，右腿挺膝伸直，成左弓步。左掌随上身左转向左平搂，在弓步形成时变成拳，臂外旋使拳心朝上，屈肘收抱于左腰侧；在左拳收回的同时，右拳从腰侧向前平直冲出，拳眼朝上，眼看右拳。（图 7.3.3）

要点：冲拳要快而有力，拳略高过肩，右肩前顺，左肩后牵。

图 7.3.3

图 7.3.4

③ 冲拳弹踢。

右拳和右臂外旋使拳心朝上，屈肘收抱于右腰侧，同时左拳从腰侧向前平直冲出，拳眼朝上。左脚不动，右脚随之向前水平弹踢，脚面绷平，眼看左拳。（图 7.3.4）

要点：收拳、冲拳、弹踢的动作必须协调一致，同时进行。弹踢必须有力，立地支撑之腿要站立稳固，上身挺胸、直背，两肩松沉。

④ 马步上架冲拳。

右脚向前落步，脚尖内扣，同时左脚前脚掌碾地使脚跟内转，上身随之左转，两腿屈膝半蹲成马步。在形成马步的同时，左拳和左臂内旋使拳眼朝下，屈肘横架于头顶上方，右拳随之从腰侧向右侧方平直冲出，拳眼朝上，眼看右拳。（图7.3.5）

要点：上下肢动作要协调一致。做马步时，两脚须平行，大腿坐平，两肩稍后张，左臂呈圆弧形，右拳略高过肩，挺胸、塌腰。

图7.3.5

图7.3.6

⑤ 虚步挎肘。

两腿略立起，上身稍左转，左脚不动，右脚从右侧方移至左脚前方，前脚掌虚点地面，身体重心落于左腿，成右虚步。同时，左臂屈肘将左拳收抱于左腰侧，拳心朝上，右臂随之外旋，前臂上屈成挎肘，以尺骨一面为力点，从右侧向身前里磕，拳眼朝右，拳面朝上，眼看右拳。（图7.3.6）

要点：移步、收拳动作要和挎肘里磕动作同时进行，协调一致。右脚离地不要过高，里磕挎肘时，上臂和前臂要屈成直角，或稍大于直角。

⑥ 拗弓步搂手冲拳。

上动稍停，先使右拳变成俯掌向身前平伸。

右脚从左脚前方移回原地，上身右转，左脚跟外展，左腿挺膝伸直，右腿屈膝半蹲，成右弓步。右掌随上身右转向右平搂，在弓步形成时变成拳，臂外旋使拳心朝上，屈肘收抱于右腰侧。在右拳收回的同时，左拳从腰侧向前平直冲出，拳眼朝上，眼看左拳。（图7.3.7）

要点：与本节②的拗弓步搂手冲拳相同，唯左右相反。

图7.3.7

图7.3.8

⑦ 冲拳弹踢(图 7.3.8)。

左拳和左臂外旋使拳心朝上,屈肘收抱于左腰侧,同时右拳从腰侧向前平直冲出,拳眼朝上。右脚不动,左脚随之向前水平弹踢,脚面绷平,眼看右拳。

要点:与本节③的冲拳弹踢相同,唯左右相反。

⑧ 马步上架冲拳。

左脚向前落步,脚尖内扣,同时右脚前脚掌碾地使脚跟内转,上身随之右转,两腿屈膝半蹲成马步。在形成马步的同时,右拳和右臂内旋使拳眼朝下,屈肘横架于头顶上方,左拳随之从腰侧向左侧方平直冲出,拳眼朝上,眼看左拳。(图 7.3.9)

要点:与本节④的马步上架冲拳相同,唯左右相反。

图 7.3.9

图 7.3.10

⑨ 虚步挎肘。

两腿略立起,上身稍右转,右脚不动,左脚从左侧方移至右脚前方,以前脚掌虚点地面,身体重心落于右腿,成左虚步。同时,右臂屈肘将右拳收抱于右腰侧,拳心朝上,左拳和左臂随之外旋使拳心朝上,前臂上屈成挎肘,以尺骨一面为力点,从左侧向身前里磕,拳眼朝左,拳面朝上,眼看左拳。(图 7.3.10)

要点:与本节⑤的虚步挎肘相同,唯左右相反。

2. 第二节

(1) 动作名称。

歇步亮掌、转身弓步顶肘、提膝双扣拳、弓步双推掌、歇步亮掌、转身弓步顶肘、提膝双扣拳、弓步双推掌。

(2) 动作说明。

① 歇步亮掌。

上动稍停,两腿伸直立起,左脚从身前向左侧方移步,左拳变掌,在身前平伸,掌心朝上。(图 7.3.11)

上动不停,左掌向右侧方平摆,至右侧方时,臂内旋使掌心朝下,继而向下、向左、向身后摆动,反臂后举成勾手,勾尖朝上。同时,右脚从左腿后面向左插步,两腿屈膝全蹲成歇步。右拳在右脚向左插步的同时变掌,反臂俯掌后举,在形成歇步的时候,从身后向右、向额前上方屈肘、抖腕,成横掌上架,眼看左侧方。(图 7.3.12)

要点:向左移步和伸掌动作,右脚倒插、左掌右摆成俯掌和右拳变掌后举动作,歇步、左掌成勾手反臂后举和右掌成横掌上架动作,必须分别同时进行,协调一致。眼随左掌向右摆动时注视左掌,然后随右掌上架时注视右掌,在右掌成横掌时,再向左侧平视。做歇

步时,两腿必须并紧,左大腿压在右大腿上面,左脚全掌着地,右脚跟掀起,臀部坐在右小腿上面,上身挺胸、塌腰。

图 7.3.11

图 7.3.12

② 转身弓步顶肘。

两腿伸直立起,以右脚掌和左脚跟为轴碾地,使上身从右向后转;转至后方时,上身再右转,右脚向前进半步,左脚尖内扣,右腿屈膝,左腿蹬直,成右弓步。此时左勾手不变,右掌在向后转身的同时,从上向身前平伸成俯掌,并随转身平摆,眼随右掌。(图 7.3.13)

上动不停,右掌和右臂外旋使掌心朝上,从前面向下、向后、向上弧形绕环,至头顶上方时屈肘、屈腕成横掌上架;同时左勾手变拳,拳心朝下,从后向左、向前弧形平摆,至身前时屈肘,成平肘前顶,眼向前方平视。(图 7.3.14)

要点:转身要稳,不必过快,转身之后成弓步顶肘时,左肩前顺,右肩后牵;左前臂和上臂要平,肘尖正对前方,略向右拧腰。

图 7.3.13

图 7.3.14

③ 提膝双扣拳。

右脚掌碾地使上身稍向右转,同时左脚离地屈膝在身前提起,脚面绷平,脚尖朝下。左拳不变,右掌随之变拳,从上落于胸前,成平肘俯拳,与左拳水平相对,拳心均朝下,眼看左侧方。(图 7.3.15)

两拳从胸前经上方分别向左前、右后甩臂、抖腕扣击,成仰拳平举,眼看左拳。(图 7.3.16)

要点:扣拳时,要以拳背为力点,从上向下猛然伸肘、甩臂。扣拳平举之后,肘微屈。提膝独立要稳。

图 7.3.15

图 7.3.16

④ 弓步双推掌。

左拳变掌，臂内旋使掌心朝下平举，同时右拳上举，并变掌向前下盖压，成俯掌与左掌平行并列，上身随之稍向左转。

上动不停，左脚在右脚内侧跺地震脚，膝略屈，右脚随之屈膝提起，微离地面。在震脚的同时，两掌屈腕在身前下按，掌心朝下，掌指朝前，眼向前平视。（图 7.3.17）

上动不停，右脚向前进步，左腿挺膝伸直，右腿屈膝半蹲，成右弓步。同时，两臂向身前屈肘，然后两掌再向前平直推出，成侧立掌，掌指朝上，眼看两掌。（图 7.3.18）

要点：震脚和按掌的动作，进步和推掌的动作，均须同时进行，协调一致。推掌之后，两肩松沉，两臂伸直，两腕尽量向上弯曲，小指一侧在前，掌指高与眉齐。

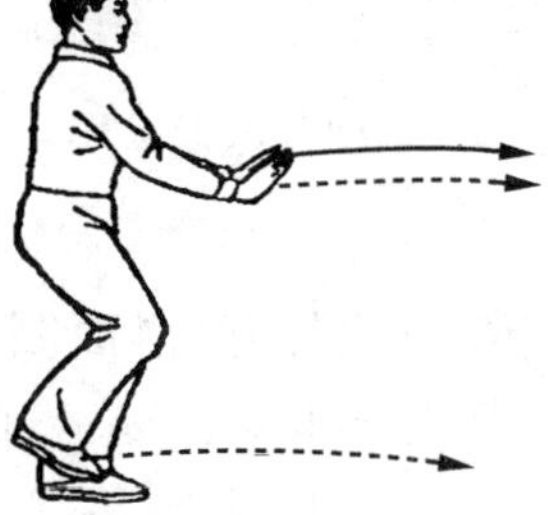

图 7.3.17

图 7.3.18

⑤ 歇步亮掌。

上动稍停，右腿伸直立起，右脚尖内扣，上身随之左转，开步站立。左掌变拳，在转身的同时屈肘收抱于左腰侧，拳心朝上，右掌和右臂外旋使掌心朝上，直腕成仰掌，随身体左转平摆，眼随右掌。（图 7.3.19）

图 7.3.19

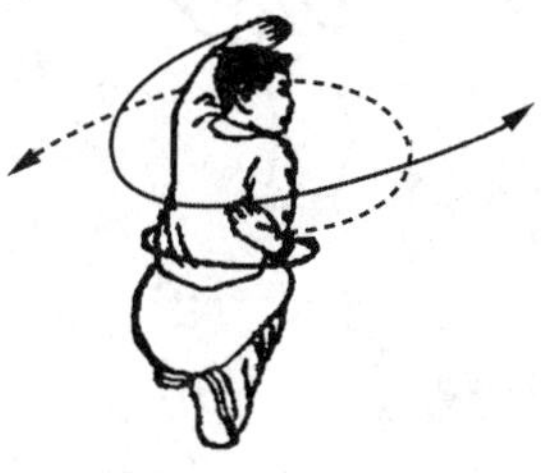

图 7.3.20

上动不停,右掌向左侧方平摆,至左侧方时,臂内旋使掌心朝下,继而向下、向右、向身后摆动,反臂后举成勾手,勾尖朝上。同时,左脚从右腿后面向右插步,两腿屈膝全蹲成歇步。左拳在左脚向右插步的同时变掌,反臂俯掌后举,在形成歇步的时候,从身后向左、向额前上方屈肘、抖腕,成横掌上架,眼看右侧方。(图 7.3.20)

要点:与本节①的歇步亮掌相同,唯左右相反。

⑥ 转身弓步顶肘。

两腿伸直立起,以左脚掌和右脚跟为轴碾地,使上身从左向后转;转至后方时,上身再左转,左脚向前进半步,右脚尖内扣,左腿屈膝,右腿蹬直,成左弓步。此时右勾手不变,左掌在向后转身的同时,从上向身前平伸成俯掌,并随转身平摆,眼随左掌。(图 7.3.21)

上动不停,左掌和左臂外旋使掌心朝上,从前面向下、向后、向上弧形绕环,至头顶上方时屈肘、屈腕成横掌上架,同时右勾手变拳,拳心朝下,从后向右、向前弧形平摆,至身前时屈肘,成平肘前顶,眼向前方平视。(图 7.3.22)

要点:与本节②的转身弓步顶肘相同,唯左右相反。

图 7.3.21

图 7.3.22

⑦ 提膝双扣拳。

左脚掌碾地使上身稍向左转,同时右脚离地屈膝在身前提起,脚面绷平,脚尖朝下。右拳不变,左掌随之变拳,从上落于胸前,成平肘俯拳,与右拳水平相对,拳心均朝下,眼看右侧方。(图 7.3.23)

两拳从胸前经上方分别向右前、左后甩臂、抖腕扣击,成仰拳平举,眼看右拳。(图 7.3.24)

要点:与本节③的提膝双扣拳相同,唯左右相反。

图 7.3.23

图 7.3.24

⑧ 弓步双推掌。

右拳变掌,臂内旋使掌心朝下平举,同时左拳上举,并变掌向前下盖压,成俯掌与右掌平行并列，上身随之稍向右转。

上动不停，右脚在左脚内侧跺地震脚，膝略屈，左脚随之屈膝提起，微离地面。在震脚的同时，两掌屈腕在身前下按，掌心朝下，掌指朝前，眼向前平视。（图 7.3.25）

上动不停，左脚向前进步，右腿挺膝伸直，左腿屈膝半蹲，成左弓步。同时，两臂从身前屈肘，然后两掌再向前平直推出，成侧立掌，掌指朝上，眼看两掌。（图 7.3.26）

要点：与本节④的弓步双推掌相同，唯左右相反。

图 7.3.25

图 7.3.26

3. 第三节

（1）动作名称。

虚步推掌、歇步抡压、提膝上穿掌、弓步撑掌、虚步推掌、歇步抡压、提膝上穿掌、弓步撑掌。

（2）动作说明。

① 虚步推掌。

左脚尖内扣，上身右转，右脚移至左脚前方，以前脚掌虚点地面，身体重心落于左腿，成左实右虚之虚步。在上身右转的同时，右掌从左肩外侧向下、向右、向身后绕环摆动，至身后成勾手平举，勾尖朝下；左掌则随之先屈肘，然后再从左腰侧向额前上方成侧立掌推出。脸向右转，眼向右前方平视。（图 7.3.27）

图 7.3.27

要点：转身、移步、勾手、推掌的动作必须协调一致。形成虚步推掌之后，勾手之勾顶要与肩平，两肩松沉，不要耸起，要挺胸、直背、塌腰。两腿虚实必须分明。

② 歇步抡压。

右脚向右侧方移一步，同时左脚跟里转使上身左转，右腿伸直，左腿屈膝，成左弓步。在转身的同时，左掌变拳屈肘收抱于左腰侧，拳心朝上，右勾手随之变拳，臂内旋，反臂使拳背朝下，从身后向下、向前直臂抡起，眼随右拳。（图 7.3.28）

上动不停，左脚跟外展，上身随之右转，同时右脚移回半步，成左实右虚之虚步。在转身的同时，右拳继续直臂抡动至右前方；左拳也同时直臂下伸，从下向左、向上抡起，眼随右拳。（图 7.3.29）

上动不停，两脚掌碾地使上身从右向后转，变成右腿在前、左腿在后的交叉步，随即两腿屈膝全蹲成歇步。右拳在上身后转的同时，向后、向上绕环抡起；左拳则随之以拳背为力点，向前下方抡压，两拳心均朝上，眼看左拳。（图 7.3.30）

要点：向前抡臂和转身变歇步的动作要协调一致。两臂回环时，肩关节必须放松，臂要伸直。形成歇步之后，上身略向左侧倾俯，右拳在右侧上方斜举，左拳在左侧下方斜举。

图 7.3.28

图 7.3.29

图 7.3.30

③ 提膝上穿掌。

两腿伸直立起，右脚不动，左脚离地屈膝在身前提起，脚面绷平，脚尖朝下，成独立平衡。两拳变掌，在两腿伸直立起时，左掌从左侧上举，右掌从右侧下垂；在左脚提步离地时，左掌从上向右肩处屈肘下降，右掌从下在左臂里面向左胸前屈肘上穿。在形成独立平衡时，左掌直臂下伸，掌心朝右，掌指朝下，贴于左小腿内侧，右掌直臂上穿，掌心朝左，掌指朝上，眼向左前方平视。（图 7.3.31）

图 7.3.31

要点：左掌向上、向里、向下的绕环动作必须和右掌向下、向里、向上的绕环上穿动作同时进行，连贯协调。提膝上穿掌之后，两臂要上下伸直，右腿伸直站稳，左腿屈膝尽量上提，上身保持挺胸、直背。

④ 弓步撑掌。

左脚向左前方落步，左腿屈膝，右腿蹬直，成左弓步。两掌收于胸前，成平肘相对，手腕均上屈，掌心斜朝下。（图 7.3.32）

两掌从胸前分向两侧平撑推出，成侧立掌，掌指朝上，眼看左掌（图 7.3.33）。

要点：上述两个动作必须连贯。撑掌之后，两肩松沉，肘臂伸直，两腕尽量向上侧屈，掌指高与眉齐。

图 7.3.32

图 7.3.33

⑤ 虚步推掌。

上动稍停，左腿蹬直立起，右腿屈膝略蹲，左脚随之从左侧方移至右脚前方，以前脚掌虚点地面，身体重心落于右腿，成右实左虚之虚步。在移步的同时，左掌先向上、向右、向下在身前划半圆，继而向身后绕环摆动，至身后成勾手平举，勾尖朝下，右掌则随之先屈肘，然后再从右腰侧向额前上方成侧立掌推出。脸向左

图 7.3.34

转，眼向左前方平视。（图 7.3.34）

要点：与本节①的虚步推掌相同，唯左右相反。

⑥ 歇步抡压。

左脚向左侧方移一步，同时右脚跟里转使上身右转，左腿伸直，右腿屈膝，成右弓步。在转身的同时，右掌变拳屈肘收抱于右腰侧，拳心朝上，左勾手随之变拳，臂内旋，反臂使拳背朝下，从身后向下、向前直臂抡起，眼随左拳。（图 7.3.35）

上动不停，右脚跟外展，上身随之左转，同时左脚移回半步，成右实左虚之虚步。在转身的同时，左拳继续直臂抡动至左前方；右拳也同时直臂下伸，从下向右、向上抡起，眼随左拳。（图 7.3.36）

上动不停，两脚掌碾地使上身从左向后转，变成左腿在前、右腿在后的交叉步，随即两腿屈膝全蹲成歇步。左拳在上身后转的同时，向后、向上绕环抡起；右拳则随之以拳背为力点，向前下方抡压，两拳心均朝上，眼看右拳。（图 7.3.37）

要点：与本节②的歇步抡压相同，唯左右相反。

图 7.3.35

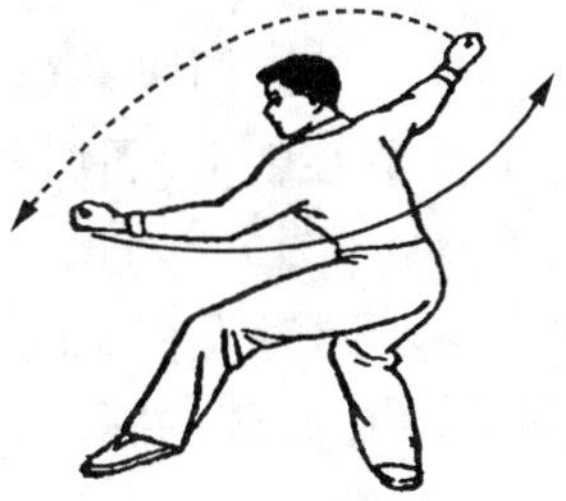

图 7.3.36

图 7.3.37

⑦ 提膝上穿掌。

两腿伸直立起，左脚不动，右脚离地屈膝在身前提起，脚面绷平，脚尖朝下，成独立平衡。两拳变掌，在两腿伸直立起时，右掌从右侧上举，左掌从左侧下垂；在右脚提步离地时，右掌从上向左肩处屈肘下降，左掌从下在右臂里面向右胸前屈肘上穿。在形成独立平衡时，右掌直臂下伸，掌心朝左，掌指朝下，贴于右小腿内侧，左掌直臂上穿，掌心朝右，掌指朝上，眼向右前方平视。（图 7.3.38）

图 7.3.38

要点：与本节③的提膝上穿掌相同，唯左右相反。

⑧ 弓步撑掌。

右脚向右前方落步，右腿屈膝，左腿蹬直，成右弓步。两掌收于胸前，成平肘相对，手腕均上屈，掌心斜朝下。（图 7.3.39）

两掌从胸前同时向两侧平撑推出，成侧立掌，掌指朝上，眼看右掌。（图 7.3.40）

要点：与本节④的弓步撑掌相同，唯左右相反。

图 7.3.39

图 7.3.40

4. 第四节

(1) 动作名称。

虚步穿掌、进步踢腿、纵步飞脚、弓步推掌、虚步穿掌、进步踢腿、纵步飞脚、弓步推掌、收势。

(2) 动作说明。

① 虚步穿掌。

上身直起,左脚不动,右脚移回半步并以前脚掌虚点地面,左腿略屈膝,右腿伸直,成高势虚步。同时,右掌变拳,臂外旋使拳心朝上,屈肘收抱于右腰侧;左掌则随之从左腰侧向前平直穿出,掌心朝下,眼看左掌。(图 7.3.41)

要点:收拳和穿掌必须与向后移步同时进行。向前穿掌时,必须先屈肘使掌由腰侧向前伸出。形成虚步后,上身重量要落在屈膝的腿上;上身正直,右肩稍向后牵引,左肩前送,两肩松沉,左臂伸直,掌指高与肩平。

图 7.3.41

图 7.3.42

② 进步踢腿。

左掌变拳,臂外旋使拳心朝上,屈肘收抱于左腰侧;右拳变掌,从右腰侧直臂下伸,向后、向上弧形绕环,至头顶上方时屈肘、屈腕成横掌上架。同时,右脚向前进半步,左脚即向前上踢,脚尖勾起,眼看左脚。(图 7.3.42)

要点:踢腿时,两腿必须挺膝伸直,上身稍向前倾,踢腿要高,但最初练习时可以踢得低一些。

③ 纵步飞脚。

左脚向前落步,同时右掌从上向前下降,左拳伸向身后,右脚提起准备向前摆动。(图 7.3.43)

上动不停,右脚继续向前摆起,左脚蹬地起跳,身体腾空;在空中,左脚脚面绷平,向前踢出。左拳变掌，从后向上、向前弧形绕环，至身前以掌心迎击左脚脚面；右掌变拳，屈肘收抱于右腰侧，拳心朝上，眼看左脚。（图 7.3.44）

要点：摆腿和蹬地起跳的动作必须相继而行。纵起后，左脚要立即向前踢出，左掌迎击左脚脚面的击拍动作要在空中完成。初练时，也可使击拍动作在右脚落地后完成。击拍必须准确、响亮。

图 7.3.43

图 7.3.44

④ 弓步推掌。

右脚先落地，右腿在身后挺膝伸直，左脚随即在身前落地，左腿屈膝半蹲，成左弓步。在两脚落地的同时，左掌和左臂内旋使拇指一侧朝下，从前向下、向右肋处屈肘抄起，并在形成弓步的同时，成侧立掌向前平直推出，掌指朝上；在左掌抄于右肋处的同时，右拳则从右腰侧下伸，并向后、向上、向前圆形绕环，至前方时屈肘收抱于右腰侧，拳心朝上，眼看左掌。（图 7.3.45）

要点：推掌必须快而有力，抡拳绕环时肩部要放松。形成弓步之后，两肩松沉，左肩前送，右肩后牵，掌指高与眉齐。

图 7.3.45

图 7.3.46

⑤ 虚步穿掌。

上身直起，右脚不动，左脚移回半步并以前脚掌虚点地面，右腿略屈膝，左腿伸直，成高势虚步。同时，左掌变拳，臂外旋使拳心朝上，屈肘收抱于左腰侧；右拳则随之从右腰侧向前平直穿出，掌心朝下，眼看右掌。（图 7.3.46）

要点：与本节①的虚步穿掌相同，唯左右相反。

⑥ 进步踢腿。

右掌变拳，臂外旋使拳心朝上，屈肘收抱于右腰侧；左拳变掌，从左腰侧直臂下伸，向后、向上弧形绕环，至头顶上方时屈肘、屈腕成横掌上架。同时，左脚向前进半步，右脚即向前上踢，脚尖勾起，眼看右脚。（图 7.3.47）

图 7.3.47

要点：与本节②的进步踢腿相同，唯左右相反。

⑦ 纵步飞脚。

右脚向前落步，同时左掌从上向前下降，右拳伸向身后，左脚提起准备向前摆动。（图 7.3.48）

上动不停，左脚继续向前摆起，右脚蹬地起跳，身体腾空；在空中，右脚脚面绷平，向前踢出。右拳变掌，从后向上、向前弧形绕环，至身前以掌心迎击右脚脚面；左掌变拳，屈肘收抱于左腰侧，拳心朝上，眼看右脚。（图 7.3.49）

要点：与本节③的纵步飞脚相同，唯左右相反。

图 7.3.48

图 7.3.49

⑧ 弓步推掌。

左脚先落地，左腿在身后挺膝伸直，右脚随即在身前落地，右腿屈膝半蹲，成右弓步。在两脚落地的同时，右掌和右臂内旋使拇指一侧朝下，从前向下、向左胁处屈肘抄起，并在形成弓步的同时，成侧立掌向前平直推出，掌指朝上；在右掌抄于左胁处的同时，左拳则从左腰侧下伸向后、向上、向前圆形绕环，至前方时屈肘收抱于左腰侧，拳心朝上，眼看右掌。（图 7.3.50）

图 7.3.50

要点：与本节④的弓步推掌相同，唯左右相反。

⑨ 收势。

右脚跟稍向外展，右腿伸直立起，同时上身向左转正，左脚随之向右脚靠拢并步。左拳不变，右掌变拳屈肘收抱于右腰侧，两拳拳心均朝上。脸向左转，眼向左侧方平视。（图 7.3.51）

脸转向正前方，两拳变掌，直臂下垂，仍做立正姿势。（图 7.3.52）

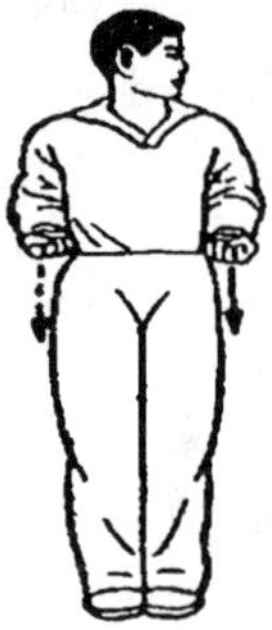

图 7.3.51

图 7.3.52

二、太极拳

太极拳是我国民族体育项目之一，很早以前就在人民群众中广为流传。几个世纪以来，经过实践证明，太极拳是一种重要的健身与预防疾病的手段。太极拳是一种合乎生理规律、轻松柔和的健身运动，对中枢神经系统起着良好的作用，可加强心血管与呼吸的功能，减少体内瘀血，改善消化功能与新陈代谢过程。太极拳适合于不同年龄、体质和性别的人练习，不受时间和地点限制。长年坚持练习，能使人延年益寿。

民间最常见的太极拳是二十四式简化太极拳，下面做简要介绍。

（一）动作名称

第 1 组：起势、左右野马分鬃、白鹤亮翅。

第 2 组：左右搂膝拗步、手挥琵琶、左右倒卷肱。

第 3 组：左揽雀尾、右揽雀尾。

第 4 组：单鞭、云手、单鞭。

第 5 组：高探马、右蹬脚、双峰贯耳、转身左蹬脚。

第 6 组：左下势独立、右下势独立。

第 7 组：左右穿梭、海底针、闪通臂。

第 8 组：转身搬拦捶、如封似闭、十字手、收势。

（二）动作分解说明

预备姿势：面向南方，身体自然直立；两腿自然伸直，两脚脚尖向前；胸部放松，不要故意挺胸或收腹；两臂自然下垂，两手放在两腿外侧；手指微屈，头颈正直，下颚微回收，口微闭，上齿轻叩下齿，舌抵上腭，面部表情自然，眼平看前方；精神集中，全身放松。

1. *起势*（图 7.3.53）

图 7.3.53

2. *左右野马分鬃*（图 7.3.54）

图 7.3.54

3. 白鹤亮翅(图 7.3.55)

图 7.3.55

4. 左右搂膝拗步(图 7.3.56)

图 7.3.56

5. 手挥琵琶(图 7.3.57)

图 7.3.57

6. 左右倒卷肱(图 7.3.58)

图 7.3.58

7. 左揽雀尾(图 7.3.59)

图 7.3.59

8. 右揽雀尾(图 7.3.60)

图 7.3.60

9. 单鞭(图 7.3.61)

图 7.3.61

10. 云手(图 7.3.62)

图 7.3.62

11. 单鞭(图 7.3.63)

图 7.3.63

12. 高探马(图 7.3.64)

图 7.3.64

13. 右蹬脚（图 7.3.65）

图 7.3.65

14. 双峰贯耳(图 7.3.66)

图 7.3.66

15. 转身左蹬脚(图 7.3.67)

图 7.3.67

16. 左下势独立(图 7.3.68)

图 7.3.68

17. 右下势独立(图 7.3.69)

图 7.3.69

18. 左右穿梭(图 7.3.70)

图 7.3.70

19．海底针（图 7.3.71）

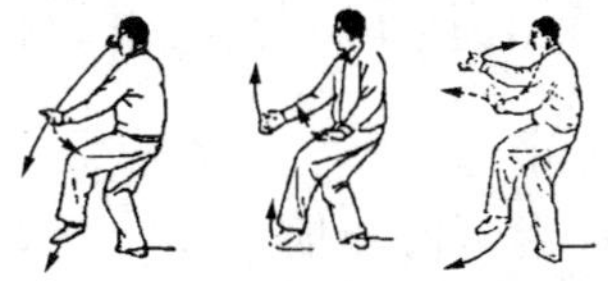

图 7.3.71

20．闪通臂（图 7.3.72）

图 7.3.72

21．转身搬拦捶（图 7.3.73）

图 7.3.73

22．如封似闭（图 7.3.74）

图 7.3.74

23．十字手（图 7.3.75）

图 7.3.75

24．收势（图 7.3.76）

图 7.3.76

第四节　防身术

任何武术拳种、流派都包含着丰富的攻防技击方法，防身术便是以实际需求为目的，从自卫防身的角度出发，吸收中华武术之精华创编而成的。它不以套路的形式出现，没有多余的花架子。其特点是以自卫防身为主，动作简单利索，招法简洁实用，一招制胜。“远拳、近肘、靠身胯，不远不近弹踢把脚下。”这句顺口溜概括了基本防卫技术在不同场合的应用。

学习防身术，不仅能提高自我防卫能力，而且可以起到锻炼身体、增强体质、改善体态、丰富生活等作用，对于培养沉着、冷静、勇敢、果断、自信的心理素质有着很好的作用。

一、常见防身术的基本反击技术

（一）拳

使用拳的基本反击技术：直拳击面部（图 7.4.1）、勾拳击腹（图 7.4.2）、摆拳击太阳穴（图 7.4.3）、小拳击面部（图 7.4.4）和劈拳击面部（图 7.4.5）。

图 7.4.1

图 7.4.2

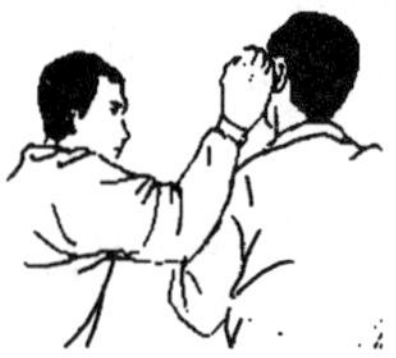

图 7.4.3

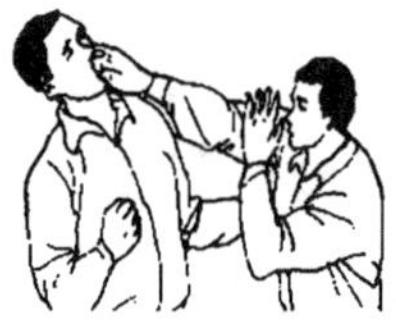

图 7.4.4

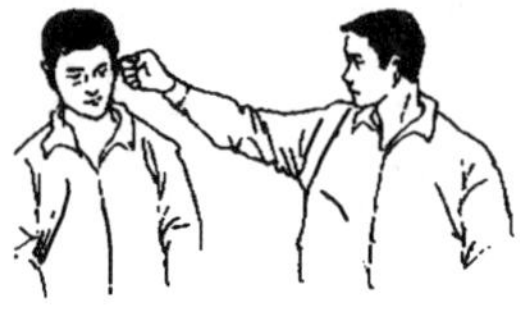

图 7.4.5

（二）掌、指

使用掌、指的基本反击技术：立掌击下颌（图 7.4.6）、顺掌砍颈部（图 7.4.7）和双指击眼睛（图 7.4.8）。

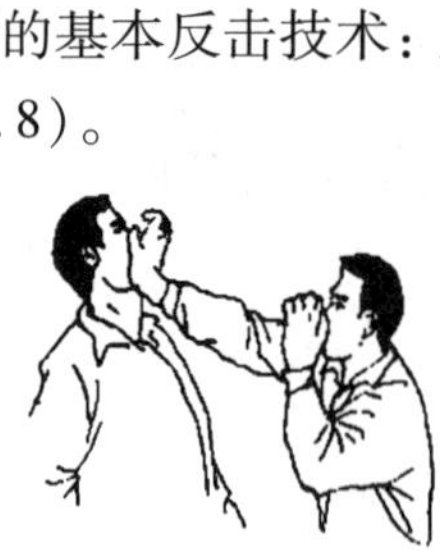

图 7.4.6

图 7.4.7

图 7.4.8

（三）肘

使用肘的基本反击技术：顶肘击肋部（图 7.4.9）和横肘击头（图 7.4.10）。

图 7.4.9

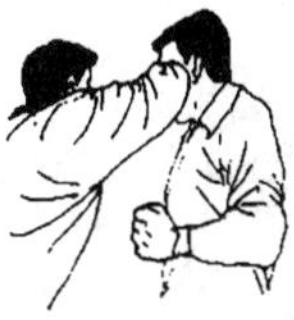

图 7.4.10

(四) 腿脚

使用腿脚的基本反击技术：弹腿踢裆部(图 7.4.11)、正踹腹部(图 7.4.12)、侧踹肋部(图 7.4.13)、侧弹腿击膝(图 7.4.14)、侧弹腿击肋部(图 7.4.15)、点腿击下颌(图 8.4.16)、后蹬腿击胸(图 7.4.17)和下砸腿击胸(图 7.4.18)。

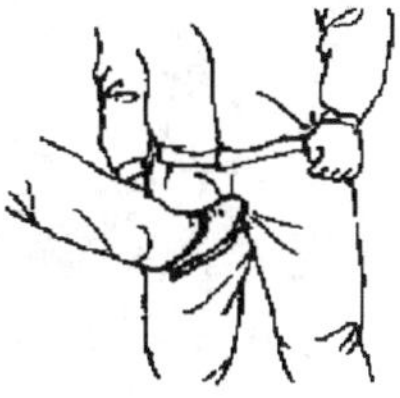

图 7.4.11

图 7.4.12

图 7.4.13

图 7.4.14

图 7.4.15

图 7.4.16

图 7.4.17

图 7.4.18

(五) 膝

使用膝的基本反击技术：提膝顶腹(图 7.4.19)和膝顶裆部(图 7.4.20)。

(六) 头

使用头的基本反击技术：额顶面部(图 7.4.21)、头撞胸(图 7.4.22)和头顶面部(图 7.4.23)。

图 7.4.19

图 7.4.20

图 7.4.21

图 7.4.22

图 7.4.23

二、简单防身招法

(一) 托(压)腕抽指

对方将我手指抓住，我另一手握住对方手腕，用力向上托(或下压)，被抓手指迅速抽

出。(图 7.4.24)

图 7.4.24

(二)扣腕压肘

对方抓住我手腕,我另一手立即扣握住对方手腕,同时双臂屈肘,被抓手上翻,抓握住对方手腕,向前上步,转体,用肘下压对方肘关节。(图 7.4.25)

图 7.4.25

(三)扣腕砍颈

对方抓住我头发,我一手扣握住对方手腕,同时一手成掌,掌心向上,用掌外沿猛砍对方侧颈部。(图 7.4.26)

图 7.4.26

(四)翻腕压肘

对方抓住我胸前衣领,我一手扣住对方抓我衣领之手,上前一步,同时转体,别其小腿,另一手按对方肘关节。(图 7.4.27)

图 7.4.27

(五)托颌顶裆

对方抱住我腰部,我双手上托(推)对方下颌,上体自然后仰,用膝狠顶对方裆部。(图 7.4.28)

图 7.4.28

（六）顶肋击面

对方双臂（手）搂抱住我双臂及胸部，我向前上步，双臂屈上提（架）对方双臂，右手抓住对方左手腕，同时身体左转，用左臂肘关节侧顶对方左肋，松开右手，用右拳击其左侧下颌。（图 7.4.29）

图 7.4.29

（七）屈腿蹬腹

我倒地仰卧，对方双手掐我颈部，我立即屈抬右腿蹬其腹部，左脚上踢其裆部。（图 7.4.30）

图 7.4.30

第八章

体育艺术运动

第一节　体　操

“体操”一词来源于希腊语 gymnastike，意为赤膊，相传古希腊人在锻炼身体时多赤膊。公元前 5 世纪，希腊人把锻炼身体的一切活动，如走、跑、跳、投掷、攀登、摔跤、舞蹈、骑马、军事游戏等，统称为体操。这个概念一直沿用到 20 世纪初。之后，随着各项体育运动的发展，以及生理学家、医学家和体育研究人员对各项体育运动的结构、功能、价值等的深入研究与科学区分，原来作为体育总概念的体操才演变为现在的概念。

一、体操概述

体操是体育运动项目之一。所谓体操，是指通过徒手、持轻器械或在器械上完成不同类型与难度的单个或成套动作，并且有一定艺术要求的体育运动项目。体操的练习形式和要求与田径、球类等项目相比具有自己的特点，这决定了它的特殊作用。因此，体操是学校实施体育教育、培养全面发展的社会主义“四有”人才的重要内容之一。

（一）体操的内容和分类

1. 体操的内容

体操的主要内容早在 18 世纪已基本形成，随着社会的发展，体操的练习内容和形式又有了新的发展。

（1）队列队形。

队列队形包括原地动作和行进间动作，有图形行进、队形变换等，是体育教学和军事训练中的主要练习内容和形式。

（2）徒手体操。

徒手体操是根据人体各部位的特点，由一系列徒手动作，以不同的方向、路线、幅度、频率和节奏，按照一定顺序组成的练习。

（3）器械体操。

器械体操（含轻器械体操）是在徒手体操的基础上，通过利用竞技性器械（单杠、双杠、跳马、平衡木、吊环等）和实用性器械（哑铃、实心球、肋木等）进行的练习。

（4）跳跃。

跳跃主要包括以下肢为主的跳跃和上、下肢结合的支撑跳跃。

(5) 自由体操。

自由体操主要是徒手体操、技巧的翻腾和各种跳跃平衡及力量性动作组成的成套动作练习。

(6) 艺术体操。

艺术体操主要是由徒手或持轻器械(绳、圈、棒、带、球等)在音乐伴奏下进行的身体练习。

(7) 实用性体操。

实用性体操主要包括进行跑、跳、投、攀爬、平衡和翻越障碍的练习。

2. 体操的分类

体操的内容丰富而多样,项目众多,锻炼的作用也各有侧重,可依据不同的原则进行分类。下面按体操内容所要完成的主要任务进行分类介绍。

(1) 基本体操。

基本体操是指为了增强体质、促进身体发展和提高基本活动能力所采用的体操练习方法。它包括队列队形练习、徒手体操、轻器械体操、实用性体操等。

(2) 竞技性体操。

竞技性体操是指通过长年科学系统的训练,为达到高超的技术水平,以争优夺胜为目的,有特定的竞赛规程和评判标准的一类体操。它包括竞技体操、竞技技巧和艺术体操。

(3) 团体操。

团体操是以体操为主体的群众性表演项目。它通过徒手体操、轻器械体操、技巧动作、舞蹈、队列队形变化(组字、图案、造型)等配以音乐、服装、道具、背景等艺术装饰,反映一定的主题思想。这种表演项目不受人数的限制,具有宣传教育和锻炼身体的效用,在一些大型的体育比赛和重大活动中被广泛采用。

(二) 体操的特点

体操与其他运动项目相比,有自己的特点,了解和掌握体操的特点,有助于更好地发挥体操的作用。

1. 内容丰富,形式多样,易于普及

体操不受年龄、性别、职业等限制,每个人都可根据自身的实际情况,选择合适的练习内容,以达到锻炼的效果。

2. 全面和有重点地锻炼人体

体操的内容丰富,项目多,动作类型多,可以全面和有重点地锻炼人体的各个部位。

3. 教学训练中广泛采用保护与帮助

体操有很多项目是在器械上完成的,动作在“反常”状态下进行,具有一定的危险性,必须给予保护与帮助。

4. 有一定的艺术要求

体操是健、力、美的体现,运动员要通过动作、形体、音乐、服装、精神面貌等表现出来,给观众以美的享受。

5. 要不断创新

“发展才是硬道理”,体操运动要发展,就要不断创新(动作的难度、动作的质量、动作的编排等),只有这样,才能推动体操运动不断前进。

二、基本体操

基本体操是体育锻炼的最基本内容之一。大多数基本体操项目是学校体育教学的主要内容和训练的辅助手段。它可以促进青少年的身体正常生长发育,全面提高青少年的身体素质,使青少年获得必要的实用技能。

(一)徒手体操

根据练习形式的不同,徒手体操可分为单人动作、双人动作和多人动作。

1. 单人动作

单人动作按人体解剖结构又可分为头颈动作、上肢动作、下肢动作、上体动作及全身动作。

(1)头颈动作:屈、转、绕和绕环等动作。

(2)上肢动作:举、振、屈、伸、绕和绕环等动作。

(3)上体动作:屈、转、绕和绕环、倾等动作。

(4)下肢动作:举、踢、屈、伸、弓步、蹲、跳、绕和绕环等动作。

(5)全身基本动作:立、撑、卧、坐等动作。

2. 双人、多人动作

双人、多人动作是指根据单人动作通过互相协调配合共同完成的动作练习,按用力性质的特点,又可分为助力性、协调性和对抗性三种动作。

助力性动作,即一人帮助另一人做动作。协调性动作,即两人互相借助对方配合做动作。对抗性动作,即两人相互对抗用力做动作。

(二)轻器械体操

轻器械体操是在徒手体操的基础上,通过手持实心球、体操棍等轻器械,利用器械的特点进行练习,以达到锻炼身体目的的练习形式。

1. 实心球

实心球(由橡胶制成)按质量分0.5千克、1千克、2千克等规格,直径为10~20厘米。它是一种安全又实用的发展力量素质的轻器械,其练习方法多种多样。

(1)掷球练习法:采用站姿,双手或单手持实心球于肩后,正面助跑2~3步向前上方掷球。(图8.1.1、图8.1.2)

图8.1.1

图8.1.2

(2)抛球练习法:面对或背对掷球方向,屈膝站立,双手持球在体前,蹬腿,全身用力向前上方或后上方掷球。(图8.1.3)

图 8.1.3

(3) 定向掷球练习法：在 10～15 米处地面上画直径不大于 1 米的圆，用单手或双手向圆内掷球。（图 8.1.4）

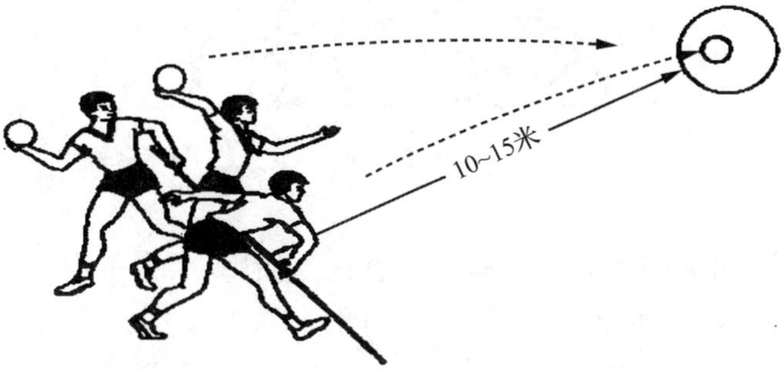

图 8.1.4

(4) 简易保龄球练习法：在 10～15 米处地面上（平整的）画一等边三角形（边长 50 厘米以上），三角形内摆放 10 个保龄球（或装沙的塑料可乐瓶），用单手或双手地滚球击打目标，击倒目标多者为优胜。

2. 体操棍

体操棍是木质圆形棍棒，长 1～1.2 米，直径为 2～2.5 厘米。以棍为限制物，通过各种练习来加大动作的幅度和强度，以增强各关节的灵活性和柔韧性。

体操棍的握法有正握、反握、翻握、持棍端或棍中间等。动作分单人和双人。

三、技巧动作

技巧动作俗称垫上运动，是学校体育教学的主要内容之一。它内容丰富，形式多样，既有竞赛性、表演性，又有广泛的群众性，深受广大青少年的喜爱。

技巧动作分动力性动作和静力性动作两大类，是竞技体操中自由体操项目的核心内容。技巧动作练习对发展力量、灵敏性、柔韧性、协调性等身体素质，增强关节、韧带的柔韧性和提高平衡器官的能力有显著的作用。通过技巧动作练习，可以培养勇敢、果断、顽强、不畏困难等优良品质。

（一）俯平衡

练习方法：直立，单腿后举，上体慢慢前倒，成单脚站立，挺胸抬头，两臂侧举，保持平衡。（图 8.1.5）

技术要领：先举腿后倒体，支撑腿伸直，及时调整重心。

保护帮助：站在练习者侧方，一手托其后腿，一手扶其上臂。

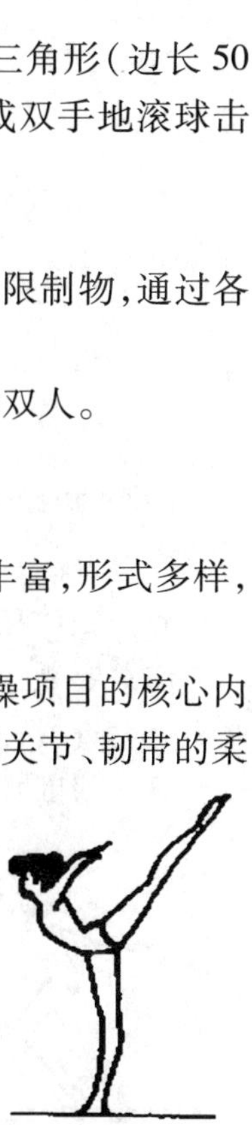

图 8.1.5

（二）前滚翻

练习方法：蹲撑，提臀，身体前移，脚蹬地，同时屈臂低头，含胸，用头的后部、颈、背、腰、臀依次触垫。当背、腰触垫时，屈膝抱腿，上体前倾成蹲立。（图 8.1.6）

技术要领：滚动时，头、颈、背、腰、臀要依次触垫。上体向前跟进要主动，与抱小腿协调一致。

保护帮助：单腿跪于练习者侧方，推背助其起立。

图 8.1.6

（三）后滚翻

练习方法：蹲撑，重心后移，低头团身后滚翻，同时双手置于肩上。当滚至肩头着垫时，两手用力推撑，抬头，两脚落下成蹲撑。（图 8.1.7）

技术要领：后滚要有一定速度，团身要紧。当身体重心超越头颈上方时，要及时推手。

保护帮助：单腿跪在练习者侧后方，一手托肩，一手推背，助其翻转。

图 8.1.7

（四）鱼跃前滚翻

练习方法：半蹲，两臂前摆，同时两脚用力蹬地向前上方跃起，身体在空中保持稍屈体姿势。手撑垫时，屈臂低头，圆身前滚翻起。（图 8.1.8）

技术要领：蹬地、摆臂配合协调，身体腾起保持大弧形姿势。臂要有控制地弯曲，撑地不可过近或过远。手撑地后，腰不要松，滚至腰背时迅速团身。

保护帮助：站在练习者起跳点侧方，托其大腿，顺势前送。

图 8.1.8

（五）肩肘倒立

练习方法：坐撑，上体后倒，两腿上举，两臂压垫的同时上伸，迅速屈肘内收，手撑背部，髋关节充分挺开。脚面绷直向上方蹬，呈肩颈和上臂支撑的倒立姿势。（图 8.1.9）

技术要领：伸腿方向应沿眼睛向上的垂直方向。至倒立部位时，应尽力上伸，紧身、展髋。

保护帮助：站在练习者侧方，两手握小腿上提，一膝顶腰助其充分展髋。

图 8.1.9

（六）头手倒立

练习方法：蹲撑，两手在体前撑垫与肩同宽，用头的前额上部在手前约等边三角形处顶垫。先将臀部抬起，再一脚蹬地，另一腿上摆，并腿上举成倒立。（图 8.1.10）

技术要领：头手撑垫的位置要准确，双肘内夹。先提高身体重心，再蹬地摆腿。并腿上伸时，注意调整身体重心。

保护帮助：站在练习者侧方，扶其腿部帮助控制平衡。

图 8.1.10

（七）侧手翻

练习方法：侧向站立，两臂侧举，左腿蹬地，上体侧倒，右腿向侧上摆，两手左、右依次撑垫，成分腿，手倒立，两臂依次左、右推起呈分腿站立，两臂侧平举。（图 8.1.11）

技术要领：摆腿要向侧面，髋要打开。倒立时要顶肩、立腰、大分腿。腿的蹬摆与手的撑顶要协调配合。

保护帮助：站在练习者背后，两臂交叉抓住练习者腰部，助其翻转。

图 8.1.11

四、单杠

单杠是男子竞技体操项目之一,以悬垂摆动为基础,进行各种支撑、悬垂、屈伸、回环、摆动、摆越、转体练习。通过单杠练习,能增强上肢、肩带、躯干肌肉群的力量和柔韧性,提高身体的协调性和平衡能力。

(一)单脚蹬地翻上成支撑

练习方法:两手屈臂握杠站立,一腿向上摆起,一腿用力蹬地,同时屈臂倒肩使腹部贴杠。当两腿并拢翻转至杠后水平部位时,翻腕抬头挺身成支撑。(图 8.1.12)

技术要领:用力屈臂引体,摆腿,腹部要早靠杠。上体翻转至杠前水平部位时要制动腿。

保护帮助:站在杠前侧方,一手托肩,另一手托臀助其翻上。练习者抬头翻腕时,换成一手托肩,一手托大腿使其成支撑。

图 8.1.12

(二)支撑后摆下

练习方法:由支撑开始,两腿先前摆,接着用力后摆,肩稍前倾,两臂伸直撑杠。当后摆接近极点时,稍微含胸并制动两腿,接着两臂伸直迅速用力顶肩推杠,抬上体后挺身落下。(图 8.1.13)

技术要领:两腿前摆时,肩稍微前倾。后摆接近极点时,要用力顶肩推杠。

保护帮助:站在杠后侧方,一手托其腹部,另一手托其腿部帮助后摆,然后扶其身体帮助落地。

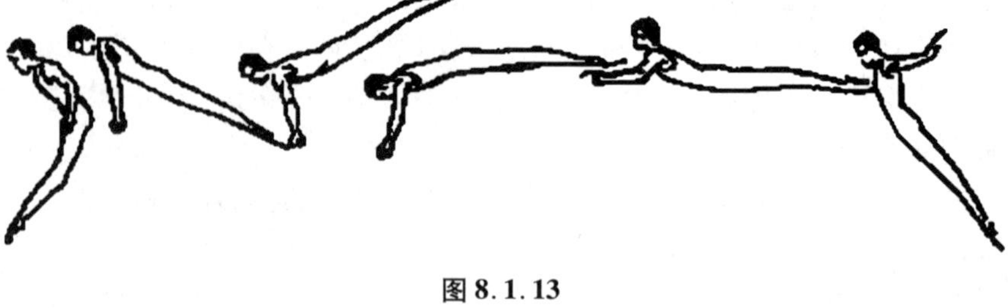

图 8.1.13

(三)骑撑前回环

练习方法:从右腿骑撑反握杠开始,两臂伸直撑杠,稍提高重心,左大腿上部靠杠,右腿举起向前跨出,同时上体挺直迅速前倒。当上体回环至杠后水平部位时,右腿向前下伸压杠,同时展髋,左腿继续后摆,上体积极跟上,立腰,两臂伸直拉压杠、翻腕成骑撑。(图 8.1.14)

技术要领：上体前倒时，保持正直，腿伸直。当上体回环至杠后水平部位时，骑撑腿积极前伸压杠，另一腿继续后摆，上体跟上。

保护帮助：站在杠前右侧方，当练习者回环肩过杠下时，内侧手从杠下托背，另一手扶压摆动大腿成骑撑。当练习者由于回环惯性使得上体继续前倒时，用外侧手托其肩。

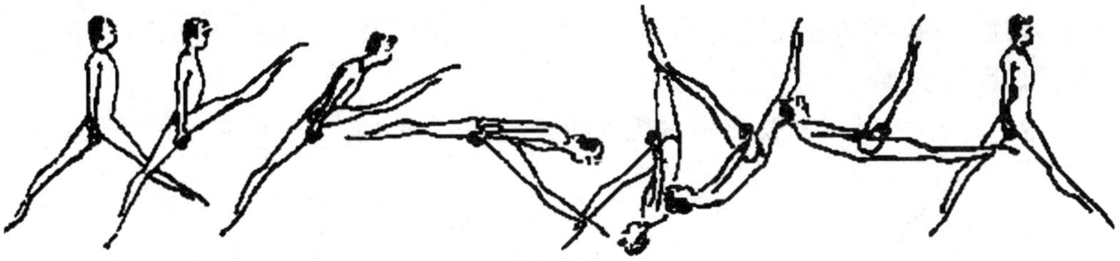

图 8.1.14

（四）骑撑后腿摆越转体 180°成支撑

练习方法：从右腿骑撑、右手反握开始，左手顶杠，身体重心移向右臂，上体向右方倒，同时以右臂为轴，用头和上体带动左腿摆越杠，向右转体 180°，左臂撑杠，两腿并拢成支撑。（图 8.1.15）

技术要领：上体敢于侧倒，靠紧支撑臂。转体时，髋关节要展开，保持平衡。转体后，保持挺身姿势。

保护帮助：站在练习者正前方，握住其前脚，助其转体成支撑。

图 8.1.15

五、双杠

双杠是男子竞技体操项目之一，由动力性动作和静力性动作两大类组成。

双杠练习可以发展人体的上肢、肩带、躯干肌肉群的力量和柔韧性，提高身体的灵敏性和协调能力，培养勇敢、坚强的意志品质。

（一）杠端跳起成分腿骑坐

练习方法：杠端站立，跳起后双手压杠成支撑，身体前摆至臀部超过杠面时，迅速分腿，以大腿后部压杠成分腿坐。（图 8.1.16）

技术要领：前摆成分腿坐时，双手尽量靠近。

保护帮助：站在杠侧，一手握练习者上臂，另一手托送其腰部。

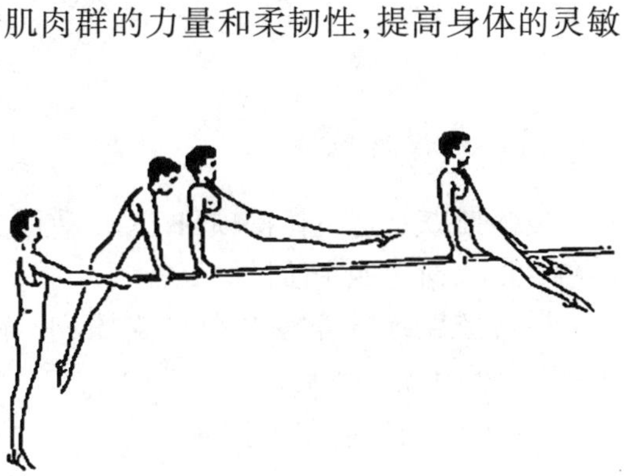

图 8.1.16

（二）支撑摆动

练习方法：从后摆最高点开始，直体自然下落，摆过支撑垂直部位时屈髋，并迅速前摆，同时肩稍后移，直臂顶肩，拉开肩角，梗头，眼看脚尖，身体伸直。后摆时，身体自然下摆，摆过垂直支撑点后，加快腿的后摆速度，含胸、紧腰，直臂顶肩，拉开肩角。（图 8.1.17）

技术要领：支撑摆动必须以肩为轴，直臂顶肩。前后摆动时应尽量减小肩部的移动幅度，保持稳固的支撑。

保护帮助：站在杠侧，前摆时用手托其腰背，帮助上体前送，后摆时用手托腹或大腿。

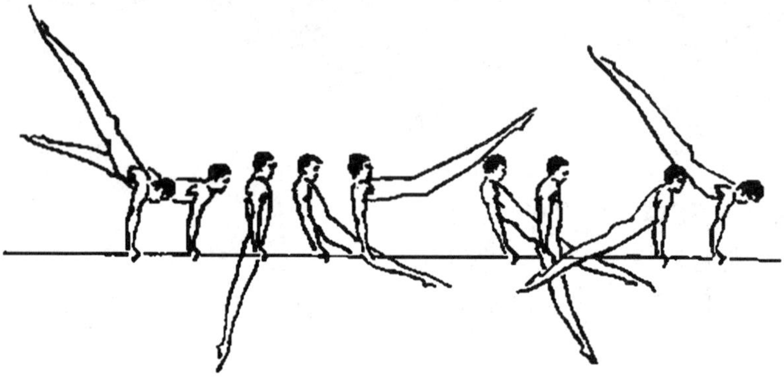

图 8.1.17

（三）支撑后摆挺身下

练习方法：从支撑摆动开始，当后摆超过肩水平位置后，左手迅速推离杠，换握右杠，同时身体右移出杠，右手推杠侧上举，保持挺胸紧腰姿势落地。（图 8.1.18）

技术要领：推杠用力，换握及时。

保护帮助：站在练习者落地点侧前方，一手握其上臂，一手托其腹部。

图 8.1.18

六、支撑跳跃

支撑跳跃是竞技体操项目之一，动作少、时间短是它的动作特点。支撑跳跃分助跑、踏跳、推手、落地四个阶段。

支撑跳跃练习可发展跳跃、支撑、平衡能力，增强上肢肌肉的爆发力，培养勇敢、顽强、敏捷、果断的意志品质。

（一）纵箱（马）分腿腾越

练习方法：快速助跑，上板迅速，踏跳有力，领臂含胸向前上方腾起。两臂主动前伸撑器械远端，并向前下方用力推手顶肩，同时向两侧分腿，接着两臂上领抬上体，挺身并腿

落地,屈膝缓冲。(图8.1.19)

技术要领:踏跳要有力,起跳后敢于摆臂前伸撑远端。

保护帮助:站在器械的前侧方,一手握练习者的臂上提,帮助其越过器械。

图8.1.19

(二)横箱(马)分腿腾越

练习方法:助跑,双脚用前脚掌踏跳,双臂前摆撑器械,含胸、提臀分腿,直臂顶肩,用力向前下方推手,上体抬起,展髋挺身并腿落地。(图8.1.20)

技术要领:同纵箱(马)分腿腾越。

保护帮助:同纵箱(马)分腿腾越。

图8.1.20

第二节 健美操

健美操是以人体为对象,以健美为目标,以身体练习为内容,以艺术创造为手段,融体操、舞蹈、音乐为一体的一项新兴的体育运动项目。

健美操运动源于20世纪70年代末。健美操的英文原名"Aerobics",意为"有氧运动""健身健美操"。美国健身、影视明星简·方达根据自己的健身经验和体会,于1981年编写出版的《简·方达健美术》引起了世界的轰动,这对健美操运动在全世界的发展起到了积极的推动作用。健美操运动于20世纪80年代初传入我国。我国于1987年5月在北京举办了首届正式的竞技健美操比赛——"长城杯"健美操邀请赛,受到了人们极大的欢迎。

一、健美操的基本动作

基本动作是健美操练习和进行群众性健身锻炼的基础。通过基本动作练习,可以掌握正确的动作技术，加大动作幅度，培养良好的动作形态。基本动作练习是按人体生理解剖结构分部位进行的，是一项专门性的练习，练习者可根据需要加以选择。

（一）手型

手型包括五指并拢的掌、五指分开的掌、芭蕾舞手式、实心拳、屈指掌、西班牙舞手式等。（图 8.2.1）

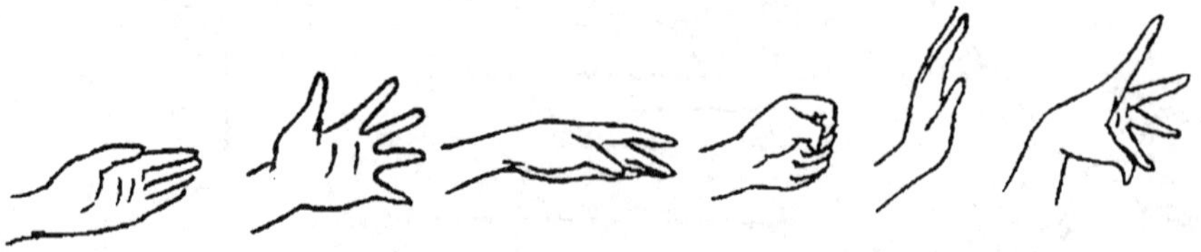

图 8.2.1

（二）头颈动作

头颈动作包括屈（前屈、后屈和侧屈）、转（左转和右转）、绕和绕环等动作。

（三）肩部动作

肩部动作包括提肩、沉肩、展肩、绕肩、肩绕环、振肩等动作。

（四）上肢动作

上肢动作包括臂的摆动、臂的屈伸、臂的绕和绕环、振臂等动作。

（五）躯干动作

躯干动作包括体侧、体转、前屈、后屈等动作。

（六）髋部动作

髋部动作包括顶髋、摆髋、髋部绕和绕环等动作。

二、健美操的基本步伐

（一）踏步

大腿抬平，小腿自然下垂，落地时用前脚掌过渡到全脚掌，两臂屈肘前后自然摆动，身体保持正直，抬头挺胸。同属踏步类的还有点踏步、交叉步、“V”字步。

（二）开合跳

跳起分开落地，髋部、脚尖外开，膝关节在同方向弯曲。蹬地还原时，脚跟并拢，膝缓冲。动作要起伏、连贯、有弹性。

（三）弹踢腿跳

动力腿屈膝后摆，两膝之间要靠拢，前弹时不要过分用力，膝关节、髋关节运动伸展要有控制，然后换另一腿做。

（四）后踢腿跳

一腿屈膝后摆，髋和膝在一条线上。跑跳过程中，膝、踝关节充分缓冲，手臂可自然摆动。

（五）吸腿跳

膝抬起，大腿平行于地面，小腿垂直于地面，脚面绷直，落地时由脚尖过渡到脚跟，两腿交替进行。跳起时，脚离地，身体保持正直。

（六）踢腿跳

一腿前踢，腿要尽可能抬高，膝盖伸直，收腹立腰。落地还原到位，两腿交替进行。

（七）弓步跳

一腿后摆由脚尖过渡到前脚掌（脚跟不需要着地），脚尖方向向前。身体稍前倾，立腰收腹。还原时屈膝缓冲。换另一腿做，方向相反。

三、基本步伐组合操

练习基本步伐组合操，其目的在于使练习者通过本套操的练习，熟练掌握基本步伐与基本手型的配合，并达到热身效果。这是一套适合初学者练习的操，分为七组动作，共 64 个 8 拍。

预备姿势：直立，4×8 拍原地踏步。

（一）第一组动作：踏步侧击掌（4×8 拍）

1×8 拍：1～3 拍，原地踏步；4 拍，身体向右侧转，向腿弯曲，右脚尖右侧点地，同时双手右侧肩上击掌；5～8 拍同 1～4 拍，唯方向相反。

2×8 拍～4×8 拍：同 1×8 拍。

（二）第二组动作：原地小跳组合（8×8 拍）

1×8 拍：1 拍，左脚向左侧小跳一次；2 拍，右脚向右侧小跳一次；3 拍，左脚向右侧小跳一次并步；4 拍，右脚向左侧小跳一次并步；5～8 拍，同 1～4 拍。

2×8 拍：1 拍，左右脚分别向左右小跳一次；2 拍，左右脚分别向右左小跳一次并步；3～4 拍同 1～2 拍；5～8 拍同 1～4 拍。

3×8 拍：同 1×8 拍。

4×8 拍：同 2×8 拍。

5×8 拍：1 拍，左手向左侧平举，五指分开，掌心向前；2 拍，右手向右侧平举，手型同左手；3 拍，左手向胸前收回，屈肘，空心拳，拳心向胸；4 拍，收右手；5～8 拍同 1～4 拍。脚步同 1×8 拍。

6×8 拍：1 拍，左右臂分别向两侧打开成侧平举，五指分开，掌心向前；2 拍，左右手臂同时向胸前收回，屈肘，拳心向胸；3～4 拍同 1～2 拍；5～8 拍同 1～4 拍。脚步同 2×8 拍。

7×8 拍：同 1×8 拍。

8×8 拍：同 2×8 拍。

（三）第三组动作："V"字步组合（16×8 拍）

1×8 拍：1 拍，左脚向左斜前方出脚，脚跟过渡到脚掌，身体重心跟上；2 拍，右脚向右斜前方出脚，脚跟过渡到脚掌，身体重心跟上；3～4 拍，左右脚收回，并步；5～8 拍同 1～4拍。双臂自然摆动。

2×8 拍～4×8 拍：同 1×8 拍。

5×8 拍：1 拍，双臂向左上方冲拳；2 拍，双臂向右上方冲拳；3～4 拍，左右脚收回，并步；5～8 拍同 1～4 拍。脚步同前。

6×8 拍～8×8 拍：同 5×8 拍。

9×8 拍：1 拍，双臂左上方绕小臂；2 拍，双臂右上方绕小臂；3～4 拍，左右脚收回，并步；5～8 拍同 1～4 拍。脚步同前。

10×8 拍～12×8 拍：同 9×8 拍。

13×8 拍：1 拍，右臂向右侧前方冲拳，身体左转；2 拍，左臂向左侧前方冲拳，身体右转；3～4 拍，左右脚收回，并步；5～8 拍同 1～4 拍。脚步同前。

14×8 拍～16×8 拍：同 13×8 拍。

（四）第四组动作：踏步、小跳、"V"字步组合（10×8 拍）

1×8 拍：同第一组动作的 1×8 拍。

2×8 拍：同 1×8 拍。

3×8 拍：同第二组动作的 5×8 拍。

4×8 拍：同第二组动作的 6×8 拍。

5×8 拍：同第三组动作的 5×8 拍。

6×8 拍：同 5×8 拍。

7×8 拍：同第三组动作的 9×8 拍。

8×8 拍：同 7×8 拍。

9×8 拍：同第三组动作的 13×8 拍。

10×8 拍：同 9×8 拍。

（五）第五组动作：弓步组合（8×8 拍）

1×8 拍：1～4 拍，踏步同时左转身 90°；5～6 拍，左脚向前上步，成左弓步，双手向前冲拳，头正直，上体直立；7～8 拍，收左脚并步，同时收拳于腰间。

2×8 拍：1～4 拍，踏步同时右转身 90°；5～6 拍，右脚向后撤步，成左弓步，双手握实心拳，拳眼向上，侧平举打开；7～8 拍，收右脚并步，同时收拳于腰间。

3×8 拍：同 1×8 拍，唯方向相反。

4×8 拍：同 2×8 拍，唯方向相反。

5×8 拍～8×8 拍：同 1×8 拍～4×8 拍。

（六）第六组动作：交叉步、并步组合（4×8 拍）

1×8 拍：1～3 拍，向左侧的交叉步，同时，左手叉腰，拳面向前，右手握拳右侧摆；4 拍，胸前击掌；5～8 拍同 1～4 拍，唯方向相反。

2×8 拍～4×8 拍：同 1×8 拍。

（七）第七组动作：连接组合（14×8 拍）

1×8 拍：同第一组动作的 1×8 拍。

2×8 拍：同 1×8 拍。

3×8 拍：同第二组动作的 5×8 拍。

4×8 拍：同第二组动作的 6×8 拍。

5×8 拍：同第三组动作的 5×8 拍。

6×8 拍：同 5×8 拍。

7×8 拍：同第三组动作的 9×8 拍。

8×8 拍：同 7×8 拍。

9 ×8 拍：同第三组动作的 13 ×8 拍。

10 ×8 拍：同 9 ×8 拍。

11 ×8 拍：同第五组动作的 1 ×8 拍。

12 ×8 拍：同第五组动作的 2 ×8 拍。

13 ×8 拍：同第六组动作的 1 ×8 拍。

14 ×8 拍：同 13 ×8 拍。

四、跑跳步热身组合操

预备姿势：两脚并拢，两手叉腰。

（一）第一节：小跳（8 ×8 拍）

1 ×8 拍 ~4 ×8 拍：双手叉腰，先向左侧开始的小跳。

5 ×8 拍 ~8 ×8 拍：脚步保持小跳。向左侧小跳时，双手握拳，拳心向下，同时向左侧摆动；向右侧小跳时，双臂再向右侧摆动。

（二）第二节：交叉步弹动组合（8 ×8 拍）

1 ×8 拍：1 ~4 拍，双臂自然摆动向左侧的交叉步；5 ~8 拍，双手胸前击掌接双臂同时前后摆，双脚原地弹动。

2 ×8 拍：同 1 ×8 拍，唯方向相反。

3 ×8 拍 ~4 ×8 拍：同 1 ×8 拍 ~2 ×8 拍。

5 ×8 拍：1 ~4 拍，双臂自然摆动向左侧的交叉步；5 ~8 拍，双手胸前击掌接双臂肩侧屈，由右侧向左侧转身跳一周。

6 ×8 拍：同 5 ×8 拍，唯方向相反。

7 ×8 拍 ~8 ×8 拍：同 5 ×8 拍 ~6 ×8 拍。

（三）第三节：侧摆腿组合（12 ×8 拍）

1 ×8 拍：1 ~2 拍，左腿侧摆，右臂经左侧，向上、向下绕环一周；3 ~4 拍同 1 ~2 拍，唯方向相反；5 ~8 拍同 1 ~4 拍。

2 ×8 拍 ~4 ×8 拍：同 1 ×8 拍。

5 ×8 拍：1 ~2 拍，双臂前平举，掌心向下；3 ~4 拍，双臂侧平举，掌心向下；5 ~6 拍，双臂肩侧屈，拳心向两肩；7 ~8 拍，双臂收于体侧。腿动作同前。

6 ×8 拍 ~8 ×8 拍：同 5 ×8 拍。

9 ×8 拍：1 拍，左腿向左侧摆动，右脚支撑，双臂胸前平屈向左侧摆动，掌心向下；2 拍同 1 拍，唯方向相反；3 ~8 拍同 1 ~2 拍。

10 ×8 拍：同 9 ×8 拍。

11 ×8 拍：1 拍，左腿向左侧摆动，双臂前平举，掌心向下；2 拍，双手收于腰间，拳心向上，向右侧摆右腿；3 拍，左腿向左侧摆动，双臂上举，掌心向前；4 拍同 2 拍；5 ~8 拍同 1 ~4 拍。

12 ×8 拍：同 11 ×8 拍。

（四）第四节：后踢腿跑组合（8 ×8 拍）

1 ×8 拍：1 ~2 拍，双手叉腰，右脚向左前方上步，屈膝，身体稍左转，肩稍左转；3 ~4

拍,左脚向右脚并步跳一次；5~8 拍,向右转身后踢腿跑。

2×8 拍：同 1×8 拍,唯方向相反。

3×8 拍~4×8 拍：同 1×8 拍~2×8 拍。

5×8 拍：1~2 拍,右手屈指掌,向左前方推掌；3~4 拍,脚并步时,双手向侧平举,并向外推掌,掌根用力,手指弯曲；5~8 拍,加手臂摆动的向后转身踢腿跑。脚步动作同 1×8 拍。

6×8 拍：同 5×8 拍,唯方向相反。

7×8 拍~8×8 拍：同 5×8 拍~6×8 拍。

（五）第五节：侧并步组合(8×8 拍)

1×8 拍：1 拍,左脚向左侧出一小步；2 拍,右脚跟进并步,同时双臂前后摆,双手在肩侧击掌；3 拍,右脚向右侧出一小步；4 拍,左脚跟进并步,同时双臂前后摆,双手在肩侧击掌。

2×8 拍~4×8 拍：同 1×8 拍。

5×8 拍~8×8 拍：上肢动作同前,唯左右脚侧出一小步,变为向前侧方“V”字步上步、并步、击掌一个 8 拍,退步、并步、击掌一个 8 拍。

（六）第六节：弹踢腿组合(12×8 拍)

1×8 拍：1 拍,向左转身 90°,向前弹踢左腿,双臂向前冲拳,拳心向下,拳眼相对；2 拍,收左脚,收双手握拳于腰间；3~4 拍同 1~2 拍,唯方向相反；5~8 拍同 1~4 拍。

2×8 拍：1 拍,向右转身 90°,左脚向左侧弹踢,双臂握拳侧平举,拳心向下；2 拍,收回左腿,双手握拳腹前交叉；3~4 拍同 1~2 拍,唯方向相反；5~8 拍同 1~4 拍。

3×8 拍：1 拍,向右转身 90°,向前弹踢右腿,双臂向前冲拳,拳心向下,拳眼相对；2 拍,收右脚,收双手握拳于腰间；3~4 拍同 1~2 拍,唯方向相反；5~8 拍同 1~4 拍。

4×8 拍：1 拍,向左转身 90°,右脚向右侧弹踢,双臂握拳侧平举,拳心向下；2 拍,收回右腿,双手握拳腹前交叉；3~4 拍同 1~2 拍,唯方向相反；5~8 拍同 1~4 拍。

5×8 拍~8×8 拍：同 1×8 拍~4×8 拍。

9×8 拍：1~2 拍,转身 90°面向前,弹踢左腿,同时左臂侧上举,右臂收于体侧；3~4 拍,弹踢右腿,同时右臂也侧上举；5~6 拍,弹踢左腿,双臂收于胸前,握拳交叉；7~8 拍,弹踢右腿,双臂收于体侧。

10×8 拍~12×8 拍：同 9×8 拍。

（七）第七节：连接组合(8×8 拍)

1×8 拍：同第二节的 5×8 拍。

2×8 拍：同 1×8 拍。

3×8 拍：同第三节的 5×8 拍。

4×8 拍：同 3×8 拍。

5×8 拍：同第四节的 5×8 拍。

6×8 拍：同 5×8 拍。

7×8 拍：同第五节的 5×8 拍。

8×8 拍：同 7×8 拍。

五、哑铃韵律操

（一）第一节：伸展头前屈(2×8拍)

1×8拍：1拍,左脚开立与肩同宽,两手持铃由上而下,肩侧屈,头前屈；2拍,两手持铃斜上举,头向上；3拍,两手持铃由上而下侧平举,头向前；4拍,左脚还原成立正,同预备姿势；5~8拍同1~4拍,唯方向相反。

2×8拍：1~2拍,左脚开立与肩同宽,两手持铃向下经体侧至上举相击,头向上仰；3拍,两手持铃由上而下,在腹前相击,正视前方；4拍,还原成立正姿势；5~8拍同1~4拍,唯方向相反。

（二）第二节：滚动步小摆臂(2×8拍)

1×8拍：1~2拍,右脚提踵,屈膝同时左手持铃前摆,右手持铃右后摆；3~4拍,左脚提踵,屈膝同时右手持铃前摆,左手持铃后摆；5~6拍同1~2拍；7~8拍同3~4拍。

2×8拍：同1×8拍。

（三）第三节：左右臂旋转(2×8拍)

1×8拍：1拍,左脚侧出一步,髋自然向左移动,左臂直臂,左手持铃外旋,右臂直臂,右手持铃内旋；2拍,收右脚与左脚并拢,手臂动作同1拍,方向相反；3拍同1拍；4拍,收右脚,在左足弓处点地,屈膝,手臂动作同1拍；5~8拍同1~4拍,唯方向相反。

2×8拍：同1×8拍。

（四）第四节：上臂屈伸(2×8拍)

1×8拍：1~2拍,左脚侧出一步,髋自然向右移动,左腿屈膝点地,同时左臂屈肘手持铃侧举,右臂手持铃侧上举,头向右转；3~4拍,右脚侧出一步,髋自然向右移动,左腿屈膝点地,同时右臂屈肘手持铃侧举,左臂手持铃斜上举,头向左转；5~6拍同1~2拍；7~8拍同3~4拍。

2×8拍：同1×8拍。

（五）第五节：臂摆动与绕环(4×8拍)

1×8拍：1~2拍,两腿并拢,两手持铃前摆至前45°,两膝弹动一次；3~4拍同1~2拍,唯方向相反；5~6拍,两臂经体侧向前、向上、向后绕环一周,两膝弹动一次；7~8拍同5~6拍,唯方向相反。

2×8拍：同1×8拍,唯方向相反。

3×8拍：1~2拍,两手持铃,左侧摆动,两膝弹动一次；3~4拍同1~2拍,唯方向相反；5~8拍,两手持铃经体侧向左、向上、向右、向下绕环一周,两膝弹动一次。

4×8拍：同3×8拍,唯方向相反。

（六）第六节：弓步臂侧举(2×8拍)

1×8拍：1~2拍,左腿在右腿前交叉成半蹲,两手持铃体前交叉;3~4拍,左腿成左弓步,右脚侧点地,两手持铃侧举;5~6拍同1~2拍,唯方向相反;7~8拍同3~4拍,唯方向相反。

2×8拍：同1×8拍。

（七）第七节：展胸含胸（2×8 拍）

1×8 拍：1～2 拍，两脚并拢，两腿半蹲，含胸，两手持铃，胸前相击；3～4 拍，两腿伸直，两手持铃侧举，同时挺胸；5～6 拍同 1～2 拍；7～8 拍同 3～4 拍。

2×8 拍：同 1×8 拍。

（八）第八节：髋侧顶（2×8 拍）

1×8 拍：1 拍，左脚侧出稍屈膝，向右顶髋，同时两手持铃，经腰侧前伸至前举；2 拍，右脚向左脚并拢，同时手持铃成腰侧屈；3～4 拍同 1～2 拍；5 拍，左脚侧出稍屈膝，同时两手持铃侧伸至侧举；6 拍同 2 拍；7 拍同 5 拍；8 拍同 2 拍。

2×8 拍：同 1×8 拍，唯方向相反。

（九）第九节：体前屈（2×8 拍）

1×8 拍：1～2 拍，左脚侧出一步，两脚开立，同时两手持铃向内绕至侧上举；3～4 拍，体前屈，两手持铃后伸；5～6 拍，屈左腿，成侧弓步，同时右手持铃屈肘，碰左膝，左手持铃侧后举；7～8 拍，屈右腿，成侧弓步，同时左手持铃屈肘，碰右膝，右手持铃侧后举。

2×8 拍：同 1×8 拍，唯方向相反。

（十）第十节：前侧踢腿（4×8 拍）

1×8 拍：1 拍，左腿屈膝提踵，向右顶髋，同时右手持铃屈肘前摆，左手持铃后侧摆，目视右手；2 拍，还原成立正姿势；3 拍，左腿前踢，右手持铃前举，左手持铃侧后举，还原成立正姿势；5～8 拍同 1～4 拍，唯方向相反。

2×8 拍：1～2 拍同 1×8 拍的 1～2 拍；3 拍，左腿侧踢，两手持铃侧举；4 拍，还原成立正姿势；5～6 拍同 1×8 拍的 1～2 拍；7 拍，右腿侧踢，两手持铃侧举；8 拍，还原成立正姿势。

3×8 拍：同 1×8 拍。

4×8 拍：同 2×8 拍。

（十一）第十一节：跳跃练习（2×8 拍）

1×8 拍：1 拍，两腿直立，两手持铃成腰侧屈，双足跳起，向左转体 90°成左弓步，同时两手持铃前举；2 拍，向右跳转 90°成站立姿势；3 拍，两腿直立，两手持铃前屈，双足跳起，向右转体 90°成右弓步，同时两手持铃前屈；4 拍，向左跳转 90°成站立姿势；5～8 拍同 1～4 拍。

2×8 拍：同 1×8 拍。

（十二）第十二节：整理练习（2×8 拍）

1×8 拍：1～2 拍，左脚向前一步，同时两手持铃由前向后环绕一周；3～4 拍，两腿并拢屈膝弹动一次，同时两手持铃由下向前摆动；5～6 拍，两腿屈膝弹动一次，同时两手持铃由前向后摆动；7～8 拍，两腿屈膝弹动一次，同时两手持铃由后向前摆动。

2×8 拍：同 1×8 拍，唯方向相反。

六、大众健美操成套动作（五级）

（一）组合一（8×8 拍）

1×8 拍：1～4 拍，右脚开始 2 次侧并步；5～8 拍，左脚开始 2 次侧并步。（图 8.2.2）

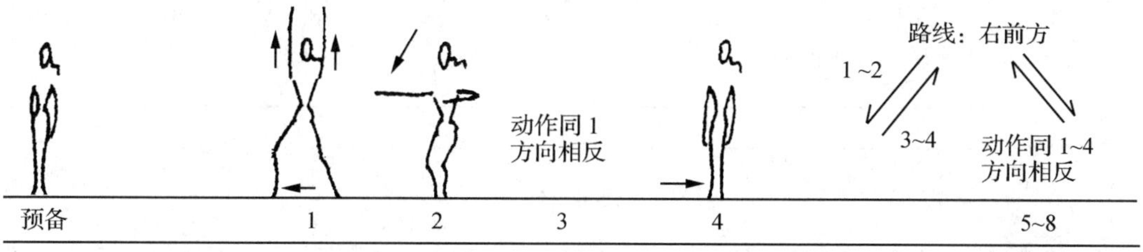

图 8.2.2

2×8 拍：1~6 拍,2 次 3 拍漫步；7~8 拍,2 次踏步转体 360°。(图 8.2.3)

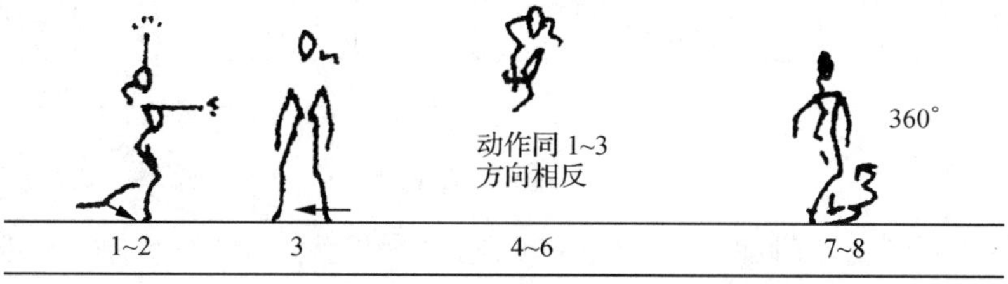

图 8.2.3

3×8 拍：1~4 拍,2 次开合跳；5~8 拍,2 次慢速开合跳。(图 8.2.4)

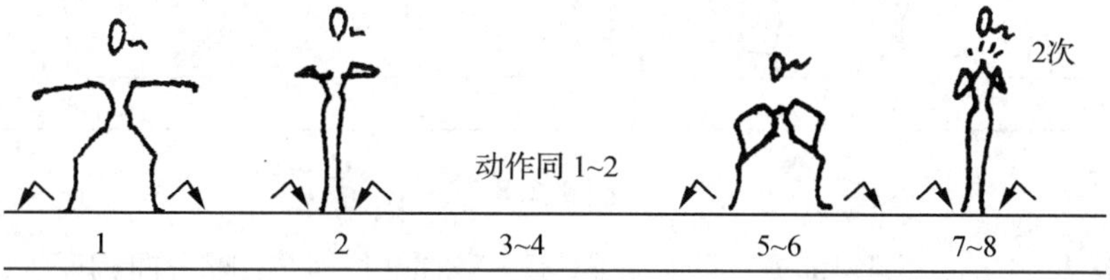

图 8.2.4

4×8 拍：1~4 拍,右脚开始侧交叉步侧跳；5~8 拍,左脚向右侧漫步转体 270°。(图 8.2.5)

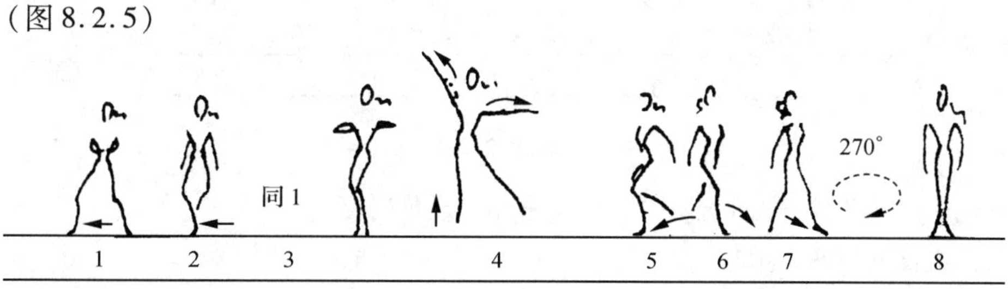

图 8.2.5

5×8 拍~8×8 拍：同 1×8 拍~4×8 拍,唯方向相反。

(二) 组合二(8×8 拍)

1×8 拍：1~3 拍,3 次脚跟前点地跳；4 拍,左脚后屈腿；5~8 拍,左脚漫步。(图 8.2.6)

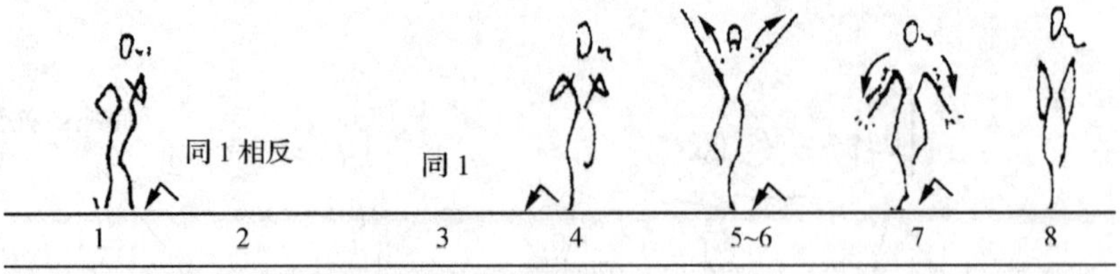

图 8.2.6

2×8 拍：1~4 拍，左脚“V”字步转体 180°；5~8 拍，“A”字步。（图 8.2.7）

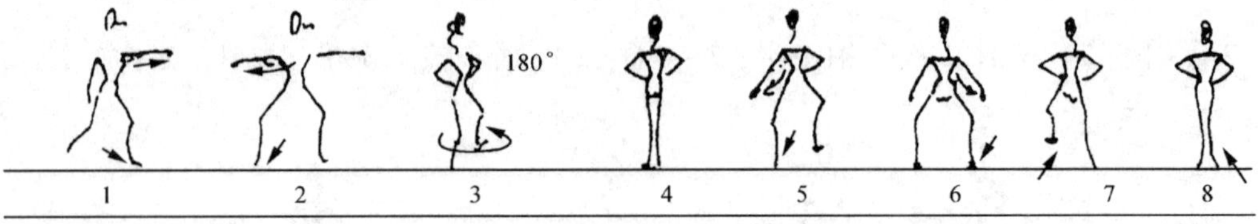

图 8.2.7

3×8 拍：1~2 拍，左脚前并步；3~4 拍，右脚漫步转体 180°；5~6 拍，向右举腿跳；7~8 拍，半蹲。（图 8.2.8）

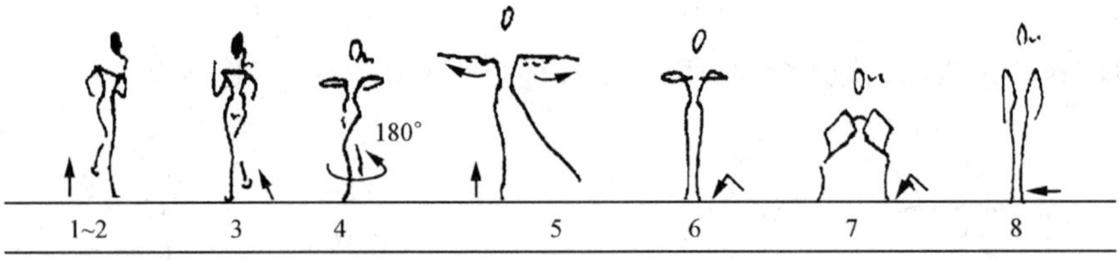

图 8.2.8

4×8 拍：1~4 拍，左脚斜前方上步后屈腿；5~8 拍同 1~4 拍，唯方向相反。（图 8.2.9）

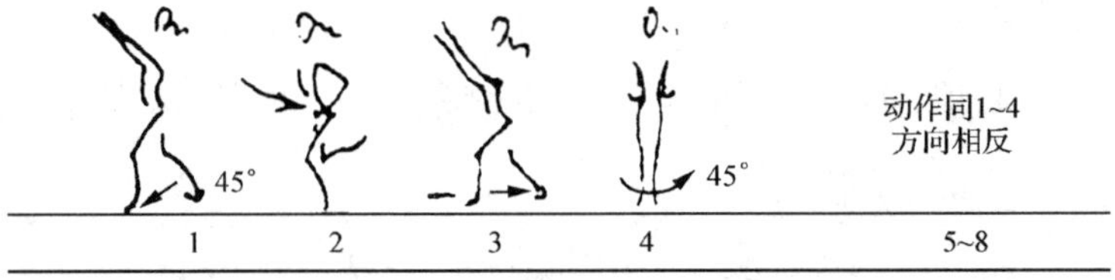

图 8.2.9

5×8 拍~8×8 拍：同 1×8 拍~4×8 拍，唯方向相反。

（三）组合三（8×8 拍）

1×8 拍：1~4 拍，“V”字步转体 90°；5~8 拍，向前走 3 步提膝。（图 8.2.10）

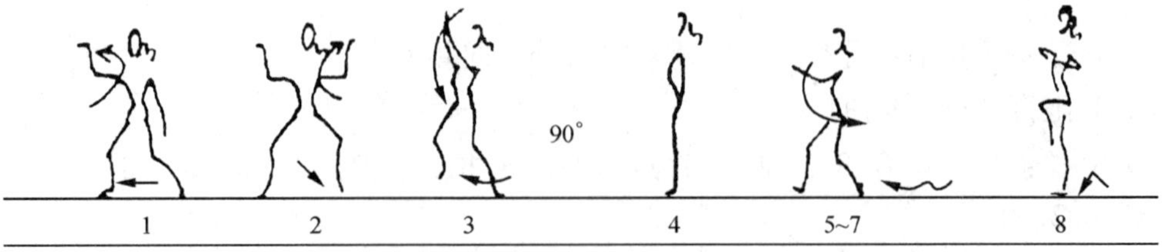

图 8.2.10

2×8 拍：1～4 拍，2 次左脚开始向后弹踢腿；5～6 拍，右左弓步；7～8 拍，半蹲，并腿。（图 8.2.11）

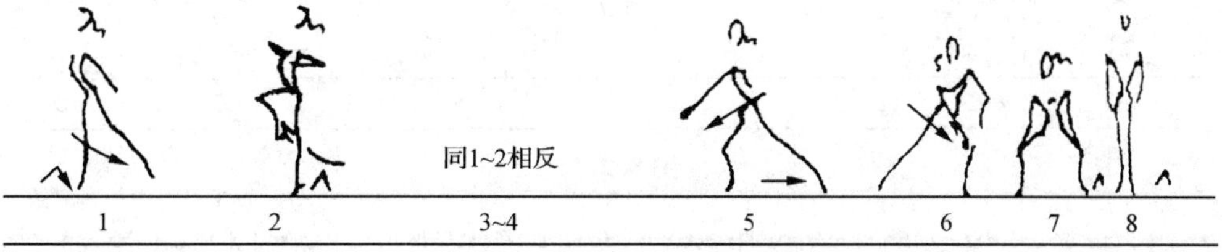

图 8.2.11

3×8 拍：1～4 拍，2 次并步跳，向右、左前；5～8 拍，右脚开始向右走一圈。（图 8.2.12）

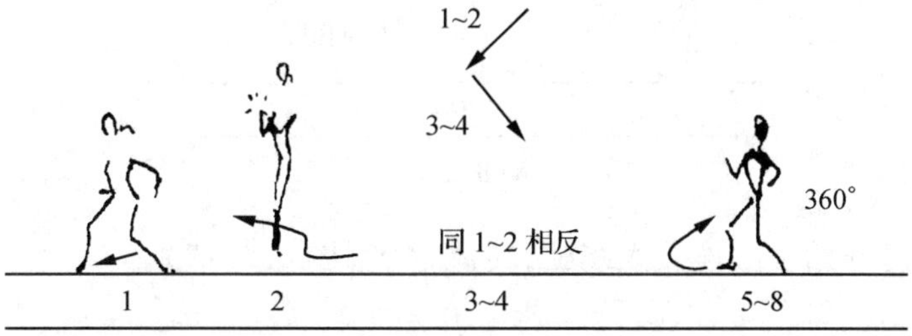

图 8.2.12

4×8 拍：1～4 拍，右脚上步提膝；5～8 拍，左脚连续两次侧点地。（图 8.2.13）

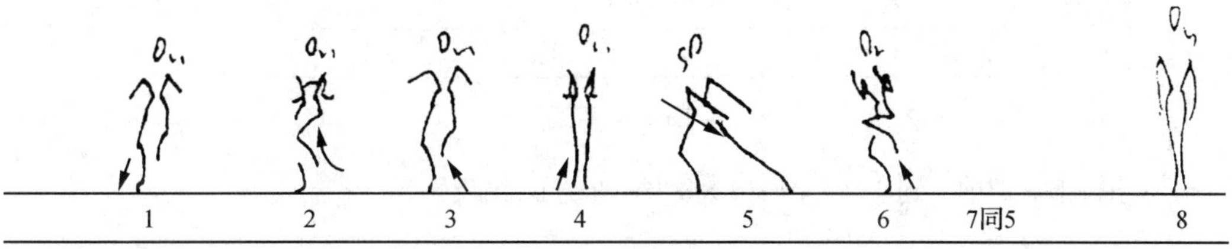

图 8.2.13

5×8 拍～8×8 拍：同 1×8 拍～4×8 拍，唯方向相反。

（四）组合四（8×8 拍）

1×8 拍：1～4 拍，十字步；5～6 拍，右脚 1/2 漫步；7～8 拍，走 2 步，同时右转 360°。（图 8.2.14）

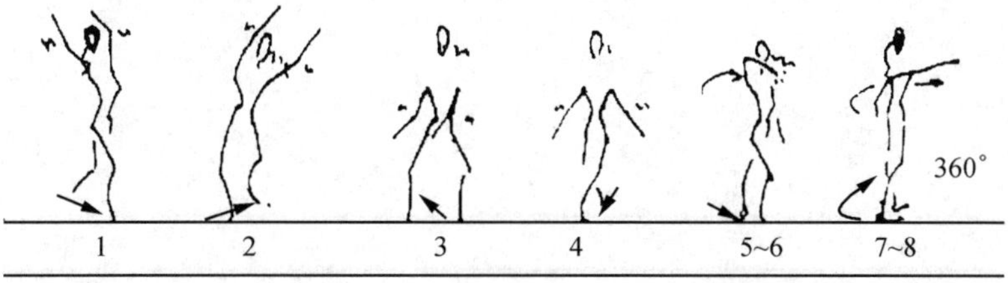

图 8.2.14

2×8 拍：1～2 拍，右脚向后 1/2 漫步；3～4 拍，走 2 步，同时左转 360°；5～6 拍，开合跳，右脚在前交叉；7～8 拍，左脚向侧滑步。（图 8.2.15）

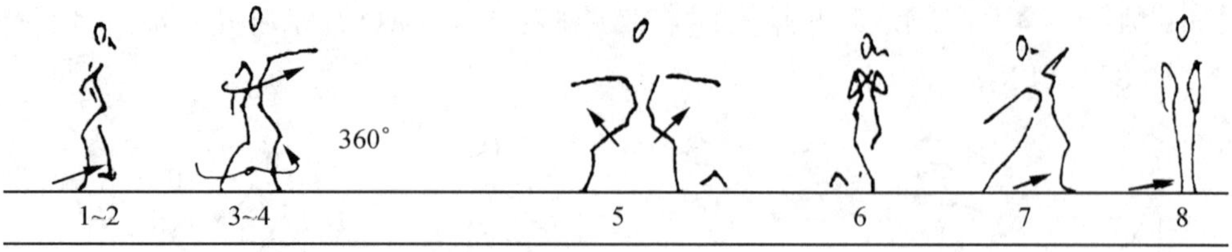

图 8.2.15

3 ×8 拍: 1 ~2 拍,左脚吸腿跳;3 ~4 拍,左脚弹踢腿跳;5 ~8 拍,同1 ~4 拍,唯方向相反。(图 8.2.16)

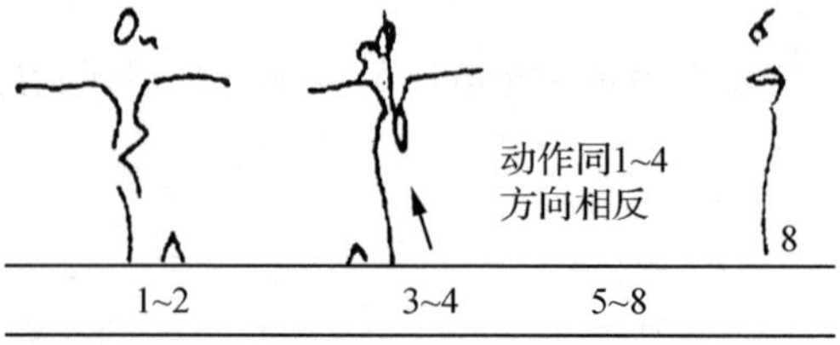

图 8.2.16

4 ×8 拍: 左脚开始 4 次连续大踢腿,转体 360°(图 8.2.17)。

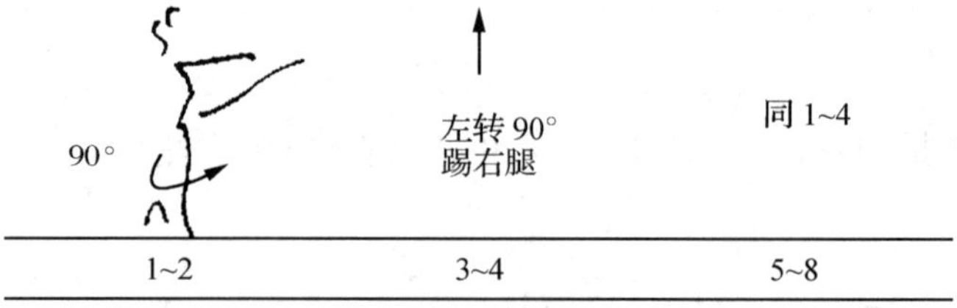

图 8.2.17

5 ×8 拍 ~8 ×8 拍: 同 1 ×8 拍 ~4 ×8 拍,唯方向相反。

第九章

中国象棋

中国象棋历史悠久，在春秋战国时期的文化名著《楚辞·招魂》中就有“篦蔽象棋，有六博兮”之句，说明在当时就已经有“象棋”这个名词。棋盘里的河界，又名“楚河汉界”，可能是受到当时楚汉相争的影响而得名的。进入明、清两代，中国象棋的发展有了长足的进步，名手辈出，涌现出一大批如周廷梅、王再越、吴梅圣等出类拔萃的象棋国手大家。这一时期，象棋理论的研究更加深入，出现了著名的《梦入神机》《橘中秘》《金鹏十八变》等古谱。这些古谱的出现促进了象棋文化的发展。

中国象棋历来都是人们喜爱的文化娱乐活动之一，因而有着广泛的群众基础。它受到社会各阶层人士的喜爱，原因就在于：下象棋可以开发智力，可以修身养性，可以调节精神，等等。

对于中国象棋的学习，如何入门是大家最关心的问题。学棋过程可以归纳为理论和实践的循环往复。具体地说，学棋的方法是掌握、运用、创新。下棋是用脑力的竞技运动，这就要求养成独立思考的良好习惯。对于初学者而言，平时可多进行一些残局杀法、心算练习，培养自己的思维能力。此外，还要练习算度。要想在棋场中做个佼佼者，就必须深思熟虑，只有这样，才能统筹兼顾，走出精妙的着法，获得胜利。初学者应由浅入深，从简到繁。

第一节　中国象棋入门基础知识

一、棋盘与棋子

（一）棋盘

象棋盘由 9 条直线与 10 条横线相互交叉组成，共 90 个交叉点（图 9.1.1）。棋子摆在交叉点上，并在这些点上活动。棋盘中间设有直线的空白地带，叫作“河界”，是双方的攻防界限。两端中部以斜交叉线构成的“米”字形的方格，叫作“九宫”，规定每方的帅（将）、仕（士）在九宫内活动。

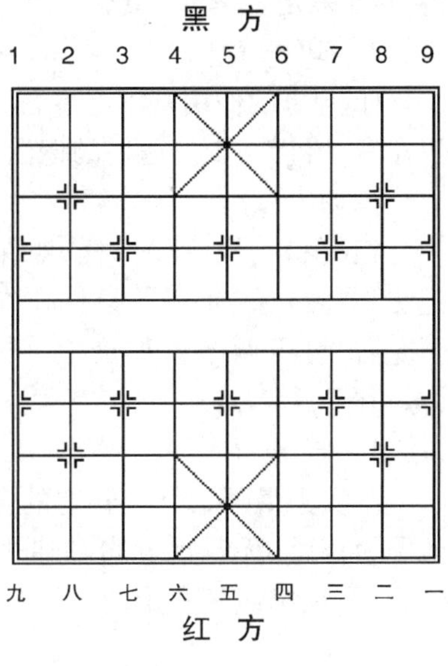

图 9.1.1

对于 9 条直线，双方各以自己为准，从右向左，依次为第 1 至第 9“路”。执红棋方，从右到左用中文一至九来代表；执黑棋方，从左到右用阿拉伯数字 1 至 9 来代表。我方九路，即是对方 1 路，以此类推。

（二）棋子

棋子有 7 个兵种，共 32 个子，分红、黑两方，每方各有以下 16 个棋子：

红方：帅 1 个，仕 2 个，相 2 个，车 2 个，马 2 个，炮 2 个，兵 5 个。

黑方：将 1 个，士 2 个，象 2 个，车 2 个，马 2 个，炮 2 个，卒 5 个。

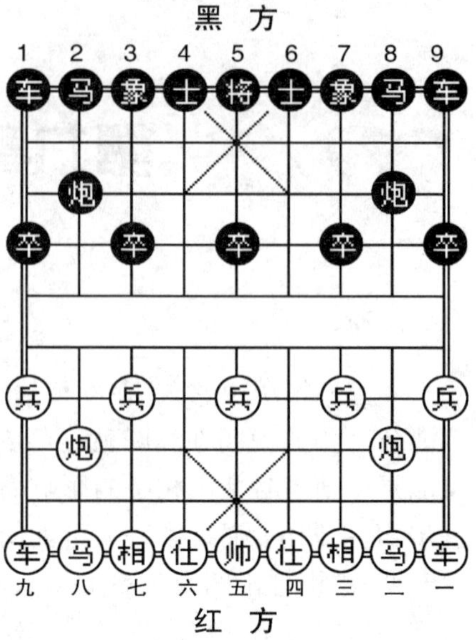

图 9.1.2

二、棋子摆法与走法

（一）棋子摆法

所谓摆法，就是指对弈前的棋子位置。棋子摆在棋盘的交叉点上。图 9.1.2 上的阳文（白底黑字）代表红方的棋子，摆在棋盘下部；阴文（黑底白字）代表黑方的棋子，摆在棋盘上部。按现行的对局规则，由红方先走第一着（步），黑方后走。双方轮流各走一着，直至分出胜负或走成和棋为止。

轮到走棋的一方，将某一个棋子从一个交叉点走到另一个交叉点，或者吃掉对方的棋子而占领其交叉点，均称为走了一着。每次双方各走了一着，称为一个回合。

（二）各种棋子的走法

1. 帅（将）

帅（将）的实力最弱，却是双方决胜的目标。其活动范围限定在“九宫”的 9 个点上，可上可下，可左可右，直走横走，仅限一步。通俗的记法为“直线横线九宫走”。

帅与将不能在双方毫无他子阻隔的情况下对面，否则先占位方获胜。所以，走到残局阶段，如能体会运用帅（将）抢占线位要道的原理，以控制对方的活动，增加己方的助攻力量，对于获胜具有重要意义。

2. 仕（士）

仕（士）的作用基本上专司守护帅（将）。仕（士）只能在“九宫”的 5 个点上活动，上下左右，斜行一步。通俗的记法为“进退斜线九宫走”。

3. 相（象）

相（象）与仕（士）一样，对保卫帅（将）负重要责任。着法为“田”字形的对角，通俗的记法为“相（象）走田”，只许在本界守护，不得渡河。只能在己方阵地的 7 个点上活动，上下左右，斜行两步。如逢有子在十字形的中心点，即不能行动，这种形式称为“塞相（象）眼”。

4. 车

车实力最强，大于马、炮的合力，为全军最凶厉的主力，其因可进可退亦可平，如无其他子力挡路，无论远近均可到达，前进方向遇有对方的子力，均可注意消灭之。通俗的记法为“直线横线任意走”。

5. 炮

炮实力次于车，与马互有特点。它的走法在直线上与车一样，亦可随意进退或平，但不能直接吃子，吃子时必须隔一子（无论是己方或对方的），俗称“炮打隔子”。通俗的记法为“直线横线任意走，吃子必须隔一子”。

6. 马

马的走法比较特殊，“一步一斜角”，“步”为朝前进方向移动一个交叉点，可进、可退，如“日”字形，横直不拘，俗有“八面威风”之称，即可进至八个方向，但如果前进方向的第一个交叉点遇有他子（无论是己方或对方的），则不能前进，称为“蹩马腿”。通俗的记法为“马走日字直斜跳”。

7. 兵（卒）

兵（卒）是子力中为数最多的兵种。它的走法有以下三个特点：① 不管过河前或过河后，始终不能后退，也就是说，不能吃后面的子；② 未过河前，只能一步一步地朝前走，不能横行移动；③ 过河后，除了仍应朝前走外，还可左右移动，但还是一步一步地移动。通俗的记法为“一步一步勇往前，过河方能左右移”。

在兵（卒）的移动方向上遇有对方的子，不管其战斗力如何强，均可消灭之。

三、着法记录和读谱

按现行规定，红方先走，黑方后走。双方轮流走棋，在交叉点上移动自己的一个棋子，称为一个“回合”，移动的步数可多可少。这样每走一步棋就一定包括走动的棋子、移动的方向和止点。把走动的着法准确地记录下来，称为“着法记录”。要掌握基础知识，看懂棋谱，就必须掌握记录方法。现代的记录方法分为完整记录和简写记录两种。

完整记录是正式比赛中规定采用的记录方法，在印刷出版的棋书中均以此为标准。完整记录以四个字表达一步棋的着法：第一个字代表走动的棋子名称；第二个字代表所走棋子原来所占的直线位置；第三个字代表棋子所走的方向，用“进”“退”“平”三个字表示（“进”指棋子向对方方向移动；“退”指棋子向己方方向移动；“平”指棋子在棋盘上横向移动）；第四个字代表棋子移动后到达新的直线位置。第二个字和第四个字分别用中国数字和阿拉伯数字区别红黑两方。如双方走了一个回合，完整记录为“炮二平五，马 2 进 3”，前者指红方二路直线的炮横移至五路（中路）帅前两格的位置，后者指黑方的 2 路马“一步一斜角”到达了 3 路卒后的直线位置。又如“车二进四”，即红方的二路直线车从原点前一个交叉起朝前四步（点）。如一条直线上有两个同属一方相同的棋子，则以“前”或“后”来区分。

采用简写记录时，一步棋仅用三个字表示：第一个字代表走动的棋子，第二个字和第三个字用阿拉伯数字表示，前者代表原来所在的直线位置，后者代表新的直线位置。进退符号用“－”表示，记在阿拉伯数字下面为进，记在阿拉伯数字上面为退（如“车二进四”简写为车 2 $\underline{4}$），方向中“平”则省略不用。这种方法的优点是方便、省时、快速，比赛中较多采用。

学习记录方法，便于我们阅读棋书（谱），这是学棋中所必须掌握的基本知识，这样既可以在进行对局时做好记录，有利于复盘研究、分析得失，又可以阅读各类棋刊书籍，取其精华，达到加深体会的目的。

四、子力价值

初学者往往在下棋时盲目地进行子力交换，而如此的交换几经累积，则形势必然处于劣势,这就是不懂子力价值的结果。

在实战中,衡量一盘棋局势的优劣时,首先分析双方的子力价值多少,然后再考虑子力的位置、局部的兵力组合和全局的关系、彼此间薄弱环节的分析等因素,从而得出结论。而子力价值是局势分析中最重要的因素之一,也是初学者必须掌握和最容易掌握的基础知识,由此可见学习子力价值的重要意义。

(一)各兵种的实力估计

1. 兵(卒)——没有过河 1 分,刚过河 2 分

在象棋的 7 个兵种中,由于兵(卒)在过河前只能朝前一步步地走,过河后方可左右移动,因此它在过河前战斗力最弱,仅能控制前方一个点,为计算方便,以此为基本价,定为 1 分,过河后控制范围增大,定为 2 分。

2. 仕(士)——2 分

仕(士)的任务主要是维护帅(将)的安全,兼有助攻的作用,但活动范围仅限于九宫内,战斗力较弱。

3. 相(象)——2.5 分

相(象)的任务和仕(士)差不多,但由于活动范围大,在战斗中起维护三、七路河口的重要防御作用,所以价值比仕(士)略大。

4. 马——4.5 分

在象棋各兵种中,马是最容易遭到对方攻击的一个兵种,主要是由其走法形成的。马虽然是强子之一(强子指车、马、炮),但由于走动时必须马路通畅,无蹩脚,所以对方往往以兵制马,不给它的马头兵挺起,然后找机会攻击它。但是在残局时,由于双方兵力交换差不多了,战场上地势开阔,这时马能充分发挥八面威风的特点。

5. 炮——5 分

炮在象棋中属于长距离武器,尤其在开局时,不仅起保护马的作用,而且还是进攻的主要兵力,在中残局和马各具特色,难分优劣,但由于开局阶段略强于马,定为 5 分较合理。

6. 车——10 分

车是威力最大的兵种,俗话说:“开局三步不出车,棋子输一半”,虽夸张了些,但形象地说明了车的战斗力。实践证明,开、中局时如车换双马或双炮是车方略吃亏些,尤其在有车对无车棋的战斗中,一般车方总能占优势。

7. 帅(将)——大于各子分的总和

帅(将)本身威力不大,但由于各子在作战中均可抛弃,而唯独主帅(将)不能,因此其价值应大于各子分的总和。

(二)各兵种之间的对比关系

(1)一车略优于双马、双炮或马炮。

(2)一马相当于一炮,双马相当于双炮或马炮。

(3)车马炮相当于车双马或车双炮。

(4)一马(一炮)相当于双仕(士)或双相(象),以此类推。

第二节　中国象棋基本杀法

象棋以捉死对方的将(帅)即所谓“将死”为每一局棋的最终目的。因此,为了争取赢棋,对局的双方都要掌握各种典型的基本杀法。这样,在对局中出现杀着入局的机会时,才不致贻误战机。下面简单介绍一下基本杀法,使同学们得以全面掌握,以便在实战对局和比赛中灵活运用。

一、对面笑杀

当一方帅(将)占立中路时,利用双方帅(将)不得对面的规则做成杀势,称为对面笑杀。这在实战对局中屡见不鲜。例如(图9.2.1):

着法(红方先):

车六平四　士5进6

车四进一　将6进1

炮二平四　车1平6

兵四进一　将6退1

兵四进一　将6退1

兵四进一　(红方胜)

此例红方弃车杀士后,用炮照将,红方连续挺兵照将,直捣黄龙,黑方将无处可退,最后负。

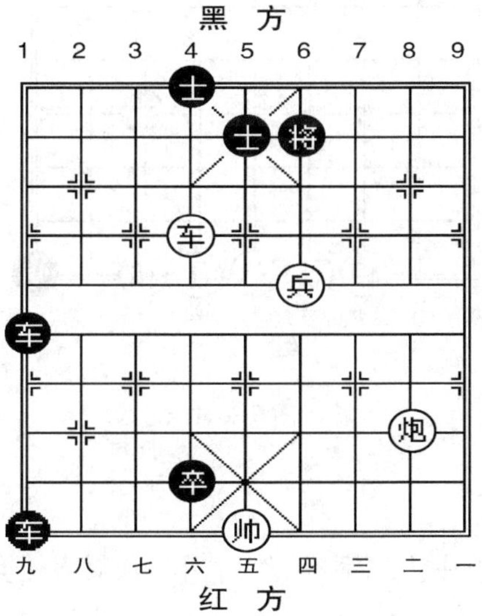

图9.2.1

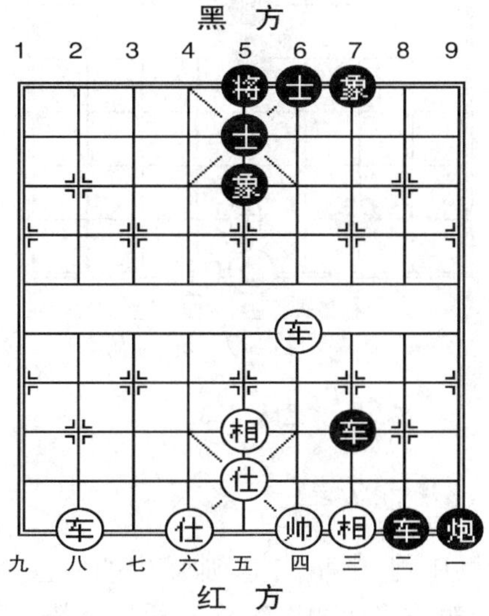

图9.2.2

二、双车错

当一方将(帅)暴露在外时,对方利用双车分占两线前后照将(帅),可形成双车错杀势。例如(图9.2.2):

着法(红方先):

车八进九　士5退4
车四进五　将5进1
车八退一　(红方胜)

此例黑方多子占优,双车炮俱占要位,一步入杀,但红方双车位置更好,可借帅力用双车错杀势抢先入局。

三、双车胁士杀

当一方以双车侵入对方九宫两肋时,利用弃车强行杀士构成杀局,称双车胁士杀。这在实战对局中也极为常见。例如(图9.2.3):

着法(红方先):
车四平五　将5平6
车六进一杀!(红方胜)
如黑方改走马7退5或炮5退3,红车六进一杀!
此例黑方双车炮构成杀势,但红方先走一步,以双车胁士杀。

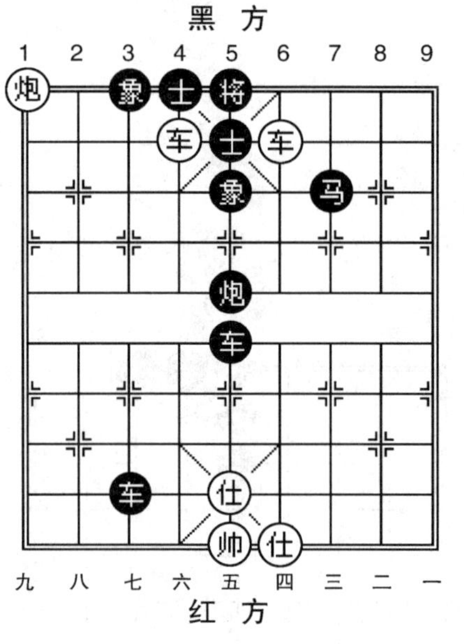

图9.2.3

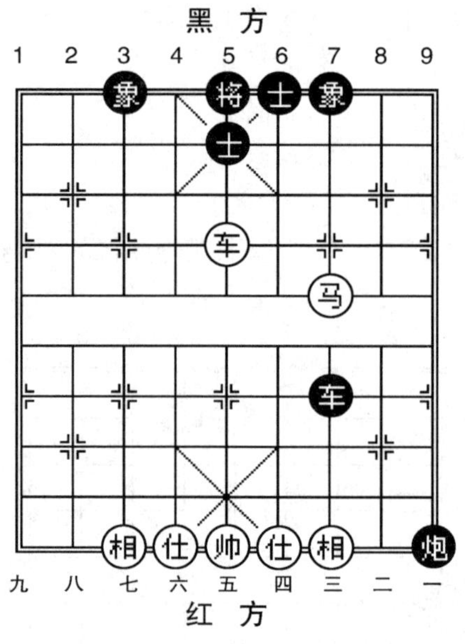

图9.2.4

四、挂角马杀

借助中炮、中车或将、帅镇中的力量,牵制对方中士的活动,然后用马到对方士角挂角将军,把对方将死的杀法称挂角马杀势。例如(图9.2.4):

着法(红方先):
马三进四　将5平4
车五平六杀!(红方胜)

五、八角马杀

用以在对方士角挂角将军,把对方的将逼到与挂角马成对角位置,即成八角马。这时再用车或其他棋子从纵向或横向照将，即成八角马杀势。例如(图9.2.5)：

着法(红方先)：

马二进四　将5平4

车三平四　士5退6

车五进三杀！(红方胜)

此例双方对杀，红方借先行之利，马挂角成八角马，然后弃车杀士，引离中士，借八角马的威力，用车照将成杀。

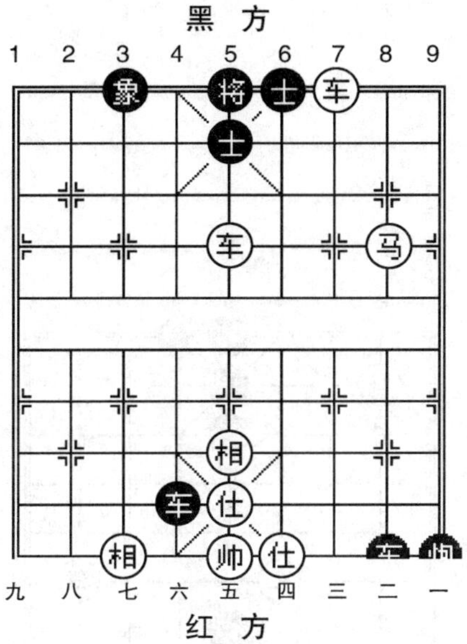

图9.2.5

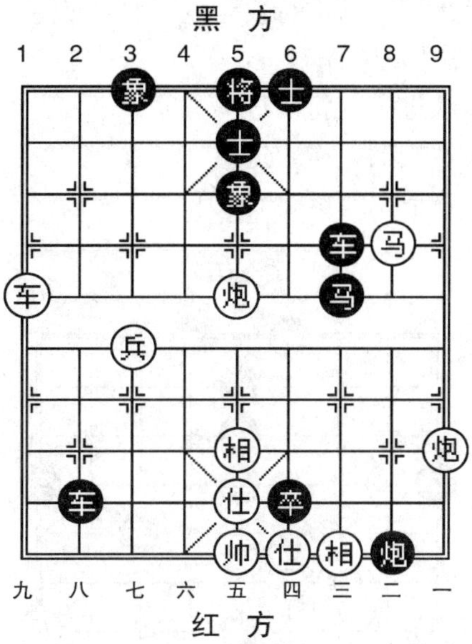

图9.2.6

六、卧槽马杀

把马跳到对方下二路横线，三、七路竖线位置将军，叫卧槽马。这时如有车或其他棋子配合，可成卧槽马杀势。这是实战中常见的杀法之一。例如(图9.2.6)：

着法(红方先)：

炮一进七　车7退3

马二进三　将5平4

车九平六杀！(红方胜)

此例双方对杀，红方先行一步，用沉底炮照将拴车，然后用卧槽马杀。

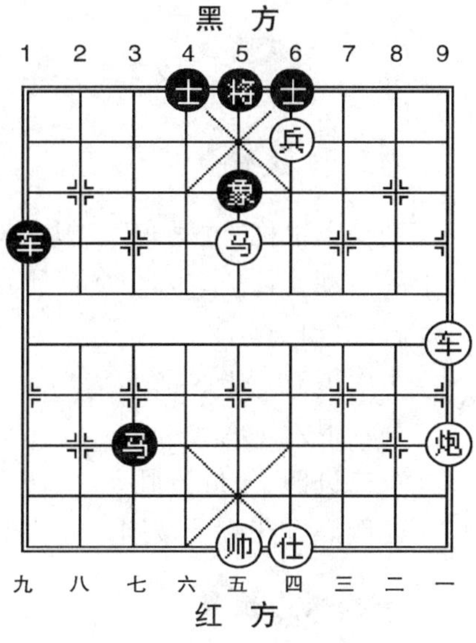

图9.2.7

七、钓鱼马杀

马在三七线路，与将(帅)之间的相对应位置状如“双象连环”，称为“钓鱼马”。例如(图9.2.7)：

着法(红方先)：

兵四进一　将5平6
马五进三　将6平5
车一进五　(红方胜)
此例红方马五进三即为“钓鱼马”。

八、侧面虎杀

一方的马与对方的将(帅)之间的相对位置如“双士连环”,称为“侧面虎”。这是中残局阶段运用车马进行攻杀的一种凶狠着法。例如(图9.2.8):

着法(红方先):
车八进三　将4进1
马六进七　将4进1
车八退二　(红方胜)

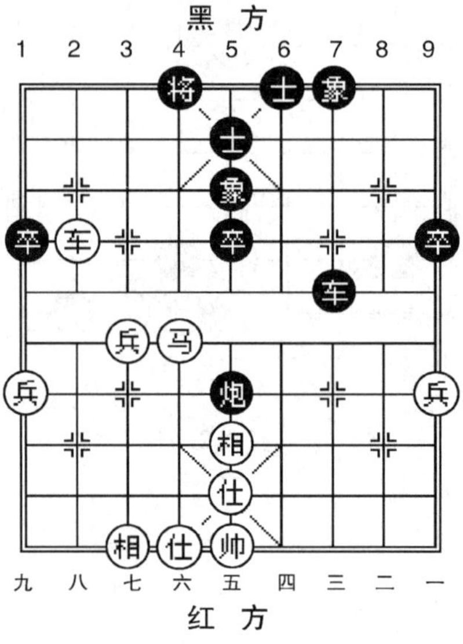

图9.2.8

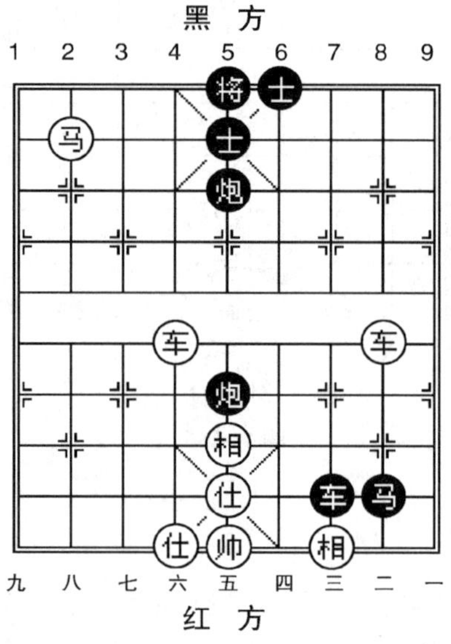

图9.2.9

九、勒马车杀

勒马车也称“立马车”。马与对方将(帅)分别在相邻的两条线上,马控制将(帅)在纵线上的活动,再以车横向照将,使其不能上下移动而将死对方。例如(图9.2.9):

着法(红方先):
车六进五　士5退4
马八退六　将5进1
车二进四　(红方胜)
此例黑方花心士被调开,“九宫”角失去了防守,红马得以挂角闯宫。

十、双马饮泉

双马饮泉俗称“打滚马”。双马方先把一个马跳到对方下二路横线,竖二、八线的位置控制将门的一侧，而另一只马则挂着这只马卧槽，利用抽将吃象退马中路，然后再到另一侧卧槽成杀。例如（图 9.2.10）：

着法（红方先）：

马九进七　将 5 平 4

马九退五　将 4 平 5

马五进三　（红方胜）

此例如黑方改走将 5 进 1，红方马五退七亦胜。

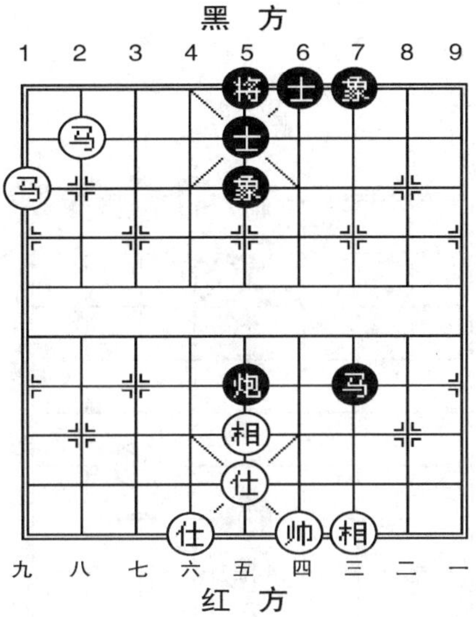

图 9.2.10

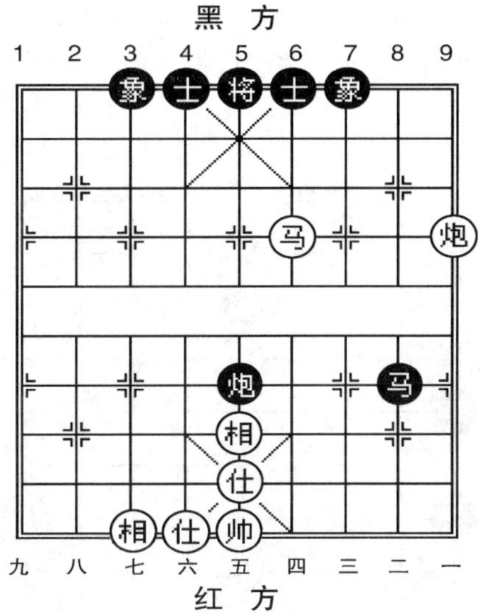

图 9.2.11

十一、马后炮杀

先用马控制住对方的将（帅），然后再用炮在马后照将，以杀死对方的杀法，叫马后炮杀。这是在实战中司空见惯的杀法。例如（图 9.2.11）：

着法（红方先）：

马四进三　将 5 进 1

炮一进二　（红方胜）

着法（黑方先）：

马 8 进 6　帅五平四

炮 5 平 6　（黑方胜）

此例红方先红方胜，黑方先黑方胜，都是构成马后炮杀势。

十二、重炮杀

用一个炮作炮架，另一个炮照将，把对方将死，或者用前炮照将，后炮控制，把对方将死的杀法，叫重炮杀。例如（图 9.2.12）：

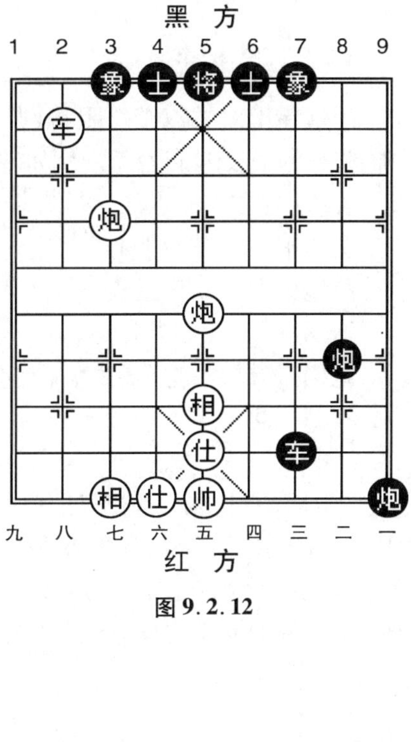

图 9.2.12

此例如红方先，炮七平五，即成重炮杀！如黑方先，炮8进3，亦成重炮杀！

十三、天地炮杀

一炮镇中，另一炮沉入对方底线，用车配合双炮成杀，叫天地炮杀。例如(图9.2.13)：

着法(红方先)：

炮八进七　将5平6

车六平四　将5平6

帅五平四　车8退4

车四进四杀！(红方胜)

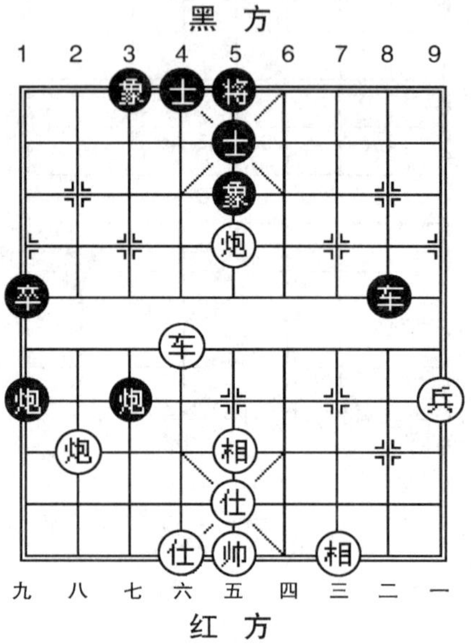

图9.2.13

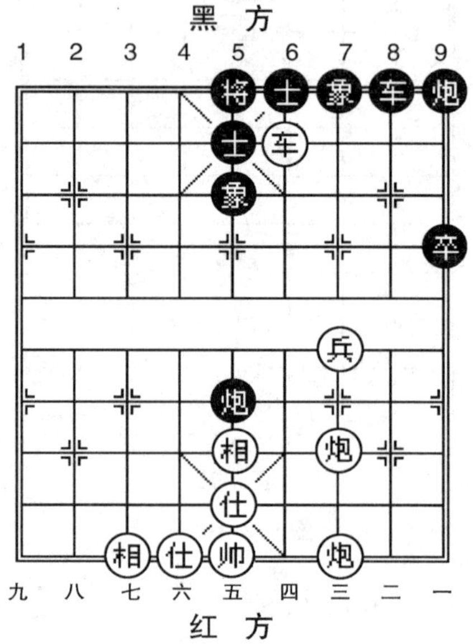

图9.2.14

十四、闷宫杀

用炮借助对方双士自阻将(帅)，把对方中宫将(帅)将死的杀法，叫闷宫杀。例如(图9.2.14)：

着法(红方先)：

车四平二　车8进1

前炮进七　象5退7

炮三进九　(红方胜)

此例黑方如不吃车，丢车后亦负。

十五、闷杀

在闷杀法中，除了利用对方双士自阻将(帅)路用炮造成的闷宫杀外，还有采取弃子堵塞战术，有意识地阻塞对方将(帅)路造成各种闷杀。它们与闷宫杀有异曲同工之妙。例如(图9.2.15)：

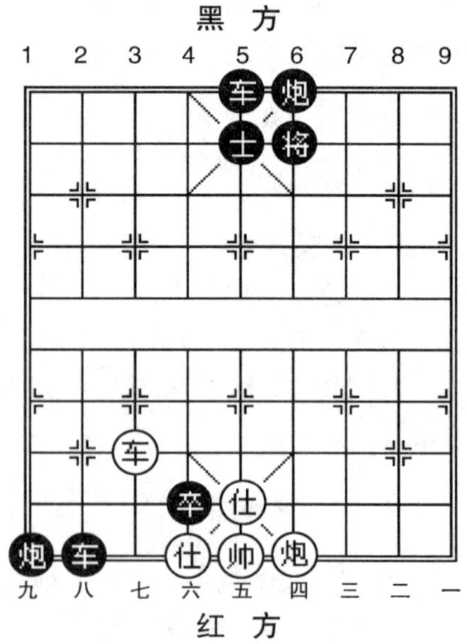

图9.2.15

着法(红方先):
车七平四　士5进6
车四平五　士6退5
仕五进四　士5进6
车五进六　车5进1
仕四退五闷杀!
此例红方弃车花心,造成对方自阻将路,遂成炮的闷杀。

十六、铁门栓杀

用炮镇住对方中路的士象,再用车将死对方的杀法,叫铁门栓杀。例如(图9.2.16):
着法(红方先):
马二退四　将5平6
马四进三　将6平5
(红马借闪将之机跳入对方底线,拦住黑车,从而为红车沉底照将做好准备)
车四进三　(红方胜)
此例黑方多子,但红方利用炮镇中路的有利形势,以铁门栓杀。

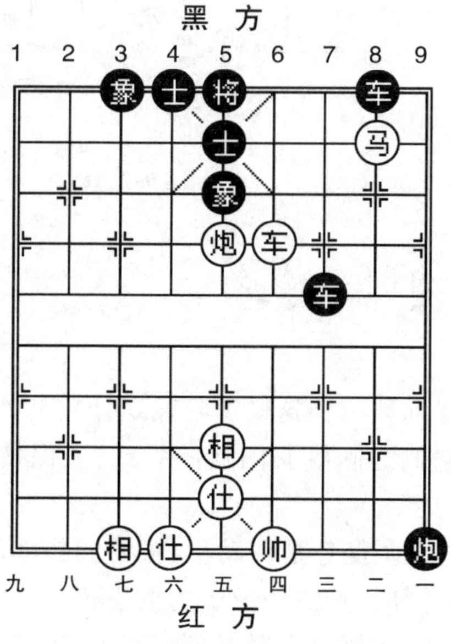

图9.2.16

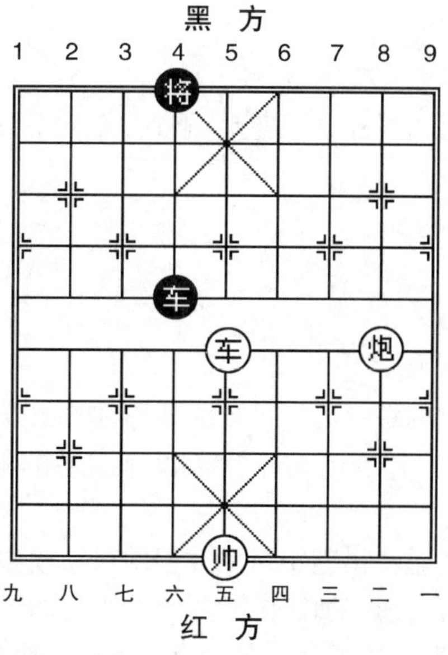

图9.2.17

十七、海底捞月杀

海底捞月杀法一般用于残局阶段。这时,优势一方帅(将)占据中线,用炮借助车力在将(帅)底下打车,把对方守肋的车赶开,造成白脸将杀势。有时,优势一方有底兵支持中车,亦可对单车方采用海底捞月杀法。例如(图9.2.17):
着法(红方先):
车五进五　将4进1

炮二平八　车4平2
车五退五　车2平4
炮八进五　车4退1
车五进四　将4退1
车五进一　将6进1
炮八平六　车4平3
车五退六　将4退1
车五平六　(红方胜)

此例红方多一炮,且红车已经占中,可用“海底捞月”杀法取胜。如黑车占中,则成和局。

十八、三车闹士杀

残局阶段,一方的双车一兵入对方九宫攻击对方的士,因其攻击力相当于三个车,故名“三车闹士”。例如(图9.2.18):

着法(红方先):
车四平七　象3进1
车七平五

以下黑方破中士,红方胜。

此例如黑方象3进5,则红方车七平五,攻击中象,亦胜。

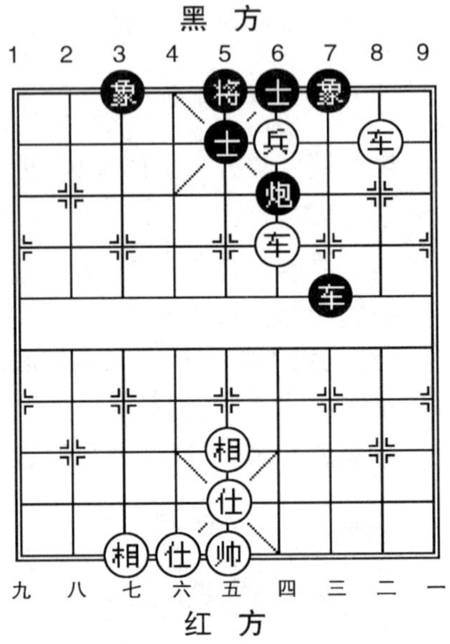

图9.2.18

第三节　中国象棋开局类型

象棋的每一局棋可分为开局、中局、残局三个阶段。但这样的阶段划分只是为了方便理论研究,实际上,三个阶段没有明显的界限,它们之间既有内在的联系,又保持相对的独立。

开局是象棋整个对局过程的最初阶段,它的主要任务是调动子力,协同作战,争先占位,组成最理想的攻守阵容,争夺棋局的主动权;同时,抑制对方子力的发挥,限制对方子力的协调,为中局战斗创造有利条件。简单地说,开局的任务就是部署子力,争夺主动权。

开局阶段一般指对局开始的8~12个回合,在正常情况下,双方主力都已出动,形成一定的攻守阵势,开局阶段即告结束。

开局是全局的基础,开局为下一阶段的战斗进行阵地准备和部署。开局形势的好坏直接影响中局甚至全局的胜负。因此,从第一着起,就要有坚定的信念、明确的目标、切实可行的计划和灵活机动的策略,去动员子力,争先占位,把握棋局斗争的主动权。

开局的种类很多,划分不一。从阵形来看,开局可分正奇两大类型。正型,指流行开局或热门开局。奇型,指奇诡开局或冷门开局。就战略战术来讲,开局可分为对攻型、防御型、稳健型三大体系。按第一着棋讲,开局可分为“炮”“马”“兵”“相”四大类,其中以

“炮”类开局为最多。

开局包括“先手”与“后手”两个方面。先手方一般采用进攻型或稳健型，后手方多采用对攻型或防御型。

由于开局与中局之间没有明显的界限，所以介绍开局法时，以名称与内容相符为原则，至于岔道上的变着，因其变化复杂，就不在此一一列举。

一、中炮类

中炮，也称“当头炮”，先手方第一着走“炮二平五”或“炮八平五”，因炮在中线位置，故名。

（一）顺手炮

顺手炮，简称“顺炮”，因双方的炮为同一方向，故名。这种开局的特点是对攻激烈、针锋相对、变化复杂。双方开局的基本型（图 9.3.1）：

着法（红方先）：

炮二平五　炮 8 平 5

马二进三　马 8 进 7

从第三个回合起，因双方车的位置各异而形成不同的开局。

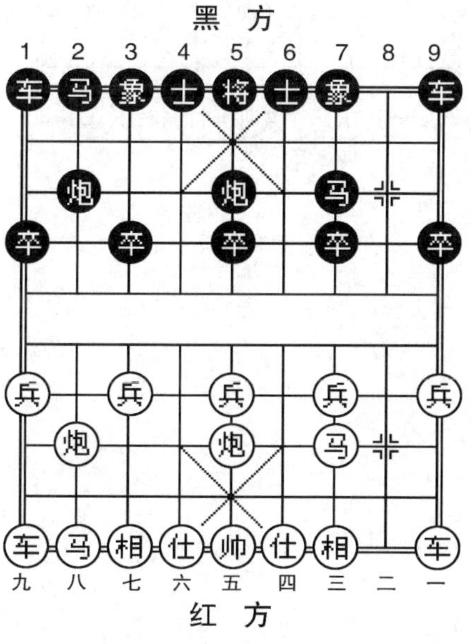

图 9.3.1

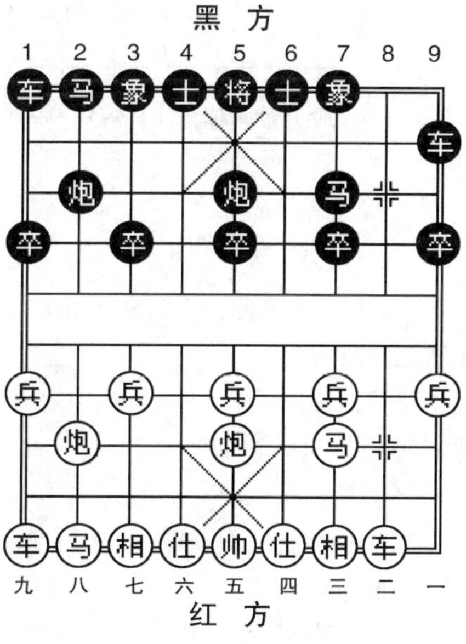

图 9.3.2

1. 顺炮直车对横车（图 9.3.2）

着法（红方先）：

炮二平五　炮 8 平 5

马二进三　马 8 进 7

车一平二（直车）　车 9 进 1（横车）

2. 顺炮横车对直车(图9.3.3)

着法(红方先):

炮二平五　炮8平5

马二进三　马8进7

车一进一(横车)　车9平8(直车)

红方从第三个回合先起横车,是一种趣向,总之,我直彼横,我横彼直,孰优孰劣,无可厚非,关键在于运用。

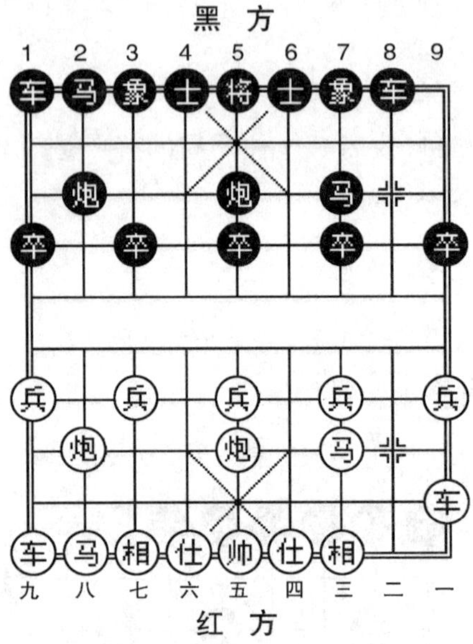

图9.3.3

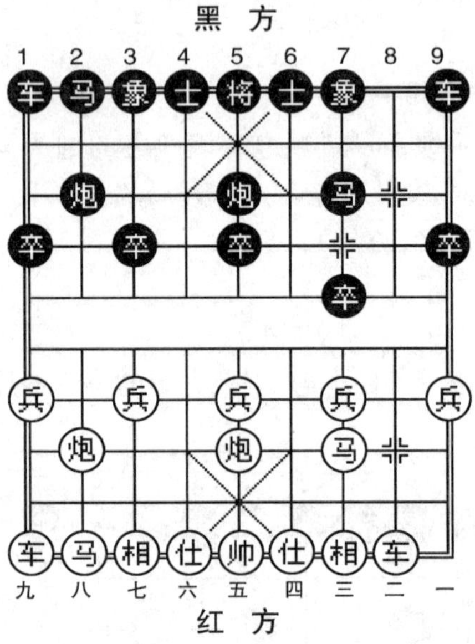

图9.3.4

3. 顺炮直车对缓开车(图9.3.4)

着法(红先):

炮二平五　炮8平5

马二进三　马8进7

车一平二(直车)　卒7进1

此开局的特点是:红方直车已出动,而黑方主力却按兵不动,一改对攻初衷,坚守阵地,寓攻于守。

小结:“顺手炮”开局具有悠久的历史,早已形成比较完整的体系。三个回合后,几乎着着有变。

(二)列手炮

列手炮,简称“列炮”,也叫“逆手炮”,双方第一着炮相对而行,故名。其特点是双方子力都集中于一侧,往往构成对称式阵形,各攻一侧,进行激烈搏杀。

双方开局的基本型(图9.3.5):

着法(红方先):

炮二平五　炮2平5

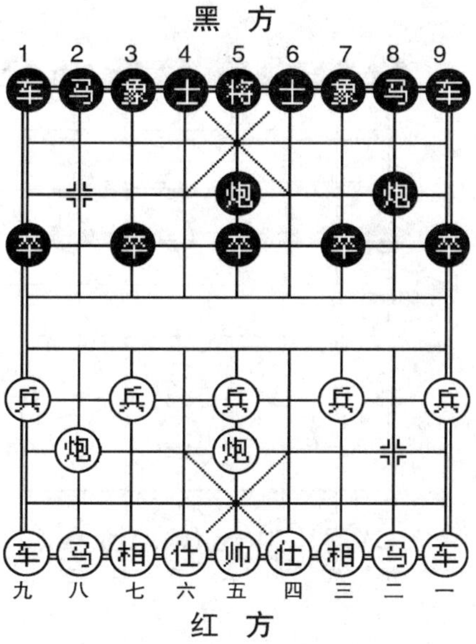

图 9.3.5

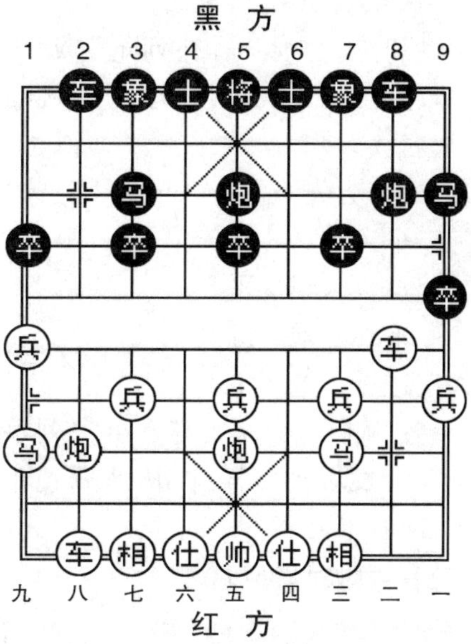

图 9.3.6

1. 大列手炮(图 9.3.6)

着法(红方先):

炮二平五　炮 2 平 5

马二进三　马 8 进 9

车一平二　车 9 平 8

马八进九　马 2 进 3

车九平八　车 1 平 2

兵九进一　卒 9 进 1

车二进四

黑方学步,阵形对称,理论上总亏一步。由于此局各攻一侧,另一侧必然空虚,双方子力均不平衡,所以对攻如履薄冰,一着不慎,即露败象。

2. 小列手炮(图 9.3.7)

着法(红方先):

炮二平五　炮 2 平 5

马二进三　马 8 进 7

车一平二　车 9 平 8

车二进六　炮 8 平 9

车二平三　车 8 进 2

大、小列手炮之别,主要在于黑方第二个回合不屯边马而跳正马,其意是诱红车深入,在防守中调整阵形,伺机反击。其对攻速度较上局稍缓。

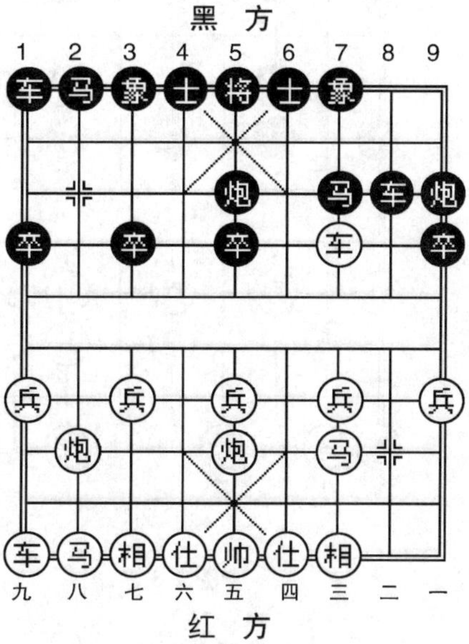

图 9.3.7

3. 半途列炮(图 9.3.8)

半途列炮,也称“后补列炮”或“现代列炮”。黑方一改先摆列炮的次序,改为先跳马通车,再架中炮,故名。

着法(红方先):

炮二平五　马 8 进 7

马二进三　车 9 平 8

车一平二　炮 8 进 4

兵三进一　炮 2 平 5

小结:从以上介绍不难看出,“列手炮”已由原来的单一型发展到多样型,从速战到相持,局势千姿百态,内容丰富多彩。

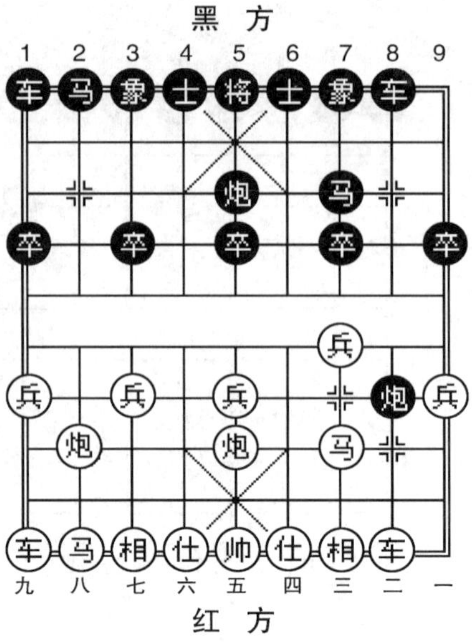

图 9.3.8

(三)中炮对屏风马

前面提到的“顺手炮”和“列手炮”在中炮类型中属“斗炮型”系统;而“中炮对屏风马”则属“炮马争雄”系统,也是最实用的系统之一,自古至今,都称得上是象棋开局的主流。因其刚柔相济,攻守兼备,故无论先走或后走,多乐意采用。黑方双进正马,状如屏风,故名。

双方开局的基本型(图 9.3.9):

着法(红方先):

炮二平五　马 8 进 7

马二进三　马 2 进 3

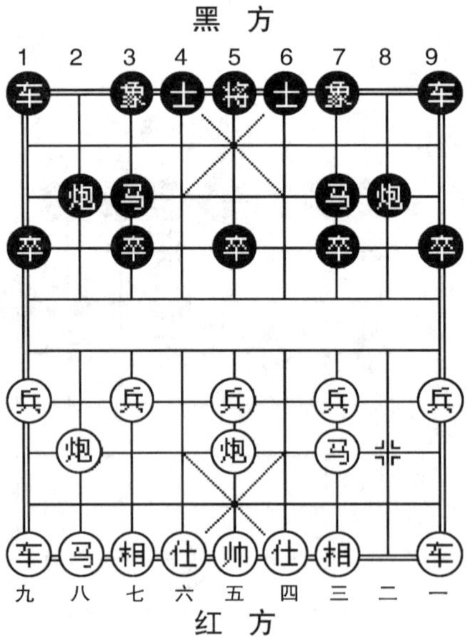

图 9.3.9

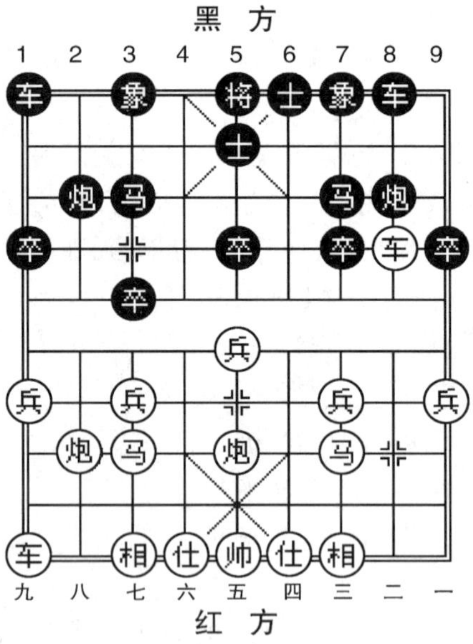

图 9.3.10

1. 中炮盘头马对屏风马(图 9.3.10)

着法(红方先):

炮二平五　马 8 进 7
马二进三　马 2 进 3
马八进七　卒 3 进 1
兵五进一　士 4 进 5
车一平二　车 9 平 8
车二进六

红方双马意在中路连环盘头而上，从中路发起攻势，红车过河，避免黑方进炮封车。至此，黑方大体有四种选择：马 3 进 4、炮 8 平 9、卒 7 进 1、炮 2 进 1。

“中炮盘头马对屏风马”开局，双方子力接触紧密，容易兑子成和，故先手方多不采用。

2．中炮巡河车对屏风马（图 9.3.11）

着法（红方先）：

炮二平五　马 8 进 7
马二进三　马 2 进 3
车一平二　车 9 平 8
车二进四　卒 3 进 1
兵七进一　卒 3 进 1
车二平七　炮 2 退 1
炮八平七　炮 2 平 3
车七平三　卒 7 进 1
车三进一　象 3 进 5

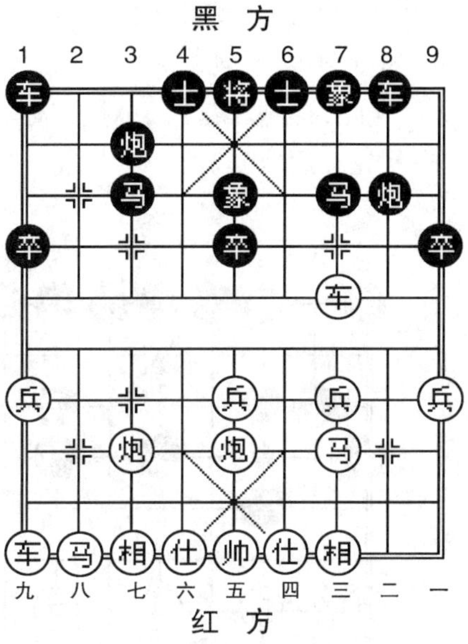

图 9.3.11

此局是有名的“弃马陷车局”，对攻激烈，变化复杂，但总的来说，黑方由此反先主动。

以下红方有三种选择：车三进二，吃马，将计就计，铤而走险；车三进一，黑方活跃占先；车三退一，黑方亦活跃占先。

3．中炮过河车对屏风马（图 9.3.12）

中炮过河车对屏风马的全称应为“中炮过河车进七兵对屏风马平炮兑车”。由于急进过河车能够演绎出多路变化，因此一度成为大赛中“马炮争雄”的开局主流。由于各人风格迥异，对手不同，在基本型后又可因人而异演变成不同的攻防阵式。

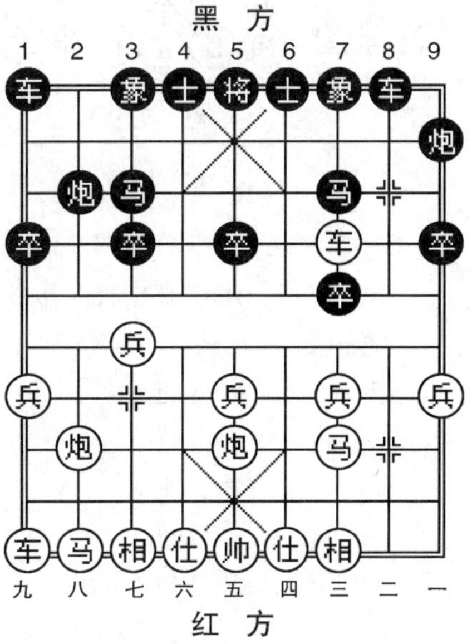

图 9.3.12

着法（红方先）：

炮二平五　马 8 进 7
马二进三　马 2 进 3
车一平二　车 9 平 8
车二进六　卒 7 进 1
兵七进一　炮 8 平 9
车二平三　炮 9 退 1

以下红方有马八进九、兵五进一、马八进七等走法，每一种走法都可以导演出许多生动壮观的变化，国内有这方面的专著。

4. 五六炮对屏风马(图 9.3.13)

五六炮，指先手方一炮在中路，另一炮在六路士角，故名。此类布局属稳健型缓攻。

着法(红方先)：

炮二平五　马 8 进 7

马二进三　马 2 进 3

车一平二　车 9 平 8

马八进九　卒 3 进 1

炮八平六　炮 8 进 2

至此，形成“五六炮对屏风马”阵式，以下红方主要有两种选择：兵三进一、兵七进一(先弃后取)。

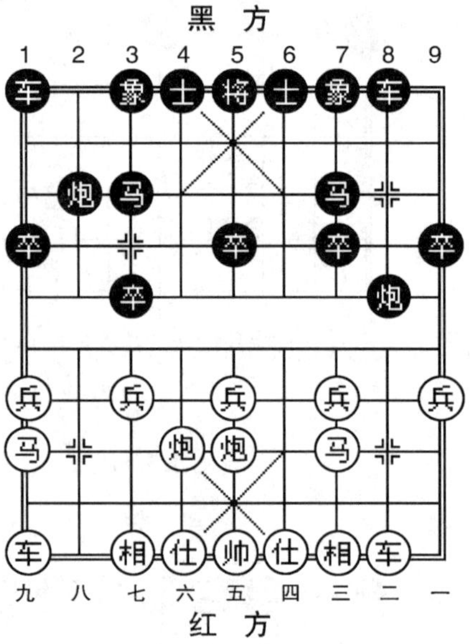

图 9.3.13

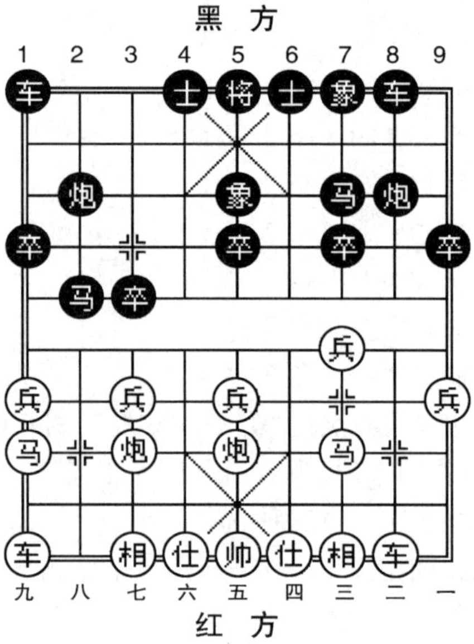

图 9.3.14

5. 五七炮对屏风马(图 9.3.14)

先手方将一炮走在中路(五路)，另一炮走在七路，故名“五七炮”。

着法(红方先)：

炮二平五　马 8 进 7

马二进三　马 2 进 3

车一平二　车 9 平 8

兵三进一　卒 3 进 1

马八进九　象 3 进 5

炮八平七　马 3 进 2

这种开局的特点在于两翼平衡、攻守兼备，为广大棋手所喜用。

至此，红方主要有两种选择：车九进一、马三进四。

6. 五八炮对屏风马(图 9.3.15)

先手方一炮在中路,另一炮急进过河,称为“五八炮”,也称“中炮过河炮”。

着法(红方先):

炮二平五　马 8 进 7

马二进三　马 2 进 3

车一平二　车 9 平 8

兵三进一　卒 3 进 1

炮八进四

此开局灵活多变,红方飞炮过河,意在下步压黑方三路马或七路马,由此引起一系列攻防变化。

至此,黑方主要有两种选择:卒 1 进 1、象 3 进 5。

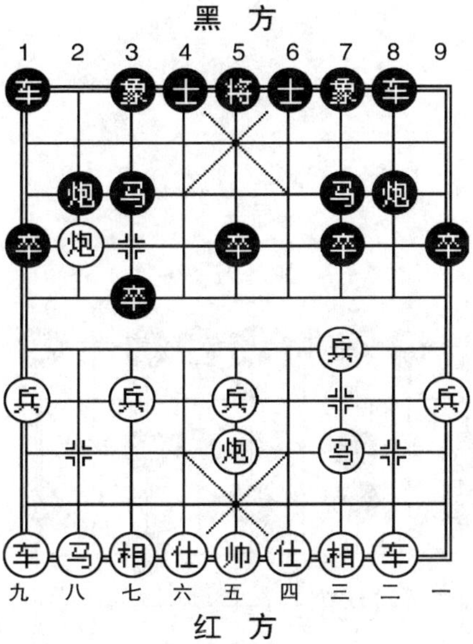

图 9.3.15

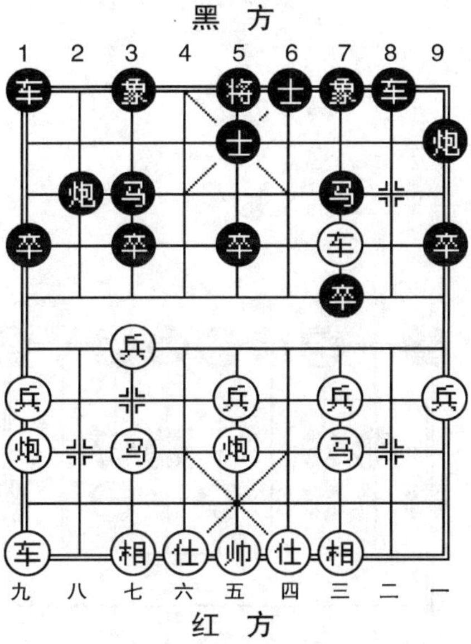

图 9.3.16

7. 五九炮对屏风马(图 9.3.16)

先手方一炮在五路,另一炮在九路,称为“五九炮”,也称“中炮边炮”。这种布局因双方子力比较通活,大子互有联系,一旦短兵相接,对攻态势明显,所以是一种互有顾忌、各具长短的阵式。正因为其变化复杂,对攻激烈,近 30 年间一直为进攻棋手所乐用。

着法(红方先):

炮二平五　马 8 进 7

马二进三　马 2 进 3

车一平二　卒 7 进 1

车二进六　车 9 平 8

兵七进一　炮 8 平 9

车二平三　炮 9 退 1

马八进七　士 4 进 5

炮八平九

至此,黑方主要有两种选择:炮9平7、车1平2。

小结:"中炮对屏风马"开局,在对付强劲猛烈的"当头炮"进攻时,"屏风马"以静制动,以柔克刚,应付自如。上面介绍的只是有代表性的布局阵式。

(四)中炮对反宫马

"中炮对反宫马"是古老的布局之一,长期以来,因后手方大多吃亏,故"反宫马"布局长时间被冷落。直到近30年,当代棋王胡荣华悉心钻研,推陈出新,才使"反宫马"重新受到人们的青睐,并逐步形成一支庞大的布局体系。在对付"中炮"的应用程度上,其已与作为当代布局主流的"顺手炮"和"屏风马"形成鼎足之势。

"反宫马"与"屏风马"的区别,就在于两个马之间夹一士角炮,所以又称"夹炮屏风"或"半壁河山"。其变化复杂,反弹强烈。下面介绍几例比较典型的开局阵形。

双方开局的基本型(图9.3.17):

着法(红方先):

炮二平五　马2进3

马二进三　炮8平6

车一平二　马8进7

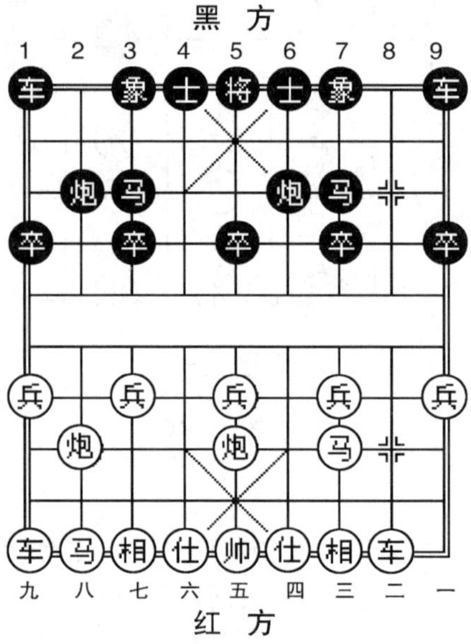

图9.3.17

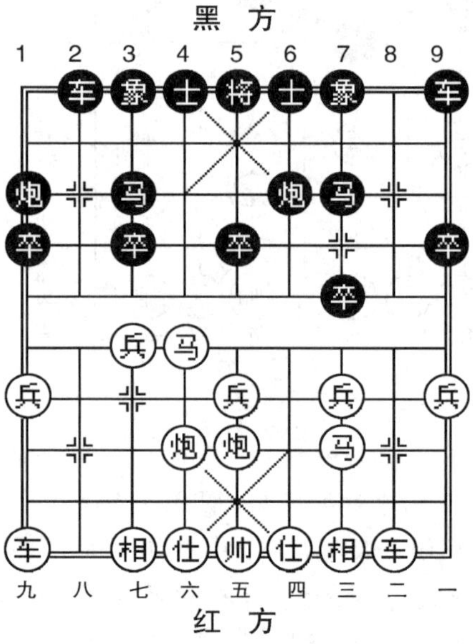

图9.3.18

1. *五六炮对反宫马*(图9.3.18)

着法(红方先):

炮二平五　马2进3

马二进三　炮8平6

车一平二　马8进7

炮八平六　车1平2

马八进七　炮2平1

兵七进一　卒7进1

马七进六

红方左马盘河，加快中路攻势；黑方平炮亮车，封锁红方左车。至此，黑方主要有三种选择：象7进5、士6进5、士4进5。

2. 五七炮对反宫马（图9.3.19）

着法（红方先）：

炮二平五　马2进3

马二进三　炮8平6

车一平二　马8进7

兵三进一　卒3进1

马八进九　象7进5

炮八平七　车1平2

车九平八　炮2进4

五七炮对反宫马右炮过河是近些年极为流行的布局，曾在历届全国比赛及重大比赛中屡屡出现，很受棋手喜爱。

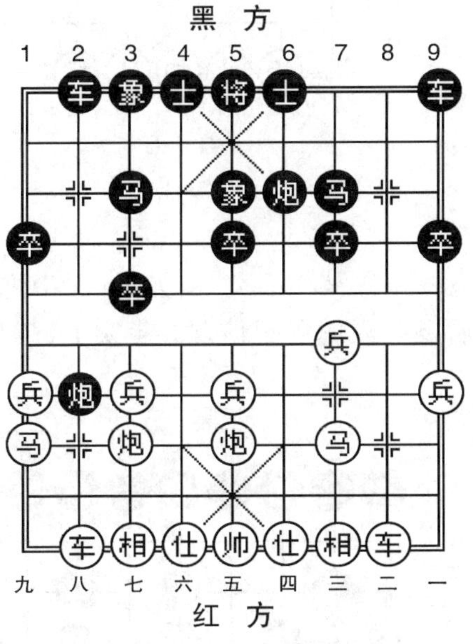

图9.3.19

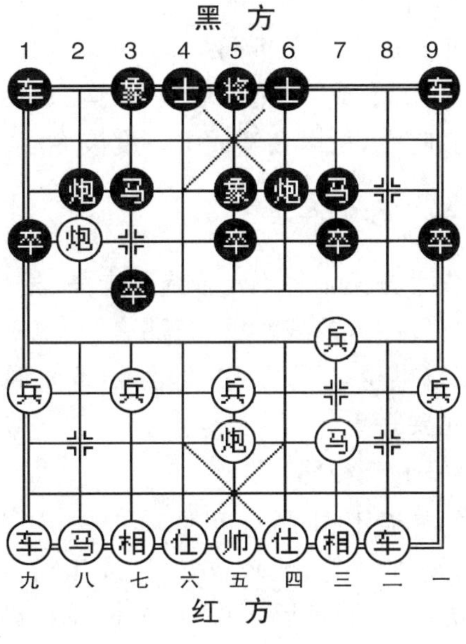

图9.3.20

3. 五八炮对反宫马（图9.3.20）

着法（红方先）：

炮二平五　马2进3

马二进三　炮8平6

车一平二　马8进7

兵三进一　卒3进1

炮八进四　象7进5

红方八路炮过河，意在打卒压马，通活左车；黑方飞象，巩固中防。至此，红方大致有三种选择：车二进六、马八进七、炮八平三。

小结：反宫马对抗中炮已是当代最流行的开局之一，特别是近几年，双方的攻防战术越发深化，阵形琳琅满目，举不胜举。

（五）中炮对单提马

对付中炮，除了比较流行的“顺手炮”“屏风马”“反宫马”外，“单提马”也是使用较多的一种阵形。

单提马的特点是各子有根，紧密互保，先求自保、后发制人，但中卒只有一马保护，中线比较薄弱。下面介绍横车型的一种阵式（图 9.3.21）：

着法（红方先）：

炮二平五　马 2 进 3

马二进三　马 8 进 9

车一平二　车 9 进 1

马八进七　炮 8 平 6

炮八平九　象 3 进 5

车九平八　车 1 平 2

车八进六　车 9 平 4

至此，形成“中炮对单提马”阵式，由于单提马通常比较吃亏，所以在实战中一度被冷落。

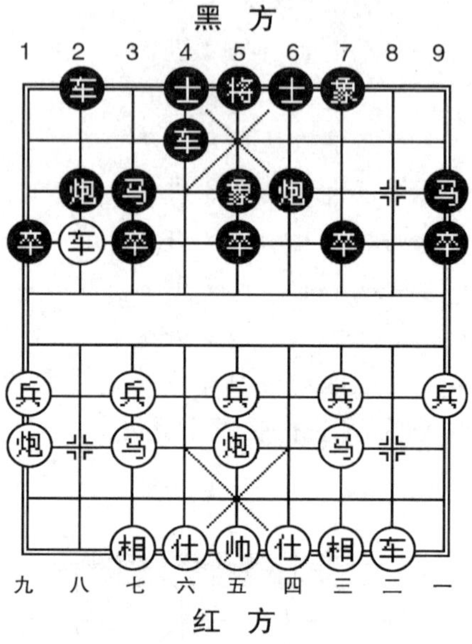

图 9.3.21

二、马相兵类

先手方第一着不走中炮而走马、相、兵或偏头炮，均归“马相兵类”。如果说“中炮类”基于先发制人的战略思想，那么“马相兵类”则是后发制人的思想体现。事实上，越是平淡无奇，棋越难下，拙中藏巧、伤于无形正是此类布局的主要特点。

（一）飞相局

第一着上相，除了巩固阵地外，还有静观其变、相机行事的深意，或攻或守，取决于对方的应手。就先手方而言，目前除了中炮局外，飞相局成为最流行的布局。

对付先手飞相，黑方主要有以下几种方案。

1. 飞相局对左中炮（图 9.3.22）

着法（红方先）：

相三进五　炮 8 平 5

马二进三　马 8 进 7

车一平二　车 9 平 8

马八进七

对付飞相局，黑方左炮镇中是比较常见的阵形，力图强攻夺得主动权。短短几个回合，已形成反向

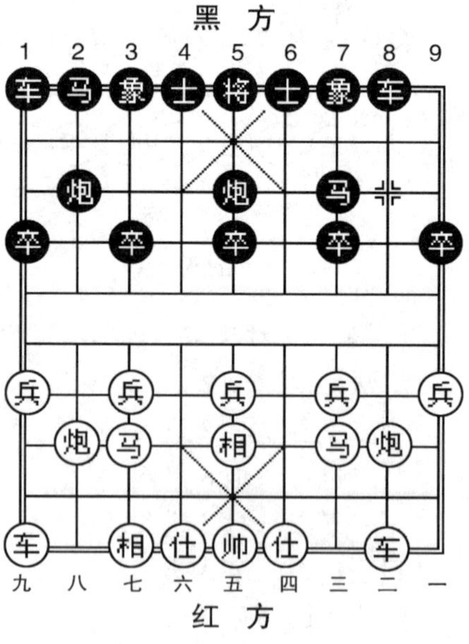

图 9.3.22

“先手屏风马对后手中炮”的布局形式。对于红方来说,能否取得先行之利,就在于如何发挥起“相”这步棋的作用了。

至此,黑方大致有两种选择:马2进1、车8进6。

2. 飞相局对左过宫炮(图9.3.23)

着法(红方先):

相三进五　炮8平4

马二进三　马8进7

车一平二　马2进1

兵三进一　炮2平3

马八进九　车1平2

车九平八　车2进4

炮八平七

至此,黑方大致有两种选择:卒1进1、车2平8。

由于黑方以中炮应付飞相局易使红方布成“先手屏风马”,所以改用“过宫炮”。所谓“过宫炮”,就是炮通过“九宫”置于士角位而言的,分“左炮过宫”和“右炮过宫”。近年来,通过优秀棋手不断研究与无数次的实践演习,以“过宫炮”应付“飞相局”已成为比较流行的布局体系。这里介绍的只是其中的一种阵式。

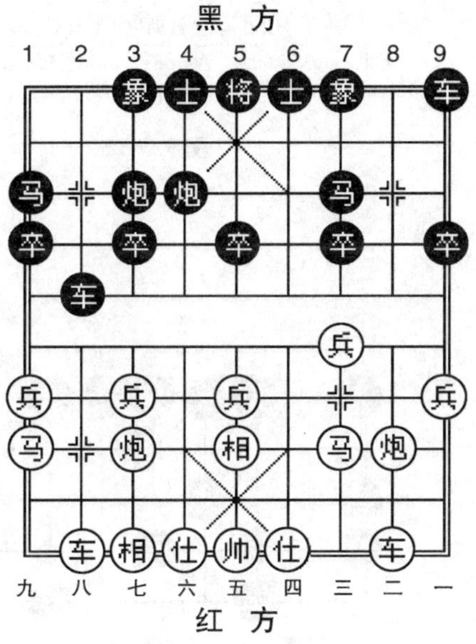

图9.3.23

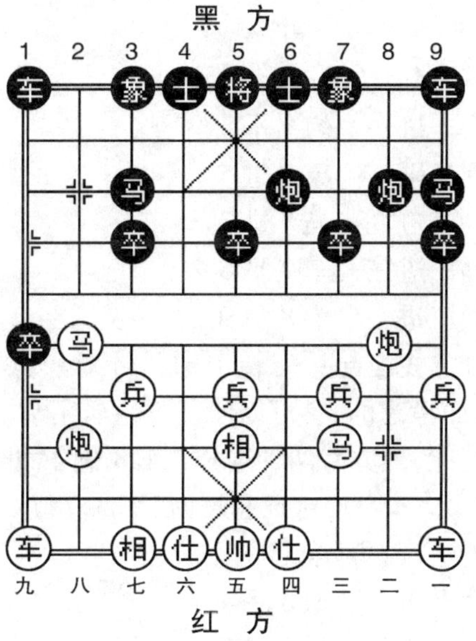

图9.3.24

3. 飞相局对右过宫炮(图9.3.24)

着法(红方先):

相三进五　炮2平6

马八进九　马2进3

兵九进一　卒1进1

马九进八　卒1进1

马二进三　马 8 进 9

炮二进二

红方弃兵而跃边马，争取运子速度，虽短短数回合，红方各大子的灵活性显然要好于黑方。至此，黑方主要有两种选择：卒 1 进 1、卒 3 进 1。

小结：自从当代棋王胡荣华将“飞相局”推陈出新、重放光彩后，棋界群雄对如何应付“飞相局”进行了一系列的探索研究。除了以上介绍的几种外，尚有不太流行的几种（仅指第一步应手），如：

顺相局：象 7 进 5，同方向飞相。

逆向局：象 3 进 5，反方向飞相。

起马局：马 8 进 7。

士角炮：炮 8 平 6。

（二）进兵局

进兵局，也称“仙人指路”。先手方第一着走“兵三进一”，既开通马路，又试探对方应手，因棋路而定策略，意图莫测，变化多端，故名“仙人指路”。

针对红方的投石问路，黑方主要有以下几种方案。

1. 仙人指路对卒底炮（图 9.3.25）

“卒底炮”即针对红方挺兵，立即平炮威胁，也叫“小当头”或“一声雷”。

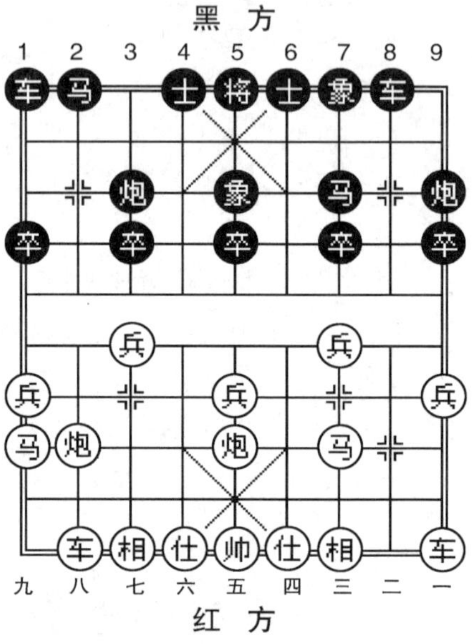

图 9.3.25

着法（红方先）：

兵七进一　炮 2 平 3

炮二平五　象 3 进 5

马八进九　马 8 进 7

马二进三　车 9 平 8

兵三进一　炮 8 平 9

红方先挺起兵后转中炮是针对黑方布不成“屏风马”而考虑的，它可以使红方稳居主动。

至此，黑方有两种选择：车 8 进 4、士 4 进 5。

2. 仙人指路对过宫炮（图 9.3.26）

着法（红方先）：

兵七进一　炮 8 平 4

马二进三　马 8 进 7

车一平二　马 2 进 1

马八进七　卒 7 进 1

马七进六　炮 2 进 3

兵七进一　卒 3 进 1

马六进五　马 7 进 5

炮八平五

本局红方先弃后取，力求掌握主动，是否如意，

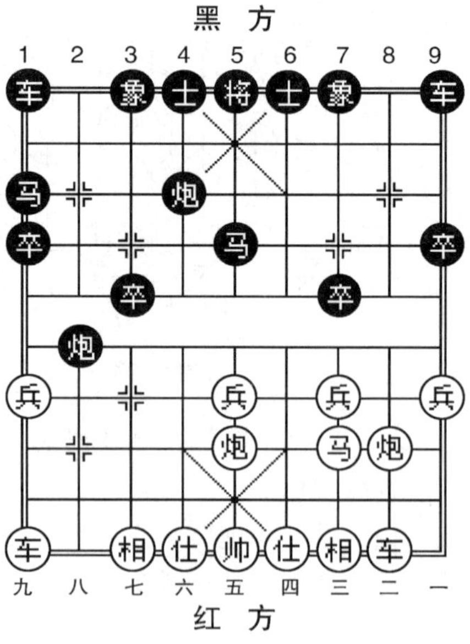

图 9.3.26

关键在于黑方。至此,黑方有两种选择: 象 7 进 5,消极防御; 车 1 平 2,积极防御。

小结:“进兵局”的布局阵式众多,范围广泛。除上述介绍的以外,尚有“对兵局”“起马局”“飞象局”“中炮局”等阵式。

(三) 过宫炮局

先手第一着走“炮二平六”或“炮八平四”,因途经中宫,故名“过宫炮局”。其集双炮于一侧,又为车马开路,是一种构想精细、稳健缓进的布局,可起到以逸待劳、战和两便的效果。布此阵式者,往往以功力深厚为基础。红方应法较多,下面介绍常见的两种阵形。

1. 过宫炮对当头炮(图 9.3.27)

着法(红方先):

炮二平六　炮 8 平 5

马二进三　马 8 进 7

车一平二　车 9 进 1

车二进六　车 9 平 4

仕六进五　马 2 进 3

车二平三　卒 5 进 1

兵三进一　马 3 进 5

至此,红方大致有两种选择: 炮八进四、马三进四。

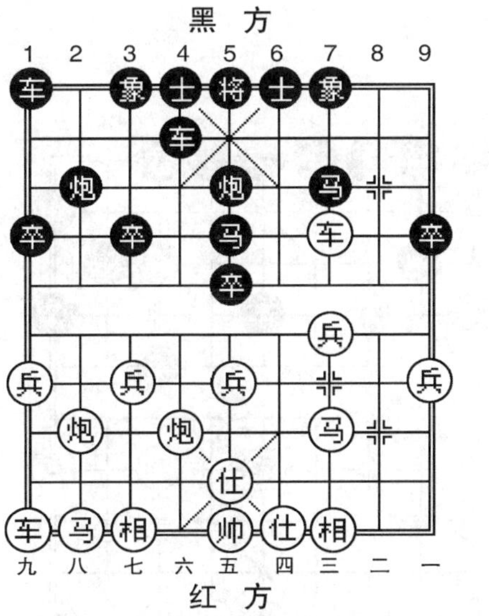

图 9.3.27

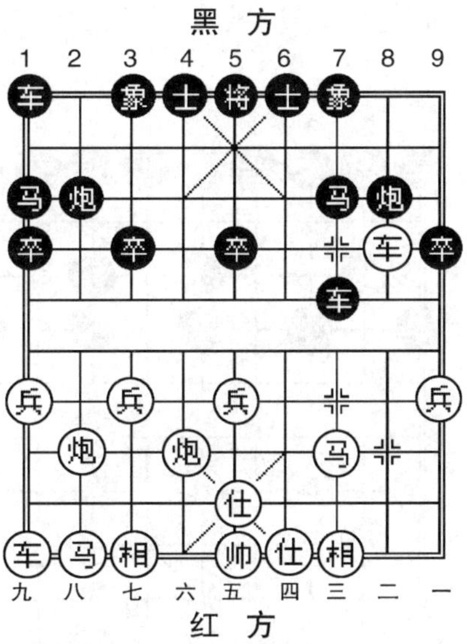

图 9.3.28

2. 过宫炮对过宫车(图 9.3.28)

着法(红方先):

炮二平六　车 9 进 1

马二进三　车 9 平 4

仕六进五　马 8 进 7

车一平二　车 4 进 3

兵三进一　卒 7 进 1

兵三进一　车4平7

车二进六　马2进1

至此,红方大致有两种选择:相七进五、兵九进一。

小结:先手"过宫炮局"是比较工稳的布局之一,它立足于不败,着眼于寻隙,攻则乘机,守则牢固,决胜于中残局。

(四)起马局

先手方第一着走"马二进三"或"马八进七",称为"起马局"。其不攻先守,稳中求变。采用此开局的棋手,主要想避开熟路,较量功力。其目前尚无规律可循,亦无套路可用,故实战应用不多,属奇型开局。

对付"起马局"的常见着法是"中炮"和"挺兵(卒)",分别介绍如下。

1. 起马局对还中炮(图9.3.29)

着法(红方先):

马二进三　炮8平5

马八进七　马8进7

兵三进一　车9平8

车一平二

此时,阵形突变,已成先手"屏风马对当头炮"开局。屏风马对付当头炮是最稳健的布局,何况是先手屏风马,其效力可想而知。

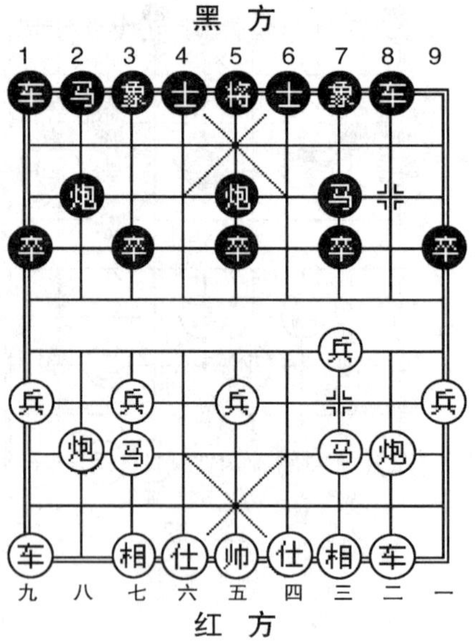

图9.3.29

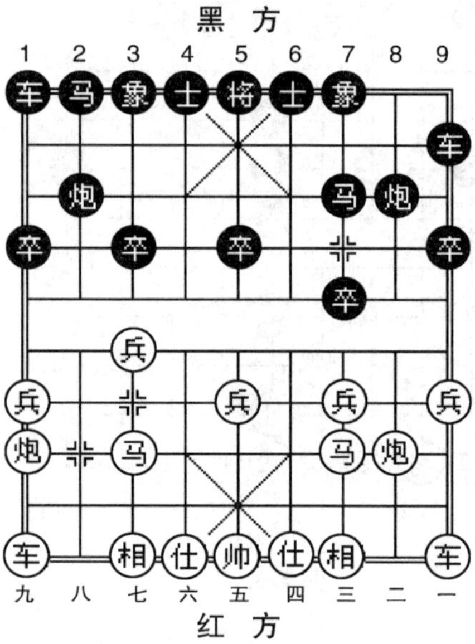

图9.3.30

2. 起马局对挺兵(卒)局(图9.3.30)

着法(红方先):

马二进三　卒7进1

兵七进一　马8进7

马八进七　车9进1

炮八平九

红方开局从容,以逸待劳,在大赛中一般为高手所乐用。

(五)士角炮局

先手方第一着走“炮二平四”或“炮八平六”,因炮置于士角,故名。“士角炮”的战略方针在于先守后攻,迷惑对方;在战术上,又可随时变化为先手“反宫马”“单提马”“五四炮”。尽管目前尚未形成一定的体系,其变化规律尚在探索,也许正是如此,“士角炮”才方兴未艾,前景乐观。例如:士角炮对还中炮(图9.3.31)。

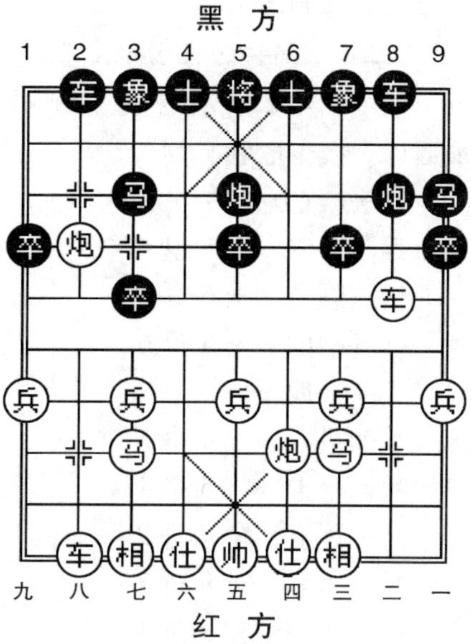

图 9.3.31

着法(红方先):

炮二平四　炮 2 平 5

马八进七　马 2 进 3

马 2 进 3　马 8 进 9

车九平八　车 9 平 8

车一平二　车 1 平 2

炮八进四　卒 3 进 1

车二进五

红方是先手“反宫马”型,柔中有刚,稳步进取。

象棋开局,博大精深,很难一一论及,以上介绍的虽属基本常型,但也只是主要代表而已,何况还有一些冷门开局,如“边兵局”“边马局”等。总之,各种开局含有很多阵法,每一阵法又含有很多变化。当然,这是象棋爱好者以后研究的课题。本节只希望通过对开局的起手和基本型的简单介绍,使初学者了解各种开局的来龙去脉。

第四节　中国象棋残局类型

棋局进展到残局阶段,除了有时形成连杀的杀局外,也常常出现非连杀性的例胜残局定式和例和残局定式。初学者必须首先掌握基本的残局。

一、兵类残局

(一)兵相巧胜单士

一般来说,兵对士不一定能胜,但如图 9.4.1 所示局面,红方有停着可以巧胜。

着法(红方先):

帅五进一　士 4 退 6

兵五平六　将 5 进 1

黑方如改走将 5 平 4,则帅五平六,士 6 进 5,兵六进一,将 4 平 5,帅六平五,士 5 进 6,帅五平四,士 6 退 5,相五退七,士 5 进 6,帅四进一,将 5 平 6,兵六平五,红胜。

如图 9.4.1 所示，如改黑方先行，也是红方胜，取胜的方法是等黑方落士后，兵从无士的一侧挺进，帅在另一侧控制黑将。

（二）三高兵必胜士象全

如图 9.4.2 所示，胜法是兵分左右两路塞象眼，最后以兵换士取胜。

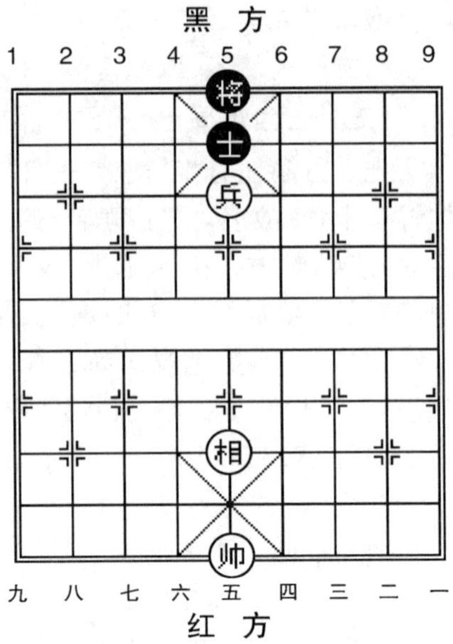

图 9.4.1

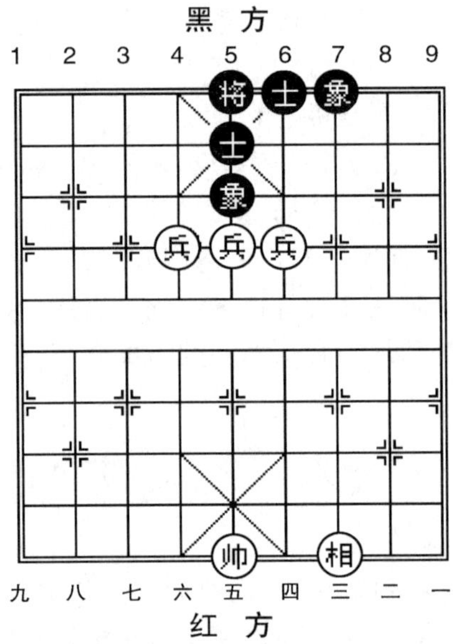

图 9.4.2

着法（红方先）：

兵四平三　士 5 退 4
兵三进一　士 6 进 5
帅五平四　士 5 退 6
兵三平四　象 5 退 3
兵四进一　士 4 进 5
兵六平七　将 5 平 4
帅四平五　象 7 进 9
兵五平六　象 9 进 7
兵七进一　象 3 进 1
帅五平六　象 1 进 3
兵六进一　象 3 退 1
兵六进一　将 4 平 5
帅六平五　象 7 退 5
兵七进一　士 5 进 4
帅五平四　士 6 进 5
兵六平五　士 4 退 5
兵七平六　士 5 进 6
帅四平五　象 1 进 3
帅五平六　士 6 退 5
兵六平五　（红胜）

二、马类残局

（一）马对单士必胜

例如（图 9.4.3）：

着法（红方先）：

马四退五　将 4 进 1
（黑方不得走将 4 退 1，因有马五进七照将抽士）
马五进三　士 5 进 6
（黑方如走士 5 退 4，则马三退二！将 4 退 1，马二进四，很快就能吃到黑士）
马三退四　士 6 退 5
（黑方如走将 4 退 1，则马四进六捉死士）
马四进六　士 5 退 6

马六进八　士6进5

马八进七照将抽士　（红方胜）

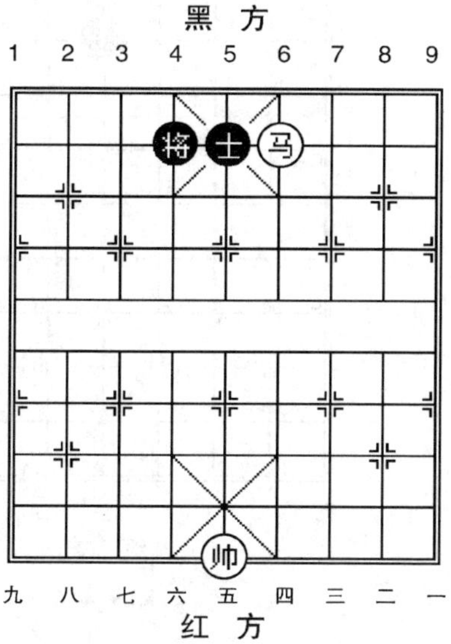

图9.4.3

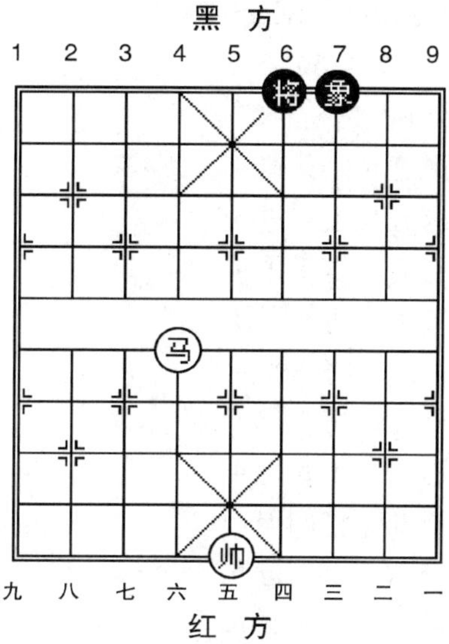

图9.4.4

（二）单马对单象

单马对单象有胜有和。当象和将在同一侧翼，同时红马能控制黑象，使其不能飞到中线时，马方可胜。当象和将不在同一侧翼时，一般可成和局。

如黑方的象和将在同一侧，红马可控制黑象，使其不能飞中，红方可胜。（图9.4.4）

着法（红方先）：

马六进四　将6进1

马四退二　将6进1

马二进三

下着黑方非送象不可，红方胜。

如黑方的象和将分居两翼，若不走错，红方无法取胜。（图9.4.5）

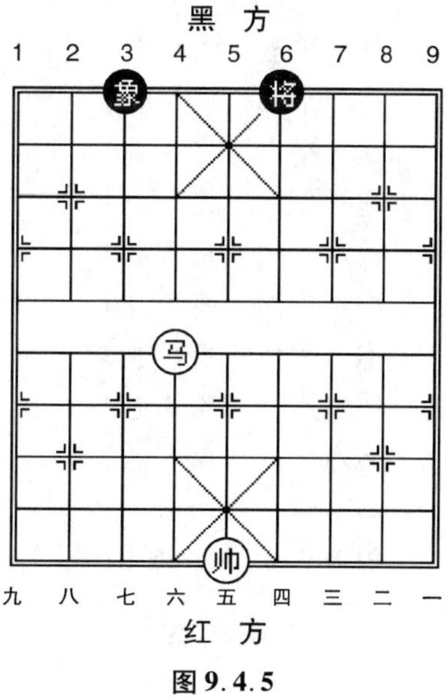

图9.4.5

着法（红方先）：

马六进七　将6进1

马七进八　将6退1

马八退六　象3进5

（此着如误走象3进1，则帅五进一，黑象被迫送吃）

帅五进一　将6进1

马六退五　将6退1

红马始终吃不到黑象，成和局。

三、炮类残局

(一) 炮士必胜双士

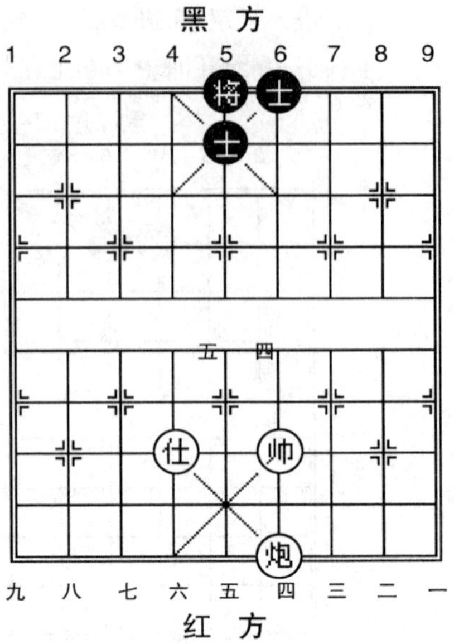

图 9.4.6

例如(图 9.4.6):

着法(红方先):

炮四平五　士 5 退 4
仕六退五　士 4 进 5
帅四平五　将 5 平 4
仕五进六　将 4 平 5
炮五平二　将 5 平 4
炮二进九　将 4 进 1
帅五退一　士 5 进 4
炮二退九　将四退一
炮二平六　士 6 进 5
帅五进一　将 4 平 5
(针对红炮的等着,黑方只有老将平中,如改走将 4 进 1,则仕六退五闷宫杀)
炮六进七
破士后,红方胜定。

(二) 炮高兵胜单象

胜法是左兵右帅,炮塞象眼。(图 9.4.7)

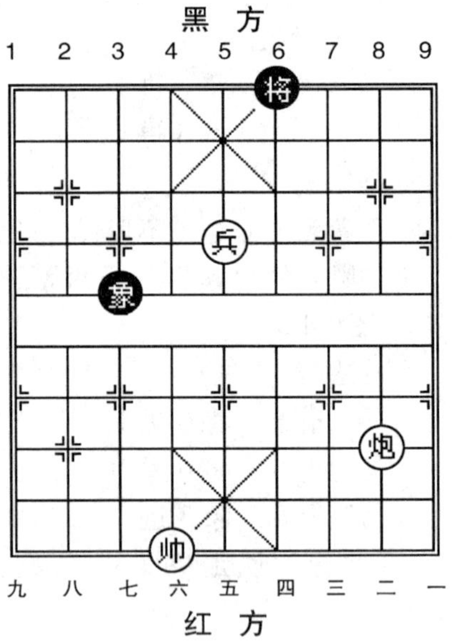

图 9.4.7

着法(红方先):

帅六平五　将 6 平 5
帅五平四　将 5 进 1
兵五平六　将 5 进 1
炮二平八　将 5 退 1
兵六进一　将 5 退 1
炮八进四　将 5 进 1
炮八平六　将 5 退 1
兵六进一　象 3 退 1
炮六平八　象 1 退 3
炮八进二
黑方无子可动,成困毙。

四、车类残局

(一) 单车胜双象

胜法是逼对方的底象飞到河口,后用车迎头照将,乘势扫掉河口象,接着再收拾孤象。(图 9.4.8)

着法(红方先):

车四进二　将 5 进 1
帅四平五　象 3 进 1
车四平九　象 1 进 3
车九平七　将 5 平 4
（黑方如将 5 平 6，胜法亦同）
车七平 5　象 5 进七
车五退四

以下不论黑方哪一个象回中，红车迎头照将，即可吃掉黑象。于是成单车必破单象的例胜定式。

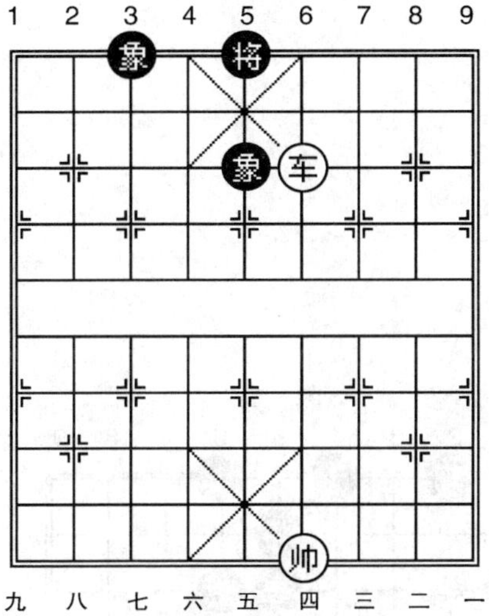

图 9.4.8

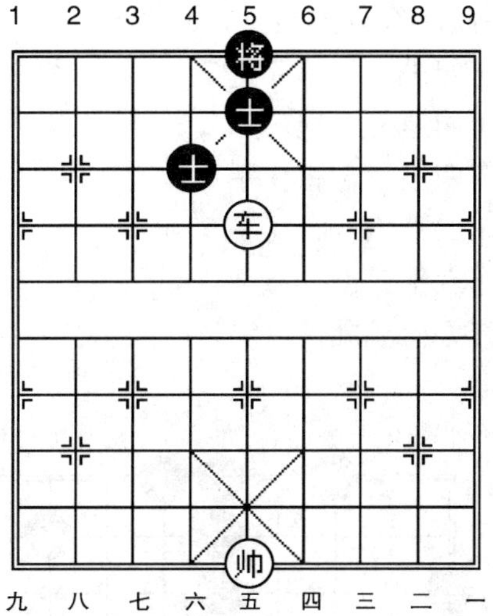

图 9.4.9

（二）单车胜双士

例如（图 9.4.9）：
着法（红方先）：
车五平四　将 5 平 4
车四平八　士 5 进 6
帅五平六

以下黑方如走将 4 平 5，则车八进三，将 5 进 1，车八平六捉死“羊角士”，红方胜；如将 4 进 1，则车八进一，士 6 退 5，车八进一，将 4 退 1，车八平五吃中士，黑方无子可动，红方胜。

第五节　中国象棋基本战术

在预定的战略计划下，灵活运用各种战术，进行战术攻击或战术防守，是象棋对局中争胜或谋和的重要手段。对于象棋初学者来说，基本战术的训练无疑是一项必修的基本功，只有全面掌握各种基本战术，才能在对局的各个阶段中灵活运用。

象棋的基本战术有很多种，分别体现各种独特的战术思想。下面简单介绍几种常见的基本战术。

一、捉双

“捉双”是象棋残局战斗中常见的基本战术，几乎每局棋里都能运用。从战术分类看，捉双实质上是击双或双重攻击的一种，其特点就是攻击的目标对准对方的两个棋子或兵。从战术主题思想看，捉双就是中国古代兵法中常常提到的“一箭双雕”。

捉双的战术结果常常是一方得子，一方失子。因此，它是谋取子力优势的常用手段。

如图 9.5.1 所示，红炮镇住当头，给红车捉双创造了有利的条件。

着法(红方先)：

车四进二　马 8 进 7

车四退五　炮 7 退 2

车四进二　将 5 平 4

车四平六　将 4 平 5

车六平三

红方得子胜。

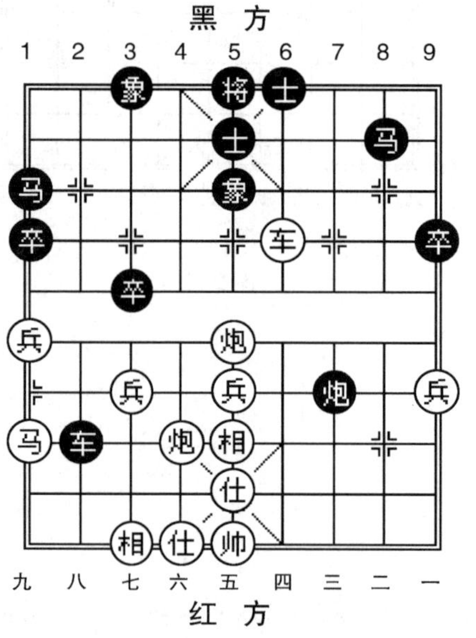

图 9.5.1

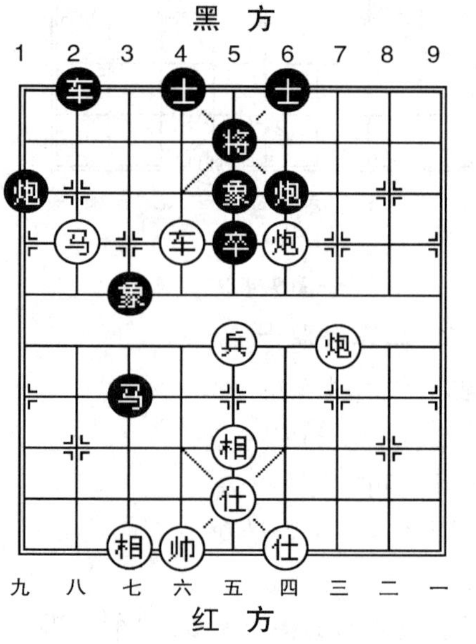

图 9.5.2

二、双重威胁

一方活动一子以后，同时给对方两个方面的威胁，如一面捉子，一面胁以将死，或同时从两个方面给以将死的威胁等，叫“双重威胁”。

因为有将死对方的威胁，所以双重威胁的战术结果就不仅仅限于一方得子，一方失子，而往往成一方获胜，一方败北。

如图 9.5.2 所示，双方子力相等，但红方子力位置优越，处于攻势，轮红方先行时，红方采用双重威胁战术，结果成杀。

着法（红方先）：

车六进二　将 5 进 1

车六平四　……

（双重威胁：一面胁以进马卧槽将杀，一面胁以炮沉底线后的双将杀）

……　车 2 进 3

（如黑方士 4 进 5，红方炮三进五闷宫杀！如黑方士 6 进 5，则红方马八进七杀！）

炮三进五　士 6 进 5

车四进一　双将杀！　（红方胜）

三、闪击

闪开一子后露出后面的棋子向对方进行攻击的着法称为“闪击”。这种战术在实战对局中颇为常见，适于车、炮、马等子配合运用，有时也可由车、炮与相（象）、兵（卒）等配合实施。由于闪开的棋子常常同时起着捉、献或拦等作用，因此，实际上起着双重威胁的作用，使对方顾此失彼，难于防范。例如（图 9.5.3）：

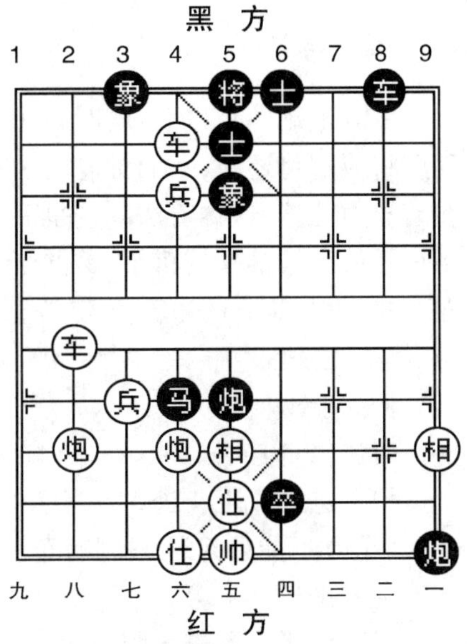

图 9.5.3

着法（红先）：

车八平二　……

（典型的闪击着法，平车一着起到腾挪闪击、移花接木、解杀还杀的作用，着法饶有趣意）

……　车 8 进 5

（黑进车吃车，只能解除由闪击造成的两种威胁中的一种，顾此失彼，防不住对方炮沉底线后的杀着）

炮八进七　象 3 进 1

（如黑改走士 5 退 4，红车六进一，将 5 进 1，车六退一杀，红胜）

车六进一　将 5 平 4

兵六进一　将 4 平 5

兵六进一

最后，红方弃车引将，再冲兵连将，造成双将杀。

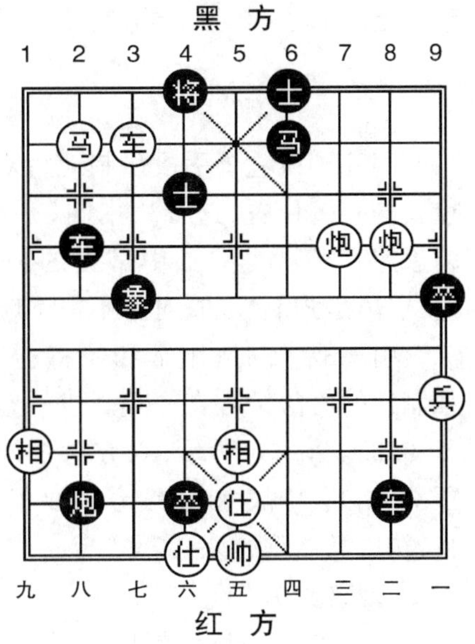

图 9.5.4

四、闪将

闪开一子后露出后面的棋子向对方将（帅）照将的着法称为“闪将”。这种战术在实战中也是十分常见的，适于车、马、炮相等各种子力在战斗中的配合运用。它是“闪击”的一种特殊形式，所不同的是对方必须立即应将。如果闪开的棋子同时给对方造成捉吃或其他威胁，这时的闪将即成抽将。

如图9.5.4所示，黑方多子占优，以下黑炮沉底、卒吃士等的杀着，但由于红方走棋，红方采用调虎离山、照将顿挫等战术，最后造成车马闷杀。

着法（红方先）：

炮三进三　士6进5

车七进一　将4进1

炮二平六　车2平4

车七退一　将4退1

车七平五　（红方胜）

五、抽将

一方走动一子以后，同时攻击对方两个目标，一面照将或解将还将，一面捉吃对方棋子或拦截选位，改善子力位置，这种着法叫“抽将”。对方为了应将，不得不放弃被抽吃的棋子，蒙受子力损失，或者任凭对方抽动的棋子选占有利位置，封阻拦截，解将还将、解杀还杀。

例如（图9.5.5）：

着法（红方先）：

炮七进五　士4进5

（黑方不能象5退3，因有车一平三杀）

炮七平三

以下如黑车8进5照将杀，红炮三退九，解将还将，车8退9，炮三进四，车8平9，炮三平四，将6平5，车七进一杀，红胜。再如，象5退7去炮，红车一平三，将6进1，炮五平四杀，红胜。

黑　方

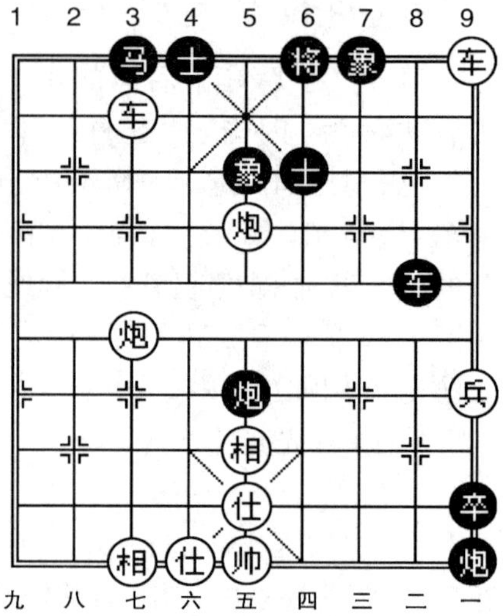

红　方

图9.5.5

六、引离

用弃子或兑子手段强制地将对方某个棋子引离重要的防御位置，这种战术叫“引离”。它的战术主题思想其实就是兵法中常见的“调虎离山”计。不过，引离是强制性的，对方不得不应。

引离战术的运用常和照将、要杀、捉子、牵制等强制性的着法结合在一起。

如图9.5.6所示，双方对杀，红方先行，采取弃子引离和吸引战术，连续弃去双车一兵，最后跃马照将，构成马后炮妙杀。

着法（红方先）：

车六进三　士5退4

车九平四　将6进1

黑　方

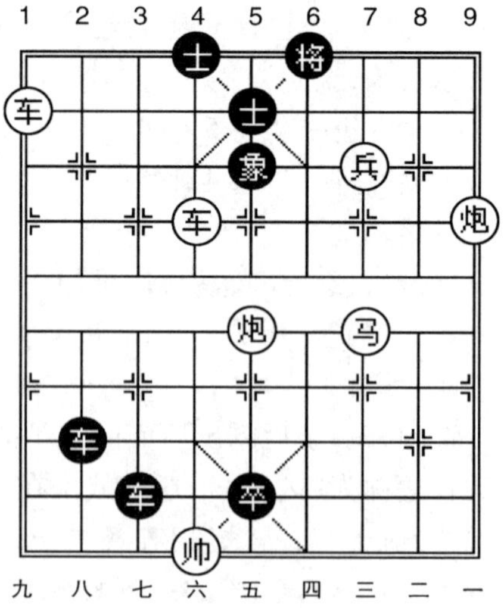

红　方

图9.5.6

兵三平四　将 6 进 1

（如黑方改走将 6 退 1，则炮一平四杀）

马三进五　将 6 退 1

马五进三　将 6 退 1

马三进二　将 6 进 1

炮一进二　（红方胜）

七、吸引

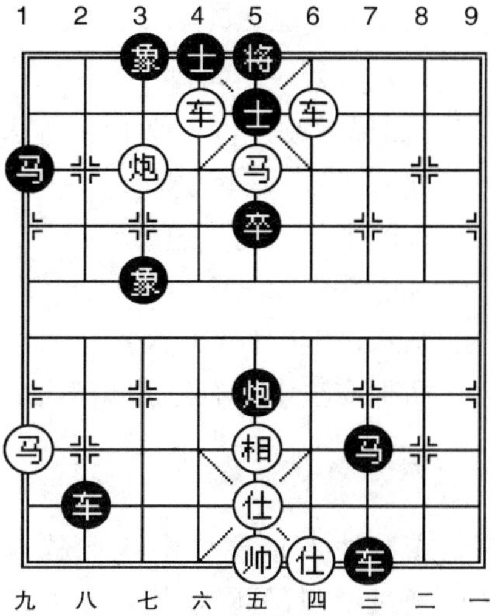

图 9.5.7

一方用弃子或兑子手段强制地将对方的将（帅）或某个棋子吸引到易受攻击或自相堵塞的位置，这种战术叫“吸引”。在实战对局中，它和“引离”战术一样十分常见，而且常常和照将、要杀、捉子、封锁、堵塞等战术结合运用，因此，常使对方不得不应。同时，吸引战术还常和引离战术配合使用，达到攻杀入局的目的。

如图 9.5.7 所示，红方采取弃子吸引战术将黑将引至 6 路，然后以车马炮配合成杀。

着法（红方先）：

车四进一　将 5 平 6

（黑方不能走士 5 退 6，因红方有马五进三杀）

车六进一　将 6 进 1

马五退三　将 6 进 1

车六退二　象 3 退 5

车六平五　（红方胜）

八、堵塞

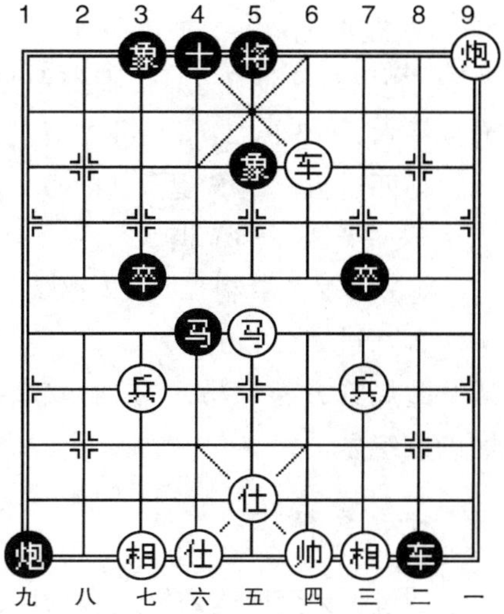

图 9.5.8

对局中的一方采取弃子手段使对方子力自行阻塞其将（帅）出路，或者运子阻塞象（相）眼、象（相）路及破坏双象（相）联络的战术叫“堵塞”战术。它是象棋残局中常用的基本战术，常常导致各种型的闷杀。

如图 9.5.8 所示，双方子力相当，但黑方缺士露将，处于被动受攻局面。红方借先行之利，采取堵塞战术，抢先入局。

着法（红方先）：

车四进二　将 5 进 1

马五进六　将 5 平 4

车四退一　……

以下黑方有两种应法，结果都是红方胜。

一种应法：
……　将4进1
炮一退二　车8退7
马六进八　马4退3
车四平六　马3退4
马八进七　（红方胜）
另一种应法：
……　士4进5
马六进八　将4进1
(如黑方改走将4退1,则红方车四进一速胜)
炮一退二　车8退7
车四平五　马4退3
车五平六　马3退4
马八进七　(红方胜)
两种应法中都有红方弃车堵塞将路之着。

九、牵制

牵制战术是象棋中残局战斗最常用的一种战术。通过牵制,可以限制对方子力的活动,从而陷对方于被动挨打的地位。这时,主动牵制的一方,为了发挥战术效果,需要抓紧时机,围歼对方已占取物质优势,或者利用对方子力受制的良好时机,集中优势兵力,攻其薄弱环节,争取以多胜少,速战速决。
例如(图9.5.9)：
着法(红方先)：
马二进三　将5平4
(如黑马9退7去马,则红马四进三,将5平4,炮一平六,车3退2,车八进二,红胜)
马四进五　马9退7
车一平四　马7退5
炮一平六(牵制)　车3退2
车八进二(红方胜)
此局红方弃一马入局,采取牵制战术,以双车一炮做成绝杀。

十、交换

通过子力交换达到争先、取势或成杀的目的,这种着法叫"交换"战术。它在实战对局里是最常见的一种基本战术,不论在开局、中局或残局阶段都能广泛运用。

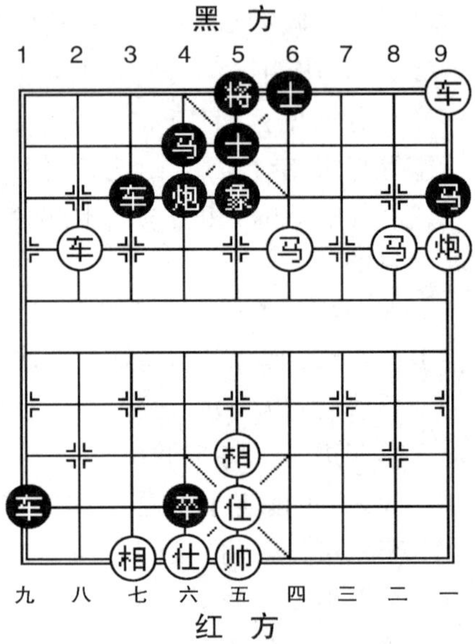

图9.5.9

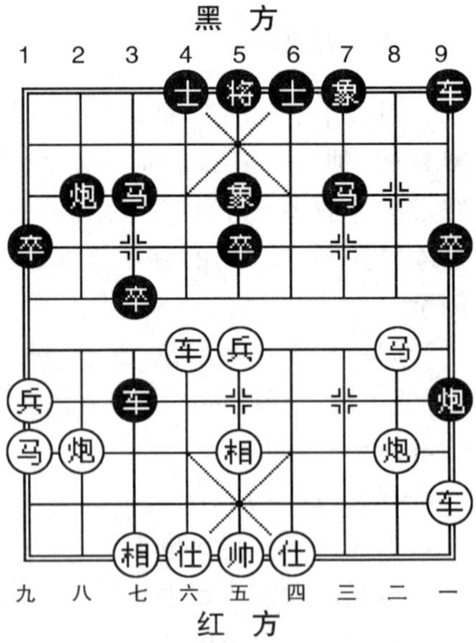

图9.5.10

如图 9.5.10 所示是典型运用交换战术入局的实例。

着法(红方先):

炮八平七　车 3 平 8
炮七进五　车 8 进 1
车一进二　车 8 退 2
车一平八　炮 2 平 1
车八进六　士 6 进 5
车六进四　将 5 平 6
炮七平三　炮 1 平 7
车六平五　(红方胜)

第六节　中国象棋竞赛规则简介

《象棋竞赛规则(2020 版)》经中国象棋协会审定出版,是国内比赛运动员和裁判员必须遵循的技术规范和行为规范准则。下面有选择性地做一些介绍。

一、术语解释

(1) 胜局:也称得胜,指对局中的一方取得胜利。具体为:① 将死对方的将或帅;② 困毙对方的将或帅;③ 对方超过规定走子时间。

(2) 困毙:也称欠行、无着,指对局中以己方棋子围困对方将(帅),使之无应着可动而认输。运用此着法,有时需注意将、帅间的制约关系,并充分运用以己方将(帅)控制对方帅(将)的手段。

(3) 和棋:也称和局或平局,指双方不分胜负。按《象棋竞赛规则(2020 版)》规定,对局中出现下列情况之一,就算和棋:① 从局势上来看,双方都没有取胜的可能性。② 一方走出自己轮走的一着棋后,提议作和,对方表示同意。提议作和,应使双方提和机会均等。先提出者如被对方拒绝(口头不同意,或走出轮走的一着棋,均为拒绝),非经对方提和一次(也被拒绝),不得再度提出。若双方提和次数对等,即可由任何一方再次提和。提和的一方,在对方作出明确的表示之前,不能撤回自己的提议。同意和棋的一方,宣布同意后也不能反悔。此外,只能在提和后,方可按动对方的计时钟。③ 双方走棋出现循环重复已达三次,属于“允许着法”,可由任何一方提议作和,经审查局面属实,无论另一方是否同意,裁判员均有权判为和棋。如双方都没提和,而循环重复局面还在延续,裁判员不做判定。④ 符合“六十回合规则”。⑤ 双方着法循环重复,符合棋例中“不变作和”的规定。

(4) 负局:指对局中输棋。按《象棋竞赛规则(2020 版)》规定,在一方出现下列情况之一时,应判为该方负局,对方获胜:① 将(帅)被对方将死。② 将(帅)被困毙。③ 自己宣告“认输”。④ 超过比赛规定的走棋时限。⑤ 没有正当理由迟到,并超过了该次比赛规定因迟到判负的时限。⑥ 封棋时所记着法有误,而又解释不通。⑦ 走棋违反禁例,应当变着而不变。此外,因运动员违反纪律而影响当场比赛的进行,也可由裁判员依据竞赛组织机构的有关规定,判为负局。

（5）先走（后走）：指对局开始先走（后走）棋的一方。

（6）计时：比赛规则之一，指比赛中按规则规定的制度计算走棋时间。有时间总计制与时间分计制两种。在正式比赛中，由竞赛组织统一确定采用何种制度。

（7）时间总计制：比赛计时制度之一。比赛时采用具有两个钟面的棋赛计时钟，分别累计双方的走棋时间。具体为：① 全国比赛或其他重要比赛，第一单元每方在自己的 90 分钟内必须走满 40 着，第二单元在 30 分钟内必须走满 20 着。第一单元所走着数不得少于规定数字，但如超出，允许把多余的着数转入第二单元内合并使用，第二单元多余的着数则不得转入以后各单元使用。第三单元起，以后每个单元都应在 15 分钟内走满 10 着，直至对局结束。② 省、自治区、直辖市以下的比赛或表演赛，可采用：开始 60 分钟内必须走满 30 着，之后每 10 分钟必须走满 10 着，多走的着数不得挪后累计。

（8）时间分计制：比赛计时制度之一。比赛时用秒表或手表计算双方走棋时间。如每方走第一着棋的时间不得超过 2 分钟，每方每局棋共有 30 分钟由自己支配的延长时间，可一次或分几次用。延长时间用完后，如有一着超过 2 分钟，判负。

（9）子力价值：是棋子兑换时衡量双方得失的尺度，也是判断一着棋是否属于“捉”的依据之一。如车的实力最强，其次是马和炮，以上均可称为强子，士和相的实力相对较弱，可称为弱子。兵的实力同过河与否有关，而且随着战局形势的变化，起伏较大，难以拘一，宜另做特殊规定。帅（将）是全军统领，地位最高，但因不存在与其他棋子进行交换的问题，无须对其子力价值做出具体规定。

（10）违例：指对局中走棋违反竞赛规则的条例。如棋子不按规定的走法行棋，以及禁止着法等。

（11）棋例：裁判术语，指裁判员用以判定某些特定棋局的有关规则条款。如对局双方着法重复、循环不变，裁判员即须按规则条款分析是属允许着法还是禁止着法，从而作出判决。

（12）禁止着法：比赛规则之一，指对局中双方出现规则所不允许的循环重复的着法。按《象棋竞赛规则（2020 版）》规定，凡是单方面走出长将、长杀、长捉、一将一杀、长要抽吃、一杀一要抽吃子、一捉一要抽吃子等连续直接威胁的着法，以及二打一还打、二将一还将等，均属禁止着法，不变作负。此外，除了出现二将二还将外的长将，亦属禁止着法，不变作负。

（13）允许着法：比赛规则之一，指对局中双方出现规则所允许的循环重复的着法。按《象棋竞赛规则（2020 版）》规定，包括：① 长拦、长跟、长兑、长献、一将一无抽吃子、一打一闲，以及互走闲着等着法；② 将（帅）步步捉吃对方棋子；③ 兵（卒）步步捉子，但不包括长将和兵（卒）受到对方将（帅）叫吃时，借口解捉而配合其他棋子进行长杀。此外，二将二还将、二打二还打、四打二还打、多打对多打等亦作允许着法。凡属允许着法，双方不变作和棋。

（14）个人比赛：比赛方法之一，指以计算运动员个人成绩来确定名次的比赛。按《象棋竞赛规则（2020 版）》规定，可采用一局制、大循环制、两局制、多局制，以及积分编排制等进行。

（15）记录：比赛规则之一。按《象棋竞赛规则（2020 版）》规定，在比赛中，每方必须在走完每一个回合后，自己把双方着法精确地记录下来。对局完了时，双方记录经运动员共同签字后，交给裁判员。记录着法用完整记录和简写记录两种方式均可。对局过程中如有漏记现象，裁判员有权要求漏记的一方用其自己的走棋时间补记。在时间特别紧张的情况下，可暂时只记单方面的着法，但规定数一经走满，必须立即补全。

（16）封棋：按《象棋竞赛规则（2020版）》规定，对规定的比赛结束时间已到而尚未赛完的棋局，由裁判员宣布“封棋”，并完成以下手续：① 通知轮到走棋的一方把这着棋的着法暗记在自己的记录纸上，不要在棋盘上走出来。② 当场把双方的记录纸和填好并经核对的封局棋图装入封套，将封口封严。③ 在封面上记下比赛双方的姓名、谁是封棋方、双方用时和已走着数，并核对，由比赛双方签名。封套由裁判员保管。如宣布封棋后，轮走一方仍把着法在棋盘上走出来，该方必须把这着记在记录纸上，不准更改和要求对方封棋。

（17）团体比赛：比赛方法之一，计算运动队团体成绩的比赛。参加比赛的各队由人数相同的若干名队员组成。有分台定人制、分台换人制、临时定台制、全队轮赛制四种比赛方式。

（18）快棋赛：比赛规则之一，在规定时间内完成规定着数的对局，通常用于某些棋赛中两名棋手积分相等，不能确定名次时。规定每方在自己的30分钟内必须走满30着棋，如30分钟用完而未分胜负，则再加30分钟，规定着数不变。可按此方式反复进行，直至决出胜负或和局。

（19）中国象棋裁判员：指在比赛过程中，依据比赛规程和规则，评定运动员（队）成绩、胜负和名次的人员。竞赛组织机构根据比赛的规模和条件，指定或邀请一名或多名裁判员。如有几名裁判员，指定其中一人为裁判长，亦可增设副裁判长。裁判员的职责是：① 严格执行比赛规则、竞赛组织机构制定的比赛章程和补充规定。② 检查比赛场地及各种专门器材。③ 主持抽签及编排，公布比赛结果。④ 依据比赛规则，裁决比赛中出现的有关问题。对于违反纪律的运动员，裁判员酌情给予处分。

（20）特级大师：国家体委授予中国象棋棋手的最高称号。男子凡获得全国象棋个人赛冠军或三次获得第二、第三名，或两次达到等级称号赛规定之胜率者，女子凡两次获得全国象棋个人赛冠军，或两次达到等级称号赛规定之胜率者，均可获得此称号。

（21）象棋大师：国家体委授予中国象棋棋手的称号。男子凡1956年以后获全国象棋个人赛前十二名，或两次达到等级称号赛规定之胜率者，女子获全国象棋个人赛前六名或两次获第七、八名，或两次达到等级称号赛规定之胜率者，均可获得此称号。

（22）照着：凡走子直接攻击对方将（帅）者，谓之“照着”，又称“照将”或“将军”（惯例：走照着时告知对方）。

（23）杀着：凡走子企图下一着听将或连续叫将，令对方无法解救者，谓之“杀着”。

（24）捉着：凡走子攻击对方将（帅）以外之任何一子，企图下一着吃去之者，谓之“捉着”。

（25）兑着：凡走子可互换吃去者，谓之“兑着”。

（26）拦着：凡走子拦阻对方子力之左右进退移动者，谓之“拦着”。

（27）献着：凡走子送吃者，谓之“献着”。

（28）闲着：凡走子不属于照、杀、捉、兑、拦、献者，谓之“闲着”。

（29）长照：凡走子连续不停照将，演成归原状态者，谓之“长照”。此项诠释适用于“长拦”“长兑”“长献”。

（30）长杀：凡连走杀着者，谓之“长杀”。

（31）长捉：凡甲方连走捉着，而乙方被捉之子每着均走逃避着法，或以他子每着直接消解之，而甲方仍每着捉之者，谓之“长捉”。

（32）解杀：凡走子直接化解对方之杀着者，谓之“解杀”。此项诠释适用于“解照”与“避捉”。

（33）反照：凡走子化解已方被照，同时又还照对方者，谓之“反照”。此项诠释适用于“反杀反捉”“解杀反捉”“解照反照”。

（34）有根：凡被捉子如有另子保护，可以反吃者，谓之“有根”，否则谓之“无根”。

（35）真根：凡有根子之“根”（保护子）于该子被对方吃去时，却可反吃敌子者，谓之“真根”。

（36）假根：凡有根子之“根”于该子被对方吃去时，不能移动反吃敌子者，谓之“假根”。

（37）一照一杀：凡走照着后续走杀着者，谓之“一照一杀”。此项诠释适用于“一照一捉”“一照一闲”“一杀一捉”“一杀一闲”“数照一杀”“数照一闲”。

（38）二照一还照：一方步步叫将，另一方在解照的同时，两步中有一步是还照，谓之“二照一还照”。

（39）二捉一还捉：一方步步捉子，而另一方在解捉之时，两步中有一步是还捉，谓之“二捉一还捉”。

（40）二捉二还捉：一方连续两步循环捉子，另一方亦在解捉的同时，两步连续捉子，谓之“二捉二还捉”。

二、棋例的判决

引用棋例用以判决胜、负、和的四大原则：

（1）双方均无触犯禁例而又互不变着者，可判作和。

（2）双方均同时触犯同一禁例者，可判作和。

（3）一方长照，一方长捉，则长照者必须变着，不变作负。

（4）一方犯例而另一方不犯例时，应由犯例方变着，不变作负。

三、棋例总纲

（1）无论何种情况，长照作负。

（2）长杀、一照一杀、一照一捉、一照一停、一照一要抽吃、一捉一要抽吃，双方不变，均作和。

（3）一子长捉一子作负（但可长捉未渡河兵卒），两子或多子长捉一子亦作负（但其中如有一兵卒或将帅者除外）。

（4）一子分捉两子或多子作和，两子分捉两子或多子亦作和。

（5）二捉一还捉、二捉者（指捉同一子）等于长捉，必须变着，否则作负。

（6）长捉真根子作和，长捉假子作负，但马或炮如长捉有根车亦作负。

（7）长捉同类子作和，但该子如受牵制不能离线，则仍作长捉论，不变作负；活马长捉蹩脚马，仍作长捉，必须变着。

（8）捉二而其中一着兼兑者仍作长捉，长捉兼长兑者，亦作长捉论。

（9）将帅或兵卒长捉均作和，其联合一车或一马或一炮长捉一子亦作和。

（10）长拦、长献、长兑、长要抽吃均作和。

第十章

游泳运动

经常参加游泳锻炼能改善神经系统的机能，增强心肌的收缩能力，增大肺活量，促进肌肉、骨骼和其他内脏器官的发育，全面增强人的体质。如果坚持较长时间的冬泳，还可以增强人的抗寒能力，锻炼人的坚强意志。

游泳对心血管系统功能的改善有相当重要的作用。冷水的刺激通过热量调节作用与新陈代谢能促进血液循环。此外，游泳时水的压力和阻力还对心脏和血液循环起到特殊作用。在水面游泳时，身体所承受的水压就已达到每平方厘米0.02～0.05千克，潜水时随着深度的加大、物理条件的变化，压力还会增大，游泳速度的加快也会加大压力负荷，从而使心房和心室的肌肉组织得到锻炼，心腔的容量也会逐渐加大，心脏的跳动次数减少，整个血液循环系统得到改善，血管的弹性也有所提高。根据有关专家的统计，一般人在安静状态下每分钟心脏跳动66～72次，脉搏输出量为60～80毫升，而长期参加游泳锻炼的人在同样的情况下每分钟心脏跳动50次左右，脉搏输出量却达到90～120毫升。在练习游泳时，水压迫着胸腔和腹部，给吸气增加了困难。曾有人做过专门的试验，游泳时人的胸廓要受到12～15千克水的压力，那么要想使身体获得足够的氧气，呼吸肌就必须不断地克服这种压力。另外，游泳时呼气一般是在水下完成的，而水的密度比空气的密度要大得多，因此要想呼气就必须用力。这样不管是吸气还是呼气，都能增加呼吸肌的收缩力，从而增强呼吸系统的功能，加大肺活量。一般健康男子的肺活量为3 000～4 000毫升，而经常参加游泳锻炼的人可以达到5 000～6 000毫升。

在游泳过程中，由于水温的刺激，机体为了保证足够的温度，皮肤血管起到了重要的调节作用。冷水的刺激能使皮肤血管收缩，以防热量扩散到体外。同时，身体又加紧产生热量，使皮肤血管扩张，从而改善对皮肤血管的供血，这样长期坚持锻炼能使皮肤的血液循环得到加强。

另外，水是十分柔软的液体，游泳时水波不断对人体表皮进行摩擦，从而使皮肤得到更好的放松和休息，所以经常参加游泳锻炼的人，都有一身光洁、柔软的皮肤。

第一节　游泳基本技术

一、熟悉水性

不会游泳的人，初次下到齐胸深的水里，往往会感到呼吸急促、心跳加快、站立不稳和行动困难，身不由己地漂浮起来，甚至会产生怕水的心理，这是因为水有阻力、压力和浮力。所以，开始学习游泳时，首先要熟悉水性。熟悉水性是快速学会游泳的关键。通过熟悉水性的练习，可以消除怕水心理，掌握在水中呼吸、漂浮、滑行等方法，为学习和掌握各种游泳姿势打下初步的基础。

（一）水中行走

练习要领：练习者站在齐腰深的水里行走时，身体稍向前倾，两腿自然放松，微屈膝，用脚的前掌着地，同时，两臂在体侧划水，以保持身体平衡，便于推动前进。水中行走应由浅入深，由慢到快。如一人行走有困难，可先 3 ~4 人或更多的人在一起手拉手行走，然后再一人行走，摸索规律。

练习目的：主要体会水的阻力、压力和浮力对人体的作用。

（二）水中闭气

练习要领：一人单独或两人面对面、手拉手站在齐腰深的水里，先深吸一口气，然后闭气闭眼，慢慢下蹲，把头浸没在水中，保持一段时间后，站起来换气（图 10.1.1、图 10.1.2）。起立时，应抬头，用嘴或鼻向外呼气，这样不容易呛水。闭气的时间应逐渐延长，如一人单独进行，起立时，不要慌张，两手向下压水帮助身体站起。

练习目的：主要体会水的压力。

图 10.1.1

图 10.1.2

（三）浮体和站立

练习要领：①站在齐胸深的水里，深吸气后，闭气下蹲，低头，两手抱小腿，两膝尽量靠近胸部，全身放松，身体就会自然浮起，背部露出水面，如图 10.1.3 所示。背部露出水面时，往往稍有晃动，不必惊慌。站立时，两手松开，向前伸出，接着向下划水抬头，同时伸腿，两脚着地站起来；头露出水面后，立即张嘴换气。②站在齐胸深的水里，两手前伸，吸足气后，闭气低头浸入水中，两脚蹬离水底，两腿自然伸直，身体就慢慢浮起；或在抱腿浮体的基础上，将手和腿伸直进行浮体，如图 10.1.4 所示。站立时，收腹屈膝，同时，两手用力压水，并抬头，使身体站立起来。

练习目的：主要体会身体在水中的沉浮，学会在水中控制身体平衡和浮体后的站立。

图 10.1.3

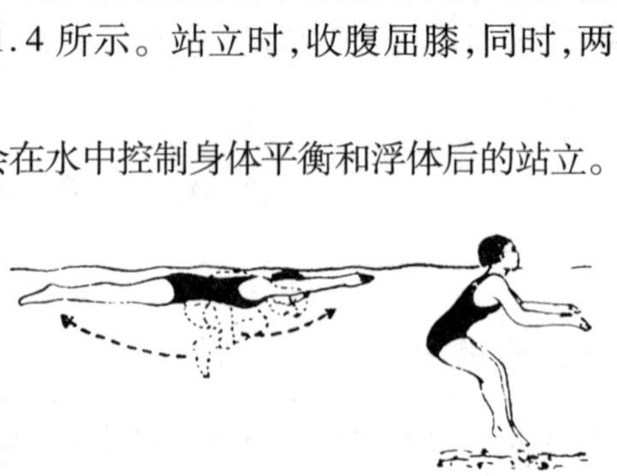

图 10.1.4

（四）蹬底滑行

练习要领：站在齐胸深的水里，两脚并拢，半蹲，上体前倾，两臂向前平伸（掌心向下），深吸气后，低头浸入水中，两脚用力蹬离水底，将身体向前上方一耸，使身体伸展前进。（图 10.1.5）滑行时，挺胸，收腹，头夹在两臂中间，身体平直，保持背部肌肉有适应的紧张度。站立时，两臂向下划水，抬头，两腿前收，两脚触地，站立。头出水面后，立即换气。

练习目的：主要体会人在水中运动时身体的位置，提高在游泳时控制身体的能力。

图 10.1.5

如在江河中做上述练习，最好在风浪较小的浅水区或流速较慢的水域进行，而且保护者一定要站在游泳者的下游，以便及时救护。（图 10.1.6）

图 10.1.6

二、蛙泳

蛙泳是模仿青蛙动作的一种游式，游时较省力、耐久、呼吸方便，且能负重，声浪小、易隐蔽、便于观察，是渡江、长游、武装泅渡和救护中拖带游的基本姿势。

（一）身体位置

蛙泳时，身体平俯在水面上，两臂并拢向前伸直，两腿自然地向后并拢伸直；稍抬头，眼眉在水平面处，后脑始终露出水面，微收腹，胸部的一部分、腹部和大腿在水中保持平直姿势，使身体纵轴与水平面成 5°～10°角。（图 10.1.7）

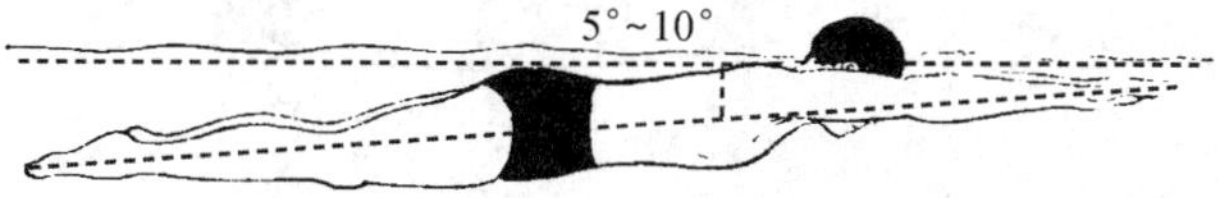

图 10.1.7

（二）腿部动作

腿部动作是蛙泳的基础技术，是推动身体前进的主要动力。因此，必须学好腿部动作。为了便于学习，把腿部动作分为收腿、翻脚、蹬夹、滑行四个阶段。

1. 动作要领

（1）收腿。收腿前，两腿自然并拢伸直；收腿时，大腿向腹部收起，带动小腿，两腿边收边分开；收腿结束时，两膝相距20～25厘米（约与肩同宽）（图10.1.8），大腿与上体成110°～130°角。（图10.1.9）

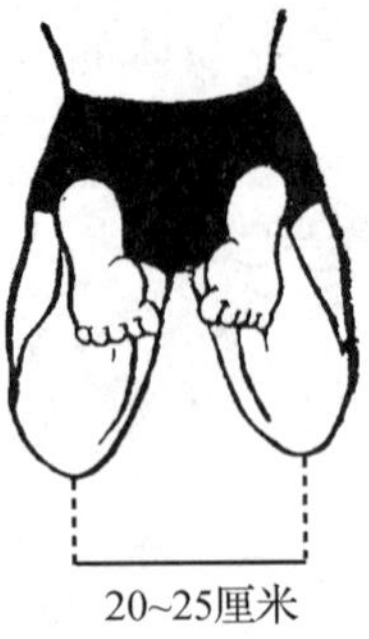

图10.1.8

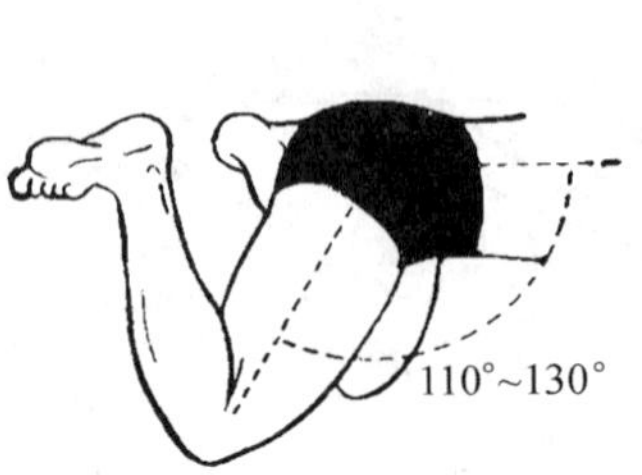

图10.1.9

（2）翻脚。当收腿的动作快结束时，小腿和两脚跟继续向臀部收紧，两膝向内压，两脚分开，比膝稍宽，勾足尖，两脚掌向外侧，使脚内侧和小腿内侧对准后蹬方向。（图11.1.10）

（3）蹬夹。翻脚后，两脚掌和小腿内侧向侧后方呈弧形用力迅速蹬夹。（图10.1.11）

图10.1.10

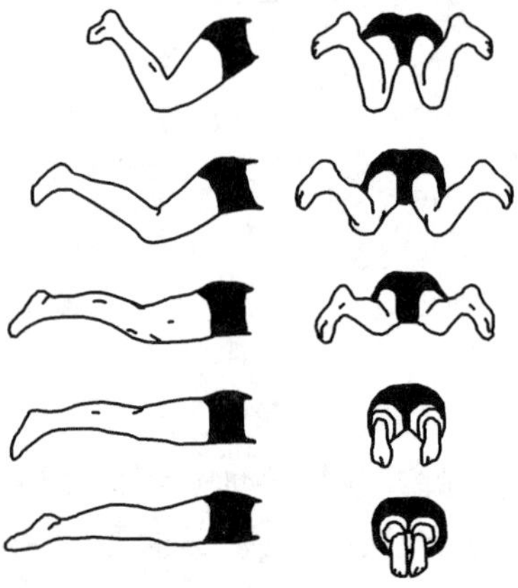

图10.1.11

（4）滑行。蹬夹腿后，两腿要伸直并拢，给予一定短时间的漂浮滑行。（图10.1.12）

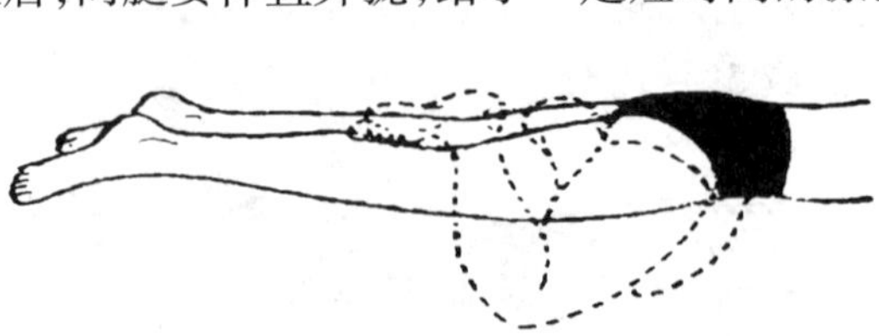

图10.1.12

2. 练习方法

(1) 陆上蛙泳腿的模仿练习。

目的：在陆上建立和体会蛙泳腿的动作，为水中练习做好准备。

方法：①坐在岸边或池边，上体后仰，两手放在身后支撑身体，腿伸直并拢，然后腿做蛙泳动作，如图 10.1.13 所示；②俯卧在岸(池)边上，做收腿、蹬夹的动作。

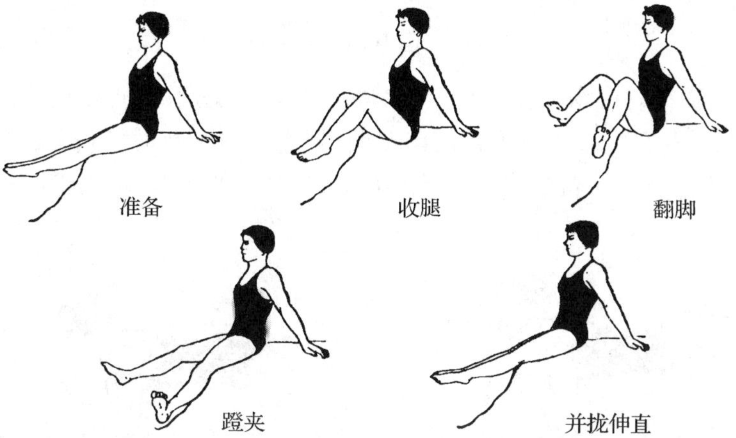

图 10.1.13

(2) 水中滑行蹬夹腿练习。

目的：在水中掌握正确的蛙泳腿的动作。

方法：身体姿势与滑行相同，当两脚蹬离地和身体漂起来成水平时做收腿、翻脚、蹬夹和滑行动作。

如果蛙泳腿动作(滑行蹬夹腿练习)做得不正确，可再做些辅助练习。例如，进行双人练习：甲(学生)扶住乙(帮助者)的腰部，乙用一手托住甲的腰部，观察甲练习蛙泳腿的蹬水动作是否正确，如不正确，帮助其改正。

3. 注意事项

(1) 收腿时，两膝不能分得过开，大腿不能收得过猛，肌肉要放松，防止臀部起伏过大。

(2) 蹬腿前，一定要翻好脚，不能用脚尖、脚背对着水。

(3) 收腿、蹬腿时，脚不能露出水面。

(4) 收腿、翻脚、蹬夹是一个完整的连贯动作，中间不能有停顿。

(三) 臂部动作

蛙泳的臂部动作，能产生较大的引力和一定的浮力，使身体处于较高的位置，同时配合腿部的动作，保持匀速运动。臂部动作主要分为抱水、划水、收手、前伸四个组成部分，应连贯起来进行。(图 10.1.14)

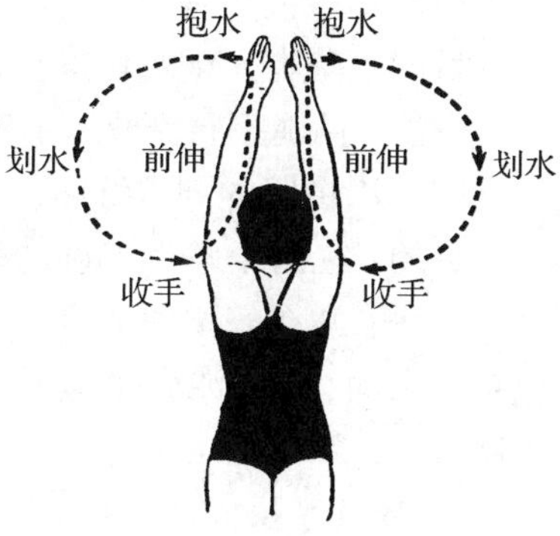

图 10.1.14

1. 动作要领

(1) 抱水。手指自然并拢，两臂先伸直向两侧分开；然后，手与前臂向斜下方划，提肘屈臂做抱水动作，造成手掌、前臂向后方对水。这时，两臂之间成30°~40°角（图10.1.15），手与水面的距离约25厘米。

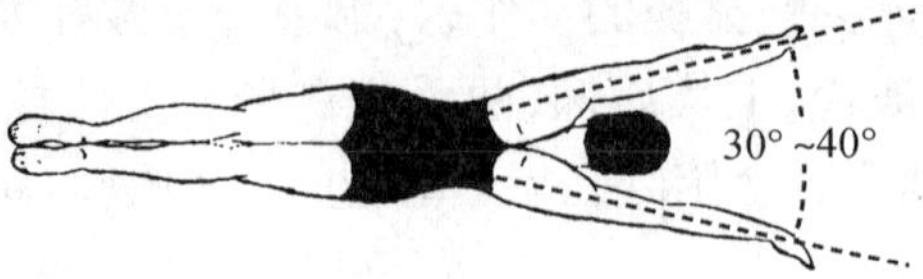

图10.1.15

（2）划水。紧接着抱水动作，以肩带肌群的力量，带动手臂向后划动。当手臂接近肩的垂直线时，更要用力快划，同时手臂向内弯曲，划至与肩垂直时结束。（图10.1.16）这时大臂与水面约成40°角，小臂与水面约成70°角，大臂与小臂之间的角度由140°逐渐减小到120°左右。

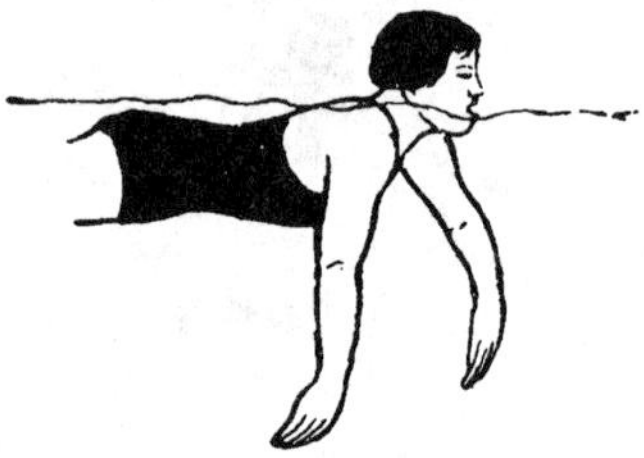

图10.1.16

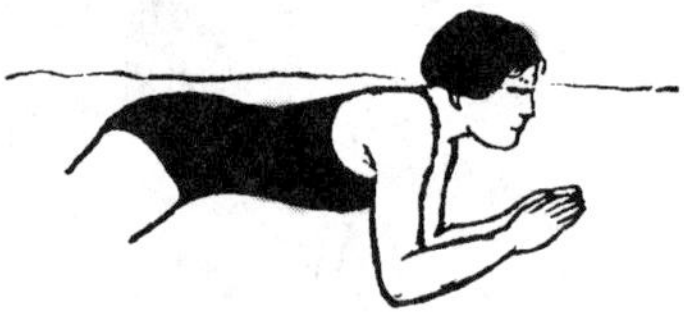

图10.1.17

（3）收手。划水结束后，由上臂带动肘部，前臂和手向中间收。收手时，手掌先向内转，大拇指向上，两手掌向胸部靠拢，同时降肘。（图10.1.17）

（4）前伸。收手后，两手由下向前伸去，随着手的前伸，手掌逐渐转向下方，两臂伸直，恢复到原来的滑行姿势。（图10.1.18）

图10.1.18

2. 练习方法

（1）陆上模仿练习。

目的：在陆上建立和体会蛙泳臂的动作，为水中练习做好准备。

方法：两腿平行开立，与肩同宽，两臂向前平举，按蛙泳臂的动作要领进行练习。

（2）水中臂的划水练习。

目的：在水中掌握正确的蛙泳臂的动作。

方法：站在齐腰深的水里，两脚前后开立，两臂前伸，上体前倾俯在水中，头浸入水中或抬出水面，按蛙泳臂的动作要领进行练习。这个练习可在原地做，也可以向前边走边做。

3. 注意事项

（1）划水时，两臂不宜过早用力。划水范围要适宜，过大（向后超过了肩的垂直线），容易破坏整个动作的节奏；过小，缩短了划水路线，降低划水效果；过浅（太靠近水面），不能充分发挥臂的作用,影响前进速度。

(2) 收手时,动作要迅速,由慢到快; 两肩不要下沉。

(3) 收手与前伸之间动作不能停顿。

(4) 前伸时,要尽量向前伸肩并自然挺胸。结束时,两手靠拢,两臂自然伸直。

(四) 呼吸动作

目前,蛙泳多数采用中晚吸气,其呼吸动作是与臂部动作配合进行的。

1. 动作要领

划水将结束时,稍抬头,嘴露出水面,用力完成呼气动作,并立即用嘴进行强而深的快速吸气动作。收手和臂前伸时,头放平,稍闭气后,用鼻和嘴慢慢呼气,再开始第二次呼吸的循环动作。(图 10.1.19)

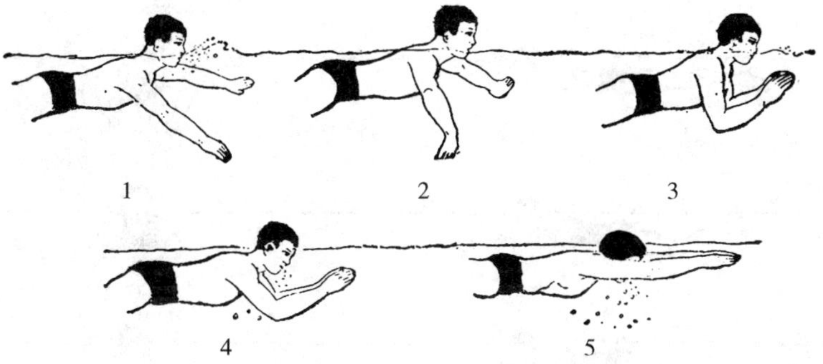

图 10.1.19

2. 练习方法

(1) 站在陆上,按动作要领进行模仿练习。

(2) 站在齐腰深的水中,按动作要领进行划水结合呼吸练习。

(3) 站在齐腰深的水中,边走边按动作要领进行划水结合呼吸练习。

(4) 平俯在水中,由同伴在侧面托住或在后面夹住两腿,使身体浮起,进行划水结合呼吸练习。这个练习可在原地做,也可向前边走边做。

3. 注意事项

(1) 身体位置不宜太低,太低则即使抬了头,嘴也出不了水面,不但吸不到气,反而会呛水或吃水。

(2) 头在水里时,要慢慢呼气; 头抬出水面前,要将气呼完; 嘴出水后,要立即吸气。

(3) 抬头不要太猛、太高、起伏过大,以免造成下肢下沉。

(五) 完整的蛙泳技术动作

完整的蛙泳技术动作如图 10.1.20 所示。

图 10.1.20

（1）在滑行中，身体成水平位置。头大约 80% 浸入水中，眼睛稍向前看，两臂伸直，两掌斜向外。

（2）抱水在水下 17～22 厘米时开始划臂，手向两侧划水。这时开始从鼻和嘴中呼气。

（3）头开始稍微抬起，上臂也转动，开始屈臂。

（4）当两臂分开达到最大宽度时，屈臂，上臂和前臂间形成 110°角。这时两肘明显提高。

(5) 头继续向上抬起，嘴开始露出水面把最后一口气呼出。手开始向里收，完成划臂动作的最后有效推进部分。

(6) 在两臂准备前伸时吸气。这时开始屈膝、收腿。

(7) 吸气完成后嘴闭拢，手开始前伸，继续收腿。

(8) 低头，使头浸入水中，肘关节伸展，两臂继续前伸，两脚收到靠近臀部位置。

(9) 借颈部弯曲，头继续低下，后蹬开始，同时两足跖屈，两臂前伸动作接近完成。

(10) 两臂完全伸直，两手稍低于肩，腿蹬水动作接近完成。

(11) 蹬水完毕，集中精力使身体伸直成水平，要保持这一滑行姿势一段时间，在感到游泳速度慢下来时，再做第二次划水。

三、自由泳

自由泳时，身体俯卧在水面上，两臂轮流不断地在体侧向后划水，两腿快速地上下打水，使身体前进。这种姿势，游起来所受的迎面阻力最小，划水效果好，动作配合自如，既省力又能发挥最大的速度，是游泳中速度最快的一种姿势。自由泳的竞技价值很大，学好自由泳对于普及游泳运动和提高我国游泳技术，赶超世界先进水平，有着重要意义。自由泳虽然技术简单易学，但是由于在游进时是连续地划水、打水，体力消耗较大，因此对意志和身体素质的要求较高，在平时训练中必须加强对意志品质的培养和身体素质的全面训练。

（一）身体位置

自由泳时，身体是较平直地俯卧在水面上，身体纵轴与水平面成3°～5°角，头部放平，两眼视向前下方，前额没于水中，后脑部分露出水面(图 10.1.21)。游进时，随着两臂交替划水，在不影响两臂划水力量和腿打水动作时，形成身体纵轴转动。

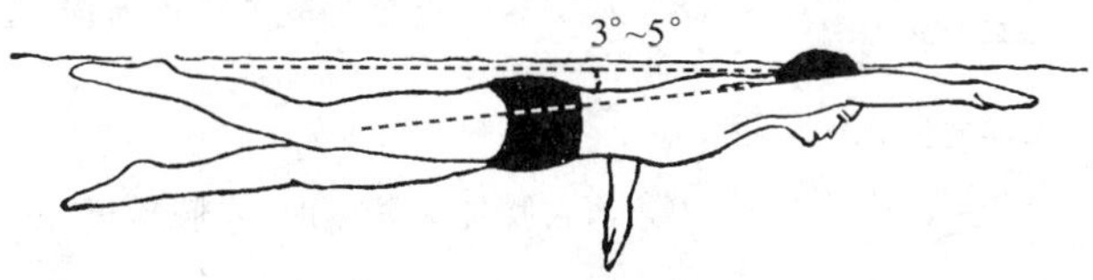

图 10.1.21

（二）腿部动作

腿部动作主要是为了保持身体平衡和配合两臂的动作，并能起到一定的推动身体前进的作用。

1. 动作要领

两腿和脚面自然伸直，脚尖稍内转，踝关节放松(图 10.1.22)。打水时，两腿的动作基本上一样，以髋关节为轴，由大腿发力，带动小腿和脚，两腿上下交替向后下方做鞭状打水动作。向下打水开始时，膝关节屈成140°～160°角(图 10.1.23)；向上打水时，膝关节伸直，踝关节放松。打水时，两脚间上下最大距离为30～45 厘米(图 10.1.23)。

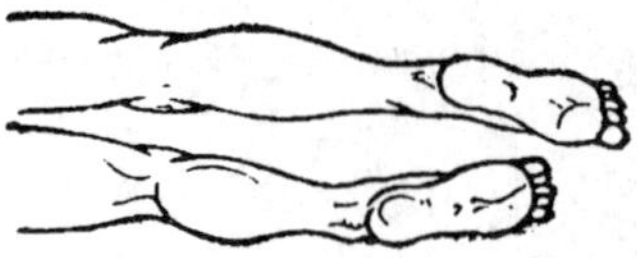

图 10.1.22

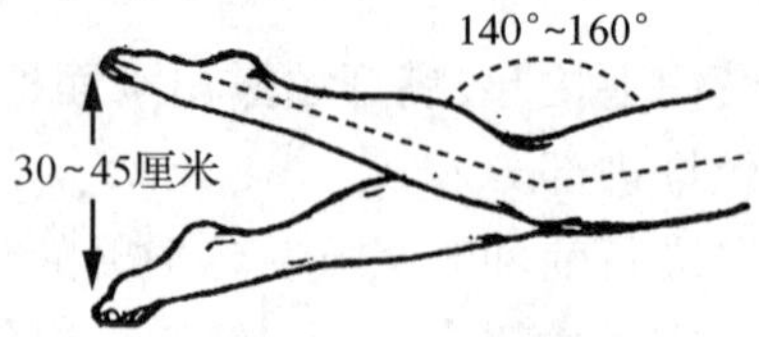

图 10.1.23

扶板打水练习连续动作如图 10.1.24 所示。

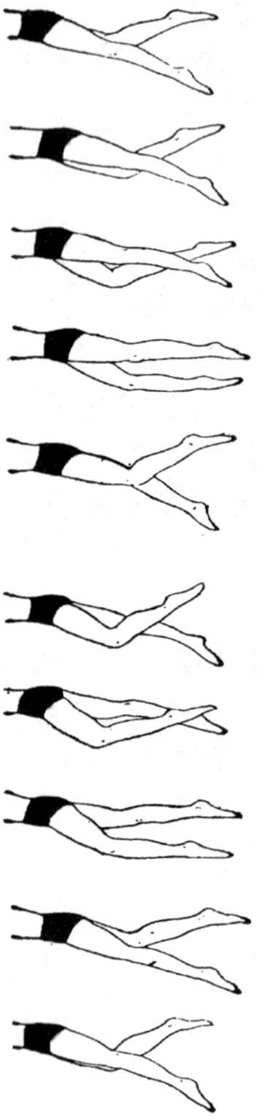

(1) 打水时,两脚间上下最大距离为 30~45 厘米。左腿达到向下打水的最低点,右腿达到向上打水的最高点。

(2) 左腿伸直开始向上打水。右腿开始向下打水,要用大腿向下压水,同时屈膝,脚部位置基本与上图相同。

(3) 左腿继续向上打水,仍不屈膝。右腿开始自大腿用力向下打水,膝盖开始伸直。当右脚经过左脚时,脚背和脚踝成一直线。

(4) 左腿接近向上打水的顶点,开始稍屈膝。此时,右腿已接近完成向下打水的运作。右膝实际已达到动作最低点,从这点开始,右腿大腿将开始向上打水,而右脚仍继续向下打水。

(5) 左腿大腿开始向下打水,而左脚仍继续向上打水。右腿已达到向下打水的最低点,膝完全伸直。

(6) 左膝屈到最大限度,准备开始向下打水。右腿完全伸直,开始向上打水。

(7) 左腿进入产生最大推进力的阶段。右腿继续伸直向上打水。

(8) 左腿区接近全部完成推进阶段,左膝稍屈。

(9) 当右膝加大屈度时,左膝接近完全伸直。

(10) 两脚再度上下分到最大距离,另一腿周期开始。

图 10.1.24

2. *练习方法*

(1) 陆上自由泳腿的模仿练习。

目的:在陆上建立和体会自由泳腿的动作,为水中练习打下基础。

方法:坐在岸边,两手向后撑住身体,上体稍后仰,两腿自然伸直,脚背挺直稍向内弯,做模仿自由泳的打腿动作,如图 10.1.25 所示;或仰卧坐在池边上,做直腿打水的模仿练习。

(2) 水中自由泳腿的练习。

目的:在水中掌握正确的自由泳腿的动作。

方法：在浅水处，两手撑池（河）底，做直腿打水练习，如图 10.1.26 所示。

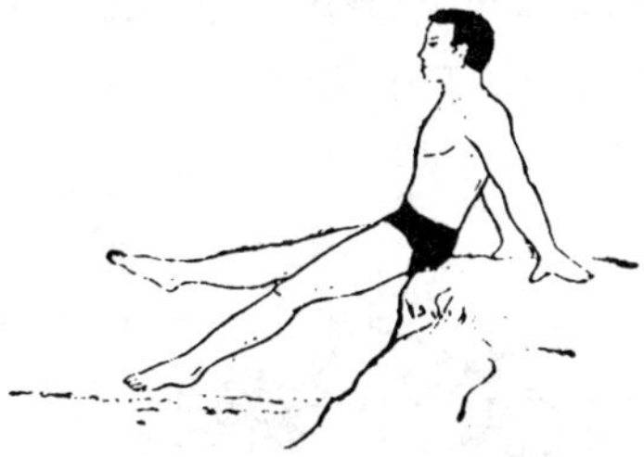

图 10.1.25

图 10.1.26

3．注意事项

（1）打水时，膝关节不要过于弯曲，踝关节放松，脚面要伸直，防止仅用小腿打水，两脚不要打出水面。

（2）向下打水时，要快而有力；向上打水时，要放松自然。

（三）臂部动作

臂部动作是推动身体前进的主要动力。自由泳时，两臂划水是轮流进行的，动作基本一样。目前，在自由泳中，都采用屈臂划水的技术。

臂部动作由入水、抱水、划水、推水、出水、移臂六个部分组成，应连贯起来进行。（图 10.1.27）

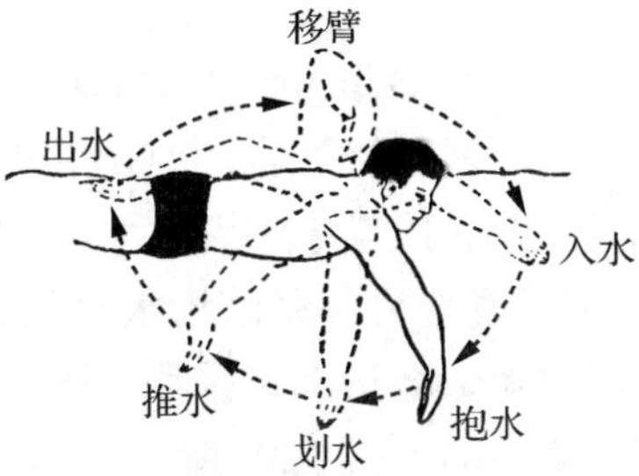

图 10.1.27

1．动作要领

（1）入水。空中移臂后，上臂在肩线前稍靠外处迅速自然地插入水中。入水时，肘关节稍高，小臂微屈，大拇指向下，掌心稍向外转，按手、前臂、上臂和肘的顺序入水。

（2）抱水。臂入水后，手腕迅速微屈，前臂内旋提肘，同时向前下方伸肩，使臂与水面约成 40°角，向外提肘屈臂，使手臂处于有利位置。

（3）划水和推水。抱水后立即划水，这时，上臂与前臂之间弯曲成 140°～160°角，前臂划动速度快于上臂。当划至肩下方时，整个臂部与水面垂直，手在体下靠近身体中线，屈肘约成 120°角，这时，前臂与上臂同时向后划动，肩部后移。当划至腹下时，屈肘约成 100°角，这时，前臂向后划动速度快于上臂，做快速推水动作，推至大腿侧下方，结束划水。（图 10.1.28）

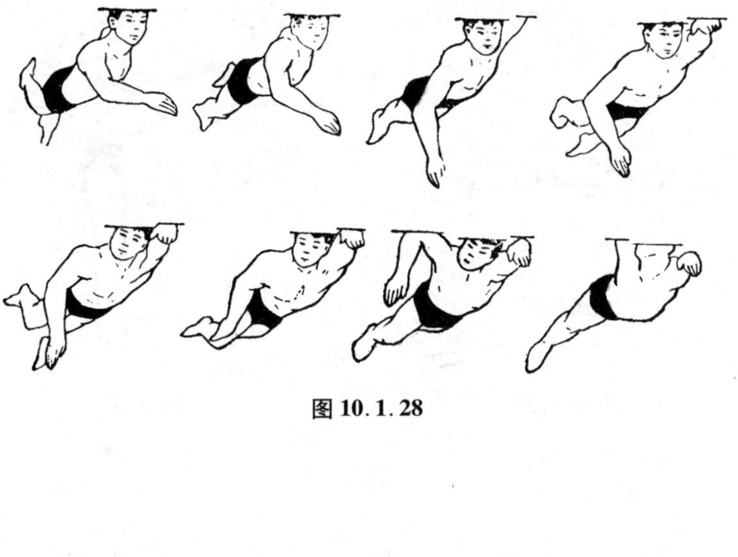

图 10.1.28

划水时,手指应自然并拢,少数人在划水过程中手掌与小臂的位置有变化。开始划水时,手掌与小臂几乎成一直线,在推水结束时,手掌与小臂成200°~220°角。(图10.1.29)

划水时,手的移动路线是由肩前经肩下到腹下到大腿外侧,呈一种"S"形(图10.1.30),它是屈臂划水自然形成的。

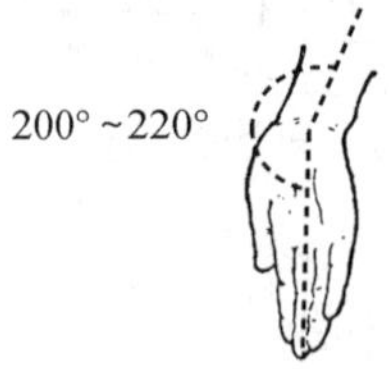

图 10.1.29

图 10.1.30

(4) 出水。划水结束后,利用推水时所产生的惯性和肩部肌肉收缩的力量,迅速将臂提出水面。

(5) 移臂。臂出水后,以肩带动臂,屈肘,手从空中沿着水面向前方移动。(图10.1.31)

(6) 两臂配合。自由泳的两臂划水是轮流进行的,其配合的形成一般称为"交叉"。当一臂完成空中移臂入水时,另一臂划水至胸肩下垂直部位,与水平面成90°角,叫"中交叉";或者另一臂已划水至腹部下方在做推水动作,与水平面约成120°角,叫"后交叉"。现在大多数运动员采用"中后交叉",即一臂完成空中转臂入水时,另一臂划水至胸腹下与水平面约成120°角。

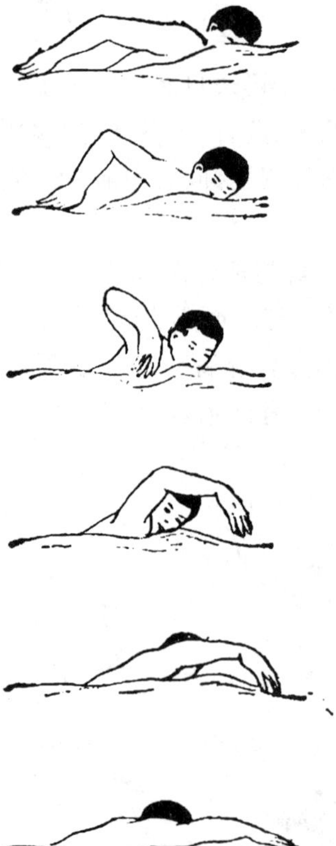

图 10.1.31

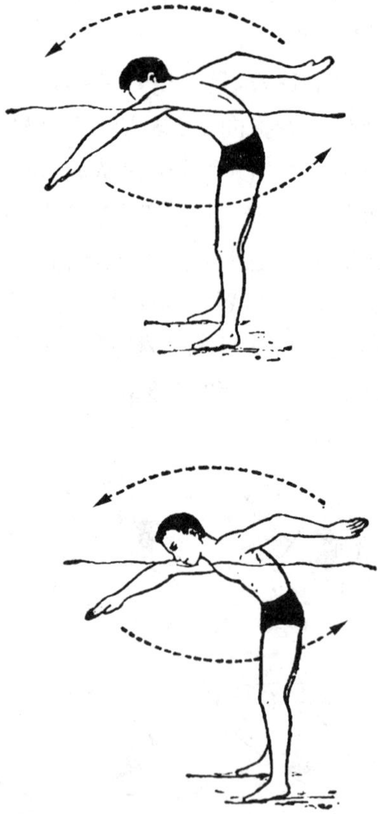

图 10.1.32

2. 练习方法

(1) 陆上自由泳臂的模仿练习。

目的：在陆上建立和体会自由泳臂的动作，为水中练习打下基础。

方法：两脚开立，上体前倾，做直臂单臂或两臂轮流划水、移臂的模仿练习。在上述练习的基础上，再做屈臂划水、移臂的模仿练习。

(2) 水中练习。

目的：在水中掌握正确的自由泳臂的动作。

方法：站在齐腰深的浅水中，上体前倾做臂划水练习(图 10.1.32)，或者由同伴抱住两腿做臂划水练习。

3. 注意事项

(1) 臂的整个循环动作要有节奏，不能停顿。

(2) 入水动作要自然，抱水动作要逐步加快，练习抱住水。

(3) 划水要用力，动作速度不断加快并有一定的紧张程度。

(4) 出水时，利用惯性，臂和手应尽量放松，手掌稍转向内侧方。

(5) 移臂时，肘部始终保持比肩高的位置，动作要快而放松。

第二节　游泳的安全卫生措施

一、游泳安全知识

(一) 游泳前要进行身体检查

凡是患有严重的心脏病、癫痫、皮肤病、中耳炎和传染病，都不能参加游泳活动。伤风、发热、腹泻、红眼病患者最好不要勉强下水游泳，否则只会加重病情。妇女月经期、产假期和怀孕期也不宜参加游泳活动。

(二) 游泳前要做好准备活动

每次游泳前，应在陆上认真做好准备活动，目的是提高神经系统的兴奋性，促进血液循环，增加肌肉的弹性，加大关节活动范围，防止肌肉痉挛和拉伤。一般可做慢跑、徒手操、游泳模仿等各种活动。

(三) 空腹、酒后和饭后 1 小时内不宜游泳

空腹游泳容易使人体血糖降低，产生头晕、四肢乏力等不良反应，甚至可能出现昏厥现象。饭后游泳不仅会加重心脏负担，而且容易引起胃痉挛，出现腹痛和呕吐现象。酒后游泳，在水中极容易发生危险，因而酒后不宜游泳。

(四) 了解游泳水域情况

到江河湖泊游泳，首先要勘察水情，选择水底平坦，无淤泥、水草、桩柱，以及水质无污染、无急流旋涡的水域，并把浅水区、深水区划分清楚，做出显著标记。最好结伴前行，以便相互照顾，防止意外发生。游泳时间不宜过长，人在水中感到不适，应马上起水，擦干身体，及时穿上衣服。如遇到雷雨，应迅速上岸，切不可在大树底下躲避或更衣。

二、急救

（一）自救

初学者误入深水区或遇到旋涡等，首先要镇定，不要慌乱，放松漂游，力争呼吸自如。如在旋涡中，身体应保持俯卧姿势，逆旋涡方向游出险区或向人呼救，切不可踩水和潜泳，以免被旋卷进去。如在游泳中被水草纠缠住，首先身体成卧姿进行解脱，然后从原路返回。游泳时间过长或准备活动不充分，常常会引起大腿、小腿或脚趾等部位痉挛。消除痉挛的方法是：使身体漂浮水面，用痉挛腿对侧的手拉住痉挛腿的脚趾，用力向身体方向扳拉，另一手压痉挛腿的膝盖，使小腿伸直。大腿痉挛，可用两手用力抱住小腿贴近大腿，反复振压直至解脱。如果痉挛严重，无法自行消除，应向人呼救。

（二）水中救护

在实施救护时，尽可能将救生圈、竹竿、木板等器材抛给溺水者进行间接救护。如果没有任何救生器材，必须实施直接救护，救护者首先要沉着、冷静，迅速观察周围环境，辨别水流，然后在溺水者上游的斜上方水域入水，对不熟悉的水域应脚先入水，用抬头自由泳或蛙泳接近溺水者。当游到离溺水者 2 ~ 3 米处时，潜入水中，从溺水者背后用两手托住溺水者的下颌或腋下，用反蛙泳进行拖带，或者一手从溺水者的胸前握住其腋下，用侧泳进行拖带。不管用哪一种拖带方法，必须使溺水者成仰卧姿势，口鼻露出水面，呼吸空气。若被溺水者抓住或抱住，应设法解脱。解脱方法一般有虎口解脱法、扳指解脱法、扭转解脱法、托肘解脱法等。

第十一章

快乐体育运动

娱乐是体育本身所具有的独特属性。体育中的诸多项目如田径、球类、体操等都是由游戏演变而来的，具有一定的娱乐性。近年来，由于学校体育教学以增强学生体质和发展学生运动技能为目的，学校体育教学内容变得更加正规化与竞技化。以运动技能为主线的体育课逐渐使学生掌握了一些技术，但学生难以从内心去感受体育带来的快乐。

所谓快乐体育，是指从终身体育和个人发展需要出发，从情感入手，以对学生进行健全的人格教育、身体教育为目标的一种体育教育思想。快乐体育在形式上以快乐地从事体育学习为目标，但其本质含义是寓教于乐，对学生进行完整的人格教育、体能教育等，使学生能够在学习中认识体育、接受体育，从而达到一定的目标。

第一节　体育游戏

体育游戏是一个有目的、有意识的活动。任何一种体育游戏总是具有一定的目的，或是为了传授生活和劳动的技能，或是为了发展游戏者的体力和智力，或是为了娱乐。由于体育游戏是人类有意识的活动，因此在游戏活动过程中，人们可以创造性地发展游戏的内容，制定游戏的规则，传授游戏的经验，以及不断地创造出新的游戏。人类所特有的第二信号系统在这个过程中起着重要的作用。从这个意义上讲，只有人类才有游戏。动物虽也有一些类似游戏的嬉戏，但那只是无意识的本能活动，与人类的游戏有着本质的区别。

游戏按内容可分为奔跑游戏、跳跃游戏、投掷游戏、对抗与负重游戏、球类游戏等；按提高身体素质的侧重点可分为力量性游戏、耐力性游戏、速度性游戏、灵巧性游戏等；按组织形式可分为不分队游戏、分队游戏等。有了形式多样的游戏，在教学中就可以根据教学内容选择相应的种类进行教学。

一、几种实用的体育游戏

（一）活动性游戏

1．托球跑

参赛办法：每队报2组，可以男女混合，每组8人，分两次进行。每次每队只允许1组参加。

器械：乒乓球。

比赛规则：乒乓球必须放在乒乓球拍的中间，不得用手固定，每人每次只能托一个球，从起点到终点（10 米）的过程中球不掉在地上并放入指定位置才算有效球，另外一人再从筐中捡起球进行接力。如果球在托送途中掉到地上，选手必须回到起点重来，以 8 位选手全部运送完球所用时间最少的队为获胜队。

2. 单足跳接力

参赛办法：每队男、女各 5 人参赛。

器械：接力棒。

比赛规则：学生成一路纵队站立在起跳线后，距离起跳线 20 米处放一标志物。教师发令后，排头用单脚连续跳，绕过标志物跳回，拍第二人的手，自己站到排尾。依次进行，以先跳完的队为获胜队。

3. 运球上篮比赛

参赛办法：每队 5 名男生参赛。

器械：篮球。

比赛规则：学生成一路纵队站在篮球场底线处，教师发令后，排头先运球到对面的篮筐进行投篮，投篮方式不限，进球后方可运球折回投另一个篮筐，投进后把球交给下一名同学，依次进行，用时少的队名次列前。

（二）追逐游戏

双杠追逐跑

参赛办法：每队 5 名男生参赛。

器械：双杠。

比赛规则：学生手握双杠一端站好，教师发令后，学生手撑双杠做前摆挺身下，跑向另一端再做。依次进行，最后以各队在规定时间内所做总数的多少判定名次。

（三）角斗游戏

1. 拔河

参赛办法：每队男、女各 12 人参赛。

器械：拔河绳。

比赛规则：在场地上画三条平行的短线，间距 1.5 米，中间的为中线，两边的为“河界”。拔河绳中间系上一根红带子为标志带。使拔河绳垂直于中线，放在场地的中间，并使标志带对准中线。双方队员分别站在“河界”后拔河绳两侧，对面间隔站立。裁判鸣哨后，双方一起用力拉，最终把标志带拉过本队“河界”的队为获胜队。

2. 抢棒棒糖

参赛办法：每队 8 人，男、女各占一半，可多组进行。

器械：4 根绳子，棒棒糖若干。

比赛规则：两名男（女）生背靠背挽住对方的手臂，每名男（女）生前面 1 米左右站着一名女（男）生，手拿一个棒棒糖。裁判 2 人，裁判发令后，男（女）生反向用力以吃到对面女（男）生手里的棒棒糖，先吃到者获胜。

（四）集体竞赛游戏

1. 多足虫

参赛办法：每队男、女各 8 人参赛。

比赛规则：参赛队员成一路纵队，后面队员将双手放在前面队员的肩上。比赛开始，全队协同一致交替迈步向前，以排尾通过终点线为比赛结束，用时少的队获胜。

2. 二人三足跑

参赛办法：2 人一组参赛。

器械：绳带。

比赛规则：参赛者并排站在起跑线后，用绳子将两人的内侧腿捆好。比赛开始，两人向前跑出，以先到达终点者为胜。

细则：必须向前走跑，不得跳跃。

3. 协同作战

参赛办法：每队 2 人一组参赛。

器械：排球。

比赛规则：参赛者背对背，互相挽住对方的手臂，中间夹一排球，站在起跑线后。比赛开始，两人迅速侧身向前跑，绕过标志物跑回，将球交给后面的队员。依次进行，以先跑完的队为胜。

细则：不得松开手臂；球若掉下，必须拾起重新开始。

（五）专项游戏

1. 运球接力

参赛办法：每队 10 人，分为甲、乙两组，每组 5 人。

器械：篮球。

比赛规则：各队甲、乙两组分别站在起、终点线后成一路纵队，比赛开始后，甲组第一名队员运球至乙组并将球交给乙组第一名队员，乙组第一名队员接球后迅速向甲组运球并将球交给甲组第二名队员。依次进行，以先完成的队为胜。

细则：不得抱球跑，不得扔球。

2. 排球自垫球

参赛办法：男、女各 5 人参赛。

器械：排球。

比赛规则：学生每人手持一个排球站好，比赛开始，学生双手垫球（球必须超过头部），以单位时间内垫球次数的多少判定名次。

二、在体育游戏中需要注意的问题

无论什么游戏，都必须具备参与者、场地、器材、规则等条件，规则可由教师制定，学生执行，或学生自行商定。无论采用哪种方式，都要能最大限度地培养学生遵守纪律的自觉性。在体育教学中，运用集体性游戏能够最大限度地培养学生的自觉能力和自律行为，使平时纪律性较差的学生能够养成遵守纪律的行为习惯。因为在整个游戏过程中，每一个人既不愿因自己的行为失误而破坏全队的成绩和名次，又不愿违反规则使全队受罚或被取消资格。

根据学生的身心特点，在体育游戏中应注意以下几点：

（1）青少年由于各器官系统的发育还不够完善，因此在游戏中还不适宜做过多负重的练习、大强度的力量练习、较长时间的静力性练习或耐力练习、较长时间的剧烈运动等。

(2) 女生在月经期间,不宜做剧烈的运动。

(3) 随着年龄的增长,青少年在智力上已经能适应较为严密的游戏规则。规则的严密既能保证游戏的正常进行和易于评判,也能增加游戏的趣味性,但规则也不能太多或太过复杂。

(4) 青少年参加体育游戏一般都是从兴趣出发,对于自己喜欢的游戏,常常会不顾一切尽情地去玩,没有自我控制力;而对于自己不喜欢的游戏,则不愿意去玩。教师在组织教学游戏时,应注意这些情况,并采用适当的方法控制游戏的运动负荷量,或选用有趣的手段组织学生做好游戏。

第二节　校园拓展运动

校园拓展运动是一项体力与智力、心理与技能相组合的体育运动。它以学生为主体,以“先行后知”“边行边知”“愈怕愈行”等体验式的学习方法,让学生在愉快、积极、刺激的参与中,在大自然中,学习知识、掌握技能、领悟道理。参加校园拓展运动,既能锻炼体力、娱悦身心,又能提高机敏、协调和配合能力。

一、校园拓展运动概述

校园拓展运动是指以身体活动为手段,根据学生的心理、生理特点,有计划、有目的、有组织地安排的练习项目和练习训练课程。

(一) 校园拓展运动的特点

1. 时尚性

校园拓展运动适应当今时代完善人格、提高素质和回归自然的需要,符合学校体育所倡导的“到阳光下,到大自然中去活动”的理念。

2. 突破性

校园拓展运动并非体育加娱乐,也不是魔鬼训练,而是对正统体育的一次全面提炼和综合补充,它打破了常规,产生了新的意义。

3. 丰富性

校园拓展运动的所有项目都以体能活动为先导,引发出认知活动、情感活动、意志活动、交流活动等,使短暂的训练充实而丰富。

4. 挑战性

校园拓展运动的项目具有一定的难度,特别是表现在心理考验上,需要队员向自己的体力、能力和心理提出极限挑战。

5. 团体性

校园拓展运动实行分组活动,强调团队合作。通过面对共同的困难,可使每一名队员竭尽全力,既增强团队合作的意识,又从团队中汲取巨大的力量和信心。

6. 高峰体验

在克服困难、顺利完成课程任务后,队员能够体会到发自内心的胜利感和自豪感,获得人生难得的高峰体验。

7. 自我教育

教师只是在课前把课程的内容、目的、要求及必要的安全注意事项向学生讲清楚，活动中一般不进行讲述，也不参与讨论，充分尊重学生的主体地位和主观能动作用的发挥。即使在课后的总结中，教师也只是点到为止，主要让学生自己来讲述，达到自我教育的目的。

8. 回归自然

回归自然即与大自然互动，通过自然的学习方式，达到自然的个性成长。

（二）校园拓展运动的练习流程

校园拓展运动课程由多个针对不同练习目的的项目组成。按照不同的训练目的，对这些项目进行排列组合，将不同类别、不同应用层次的项目穿插使用，在安排项目顺序的时候，最好能够做到循序渐进、因势利导。但不管课程的设置如何，整个课程的操作都是由以下六个标准流程组成的。

1. 场景布置

按照活动项目的内容特点，合理利用活动环境，准确地布置所需器材，使其具有该项目要表达的真实性。

2. 项目介绍

任何一个子训练项目的开始，都是学生在教师的指引下去经历一种模拟的场景或氛围。在这个过程中，教师要向学生准确描述所要开展项目的名称、目的和要求，让学生明确训练项目操作过程的规划目标。在此过程中，教师除了对项目本身进行描述外，不要向学生提供解决的方法，但可提示。

3. 项目操作

学生根据教师提供的信息完成项目要求的任务。参与挑战的过程是学生的实战过程。由于校园拓展运动的不定性，体验结果也不尽相同。获得成功者殊途同归；没有成功的，活动过程也各具特点。教师可以在每次活动时安排个别学生做观察员，观察员除了保护队友的安全外，也可以帮助记录活动的进程。当然，教师也应该准确记录，以便在分享回顾时运用。

4. 分享回顾

作为校园拓展运动的重要组成部分，分享回顾是学生在体验后，回顾刚才经历的过程，将各自完成任务时的感想、完成后的感受真诚地说出来，结合教师的记录与大家分享得失，求同存异，达成默契。教师在引导分享回顾时要注意以下几个原则：即时性原则、求同存异原则、密切联系原则、追求卓越原则。

5. 引导总结

分享回顾后，要对活动中出现的问题和认知感受进行引导，用符合校园拓展运动理论基础的理念进行科学的总结，使其理论更加严谨与系统化。这个环节主要由教师来做，有时也可由教师授权给某个学生进行讲解。在这个过程中，教师应根据学生讨论的结果，结合相关的理论知识，进行归纳总结，让学生对知识的认识由感性上升到理性。引导总结经常会和分享回顾交叉进行。进行适时的引导，做出精辟的点评，讲述振奋人心的故事，不仅能使课堂生动活泼，而且也能让学生牢记在心。

6. 指导行动

在分享回顾和引导总结后，对学生的感悟与理解进行提升，主要运用鼓励与肯定的形式，让其对自己的能力与潜力有一个新的认识，对校园生活及人生发展充满信心，并将这些感悟与具体的生活情景相结合，完成由实践到认识，最终用来指导实践的循环上升的过程。

（三）校园拓展运动的注意事项（安全问题）

在校园拓展运动开展过程中，要时刻保持警惕，以高度负责的态度保证每一个细节的绝对安全可靠，及时消除安全隐患，杜绝不安全行为，控制不安全因素，确保学生人身安全。活动前，必须做好充分的思想、心理和体能准备，了解活动目的、意义和方法，并对活动的器械和装备进行安全性能的检查，做到安全可靠，万无一失。活动中，参与者的注意力必须高度集中，尤其是保护者，必须抱着认真负责的态度，保持严密的组织性、纪律性。

选择的场地或器械的特殊性、活动内容的求知性、特有的心理挑战性等，决定了拓展运动具有一定的风险性。如何获得最大的安全保障，如何让学生在身体、心理上获得安全保障，是拓展训练课程进入学校教学课程至关重要的一环。为了消除隐患、降低风险，拓展运动应遵循以下四大安全原则：

（1）双重保护原则。课程设计时所有需要安全保护的训练项目，都必须进行双重保护演练，注意每种保护方法均以保证在实施操作过程中学生的安全为前提。

（2）器械备份原则。任何需要器械保护之处，都必须安置备份器械。

（3）重复检查原则。所有安全保护器械应合理使用，用完后必须再复查一遍，操作中部分保护要多次检查，消除操作失误的可能性。

（4）安全监护原则。教师应对项目进行中可能遇到的安全问题进行全程监护，将任何隐患消除在萌芽状态。只有在活动过程中认真讲解、规范操作，将安全问题很好地落到实处，才能使学生充分享受拓展运动带来的快乐与收获。

二、沟通项目

（一）与你同在

1. 项目要求

人数：将队员分成若干个由 15～20 人组成的小组。

时间：15 分钟。

场地：一块平整的场地。

器材：每组 3 个网球。

2. 项目目标

每个人能迅速进入团队，相互熟悉，改善团队人际关系，活跃团队的现场气氛。

3. 项目程序

（1）选择一块宽阔平整的活动场地，教师和队员们以小组为单位站成一圈，每人相距约一臂长。

（2）教师大声喊出自己的名字，然后将手中的球传给自己左边的队友。接到传球的队友也要如法炮制，喊出自己的名字，然后把球传给自己左边的人。这样一直继续下去，直到球重新回到教师的手中。

（3）教师重新拿到球后，告诉大家现在要改变游戏的规则，接到球的队员必须喊出另一个队员的名字，然后把球扔给该队员。

（4）几分钟后，队员们就会记住大多数队友的名字。这时，再加一只球进来，让两只球同时被扔来扔去，活动规则不变。

（5）在活动接近尾声的时候，再把第三只球加进来，其主要目的是让活动更加热闹有趣。

（6）活动结束后，在解散小组前，邀请一个志愿者，让他在小组内走一圈，报出每一个人的名字。

4. 总结与评价

（1）扔球的时候不可用力过猛。教师最初扔的应当是一个较慢的高球，为后续的扔球队员树立典范。

（2）活动结束后，教师带领学生讨论本项目的感受和启示。

（二）集体握手

1. 项目要求

人数：30 ~ 50 人。

时间：20 分钟。

场地：一块平整的场地。

2. 项目目标

（1）让队员认识一半以上的其他队员。

（2）体会沟通中微笑、眼神等表情因素的重要作用。

3. 项目程序

（1）请所有人围成两个大圆圈，一个圈在另一个圈里面。

（2）内圈的人转过身来，面对外圈的人。

（3）迅速地彼此进行自我介绍，然后移动。

（4）外圈的人持续左移，内圈的人持续右移，直到一个圈的每个人对另一个圈的所有人都做了自我介绍。

4. 总结与评价

（1）内圈和外圈的最佳距离是多少？

（2）当你面对下一张新面孔的一瞬间，你的第一反应是什么？

（3）有多少人是以微笑开场的？在整个过程中，你注意到自己的表情了吗？在说话或聆听时，你的目光停留在哪里？

（三）跨越雷区

1. 项目要求

人数：10 人以下为一组。

时间：30 分钟。

场地：教室或校园空地。

器材：大号塑料杯 3 个，A4 白纸数张，桌子，纸板一块（30 × 30 厘米），每人一个眼罩。

2. 项目目标

（1）让学员了解在非语言沟通方面需要用到的沟通方式与技巧。

(2) 体会视觉线索对人的重要意义。

3. 项目程序

(1) 教师在活动区内用白纸设置障碍。

(2) 在活动区中间放置一张桌子,桌子中间放三个杯子,形成一个塔(底部的杯子正放,第二个杯子倒放,第三个杯子盛水放在第二个杯子上)。

(3) 每组有一位已跨越雷区的"幸运队员",在雷区的另一边指导本组的其他队员跨越雷区。

(4) 每组除了"幸运队员"外的其他队员必须蒙上眼睛,每次只能由一位队员通过雷区。

(5) 每组的全部队员通过雷区时,要将小组的纸板放在杯塔上,如果杯塔不倒,则视为完成任务。

(6) 踏中雷区(杯塔倒掉)的队员视为"死亡",退出活动,只能在旁边观看。

(7) 通过雷区的队员可以摘下眼罩,参与指导。

4. 总结与评价

(1) 在活动过程中,指导人员是如何和蒙眼队员进行交流的?

(2) 蒙眼队员在活动中的感受如何?

(3) 我们应该用什么办法来改进沟通?

(四) 盲人足球赛

1. 项目要求

人数:集体参与。

时间:30~60 分钟,参与人数越多,所需时间越长。

场地:校园内平整的空地(校园足球场最佳)。

器材:眼罩若干(两种颜色),足球 2 个(要用含气量不足的球,这样每踢一下,球不会滚得太远),哨子 1 个,球门 2 个。

2. 项目目标

(1) 使团队成员相互信任。

(2) 促进团队成员相互沟通与交流。

(3) 培养团队合作精神。

3. 项目程序

(1) 留出 2~3 人作为监护员,监护员的任务是负责安全,同时兼任边裁。把其他的队员分成两个人数相同的小组,要求每个小组的总人数为偶数。

(2) 每个队员在自己的小组内找一个搭档。

(3) 每对搭档中只有一人戴眼罩,另一人不戴(两组人员选择不同颜色的眼罩以示区别)。

(4) 告诉大家:"我们即将进行一场别开生面的足球赛。每对搭档中只有戴上眼罩的队员才可以踢球,他的搭档负责告诉他向什么方向走、做什么。"

(5) 详细解释活动规则:那些戴上眼罩的队员弯曲双肘,手掌向外,手的高度与脸平。负责指挥的队员不允许碰自己的同伴,只能通过语言发出指令。这场球赛中没有守门员,每个队踢进对方球门一个球得 1 分。任何一队进球后,都要把球拿回场地中间,重新开始比赛。不允许把球踢向空中,在任何时候,球都应当在地面上滚动。如果某个队员踢了高球,裁判会暂停比赛,并把该队员罚下场。如果球被踢出了界,裁判将负责把球踢回场地,除此之外,没有其他的关于出界处理的规则。比赛一共进行 10 分钟,中场休息,交换场地。

(6) 宣布完活动规则后,让两个小组用投硬币的方法选择场地。场地定好后,把 2 个球放在场地中间,然后吹哨,开始活动。用 2 个球意味着比赛中每个队 1 个球,各自为得分而奋斗。

4. 总结与评价

(1) 哪些因素有助于最终取得比赛胜利?

(2) 蒙眼队员在活动中的感受是什么?

(3) 指挥者的指令清楚吗? 哪些方面有待改进?

(五) 进化论

1. 项目要求

人数: 集体参与。

时间: 30 分钟。

场地: 教室或校园空地。

2. 项目目标

(1) 作为练习活动的开场游戏,制造活跃和轻松的气氛。

(2) 提高队员参与后面活动的积极性。

3. 项目程序

(1) 活动以猜拳形式进行(石头、剪刀、布)。进化程序: 鸡蛋→小鸡→凤凰→人。不同层次对应的动作为: 鸡蛋——蹲下; 小鸡——蹲下,手模仿翅膀在身旁拍打; 凤凰——站立,两手呈三角形放在头顶上; 人——两手叉腰站在一旁。

(2) 全体队员先蹲下且被视为鸡蛋。

(3) 相互找同一层次的同伴进行猜拳,猜赢后可进化为小鸡。

(4) 活动期间各队员需不断与别人猜拳(只能跟同一层次的人猜拳,即“小鸡”只能和“小鸡”猜,而不能跟“鸡蛋”“凤凰”或“人”猜),猜赢了便可升一级,猜输了便跌一级,直至变成“人”,则停止猜拳。

(5) 当再也没有人能变成“人”时(如只剩下一枚“鸡蛋”、一只“小鸡”或一只“凤凰”),活动便结束了。

4. 总结与评价

(1) 活动中你是否能积极地参与进去?

(2) 教师带领队员讨论本活动的宗旨。

三、团队协作项目

(一) 坐地起身

1. 项目要求

人数: 全体队员一起参与。

时间: 30 分钟。

场地: 校园内一块平整的空地。

2. 项目目标

（1）增进团队成员间的友谊。

（2）增强团队向心力，培养团队合作意识。

（3）增强团队成员的归属感，增强团队活力。

3. 项目程序

（1）两名队员背靠背坐在地上。

（2）两名队员双手相互交叉，合力使双方一同起立。

（3）按此原理，可多人一起参加此项目，不断增加参与人数，最后全体队员一同完成，达到全体一起起立的效果。

4. 总结与评价

（1）你能仅靠个人的力量来完成起立动作吗？

（2）如果队员双方能够保持动作的一致性，是不是完成起立动作要容易得多？为什么？

（3）你们知道为什么4个人时相对比较容易站起来，而10个人时却那么困难吗？这对我们工作、生活有什么样的启发？

（二）齐心协力

1. 项目要求

人数：全体队员一起参与。

时间：20分钟。

场地：校园空地或操场。

2. 项目目标

（1）体会团队协作及个人在团队中的重要性。

（2）体会团队成员间的相互支撑，增强责任心。

3. 项目程序

（1）全体队员围成一圈，每位队员将双手放在前面一位队员的双肩上。

（2）教师介绍"兔子舞"口令："左、右、前、后、前、前、前"，并要求队员根据指令做出相应的动作：伸左脚、伸右脚、两脚并拢向前跳一步、两脚并拢向后跳一步……

（3）教师喊"开始"后，由队员自己喊口令，并边喊边跳"兔子舞"，跳半圈后教师喊停，恢复队形，进入下一环节。

（4）全体队员左手放在两腿之间伸向后面队员，后面队员伸出右手抓住前面队员的左手。

（5）教师鼓励大家在这种情形下按照刚才的口令继续跳"兔子舞"，跳半圈后，教师予以肯定和表扬，并鼓励大家进入下一环节。

（6）全体队员围成一圈，前后间隔为"零距离"，即每位队员要用自己的脚尖抵住前面队员的脚跟。听教师的指令，缓缓地坐在身后队员的大腿上，调整几次坐下后，教师再给予指令，让队员保持当前的队形继续跳"兔子舞"，边喊口令边跳，要鼓励队员全力以赴，不要"掉链子"。跳半圈后，训练结束，教师引导总结。

4. 总结与评价

（1）在活动过程中，你的精神状态是否发生变化？身体和声音是否出现变化？在发现自己出现以上变化时，你是否即时加以调整？

（2）你是否有依赖思想？是否认为自己的松懈对团队的影响不大？最后出现了什么

情况？

（3）此时此刻，你对“水桶理论”是否有了更深的理解？对你的学习、生活会有什么帮助？

（三）蜘蛛网

1. 项目要求

人数：将队员分成若干个由12～16人组成的小组。

时间：60分钟。

场地：中间有两棵结实大树（或杆状物）的空地。

器材：用绳子（或松紧带）编成的蜘蛛网一张，用作报警器的小铃铛，用来制造气氛的大橡胶蜘蛛。

2. 项目目标

（1）把队员团结在一起，培养团队合作精神。

（2）增进沟通，体现队员协同工作在解决问题中的作用。

（3）让队员体会计划的重要性，学会克服看似难以解决的问题。

3. 项目程序

（1）所有队员站在网的一边，教师介绍项目规划：“你们小组陷入了一片原始森林中，走出森林的唯一出路被一张巨大的蜘蛛网封锁了，你们必须从蜘蛛网中钻过去（不能绕过去，也不能从网的上面或下面过去）。值得庆幸的是，蜘蛛目前在睡觉。但不幸的是，蜘蛛非常容易惊醒，并会立刻扑过来咬人，其结果是造成正在穿越的人和已经穿越过去的人立刻双目失明。另外，每个洞只能用一次，即不同的人必须从不同的洞穿越过去。”

（2）活动过程中提醒已通过蜘蛛网的队员做好监督工作。

（3）可选出一名观察员记录小组执行任务的过程中都出现过什么问题，如计划方面、沟通方面的问题。

4. 总结与评价

（1）你对计划的重要性有什么认识？你认为这次活动的计划做得怎么样？

（2）该项目最困难的地方在哪里？怎么改进？

（3）在完成项目的过程中，你感觉团队的合作精神怎么样？队员们是否有责任感？

（四）有轨电车

1. 项目要求

人数：20人左右（10人左右一组）。

时间：30分钟。

场地：户外平整的空地一块。

器材：“电车”一套（带多个鞋套的长木板2块或装有若干个T绳索的长木板2块）。

2. 项目目标

（1）增强团队的凝聚力。

（2）了解协作的一致性与指挥方式的作用。

（3）理解个人、小团队、大团队的关系。

3. 项目程序

（1）人员平均分组，每组10人左右。各组人员手拉绳索，脚踩木板，步调一致地按规定轨道走一圈，最终回到起点。

（2）两组比赛，所用时间少者获胜。

（3）活动过程中要保持步调一致，否则要尽快调整，如果调整不及时出现摔倒的情况，手要扔掉绳索，同时大声喊停以告知同伴。

（4）不要把绳索缠绕在手上，失衡后要向两侧踏，不要踏向中间。

4. 总结与评价

（1）在这个项目中，你对团队协调有什么认识？对团队沟通又有什么认识？

（2）怎么做能够加快小组的行进速度？

（3）这个项目哪些方面与现实生活相通？

（五）排除核弹

1. 项目要求

人数：15 人左右。

时间：60 分钟。

场地：相对开阔的小场地一块。

器材：25 米长的绳子 1 根（用于围成雷区），20 米长的保护绳 2 根，纸杯 1 个，砖头 1 块，作为稀释溶液的矿泉水 1 瓶，眼罩 1 个，手套 4 双备用。

2. 项目目标

（1）加强团队的合作意识。

（2）强调团队之间的交流沟通，提高团队的整体能力。

（3）培养全体队员各尽所能、共同努力完成任务的能力。

3. 项目程序

（1）用 25 米长的绳子围成一个圈，用砖头把纸杯垫起来并放在圆圈的中间。

（2）教师开始给队员们讲一个故事：在一个山村有一枚没有爆炸的核弹头，给该地区造成了威胁，你们作为特工人员将去该地区排除核弹头。圆圈内为辐射区域，所有人员不得进入圈中。2 根 20 米长的绳子可作为防辐射物品，但不能碰到地面。排除核弹头的方法是：利用仅有的工具将一名拿有稀释溶液的队员悬空在辐射区上方（由于强辐射，该队员需要戴上眼罩），在不碰到辐射区内任何物品的情况下向圆圈中间的纸杯中倒入三分之二的稀释溶液，然后队员的手才可以碰触“核弹装置”（纸杯），把“核弹装置”移出圈外完成任务。在完成任务的过程中，瓶子里的水和杯子里的水都不能洒出来，否则将视为失败，如需要重新开始，则每人要“奖励”做俯卧撑 20 次。

（3）活动过程中出现若干危险动作，应及时叫停。

4. 总结与评价

（1）在整个过程中，你认为最佳的表现在哪里？团队的合作精神体现在哪里？

（2）团队在解决问题的过程中采取了哪些步骤？这些步骤有什么地方可以改进？

四、基地拓展项目

（一）空中抓杠

1. 项目要求

人数：10 人以上，最好不超过 35 人。

时间: 90 分钟。

场地: 基地综合训练架。

器材: 相应的安全设备(如动力绳、安全带、头盔、D 形锁、8 字环、手套等)。

2. 项目目标

(1) 克服恐惧,勇往直前,挑战自我,激发潜能。

(2) 以积极的心态去争取和获得机会,掌握目标管理与控制的成功经验。

(3) 培养队员面对困难时的互助精神。

3. 项目程序

(1) 全体队员在跳台下列队集合,教师讲解安全问题,包括安全带的使用方法,介绍主绳、锁具、头盔等的使用要求和方法(教师应经过专业、系统的培训)。

(2) 队员穿戴好保护装备,接受队友激励后,由地面通过立柱扶手爬到顶端,通过自己努力,站到立柱顶端的圆台上,站稳后两手侧平举并大声地问自己的队友和保护人员:"准备好了吗?"在听到"准备好了!"的回答之后,自己大声喊"1、2、3"的同时奋力跃出,用手去抓前上方悬着的一个单杠(可以抓住、触摸或向单杠方向抓去,并非必须抓住),完成之后松开双手,在保护绳的保护下慢慢回到地面。

(3) 教师注意项目的安全监控,队员如有严重外伤病史、严重心脑血管、精神疾病、慢性病及并发症或医生建议不适合做此类挑战活动的,可以不做此类挑战项目。教师还要通观全局,当出现不合理动作时应及时提醒与叫停,此外要保证每位队员在上去之前和下降时都有人鼓励和迎接。

4. 总结与评价

(1) 在跳跃之前,你心里在想什么? 有什么感觉?

(2) 抓到单杠以后,身体漂浮在半空中时,你的感触是什么?

(3) 为什么在地面上和在高空中跳同样的距离会有那么大的心理差别?

(4) 不敢做是能力问题还是心理问题?

(5) 在现实生活中,是不是也碰到过类似的情况? 能不能举例说明?

(二) 垂直天梯

1. 项目要求

人数: 10 人以上,最好不要超过 35 人。

时间: 90 分钟。

场地: 基地综合训练架。

器材: 相应的安全设备(如动力绳、安全带、头盔、D 形锁、O 形锁、8 字环、手套等)。

2. 项目目标

(1) 全力以赴、合理分工、互相鼓励、充满信心、克服心理障碍是实现目标的保障。

(2) 培养队员的相互协作意识。

(3) 体会阶段性目标对于实现最终目标的重大意义。

(4) 珍惜别人的帮助,懂得感恩是能够继续前进的积极动力。

3. 项目程序

(1) 教师讲解安全问题,包括安全带的使用方法,介绍主绳、锁具、头盔等的使用要求和方法(教师应经过专业、系统的培训)。

（2）队员穿戴好保护装备，经教师检查并连接主锁，接受队友激励。

（3）两人一组向上攀登，两人共同站在第5根横木上手抱第6根横木，即宣告任务完成。

（4）在攀登过程中，可以利用的只有横木和两人的身体（可以拉拽腰间和腿间的安全带主带，但不得拉拽衣裤），不允许拉拽胸前的保护绳及两边的钢缆；需要踩踏搭档时，除了大腿根部和肩部靠里的位置外，其他部位都是禁止踩踏的。教师全程监控，及时提醒并叫停不合理的动作。

（5）保护者适当收紧保护绳，但不得提供拉力帮助队友完成任务。

4. 总结与评价

（1）你们在共同向上的过程中碰到了什么困难？是如何克服这些困难的？

（2）对于你们的伙伴，印象最深刻的是什么？

（3）说出挑战自我、体验成功的感受。

（三）合力过桥

1. 项目要求

人数：35人左右，不少于10人。

时间：90分钟。

场地：基地综合训练架。

器材：相应的安全保护装备（如动力绳、安全带、头盔、D形锁、O形锁、8字环、手套等）。

2. 项目目标

（1）增强队员克服恐惧、勇往直前、挑战自我的信心，激发潜能。

（2）培养团队的信任，增强团队意识和面对困难时互相帮助的意识。

（3）以积极的心态去争取和获得机会。

3. 项目程序

（1）教师讲解安全问题，包括安全带的使用方法，介绍主绳、锁具、头盔等的使用要求和方法（教师应经过专业、系统的培训）。

（2）教师讲解拉拽吊板下方保护绳的方法及尝试以上方吊锁为支点寻求平衡的用力感受。

（3）队员穿戴好保护装备，经教师检查并连接主锁，接受队友激励后，由地面通过扶手爬到起点，做好准备，通过2～3块30厘米宽、长度不同、摇晃不平的吊板。其他队员分组抓住吊板垂下的绳子，掌握平衡，让高空队员顺利通过。

（4）通过之后，从另一侧扶梯爬下，休息，直到下一位队员挑战完成后，参与保护。

（5）教师要通观全局，既要关注桥上的学生，也要注意保护人员和拉绳人员的情况，当出现不合理动作时及时提醒或叫停。

4. 总结与评价

（1）完成这个项目最需要什么？

（2）你在下面做保护和你在上面挑战，有什么不同的感觉？

（3）当你伸手够不到前面的吊锁时，你是怎么克服的？

第三节 交际舞

交际舞是一种文明、健康的娱乐活动，也是进行社交活动的一种积极有效的形式。交际舞可以陶冶情操、锻炼身体，使人身心得到美的享受和愉快的休息。通过交际舞的练习，学生能够展现优美的形态和个性风格，提高与他人合作的能力和社交能力。

一、交际舞的概念

交际舞又称舞会舞，也有人称之为社交舞。

交际舞是世界各国流行很广的一种社交、娱乐性质的舞蹈艺术。这种舞蹈由于不用经过专门的舞蹈训练就能很快学会，所以一直受到广大群众的喜爱，成为世界上最具有群众基础的文化娱乐活动之一。交际舞可分为国际标准交际舞、新型交际舞和流行交际舞三种。

交际舞有以下三个基本特征：

（1）绝大部分交际舞来源于朴实、健康的民间舞蹈艺术。

（2）交际舞的步法和花样都简单易学，便于掌握和普及。

（3）各种交际舞不受国界限制，所以称之为国际交际舞。

二、交际舞的基本知识

（一）脚的基本位置

交际舞中脚的基本位置是正步（图 11.3.1）。这个脚位是 1924 年成立的英国皇家舞蹈教师协会舞厅舞分会委员会的统一规定。

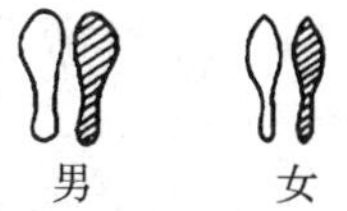

图 11.3.1

正步位置要求是两只脚平行站在地平面上，脚尖向正前方，两腿站直，双膝自然放松，但不要弯曲。胯要上提，不能坐胯或歪到一边。切记不能向外撇脚。

（二）交际舞双人基本持握姿势

双人正确的身体姿势和准确而稳定的持握方式是跳好交际舞的两个很重要的因素，因为错误的姿势和持握方式不仅会使舞跳得不美，而且还会严重影响双人之间的协调性、稳定性和平衡感。

1. 闭位姿势

（1）腿和脚。男、女面对面站立，双方右脚尖对准对方双脚间中线，双方脚尖相对，以相距 100～150 毫米为宜。（图 11.3.2）

图 11.3.2

（2）身体。男、女身体站直，立腰，不要展腰或塌腰。双方胸部相距 300 毫米。双肩放松，应和对方双肩经常保持平行。双方上体略向后倾，女再向右倾。

（3）手和臂。男、女的手势要讲究美观舒适。男右手放在女左肩胛骨下面，五指并拢，手背向外，右臂形成一个自然的弧度。男左手握住女右手，握手要适当放松，不要太紧，握手的高度以齐女耳垂为宜。女左手虎口张开放在男右肩上，右手大拇指紧贴男大拇指外，其他四指并拢，放在男大拇指和其他四指之间。男右肘

和女左肘要抬起来。(图 11.3.3)

(4) 头。男、女头要端正,脸向左斜前方,眼光各自从对方右肩上部向前平视。

图 11.3.3

2. 其他常用姿势

(1) 闭位单携手。男、女面对面站立,相隔一步左右。男右臂屈肘握女右手,手心向上,女右臂屈肘。男左臂和女左臂稍屈肘,抬到肩侧,手半握拳与肩齐。(图 11.3.4)

(2) 闭位双携手。男双手携女双手。(图 11.3.5)

(3) 开位单携手。男、女面向同一方向站立,左右相隔一步。男右手握女左手,男右臂、女左臂屈肘,另一手臂屈肘,手与肩平,男、女对视。(图 11.3.6)

图 11.3.4

图 11.3.5

图 11.3.6

(4) 开位双携手。开位双携手是从闭位姿势变化身体方向形成的。男左转 45°,女右转 45°,男右胯基本上贴女左胯,男头稍向右转,女头稍向左转,手臂位置同闭位姿势。(图 11.3.7)

(5) 右外侧姿势。女明显向左移动至男的右侧,女的右肩对男的右肩,男、女双肩保持平行。男左臂和女右臂伸得长一些,男、女头稍向右转。(图 11.3.8)

(6) 左外侧姿势。女站在男左侧,女左肩对男左肩,两人双肩保持平行。男左臂和女右臂伸得长一些,男、女头稍向左转。(图 11.3.9)

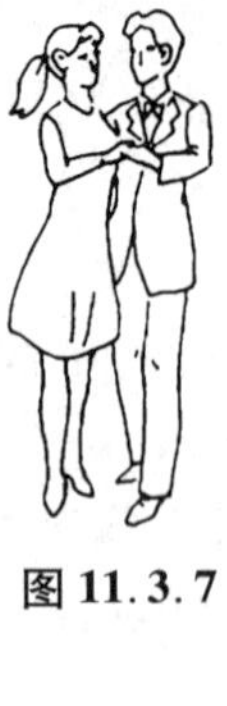

图 11.3.7

图 11.3.8

图 11.3.9

(三) 舞步

所有交际舞及其花样都是由不同舞步组成的,一般来说每个舞步都意味着身体重心的移动。舞步按照速度基本上可分为慢步和快步;按照方向可分为前进、后退、斜进、斜退、向旁迈、沿弧线前进或后退、转身(45°、90°、135°、180°、360°)等;按照性质可分为实步(全脚掌着地)、虚步(脚似乎着地,但没有真正落在地面上)、踏步(用全脚掌踏一下地)、敲步(用半脚掌踏一下地)、点步(半脚掌轻轻落在地上)等。许多舞步都有固定的名称,如常步、并步、横步、追步、扫步、前划弧步、后划弧步、锁步等。正是这些千变万化的舞步以不同的方式和节奏结合在一起形成了各种不同的交际舞。因此,初学者非常重视每种交际舞的基本步型的学习。

(四)舞程线

舞程线又称方向线,是想象中沿着舞池边缘逆时针方向的一条线。一般来说,华尔兹、狐步舞、探戈、波尔卡等交际舞都要沿着舞程线来跳。这是一种礼貌和尊重别人的表现,还可避免相互干扰和冲撞。

(五)带舞和跟舞

1. 带舞

交际舞中,男起带舞的作用,也就是起决定性作用。男带舞时应注意:

(1) 男只能用右手给女以清晰明确的信号,切忌用左手拉或提(除非女离男太远)。这样不会破坏跳舞的正确姿势和女的稳定性、平衡感,使男、女动作协调一致。

(2) 跳慢四步、狐步舞、探戈、华尔兹等舞蹈时不要扭动臀部,腰和胯也要保持稳定,不要左右摇摆。只有这样,跳舞才会显得庄重、文雅、大方、流畅。

(3) 男带舞,要在跳舞之前听到音乐就决定跳什么样的舞(如是跳慢四步还是跳探戈),以及确定舞步的节拍。

(4) 国际上一般都是男左脚起步(女右脚起步)。男在起舞前身体稍向后倾表示起步,或先把左脚向后撤一小步表示对女礼貌谦让。如音乐节奏较快,舞步就应小一些;如音乐节奏较慢,舞步相应长一些。如男、女身高相差较大,男要随时调整自己舞步的大小,以免女跟起来吃力。

2. 跟舞

女跟舞较容易,因女可不像男那样考虑迈步的方向和做什么花样。女只要掌握基本舞步和变换花样,就能自如地跟上男的舞步。女跟舞时应注意:

(1) 不要紧张,否则全身肌肉用力不当会影响正确的跳舞姿势和平衡,产生与男对抗的感觉。

(2) 不要代替男,把自己的舞步或花样及迈步的方向强加于男身上。

(3) 保持正确的姿势,身体挺起来,双肩自然放松,上体稍向后倾,肌肉松弛。注意男的右手信号和音乐节奏。

(六)舞会的礼节

舞会是人们文化娱乐、社交活动的公共场所,因此,要时时处处讲文明礼貌。

舞者衣着必须整洁、漂亮、舒适;举止要落落大方,彬彬有礼,不能过于拘谨或做作,也不能过分开放,没有分寸;谈吐要文雅礼貌,诚恳朴实,不能大声喧哗,更不能口出粗言。

在跳舞的过程中无意碰到别人,应主动说“对不起”或“请原谅”。在跳完一个舞时,应主动向女道谢,并将其送到原来的座位上。

(七)舞步符号

舞步符号中的脚印有具体的表示意义(图 11.3.10)。脚印旁边的数字号码代表音乐拍子的顺序和节奏。例如,图 11.3.11 中的 1 ~2 代表舞步是在音乐的第 1 ~2 拍来跳,共占两拍,因此是一个慢步; 5 代表舞步是在音乐的第 5 拍来跳,占一拍,因此是一个快步。

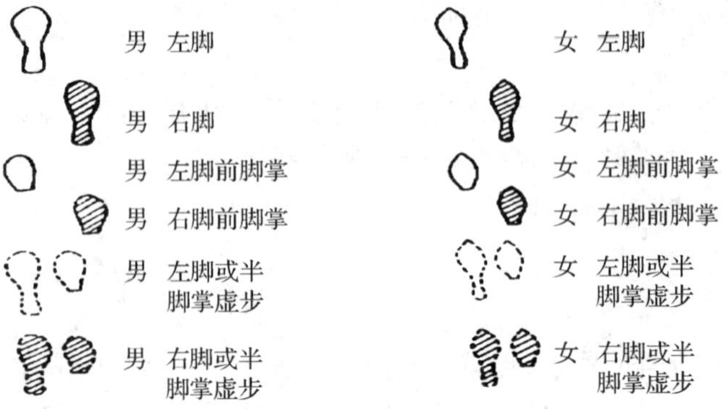

图 11.3.10

三、布鲁斯

布鲁斯也叫慢四步舞,是根据布鲁斯乐曲而得名。布鲁斯舞蹈的特点是速度缓慢、节奏鲜明、舞步简练而稳重(身体不能左右摇摆,也不要更多地上下起伏)。

(一) 音乐

布鲁斯的音乐节奏一般为慢、慢、快、快。慢步为两拍音乐,快步为一拍音乐,所以一个完整的慢四步需要六拍音乐完成。慢四步的起步是固定不变的,应为男左女右,身体的方向总是与迈步脚脚尖方向一致。例如,左脚向左斜前方 45°迈步,意味着身体也向左转 45°。

(二) 基本步法

布鲁斯最常见的基本步法是常步、横步和并步。

1. 前进常步

常步就是平常走路的步法。其步法如下:

(1) 从正步开始,左脚用脚跟沿地面(基本不离地)向前迈一步,全脚掌落地,身体重心移到左脚前脚掌,左膝伸直,但不要用力伸直,右腿留在后边,膝盖自然弯曲,用脚尖点地。

(2) 右脚尖沿地面(基本不离地)拖到左脚内侧旁,膝盖弯曲,前脚掌着地,然后换右脚做上述动作。

2. 后退常步

(1) 从正步开始,左脚前脚掌沿地面向后退一步,先前脚掌着地,然后全脚掌着地,左膝基本伸直,右腿在前面用脚跟着地,右膝也基本伸直,但保持松弛。

(2) 右脚跟沿地面拖到左脚内侧旁,右膝弯曲,前脚掌着地。

3. 横步

从正步开始,左脚全脚向左侧迈一步(基本不离地),大约为肩宽的距离,重心移到左脚上,左膝基本伸直,但不要僵直,右脚前脚掌在旁边着地。

4. 并步

(1) 向前并步就是把后面的腿向前腿靠拢,成正步。

(2) 向后并步就是把前面的腿向后腿靠拢,成正步。

(3) 向侧并步就是把旁腿向支撑身体重量的腿靠拢,成正步。

(三) 布鲁斯的基本舞步

1. 横并步

音乐节拍及舞步示意图,男如图 11.3.11 所示,女如图 11.3.12 所示。

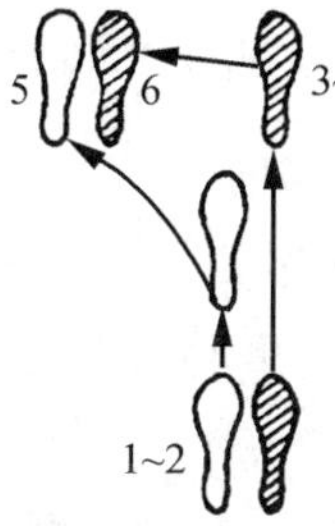

图 11.3.11

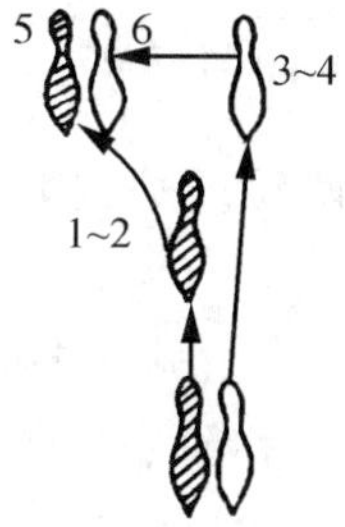

图 11.3.12

(1) 预备姿势。闭位姿势,脚正步位置。

(2) 动作方法。

第 1 ~2 拍(慢):男左脚向前迈一常步,重心移到左脚上;女右脚后退一常步,重心移到右脚上。(图 11.3.13)

第 3 ~4 拍(慢):男右脚向前迈一常步,重心移到右脚上;女左脚后退一常步,重心移到左脚上。(图 11.3.14)

第 5 拍(快):男左脚向左侧迈一横步,重心移到左脚上;女右脚向右迈一横步,重心移到右脚上。(图 11.3.15)

第 6 拍(快):男右脚并左脚成正步,重心移到右脚上;女左脚并右脚成正步,重心移到左脚上。(图 11.3.16)

注:第 5 ~6 拍横并步也可男后退,女前进。

图 11.3.13

图 11.3.14

图 11.3.15

图 11.3.16

2. 弧线向左转 90°

音乐节拍及舞步示意图,男如图 11.3.17 所示,女如图 11.3.18 所示。

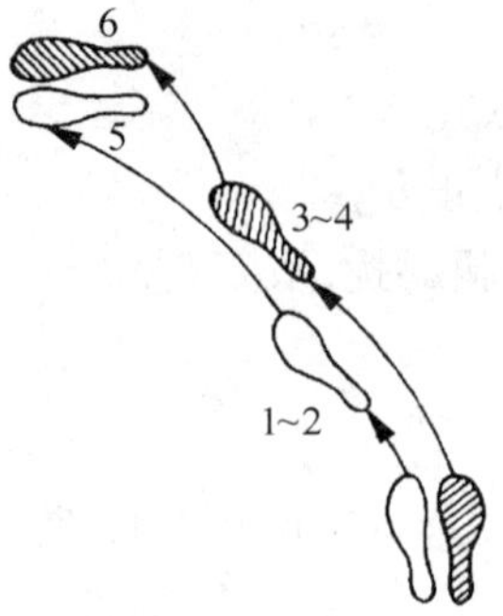

图 11.3.17

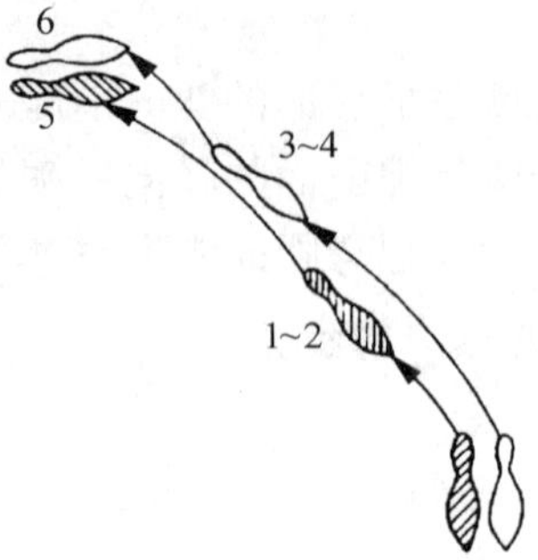

图 11.3.18

（1）预备姿势。闭位姿势,脚正步位置。

（2）动作方法。

第 1 ~ 2 拍(慢)：男左脚向左斜前方 45°迈一常步,重心移到左脚上；女右脚向右斜后方 45°退一常步,重心移到右脚上。

第 3 ~ 4 拍(慢)：男右脚向自己正前方迈一常步,重心移到右脚上；女左脚向自己正后方退一常步,重心移到左脚上。

第 5 拍(快)：男左脚向左斜前方 45°迈一常步,重心移到左脚上；女右脚向右斜后方 45°退一常步,重心移到右脚上。

第 6 拍(快)：男右脚并左脚成正步,重心移到右脚上；女左脚并右脚成正步,重心移到左脚上。

注：上述舞步也可做成弧线向右转 90°。

3. 向左转 90°

音乐节拍及舞步示意图,男如图 11.3.19 所示,女如图 11.3.20 所示。

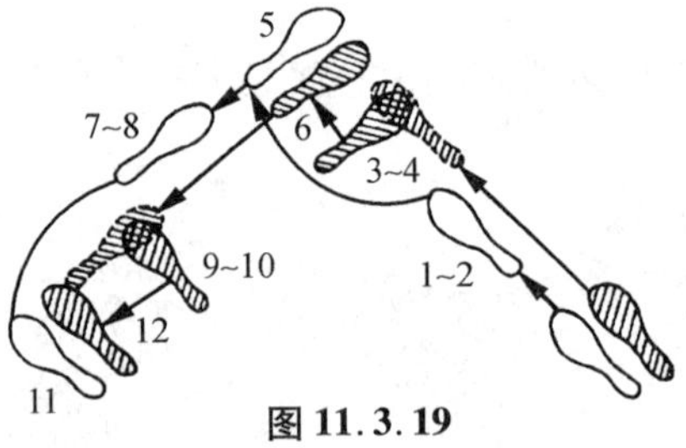

图 11.3.19

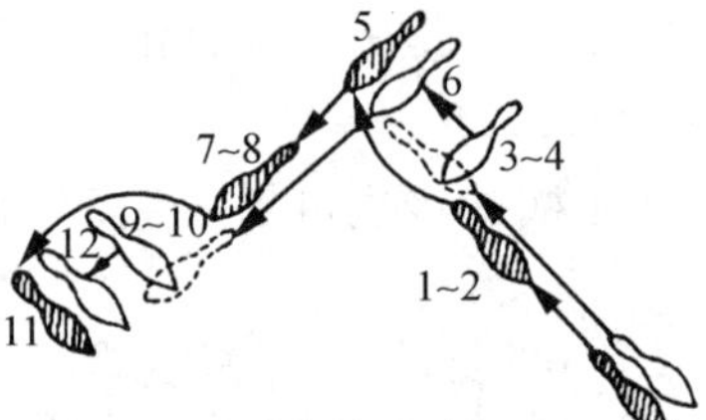

图 11.3.20

（1）预备姿势。闭位姿势,脚正步位置。

（2）动作方法。

第 1 ~ 2 拍(慢)：男左脚向前迈一常步,重心移到左脚上；女右脚向后退一常步,重心移到右脚上。(图 11.3.21)

第 3 ~ 4 拍(慢)：男右脚向前迈一常步,重心移到右脚上,并以右脚前脚掌为轴向右转 90°；女左脚向后退一常步,重心移到左脚上,并以左脚前脚掌为轴向右转 90°(图 11.3.22)。

第 5 拍(快)：男左脚向左侧迈一横步,重心移到左脚上；女右脚向右侧迈一横步,重心移到右脚上。(图 11.3.23)

第 6 拍(快):男右脚向左脚并拢成正步,重心移到右脚上;女左脚向右脚并拢成正步,重心移到左脚上。(图 11.3.24)

图 11.3.21

图 11.3.22

图 11.3.23

图 11.3.24

第 7 ~8 拍(慢):男左脚向后退一常步,重心移到左脚上;女右脚向前迈一常步,重心移到右脚上。(图 11.3.25)

第 9 ~10 拍(慢):男右脚向后退一常步,重心移到右脚上,并以右脚前脚掌为轴向左转 90°;女左脚向前迈一常步,重心移到左脚上,并以左脚前脚掌为轴向左转 90°。(图 11.3.26)

第 11 拍(快):男左脚向左迈一横步,重心移到左脚上;女右脚向右迈一横步,重心移到右脚上。(图 11.3.27)

第 12 拍(快):男右脚向左脚并拢成正步,重心移到右脚上;女左脚向右脚并拢成正步,重心移到左脚上。(图 11.3.28)

图 11.3.25

图 11.3.26

图 11.3.27

图 11.3.28

4. 进退左转 90°

音乐节拍及舞步示意图,男如图 11.3.29 所示,女如图 11.3.30 所示。

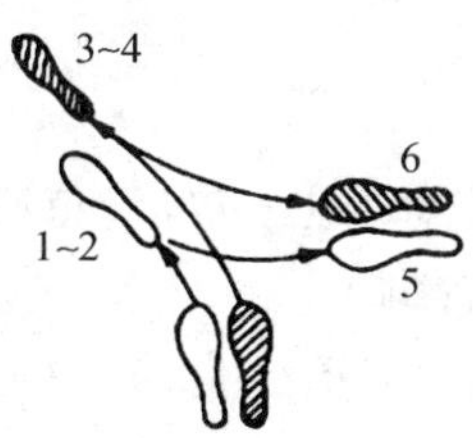

图 11.3.29

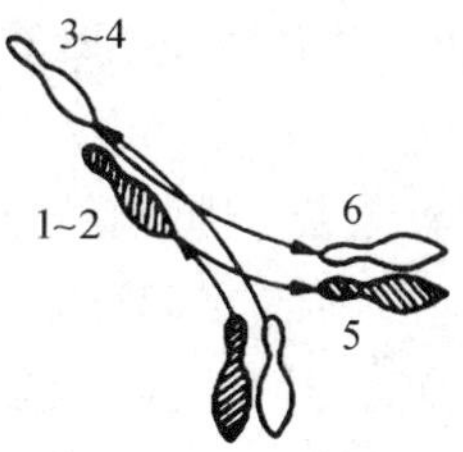

图 11.3.30

(1) 预备姿势。闭位姿势,脚正步位置。

(2) 动作方法。

第 1 ~2 拍(慢):男左脚画一条弧线向左斜前方 45°迈一常步,重心移到左脚上;女右脚画一个弧线向右斜后方45°退一常步,重心移至右脚上。

第3~4拍(慢):男右脚画一条弧线向左斜前方45°迈一常步,重心移到右脚上;女左脚画一条弧线向右斜后方45°退一常步,重心移到左脚上。

第5拍(快):男左脚沿弧线向左斜后方退一常步,重心移到左脚上;女右脚沿弧线向右斜前方迈一常步,重心移到右脚上。

第6拍(快):男右脚做一并步向后,脚成正步,重心移到右脚上;女左脚做一并步向前,脚成正步,重心移到左脚上。

5. 进退右转90°

音乐节拍及舞步示意图,男如图11.3.31所示,女如图11.3.32所示。

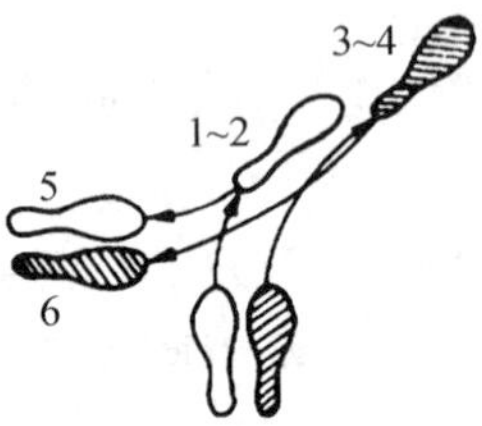

图11.3.31

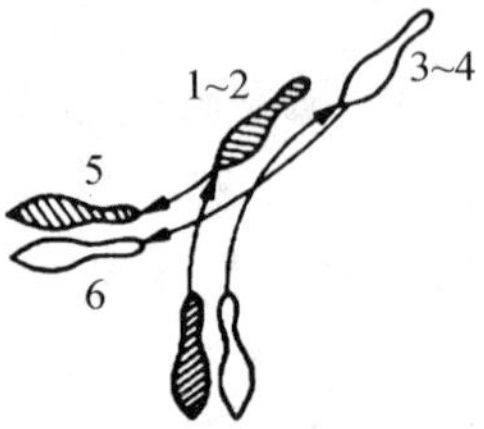

图11.3.32

(1) 预备姿势。闭位姿势,脚正步位置。

(2) 动作方法。与进退左转90°舞步相同,只是男、女在第一常步和第三常步均向右转45°。

6. 退进右转90°

音乐节拍及舞步示意图,男如图11.3.33所示,女如图11.3.34所示。

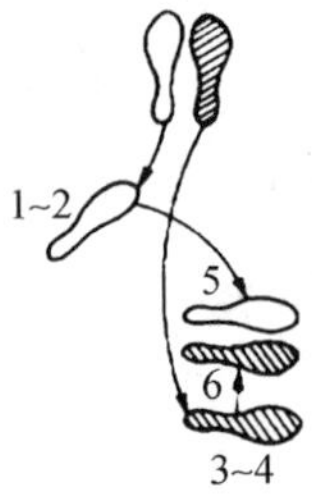

图11.3.33

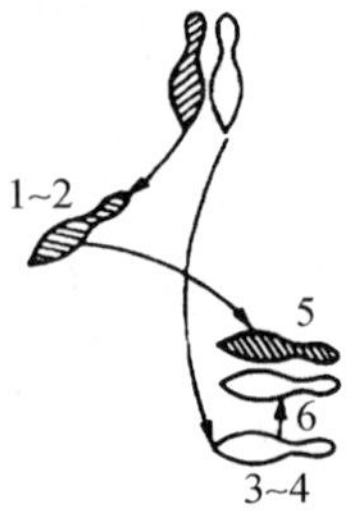

图11.3.34

(1) 预备姿势。闭位姿势,脚正步位置。

(2) 动作方法。

第1~2拍(慢):男左脚画一条弧线向左斜后方45°退一常步,重心移到左脚上;女右脚画一条弧线向右斜前方45°迈一常步,重心移到右脚上。

第3~4拍(慢):男右脚画一条弧线向右斜后方45°退一常步,重心移到右脚上;女左脚画一条弧线向左斜前方45°迈一常步,重心移到左脚上。

第5拍(快):男左脚向前迈一小步,重心移到左脚上;女右脚向后退一小步,重心移到右脚上。

第6拍(快):男右脚并左脚成正步,重心移到右脚上;女左脚并右脚成正步,重心移到左脚上。

7. *向左转* 180°

音乐节拍及舞步示意图,男如图 11.3.35 所示,女如图 11.3.36 所示。

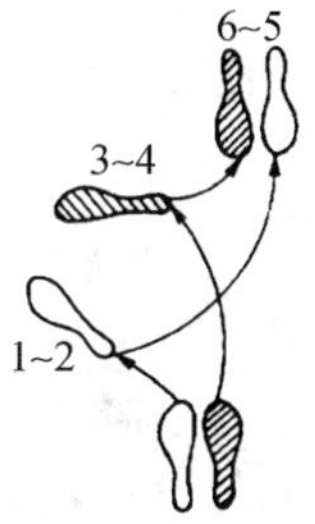

图 11.3.35

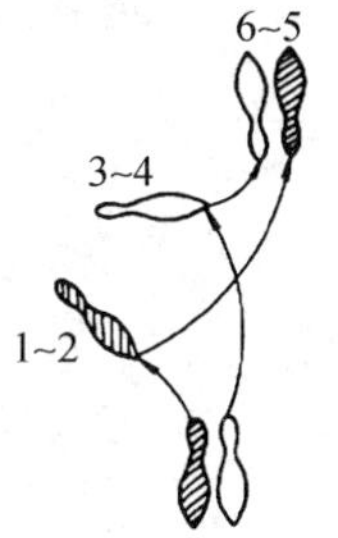

图 11.3.36

(1) 预备姿势。闭位姿势,脚正步位置。

(2) 动作方法。

第 1 ~2 拍(慢): 男左脚向左斜前方 45°迈一常步,重心移到左脚上; 女右脚向右斜后方 45°退一常步,重心移到右脚上。

第 3 ~4 拍(慢): 男右脚向左斜前方 45°迈一常步,重心移到右脚上; 女左脚向右斜后方 45°退一常步,重心移到左脚上。

第 5 拍(快):男左脚向后退一常步,重心移到左脚上,同时向左转体 90°; 女右脚向前迈一常步,重心移到右脚上,同时向左转体 90°。

第 6 拍(快):男右脚并左脚成正步,重心移到右脚上; 女左脚并右脚成正步,重心移到左脚上。

8. *直进直退右转* 90°

音乐节拍及舞步示意图,男如图 11.3.37 所示,女如图 11.3.38 所示。

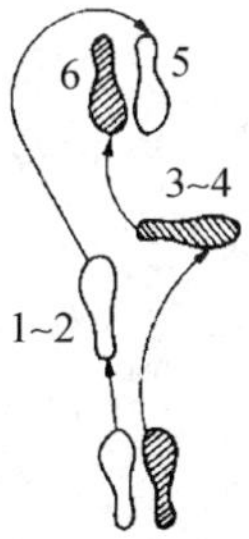

图 11.3.37

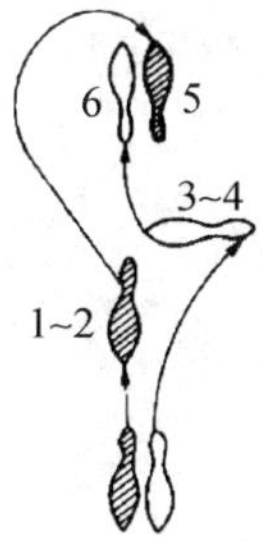

图 11.3.38

(1) 预备姿势。闭位姿势,脚正步位置。

(2) 动作方法。

第 1 ~2 拍(慢): 男左脚向前迈一常步,重心移到左脚上; 女右脚向后退一常步,重心移到右脚上。

第 3 ~4 拍(慢): 男右脚向前迈一常步,重心移到右脚上,同时以右脚前脚掌为轴向右转 90°; 女左脚向后退一常步,重心移到左脚上,并以左脚前脚掌为轴向右转 90°。

第 5 拍(快):男左脚向后退一常步,重心移到左脚上,同时以左脚前脚掌为轴向右转 90°; 女右脚向前迈一常步,重心移到右脚上,同时以右脚前脚掌为轴向右转 90°。

第 6 拍(快):男右脚并左脚成正步,重心移到右脚上;女左脚并右脚成正步,重心移到左脚上。

(四)布鲁斯花样范例——空中画弧转 135°

音乐节拍及舞步示意图,男如图 11.3.39 所示,女如图 11.3.40 所示。

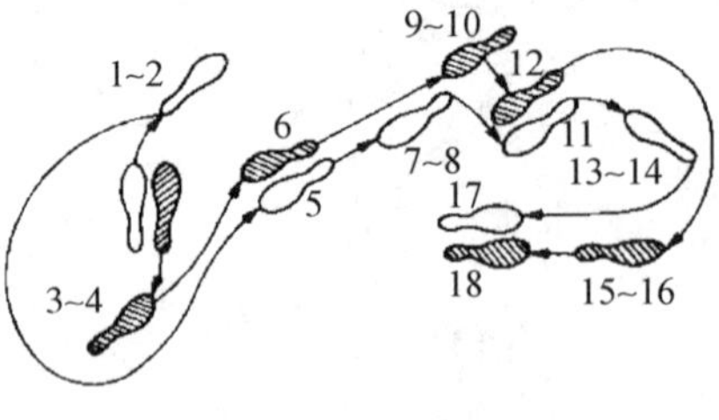

图 11.3.39

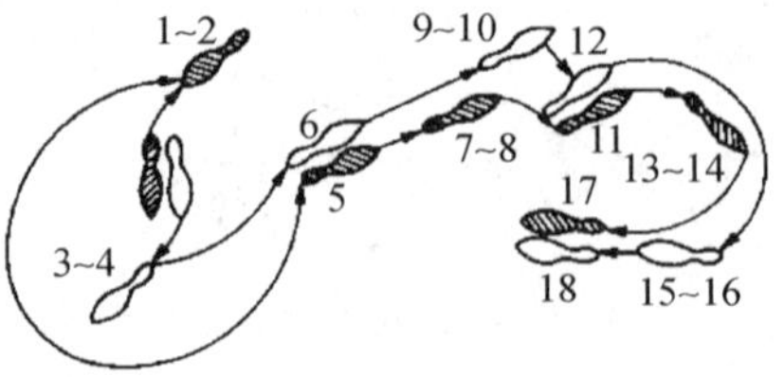

图 11.3.40

(1)预备姿势。闭位姿势,脚正步位置。

(2)动作方法。

第 1 ~2 拍(慢):男左脚向右斜前方 45°迈一常步,重心移到左脚上;女右脚向左斜后方 45°退一常步,重心移到右脚上。(图 11.3.41)

第 3 ~4 拍(慢):男右脚向左斜后方 45°退一常步,重心移到右脚上;女左脚向右斜前方 45°迈一常步,重心移到左脚上。(图 11.3.42)

第 5 拍(快):男以右脚前脚掌为轴向左转 135°,同时抬左腿离地 30°,在空中向后画弧,落在右脚后面,重心移到左脚上(左画弧);女以左脚前脚掌为轴向左转 135°,同时抬右腿离地 30°,在空中向前画弧,落在左脚前面,重心移到右脚上(右画弧)。(图 11.3.43、图 11.3.44)

第 6 拍(快):男右脚紧接着向后退一步向左脚并拢成正步,重心移到右脚上;女左脚向右脚并拢成正步,重心移到左脚上。(图 11.3.45)

图 11.3.41

图 11.3.42

图 11.3.43

图 11.3.44

图 11.3.45

图 11.3.46

第 7 ~8 拍(慢)：男左脚向后退一常步,重心移到左脚上；女右脚向前迈一常步,重心移到右脚上。(图 11.3.46)

第 9 ~10 拍(慢)：男右脚向后退一常步,重心移到右脚上；女左脚向前迈一常步,重心移到左脚上,并以左脚前脚掌为轴向左转 90°。(图 11.3.47)

第 11 拍(快)：男左脚向左侧迈一横步,重心移到左脚上；女右脚向右侧迈一横步,重心移到右脚上。(图 11.3.48)

第 12 拍(快)：男右脚并左脚,重心移到右脚上；女左脚并右脚,重心移到左脚上。(图 11.3.49)

第 13 ~14 拍(慢)：男左脚向左斜后方 45°退一常步,重心移到左脚上；女右脚向右斜前方 45°迈一常步,重心移到右脚上。(图 11.3.50)

第 15 ~16 拍(慢)：男以左脚前脚掌为轴向右转 135°,同时抬右腿离地 30°,在空中向后画弧,落在左脚后面,重心移到右脚上(右画弧)；女以右脚前脚掌为轴向右转 135°,同时抬左腿离地 30°,在空中向前画弧,落在右脚前面,重心移到左脚上(左画弧)。(图12.3.51、图 11.3.52)

第 17 拍(快)：男左脚向后退一常步,重心移到左脚上；女右脚向前迈一常步,重心移到右脚上。(图 11.3.53)

第 18 拍(快)：男右脚并左脚成正步,重心移到右脚上；女左脚并右脚成正步,重心移到左脚上。(图 11.3.54)

图 11.3.47

图 11.3.48

图 11.3.49

图 11.3.50

图 11.3.51

图 11.3.52

图 11.3.53

图 11.3.54

第十二章

时尚体育运动

高职高专院校学生正处于人生的黄金时代，富有青春活力，朝气蓬勃，志向远大。为了迎接未来的挑战，他们不但要努力学好科学知识，还应参加各种体育活动，锻炼体魄，磨炼意志，拓展自己的能力。

以娱乐、健身、挑战极限等为目的的多种时尚体育运动已经成为当代人们追求自我的运动新时尚。它们不仅能放松身心，缓解人们的工作压力，而且可以提高身体健康水平，陶冶人们的情操，提高人们的沟通协作能力。

第一节　轮滑运动

轮滑运动也称“滑旱冰”，首先出现在18世纪初叶的欧洲。1936年，在瑞士举行了首届世界轮滑锦标赛。1940年，在罗马举行的第43届奥林匹克委员会会议上正式承认了国际轮滑联合会。

20世纪30年代初期，轮滑运动从欧美传入我国。1980年9月，中国轮滑协会成为国际轮滑联合会正式成员。1989年10月，在我国杭州举行了第3届亚洲轮滑锦标赛，我国选手获得了男/女花样轮滑个人全能冠军、轮滑球比赛冠军和团体总分冠军。

一、比赛简介

轮滑运动有三种比赛项目，即速度轮滑、花样轮滑和轮滑球。

（一）速度轮滑

速度轮滑又分为公路赛和场地赛两种。公路赛有三种，即300米、女子21千米半马拉松和男子42千米马拉松比赛。场地赛有逆时针比赛、淘汰赛、规定路线比赛、定时比赛、计分比赛、接力赛、分段比赛、追逐赛等。

（二）花样轮滑

花样轮滑分为男/女单人滑、双人滑和轮滑舞蹈比赛。

（三）轮滑球

轮滑球比赛中各队上场队员5名，包括3个前锋、1个后卫和1个守门员。比赛时间：上半时20分钟，中间休息5分钟，下半时20分钟。

二、学习与参与

1．轮滑鞋的选择

目前，轮滑鞋可分为双排轮和单排轮两大类。其中，双排轮轮滑鞋又分为速度轮滑鞋（图 12.1.1）、花样轮滑鞋（图 12.1.2）和轮滑球鞋（图 12.1.3）三种；单排轮轮滑鞋又分为速滑鞋和轮滑球鞋（图 12.1.4）两种。

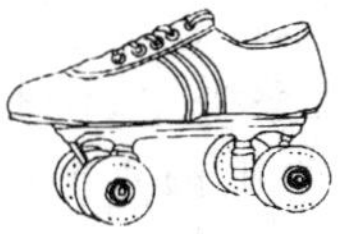

图 12.1.1

图 12.1.2

图 12.1.3

图 12.1.4

2．基本站立

（1）“八”字站立：穿好轮滑鞋后慢慢地伸直身体，使两脚跟靠近，两脚尖自然分开站立（图 12.1.5）。上体应稍前倾，两膝自然弯曲，两臂自然下垂，身体重心落在两脚之间。

（2）“丁”字站立：在“八”字站立的基础上，一脚向前移动，用脚跟贴在不动脚的脚弓处，身体重心稍偏在不动脚上（图 12.1.6）。站立一会儿后，换另一脚站立。

（3）平行站立：在“丁”字站立的基础上，前脚向侧移，两脚平行站立，与肩同宽（图 12.1.7）。平行站立时，身体重心落在两脚之间。

图 12.1.5

图 12.1.6

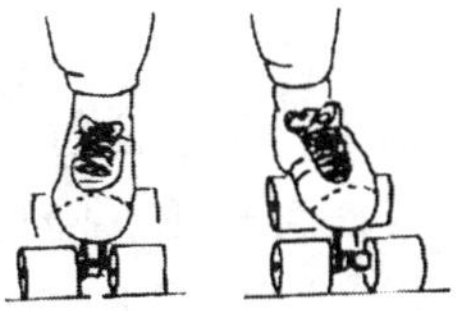

图 12.1.7

3．移动重心

（1）原地踏步：两脚平行站立，身体重心移向右腿，左脚稍抬起、放下；身体重心再移向左腿，右脚稍抬起、放下。反复练习后，加快抬脚的速度和增加抬脚的高度。

（2）蹲起练习：两脚平行站立，距离稍窄于肩。先做半蹲练习，然后再过渡到全蹲，动作节奏是慢蹲快起。（图 12.1.8）

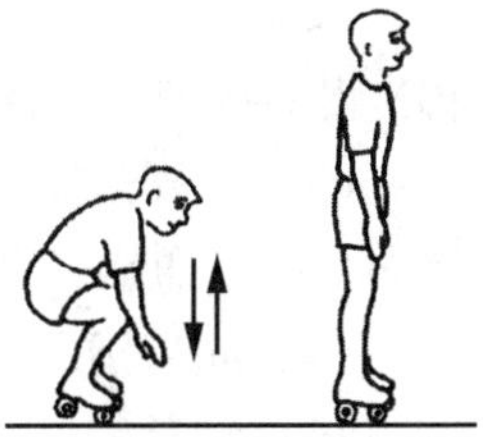

图 12.1.8

（3）向前“八”字行走：两脚“八”字站立，重心移到左脚上，右脚尖稍偏外向前迈一小步，同时身体重心迅速移到右脚上。然后左脚抬起脚尖稍偏外向前迈一小步，两脚交替向前迈步，移动身体重心。

4．直道滑行

（1）单脚蹬地双脚滑行：两脚平行站立，距离稍窄于肩；右脚内轮蹬地，将身体重心推送至向前滑行的左腿，右脚蹬地后迅速收腿，与左腿并拢成两脚滑行；接着用左脚蹬地做相反动作。（图 12.1.9）

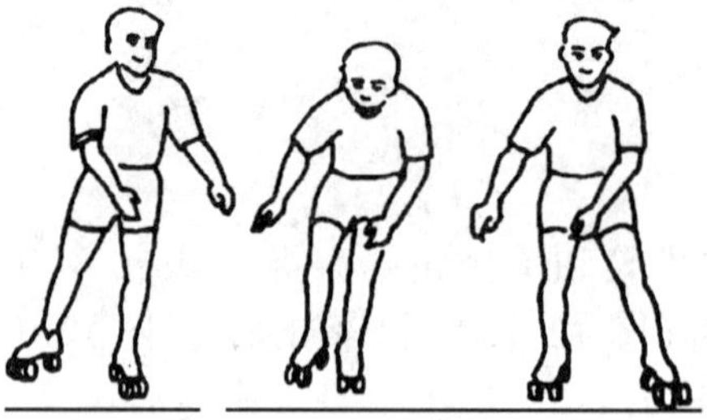

图 12.1.9

（2）单脚蹬地单脚滑行：两脚“八”字站立，身体前倾，两臂自然下垂，两腿弯曲。用右脚内轮蹬地，左脚用平轮向前滑出，身体重心移到左腿上，左腿成半蹲支撑向前惯性滑行，接着向前收右腿，同时左脚用内轮蹬地，右脚滑出，反复进行。

5. 弯道滑行

左转弯：向前直滑取得一定的速度后，左脚前伸略领先于右脚，上体稍抬起，臀部下坐并向左移，身体重心要移到左脚的左侧，头向左转，左膝、踝深屈，用力压外侧轮（外轮），右腿接近伸直，右脚用力压内侧轮，借助惯性克服离心力而转弯。（图 12.1.10）

图 12.1.10

6. 向后滑行

向后滑行有向后葫芦滑行和向后蛇形滑行两种方法。一般来讲，向后葫芦滑行容易学会，向后蛇形滑行难一些。

7. 停止

在掌握了一定的滑行方法和获得了一定的滑行速度后，就必须学习停止动作，以免因冲撞而造成伤害事故。停止方法多种多样，下面介绍四种简单易学而有实效的停止方法。

（1）内“八”字停止法：在获得一定的向前滑行速度后，两脚平行站立，随后脚尖内转，两脚以内轮柔和地压紧地面，同时两腿弯曲，上体稍前倾，臀部下蹲，身体重心下降，两臂可前伸以维持身体平衡，逐渐减速至停止。（图 12.1.11）

（2）“T”形停止法：单脚支撑向前滑行时，另一脚（浮脚）在滑脚的后跟处成“T”形，将浮脚慢慢地放到地面，用内轮柔和地压紧地面，减缓向前滑行速度，直至停止。（图 12.1.12）

（3）双脚急停法：在向前滑行时，两脚同时向左（右），与滑行方向成 90°压紧地面，同时身体向左（右）急转，两膝弯曲，两臂前伸，身体重心移到左（右）脚上，使身体停止。（图 12.1.13）

（4）向后滑行停止法：向后滑行的停止方法比较简单，如果你穿的是花样轮滑鞋，前端都装有制动轮，所以在向后滑行中，只要抬起两脚跟，用两脚的制动轮摩擦地面，就可立即停下来。停止时，身体稍前倾，两臂侧举以维持平衡。（图 12.1.14）

图 12.1.11

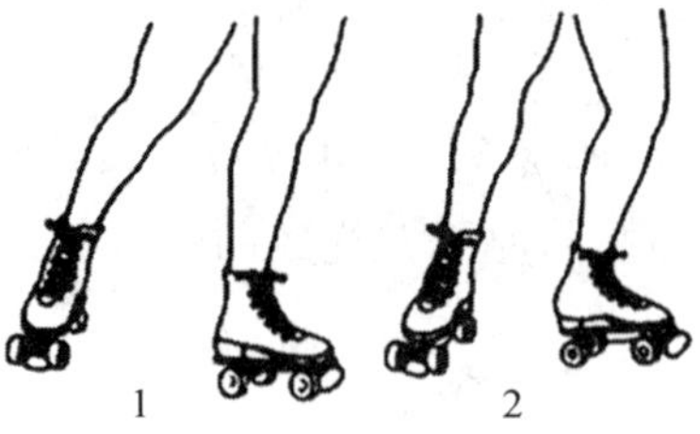

图 12.1.12

图 12.1.13

图 12.1.14

第二节 保龄球运动

保龄球运动是一种在木板球道上用球滚击木瓶的室内体育运动项目，又称“地滚球”，最初叫“九柱球戏”。它在欧洲、美洲、大洋洲和亚洲一些国家和地区广为流行。

保龄球运动起源于3～4世纪的德国，当时的天主教徒在教堂走廊里安放木柱象征异教徒和邪恶，用石头滚地击之以图消灭。14世纪发展成为德国人民喜爱的体育项目。欧美的保龄球运动在20世纪传入中国。国际保龄球联合会成立于1952年，1954年在赫尔辛基举行了第一次国际保龄球比赛。

一、锻炼价值

保龄球运动集竞技、锻炼、娱乐、趣味于一身，是一项高尚而时髦的运动。它不受年龄、性别的限制，社会各层面的爱好者都可以参与。它在一定程度上是消除生活压力的最佳运动方式之一。积极参与保龄球运动，能够陶冶情操，提高心理素质，磨炼意志，培养勇敢顽强、遵守纪律、团结协作、勇于奋进等优良品质，还能增进友谊，提高社交能力。

二、基本打法

（一）握球

握球是投球的开始，握球的动作直接影响投球的效果。对于初学者来说，扎实的基本功将为熟练掌握保龄球技术打下坚实基础。正确的握球方法应为拇指完全伸入指孔，中指、无名指伸入指孔到第二指节（图12.2.1）。

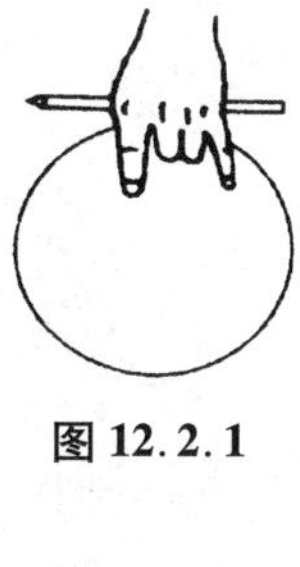

图12.2.1

（二）四步助跑滑步

四步助跑滑步动作是由准备姿势、助跑摆臂、滑步回摆投球三个环节组成的。

第一步：准备姿势。面向瓶台，两脚前后开立，右脚在前，左脚在后，两脚之间距离约为半个脚掌，先平稳地把身体重心移到左脚上。右手握球，左手助握，右手前臂弯曲成直角。球与臂轴在同一个平面内，目光注视前方。（图12.2.2中的1、2）

第二、三步：助跑摆臂。准备姿势做好后，持球站立，应使球体的中心点与球道上某一目标箭头成一直线。一般初学者最好选用2号目标箭头，在整个助跑投球动作过程中，眼睛要始终盯着2号目标箭头。握球的右手臂在发力和球的惯性作用下，由前摆过渡到后摆，同时迈出右脚，左手继续外展，身体重心移到右脚上。（图12.2.2中的3、4）

第四步：滑步回摆投球。球以重力向下回摆，同时迈出左脚，前脚掌贴着地面向正前方滑进。为使左脚在前冲力的作用下能够向前滑行，脚跟不要承受重量。身体微微前冲，重心移至左脚形成一个弓箭步。（图12.2.2中的5）

1 2 3 4 5 6

图 12.2.2

(三)握球摆动与放球

右手握球、左手助握,左右手同时把球向前推出至手臂伸直与地面约成45°角,右手在球的重力作用下以肩为轴向前下方下摆、后摆、前摆,回摆至体侧时放球。放球时拇指先行脱出指孔,中指、无名指向上勾提后脱出指孔。(图 12.2.2 中的6)

(四)投球方式

投直线球时,应持球站在第27块木板边线上,与犯规线成90°角投球,球通过4号目标箭头直击①号瓶。投斜线球时,沿左脚内侧线站立,以第5引导标点为落球点,以3号目标箭头为基准,并与①~③号瓶袋设想成一条连线进行投球,力争以最大入射角获全中球。曲线球分自然曲线球、短曲线球、大曲线球(弧线球)、反曲线球(反旋球)等不同类型。曲线球既能增大入射角,又能使球旋转,提高击球全中率。

第三节 攀岩运动

攀岩运动是从登山运动中衍生出来的运动项目,是一项不用攀登工具,仅依靠手脚和身体的平衡,借助各种安全保护装备,攀登一些岩石所构成的峭壁、裂缝、海蚀崖、大圆石及人工制作的岩壁的运动。攀岩运动是一项富于刺激性和挑战性的运动,深受广大青年人的喜爱。

1985年,法国人弗兰西斯·沙威格尼发明了可以自由装卸的仿自然人造岩壁,实现了把自然中的岩壁搬到城区的设想。攀岩运动从不同的角度可进行不同的分类:按组织形式可分为竞技攀登(Sport Climbing)和自由攀登(Free Climbing);按保护方式可分为先锋攀登(Leading Climbing)和顶绳攀登(Top Rope Climbing);按运动场所可分为人工场地攀登和自然场地攀登。竞技攀登有难度赛、速度赛、攀石赛和室内攀岩赛四种比赛形式。

一、锻炼价值

攀岩运动能使参加者在喧嚣的都市以外的山间环境中爬山越岭,在欣赏和认识大自然中锻炼耐力,提高呼吸器官、循环系统和神经系统的功能,并对身体各关节的灵活性,手指和手掌的抓、握、推、扒、拉等力量,臂部的支撑力,臂部、腿部的肌肉耐力,踝部、脚部、脚掌的蹬踏力和柔韧性等都有一定的要求。

攀岩运动能锻炼人的意志,让人战胜自身的懦弱,从而使人的心智和体能得到启迪和发展。同时,它还能培养良好的团队精神。严格的组织纪律是在攀登过程中培养起来的,一心爱集体、团结友爱和关心同伴是攀登组织活动的基础,团队精神是攀登队伍的灵魂。

二、装备

由于攀岩运动本身所特有的危险性,从此项运动诞生之日起,人们就开始不断研制各种为攀登者提供安全保证和便于此项运动开展的装备与器械。攀岩基本装备包括安全带、主绳、铁索、防滑粉袋、绳套、安全头盔、攀岩鞋、下降器及上升器等。因所有这些装备都涉及攀登者的生命安全,在购买和选用时必须注意其质量,一般有国际登山联合会(UIAA)认证标记和欧洲标准(CE)标记的都能保证安全。

三、保护技术

保护技术是攀岩运动必备的一项技术。攀登者是在保护者通过登山绳给予的保护下进行攀登的。人们根据不同的场合及范围使用不同的保护方法。通常将保护技术分为固定保护、行进保护和自我保护三种。

四、攀岩技术

三点固定攀登法是攀岩的基本方法,对身体各部位的姿势和动作有一定的要求。(图 12.3.1)

图 12.3.1

(一)身体姿势

攀登岩石峭壁时身体要自然放松,以 3 个支点稳定身体重心,而身体重心要随攀登动作的转换移动,这是攀岩能否稳定、平衡、省力的关键。

(二)手与手臂的动作

手在攀登中是抓握支点、维持身体平衡的关键。攀岩时,手的动作变化要根据支点的不同,通过各种不同的用力手法来完成,常见的有几十种(图 12.3.2)。要求第一指关节在用力抠紧支点的同时,手腕要紧张,手掌要贴在岩壁上,小臂也要随手掌紧贴岩壁而下垂,在引体时,手指(握点)有下压抬臂动作。要充分使用拇指的力量,尽量把拇指搭在支点上。对于常见的水平浅槽支点,可把拇指扭过来,把指肚一侧扣进手槽,或横搭在食指和中指指背上,都可增加很大的力量。

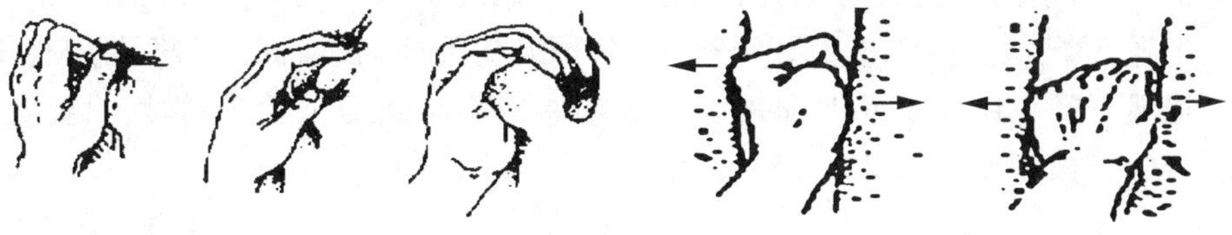

图 12.3.2

(三)脚的动作

脚是身体重量的主要支撑点,因此双脚踏稳是顺利攀登的保证。攀岩时,要尽可能地用全脚掌踏在凸出或凹入的岩石棱角或小台阶上。若找不到适当的踏脚点,也没有棱踏脚,就要根据它的形状来下脚(图 12.3.3)。

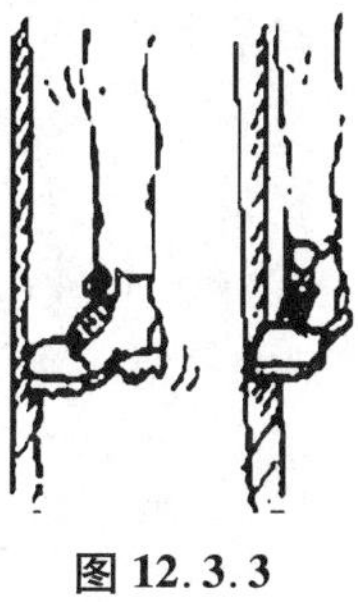

图 12.3.3

如果有直角裂缝,应将脚前部插入裂缝,脚跟比脚趾低,脚趾向下用力(图 12.3.4)。

如果遇到纵向裂缝,由于裂缝的大小不同,脚的插入角度及用力方向也不同,此时要把握一个原则,即调整好脚,使其紧紧地卡在岩石缝中,这样才便于用力,如图 12.3.5 所示。脚的动作要领是:两腿外旋,脚拇指内侧贴近岩面,两腿微屈,以脚踩支点维持身体重心。在自然岩壁支点大小不一和方向不同的情况下,要灵活运用。但要切记,膝部不要接触岩石面。另外,在用脚踩支点时,切忌用力过猛,并要掌握用力的方向。攀岩要想达到一定水平,必须学会腿脚的运用。

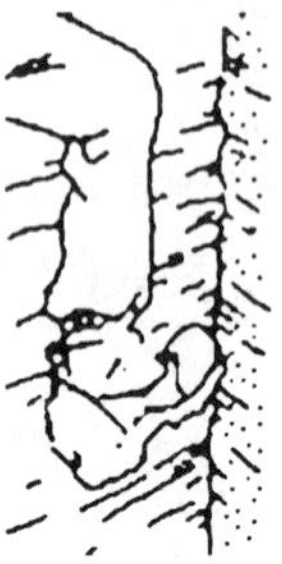

图 12.3.4

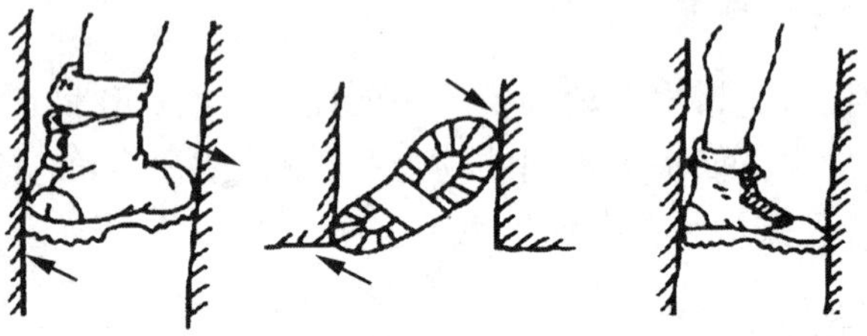

图 12.3.5

(四)手脚配合

学习攀岩,首先要练好上肢力量,上肢又以手指、手腕和手臂力量为主,再配合脚腕、脚趾及腿部的力量,使身体重心随着用力方向的不同而协调地移动,手脚动作的配合也就自如了。

五、下降技术

三点固定下降法是攀岩下降技术的基本方法,其所用的工具简单,便于在群众中开展。该方法是利用双手、双脚握或蹬牢 3 个支点,然后移动第 4 个支点。三点固定下降法比三点固定攀登法更困难,因此一定要设上方固定保护。除此之外,还可以借助以下器械下降。

(1)下降器下降。将主绳一端固定在峭壁顶部,另一端抛下方,下降者在腰部系好安全带,腹前挂好铁锁,然后将主绳按“8”字形缠绕于下降器上,再将下降器的铁锁连接,左手握主绳上端,右手则在胯后紧握从下降器穿绕出来的主绳。(图 12.3.6)

(2)坐绳下降。坐绳下降是利用绳索与身体因缠绕而产生的摩擦力下降的。(图 12.3.7)

(3)缘绳下降。在坡度近 90°时,可采用缘绳下降法,此方法简单易学,只要有一条主绳就可进行下降操作。(图 12.3.8)

图 12.3.6

图 12.3.7

图 12.3.8

六、注意事项

攀岩运动还是一种新的体育活动，在攀登活动中还存在着较大的危险性，因此不管是在野外还是在室内，开展这项活动一定要有安全保护意识，应该做到以下几点：

（1）首先要做好计划，特别是在野外攀登，对岩石要进行细致的观察，识别岩石的质量和风化的程度，然后要确定攀登的方向和路线，还要准备休息的地方。

（2）攀登前应对所使用的装备和器材进行认真的检查，凡是有磨损和切口的绳索应不再使用。

（3）攀登者要熟练掌握基本的打绳结、保护和攀登的技术与方法。攀登前观察岩点、选好路线，可提高攀岩速度。

（4）攀登时要严格遵守三点固定攀登法的要求，绝不允许蹿跳，防止摔脱和绳索受损。

（5）在攀登过程中如遇到浮石或松动的石块及杂草，尽量不要抓握利用，防止脱落造成攀登者脱手等。

（6）攀登岩石时，将身体紧紧地贴在岩石上，是初学者常犯的错误。实际上，把身体紧紧地贴在岩石的斜面上，反而会降低身体的稳定性，易发生危险。当然，如果遇到很狭窄的岩石或无法用手抓握的棱脊，就必须全身伏在岩石上。当遇到岩石上只有蹬脚点而没有好的抓点时，也可以将身体轻轻地贴在岩石上，用手撑着岩石慢慢地移动。

（7）在攀登过程中，为了保存体力，一定要注意手脚的配合及维持身体的平衡。另外，在选择立足点时一定要使脚有可靠而稳固的支点，脚横蹬岩点上的小窝可有效防滑脱。下降时，面向岩壁，四肢伸开就不会在岩壁上碰疼。

（8）攀登者头脑要始终保持清醒和冷静，遇到意外时一定要镇静，不能不知所措，以免造成不必要的伤害事故。

（9）攀登岩石时，攀登者要戴好安全头盔，不准戴手套，但保护者一定要戴好手套。

第四节　气排球运动

一、气排球运动的概况

（一）气排球运动的起源与发展

气排球是中国人发明的，它在保留排球运动所有特性的同时，打起来更为简单、容易，气排球对于排球运动的普及和推广功不可没，在发明和设计环节充分融入了中国人的智慧。

气排球运动项目诞生于 1984 年，由内蒙古集宁铁路分局首创。当时，为了便于老年人开展体育活动，集宁铁路分局组织离退休职工在排球场上打特制的气球，随后又参照 6 人制排球比赛规则制定了简单的比赛规则，并将这项活动取名为“气排球”运动。气排球用软塑料制成，比赛用球重 100 ~ 120 克，圆周长 76 ~ 78 厘米，颜色一般为黄色，比赛场地为 12 ×6 米，男子比赛网高约 2 米，女子比赛网高约 1. 8 米，参赛队员每队为 5 人，其打法和计分方法与6人制排球比赛基本相似。

集宁铁路分局这一次成功的尝试,不但满足了离退休职工对集体项目娱乐与健身的需求,而且开创了世界排球家族新成员——气排球的先河。1984年至1990年是气排球运动初步形成的阶段,在这个时期,除了呼和浩特等地开展气排球运动外,我国其他地区较少接触。进入20世纪90年代,气排球运动步入了改革探索阶段:1991年,在北京举行了全国铁路老年体育工作会议,集宁分局的同志赴北京做气排球表演,引起与会者的极大兴趣,会议决定在全国老年人中推广气排球运动;中国火车头老年人体育协会依据排球规则,编写了第一本《气排球竞赛规则》,随后在上海特制了比赛用球。1993年,国际奥委会主席萨马兰奇在看了气排球表演后给予高度赞扬并表示:气排球运动很好,它既适合老年人,也适合中年人和青少年,国际奥委会不能光搞竞技体育,也要搞全民体育和体育教育。由此可见,气排球运动有望发展成为一项世界性的大众休闲健身运动。

(二)气排球竞赛规则的演变与发展

图 12.4.1

气排球运动源于游戏,游戏需要规则。1991年10月,中国火车头老年人体育协会通过考察,编写了我国第一本《气排球竞赛规则》,同时在上海特制了“老火车头”牌比赛用球(图12.4.1)。比赛规则和比赛用球的问世,标志着气排球运动已初具规范。

《气排球竞赛规则》参照6人制排球规则的内容和框架,确定了五章十八个条款。以后,分别在1996年10月、1998年6月、1999年6月、2003年11月进行了四次修改。

2005年6月14日—16日,全国老年人气排球裁判员培训班在福建莆田湄洲岛举行,与会代表对老年气排球竞赛规则、裁判条例、技战术进行逐章、逐节、逐款的讨论、研究。2005年7月,由中国老年人体育协会审定推出了《老年气排球竞赛规则》,对气排球运动在全国范围内开展竞赛起了统一标准作用,并在全国比赛中试行,进一步指导和规范气排球的各项赛事。

2013年11月,由中国排球协会审定,北京体育大学出版社正式出版了《气排球竞赛规则》(2012—2016年)。2014年12月,由国家排球运动管理中心主办的第一届晋升国家级气排球裁判员学习班在福建漳州体育训练基地举行,中国排球协会正式介入指导气排球运动的开展。

随着气排球运动的普及推广,越来越多的人参与到这项运动中来,为了满足不同群体气排球爱好者的用球需求,近年来,国家体育总局下属的排球协会在向全国推广气排球运动时,也制定了一套规则,简称“国标”,其用球为布质球(如“宇生富”牌),并在全国范围内推广使用。

2016年11月,由中国排球协会审定,北京体育大学出版社再版了《气排球竞赛规则》(2017—2020年)。2018年12月26日,教育部学生体育协会联合秘书处正式下发了《关于印发2019年全国学生体育竞赛计划的通知》,气排球被正式列入《2019年全国大学生体育竞赛计划》,并于2019年9月举办了全国大学生气排球锦标赛。表12.4.1为2019年全国大众气排球部分赛事方案表。

表 12.4.1　2019 年全国大众气排球部分赛事方案表

（以中国排球协会官方网站正式发布的竞赛规程的时间为最终比赛时间）

序号	赛事名称	举办时间	举办城市	举办场馆	承办单位
1	“超级杯”全国气排球联赛	4 月 25 日—4 月 27 日	江苏苏州市	苏州市相城区体育艺术馆	苏州市排球运动协会、江苏楷旗体育文化有限公司
2	“超级杯”全国气排球联赛	5 月 10 日—5 月 12 日	陕西西安市	西安体育学院	陕西省排球协会
3	“超级杯”全国气排球联赛	5 月 17 日—5 月 19 日	广西北海市	北海市工人文化宫综合球馆	广西省社会体育运动发展中心
4	中国气排球公开赛	5 月 24 日—5 月 27 日	浙江温岭市	温岭市体育馆	浙江温岭市体育局
5	中国气排球公开赛	5 月 30 日—6 月 2 日	浙江绍兴市	绍兴市奥体中心	浙江绍兴市排球运动协会
6	“超级杯”全国气排球联赛	6 月 14 日—6 月 16 日	江西鹰潭市	鹰潭市体育中心	江西省社会体育指导中心
7	“超级杯”全国气排球联赛	6 月 21 日—6 月 23 日	山东曲阜市	曲阜师范大学体育馆	山东曲阜师范大字、微山翁乐体育文化交流中心
8	“超级杯”全国气排球联赛	7 月 5 日—7 月 7 日	湖北恩施州	恩施州民族体育馆	湖北恩施州气排球协会
9	全国青少年气排球夏令营	7 月 17 日—7 月 25 日	甘肃兰州市	兰州市体育运动学校	甘肃省兰州市畅家巷小学
10	“超级杯”全国气排球联赛	9 月 21 日—9 月 22 日	福建厦门市	厦门市集美区杏林文体中心	福建省排球协会、厦门市集美区体育总会、厦门市排球协会
11	“超级杯”全国气排球联赛	9 月 27 日—9 月 29 日	安徽池州市	池州市体育中心	安徽池州市体育发展有限公司

近年来，气排球运动发展的新动向是：国家体育总局大力推动把气排球比赛打造成中国群众体育的精品赛事，积极支持让气排球运动走向世界。气排球是我国自主创新发明的一个排球衍生项目，国内对气排球运动的相关研究带有一定的民族性，应抓住机遇，向亚洲排球联合会宣传、推广气排球运动。亚洲排球联合会副主席、国家体育总局排球运动管理中心竞赛部部长蔡毅说：“已经在考虑如何把气排球首先在东亚推广，希望在竞技排球和气排球之间找到一个接入口，让我们的竞技排球继续站稳脚跟，也让我们的气排球走出全国，走向亚洲，走向世界。”

知识窗：气排球入门训练注意事项

气排球的特点是球轻，容易飘，加力时不好控制，掌握不好就容易出线。因此，练习气排球时要注意以下几点。

一、基本功

1. 垫球

气排球和传统排球不一样，场地小，球轻，容易飘，垫球时大多数人喜欢转换成“捞球”的动作，传球的动作没有太大变化。

2. 扣球

手臂不要像棒子那样去击打，不然你扣的球就会飘出界外。诀窍是鞭打下压，让球产生旋转，击球点在球上方，手要包住球。（快、准、狠、下压）

3. 发球

推荐男子采用大力勾手发球方式，相信很多人有所体会，这种发球，球一过网，就会马上急剧下降，而且速度很快。还有一种是站在对角线大力鞭打发球，气排球的场地很小，力量足的，可以站在对角线发球，延长发球距离。

推荐女子采用上手飘球发球方式，该发球方式安全、稳定，不需要用很大力。尽量缩短击打球的时间，击球点在中间偏下位置。

二、练习要点

（1）要学会让发球产生前旋。有些球过网之后会迅速下降，是因为球前旋后会急速下沉。手掌及手指在接触球的瞬间前压让球产生前旋，这个动作需要慢慢琢磨，这是破坏一传的重要技术。

（2）扣球和发球的时候，手掌和手指自然放松张开，切忌僵硬绷紧，尽可能最大面积地接触球，击打球的中上部位，这样发出的球方向才准，扣球才能避免飘出去。

（3）发球时抛球平稳，抛在身体右前方，击球高度和头顶平行或高于头顶，切忌抛球不稳定。

（4）发球和扣球需要侧身，才能挥臂发力，这是会排球发力的重点。侧身引体，通过转体带动小臂挥臂，手腕下压，瞬间发力。

（5）发挥身体核心部位的力量，保持身体重心在前方偏下。

三、打球禁忌

禁忌一：大力扣杀。经常看到一些年轻人，像扣传统排球那样扣气排球，结果是球跟大力发飘球一样飞远了。

禁忌二：扣球不要着急下手。很多人进攻时急于扣球，脚很容易踩到2米线上了（传统排球是3米线）。

禁忌三：虽然发球通常可以直接得分，但还是建议发球稳扎稳打，避免失误。

禁忌四：不要着急得分。比赛中一旦产生了急躁情绪，就容易动作变形，失误丢分。

四、注意要点

（1）扣球时手要包球推腕，球会有明显的下降弧度。

（2）击球点一定要高于球，不然，球会飘出去。

（3）防守时身体重心放低，但不是弯腰，而是屈腿。

（4）进攻时切忌踩2米线。

（5）打球要有耐心。一般赢球队伍都是相当有耐心“打”“吊”结合的。

五、接发球及防守站位

有时候，对于初学者来说，必须提供一些站位图，他们才能更快明白自己的站位。

队员场上位置：双方队员均为前排三名，后排二名。前排左边为4号位，中间为3号位，右边为2号位，后排左边为5号位，右边为1号位。每局比赛开始，场上队员必须按位置表排定的次序站位，在该局中不得调换。在新的一局，每个队上场队员的位置可重新安排。

二、气排球技术

气排球技术是指在气排球规则允许的条件下，击球者采用的各种合理击球动作和其他配合动作的总称。

气排球的基本技术包括准备姿势与移动、发球、垫球、传球、扣球、拦网。这些都跟传统排球类似。主要教学顺序：准备姿势与移动—发球—垫球—传球—扣球—拦网—综合防守。

（一）准备姿势与移动

准备姿势与移动是气排球基本技术之一，它是完成各种技术动作的基础和纽带，具有不可替代的作用。准备姿势是为更好地移动、更好地完成各种击球技术所采用的动作。要想取得更好的战术效果，就必须时刻做好准备姿势。

1. 准备姿势

一般按照身体重心的高低将准备姿势分为三种（图12.4.2）：稍蹲准备姿势、半蹲准备姿势、深蹲准备姿势。

图12.4.2　三种准备姿势

（1）稍蹲准备姿势。

① 动作方法：两脚左右开立，约与肩同宽，一脚在前，两膝微屈；上体稍前倾，两臂放松自然弯曲置于腹前，后脚跟稍提起；两眼始终注视来球，两脚始终保持微动状态。

② 技术要领：两脚开立，两膝微屈，脚跟离地，重心前移；上体前倾，两臂弯曲，注视来球，两脚微动。

（2）半蹲准备姿势。

① 动作方法：两脚开立，略比肩宽，两膝弯曲；脚跟自然提起，上体前倾，重心靠前；两臂自然弯曲置于腹前，两眼注视来球，两脚始终保持微动状态。

② 技术要领：身体半蹲，膝部过脚尖，注意力高度集中，肌肉适当放松。

（3）深蹲准备姿势。

① 动作方法：身体重心比稍蹲、半蹲准备姿势更低、更靠前，两脚左右、前后的距离更宽一些，两眼注视来球；两臂自然弯曲置于腹前，后脚跟稍抬起，始终保持微动状态。

② 技术要领：放低重心，屈膝稍蹲，跟进保护，上体抬起。

2. 移动

移动的目的是及时地接近球，保持好人与球之间的距离，便于更好地击球，迅速地占据场上有利位置。同时，根据场上具体情况，灵活选择多种移动步法进行移动。常见的移动步法包括并步、交叉步、跨步、跑步等。

(1) 并步(图 12.4.3)。

两脚前后站立,与肩同宽,两膝微屈;上体稍前倾,两臂自然放松置于腹前。并步时,前脚向来球方向跨一步,后脚迅速蹬地跟上,并做好击球前的准备姿势。并步可以向前、后、左、右四个方向移动,连续的并步就是滑步。

图 12.4.3

(2) 交叉步(图 12.4.4)。

两脚左右开立,向右侧交叉步移动时上体稍向右转,左脚从右脚前向右交叉迈出一步,然后右脚再向右侧方向跨出一大步,同时重心移至右脚,身体转向来球方向,保持击球前的姿势。

图 12.4.4

(3) 跨步(图 12.4.5)。

当来球较低靠身前时,后脚用力蹬地,前脚向前方跨出一大步,屈膝,上体前倾,身体重心随之移动到前腿上,两臂做好迎球动作。

图 12.4.5

(4) 跑步(图 12.4.6)。

跑步时,一脚蹬地起动,另一脚迅速向前迈出,两脚交替进行,两臂配合摆动,不要过早做击球动作的准备,以免影响跑步速度。

图 12.4.6

（二）发球技术

在气排球运动中，发球是指发球队员站在发球区内，用一只手将自己抛起的球直接击入对方场区的一种击球动作。

1. 侧面下手发球

侧面下手发球是指发球队员侧对球网，借助转体力量，手臂从下往上击球的发球方法，适合于初学者。这种发球失误少，但攻击性不强。

2. 正面上手发球

正面上手发球是指发球队员面对球网站立，利用转体收腹动作带动手臂加速挥动，在头的侧前上方用全手掌击球过网的发球方法。根据发球效果，正面上手发球可分为正面上手发旋转球和正面上手发飘球。

（1）正面上手发旋转球。

正面上手发旋转球（图 12.4.7）在气排球比赛中应用广泛，由于气排球球体较大、质量较轻，在飞行过程中风阻、旋转速度等都与传统排球不同，这就使得气排球正面上手发旋转球的威力更大，落点和飞行路线更难以确定。

图 12.4.7

① 动作方法。

a. 准备姿势：面对球网，两脚自然开立，一般左脚稍比右脚靠前，左手持球于体前。

b. 抛球与引臂：左手平稳地将球抛至右肩前上方适宜位置处，球体旋转，同时右臂上举屈肘后引，肘关节高于肩关节，上体稍向右转动，肩关节、肘关节、腕关节稍放松，五指自然张开，两眼盯住击球部位。

c. 挥臂击球：利用脚蹬地使上身向左转动、收腹的同时，以腰、胸依次带动肩、上臂、手腕，最后将力量传送到手上。击球时，手掌、手指要张开与球吻合，手腕要迅速推压，使击出的球成上旋飞过球网。

② 技术要领。

手托球，平稳抛，击球准，全掌包，适当力，上旋球。

（2）正面上手发飘球。

正面上手发飘球（图 12.4.8）是采用近似正面上手发旋转球的方式，但击球时，力量要通过球体重心，使得发出的球不旋转且不规则地飘晃飞行的一种发球方法。

① 动作方法。

a. 准备姿势：与正面上手发旋转球类似。

b. 抛球与引臂：将球抛至右肩前上方的适宜高度处（略低于正面上手发旋转球且稍靠前），球体不转，右臂屈肘拉臂，肘关节高于肩关节，两眼盯住击球部位。

图 12.4.8

c. 挥臂击球:做鞭甩动作,手臂的挥动轨迹是自后向前做直线运动。击球时,五指并拢,手腕稍后仰,用掌根的坚实面击球的中下部,使作用力通过球体重心。击球用力要快,击球面积要小,触球瞬间,手指、手腕要紧张。

② 技术要领。

平稳抛球,直线挥臂,击球迅速,力过重心。

3. 跳发球

跳发球(图 12.4.9)是运动员在跳发线后面起跳,在空中将球直接发进对方场区的发球方法。跳发球主要分为大力跳发球和跳发飘球。

图 12.4.9

(1) 大力跳发球。

大力跳发球是排球比赛中常用的一种发球方法,由于气排球球体较轻,气排球的大力跳发球的进攻性更强。

① 动作方法。

a. 准备姿势:面对球网,站立于跳发线后适当距离处,单手(或双手)持球于腹前,观察对方接发球情况。

b. 抛球:以右手为例,将球抛在右肩前上方 2 米左右,落点在跳发线附近。

c. 助跑起跳:随着抛球结束,随即做 1 ~ 3 步助跑起跳。起跳时,两臂要协调且积极地大幅摆动,加快身体向前、向上的速度,采用并步式向前冲跳。

d. 空中击球:起跳后,挺胸展腹,身体呈反弓形,右臂屈肘后引,五指自然张开,手腕稍放松。击球时,利用收腹、转体带动手臂向前上方挥动,手臂伸直,手掌击球的后中下部,全手掌包球的同时,手腕积极推压,使球呈上旋飞行。

e. 落地:击球后,尽量双脚落地,两膝顺势缓冲,迅速入场。

② 技术要领。

抛球稳定助跑跟，双臂摆动两脚随，腰腹带动手臂甩，全掌包球落地稳。

(2) 跳发飘球

跳发飘球的技术动作与正面上手发飘球类似，只是要加上助跑起跳，在空中完成发球动作。

(三) 垫球技术

垫球是气排球的基本技术之一，通过手臂或身体其他部位的迎击动作，使来球从垫击面上反弹出去的击球动作，称为垫球。

1. 正面双手垫球

正面双手垫球(图 12.4.10)是指身体正对来球，用双手在腹前击球的方法，它是气排球比赛中最为常见的一种垫球技术。

图 12.4.10

(1) 动作方法。

① 垫球手型：有叠掌式、抱拳式、互靠式三种。最为常见的是叠掌式，在接发球、接扣球和接一般球时被广泛采用。

a. 叠掌式：两手掌根相靠，手指重叠，手掌互握，两拇指平行向前，手腕下压，两前臂外翻形成一个平面。

b. 抱拳式：两手抱拳互握，两拇指平行向前，掌根、前臂外旋紧靠，手腕下压，两前臂形成一个平面。

c. 互靠式：两手腕紧靠，两手自然放松，手腕下压，两前臂外翻形成一个平面。

② 触球部位：用前臂腕关节以上 10 厘米左右的桡骨内侧平面击球的后下部。

③ 击球点：保持在腹前一臂距离处。

④ 垫球动作：面对来球，成稍蹲或半蹲姿势站立。两手掌根互靠，手指重叠，手掌互握，两臂夹紧前伸，插入球下，配合蹬地、跟腰、提肩、压腕，同时全身动作协调迎向来球，身体重心随着击球动作向前上方移动。

(2) 技术要领。

两臂前伸插球下，两臂夹紧压手腕，全身协调来发力，击球尽量在腹前。

2. 体侧双手垫球

在身体侧面进行双手垫球，称为体侧双手垫球(图 12.4.11)。

图 12.4.11

（1）动作方法。

以右侧接一传为例。当来球从右侧飞来时，身体重心移至右脚的同时右膝稍屈，两臂伸向右侧，右臂比左臂稍高，两臂夹紧形成垫击平面。利用向左转腰、收腹的力量，配合两臂在右侧方击球的后下部。左侧垫球时，动作相反。

（2）技术要领。

侧向跨步侧身臂，两臂高低成平面，转腰收腹脚蹬地，侧前提肩去击球。

3. 背向双手垫球

背对来球，从体前向背后垫球，称为背向双手垫球（图 12.4.12）。

图 12.4.12

（1）动作方法。

背向垫球时，判断好来球的方向、落点，快速移动到球的落点位置，背对来球方向，两臂夹紧伸直插到球下。击球时，用蹬地、抬头、挺胸、展腹后仰等动作来带动两臂向后上方摆动送球。

（2）技术要领。

蹬地抬仰摆双臂，背对目标肩上击。

4. 挡球

当来球速度较快、力量较大、不便于传球和垫球时，用双手或单手在胸前以上部位挡击来球的方法，称为挡球。其特点是伸手动作快，挡击胸、肩部以上高度的来球较方便，可扩大防守范围，是垫球的重要补充。挡球分为单手挡球和双手挡球两种。

（1）单手挡球。

单手挡球击球点高，多用于处理来球较高、力量较小、在头部以上或侧上方的球，有时对飞向身后的高球也可采用单手挡球。

（2）双手挡球。

双手挡球（图 12.4.13）多用于挡击胸部以上、力量较大且速度较快的球。双手挡球的击球手型分并掌式和抱拳式两种。

图 12.4.13

① 动作方法。

a. 并掌式：两肘弯曲，两虎口交叉，两手掌外侧合并成勺形且击球面朝前。

b. 抱拳式：两肘弯曲，一手半握拳，另一手外抱，两手掌外侧所形成的平面朝前。

② 技术要领。

不管采用哪种挡球手法，挡击来球时手臂屈肘上举，使肘部靠前，手腕稍后仰，用力适度，在额前或肩部用手掌外侧和掌根所形成的平面击球的后下方。

5. 单手垫球

队员向前或向侧跨出一步，用一只手掌点球的方法，称为单手垫球。该种方法主要适用于来球离身体较近、球速较快或来球较低来不及移动时。

动作要领：采用稍蹲或半蹲准备姿势，盯住来球，判断好球的落点，及时向前或向侧跨出一大步，屈膝制动，身体重心落在跨出的腿上，上体顺势前倾下压，单手插入球下，用蹬地、提肩、抬臂动作击球的后下部。

6. 双手捧球

捧球（图 12.4.14）在气排球运动中主要适用于接胸部以下来球，接胸部以上来球采用传球，相对于传球，捧球的稳定性较差。

动作要领：双手平摊紧靠，掌心向上，手指张开，用双手全掌触球的后下部。借助蹬地和双手挑送的力量击球的后下部，将球捧出。

图 12.4.14

（四）传球技术

传球是气排球运动的基本技术之一，它是借助蹬地、伸膝、手指手腕弹送及球的反弹力将球传到目标位置的一种击球方法。传球主要分为正面传球、背向传球、跳起传球、侧向传球和单手传球。

1. 正面传球

正面传球是指身体正对目标的传球方法。这种方法是最基本的传球方法，也是掌握和运用其他各种传球技术的基础。

动作要领：目视来球快移动，蹬地伸膝额前迎，触球手型成半球，指腕缓冲控制球。

2. 背向传球

背向传球（图 12.4.15）是指身体背向目标的传球方法。比赛中结合战术运用较多。

动作要领：上体稍挺手臂抬，掌心朝上手腕仰，背向目标合用力，指腕弹击后传球。

图 12.4.15

3. 跳起传球

跳起传球主要用于传网上高球和即将过网的一传球。

动作要领：掌握好起跳时间，在身体上升到最高点时传球，尽量提高击球点。

4. 侧向传球

身体侧对目标，在不转动身体的情况下，靠双臂向侧方传球的动作，称为侧向传球（图 12.4.16）。

动作要领：传球时，上体和双臂向来球一侧伸展。手臂伸展速度要快，以双臂和上体侧屈的协调动作将球传出。

图 12.4.16

5．单手传球

由于气排球质量较轻，在一传高而容易冲网，二传队员起跳后无法进行双手传球时，二传队员可采用单手传球。

动作要领：当来球接近网上沿时，二传队员侧对球网，在球到达空中最高点时，靠近网的手臂肘部弯曲上举，手腕后仰，掌心向上，五指适当收拢，用伸肘动作及手指手腕的弹力将球传出。

（五）扣球技术

扣球是气排球的基本技术之一，它是将高于球网上沿、限制线后的球有力地击入对方场区的一种击球方法。

1．正面扣球

正面扣球（图 12.4.17）是气排球扣球技术中最基本的一种方法，由于正对来球，便于观察取位，而且挥臂动作灵活，能根据对方防守情况随时改变扣球路线和力量，控制落点，因此进攻效果较好。

图 12.4.17

动作要领：助跑节奏慢到快，一步定向二步跨，三步跨上猛蹬地，两臂配合向上摆，腰腹发力应领先，协调发力如鞭打，击球保持最高点，全掌包球击上旋。

2．近体快球

扣球队员在二传队员体前或体侧约一米距离处扣的快球，称为近体快球。

3．单脚起跳扣球

单脚起跳扣球（图 12.4.18）是助跑的最后一步采用单脚蹬地，另一只脚直接向上摆动来帮助起跳的一种扣球方法。由于起跳下蹲较浅，无明显的制动过程，且单脚起跳能充分利用助跑速度及右腿积极上摆的协调动作。助跑到最后，以左脚跨出一大步，上体稍后仰，同时右腿积极上摆，左脚积极蹬地起跳，两臂配合积极上摆，起跳后扣球。

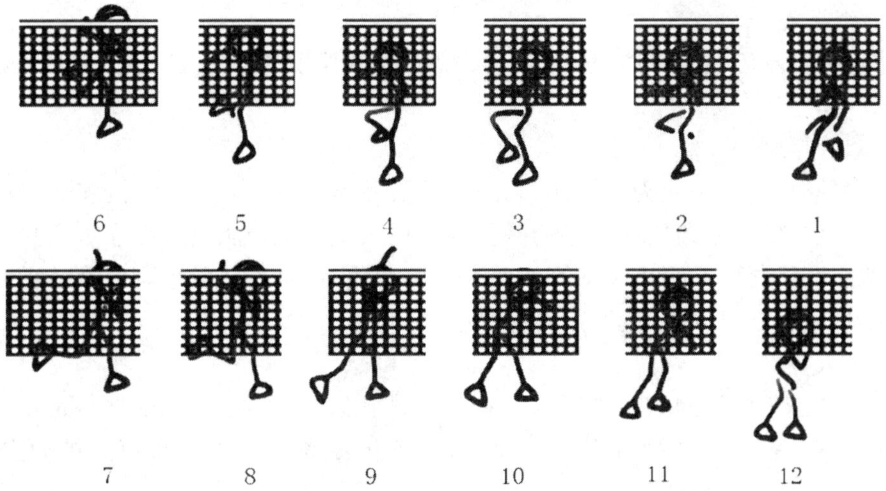

图 12.4.18

4. 转体扣球

在起跳或击球过程中，改变上体方向的正面扣球，称为转体扣球。

5. 向内转腕扣球

扣球队员在击球时，突然利用前臂和手腕内转动作来改变扣球的路线，称为向内转腕扣球。

（六）拦网技术

拦网是指前排队员将手伸向高于球网处阻挡对方来球的行动。拦网是防守的第一道防线，也是第一道进攻线，是气排球运动的基本技术之一。按照参与的人数，拦网可分为单人拦网（图 12.4.19）和集体拦网（图 12.4.20）。

图 12.4.19

图 12.4.20

1. 单人拦网

动作要领：判断时机快移动，及时起跳拦住球，提肩伸臂压指腕，眼看扣球拦路线。

2. 集体拦网

集体拦网包括双人拦网和三人拦网，在气排球比赛中，双人拦网是最常见的拦网方式。

（1）双人拦网。

双人拦网时，应以一人为主拦队员，另一人为配合队员，但主拦队员和配合队员并不是固定的，一般来说，距离扣球点近的队员为主拦队员。配合队员应在靠近主拦队员的同时起跳，两名队员之间的距离要适当。双人拦网起跳时，两名队员手臂应在体前划小弧向上摆伸，尽量垂直起跳，防止起跳后互相干扰。

（2）三人拦网。

三人拦网是集体拦网的一种形式。在气排球比赛（5 人制）中，在对方高点强攻时会采用集体拦网。在三人拦网过程中，不论球从哪边来，都以本方 3 号位队员为主，其余两名队员为辅助，配合主拦队员。

三、气排球比赛方法与主要规则

1. 比赛场地

气排球比赛场地为长 12 米、宽 6 米的长方形，其四周至少有 2 米宽的无障碍区，从地面向上至少有 7 米高的无障碍空间，如图 12.4.21 所示。

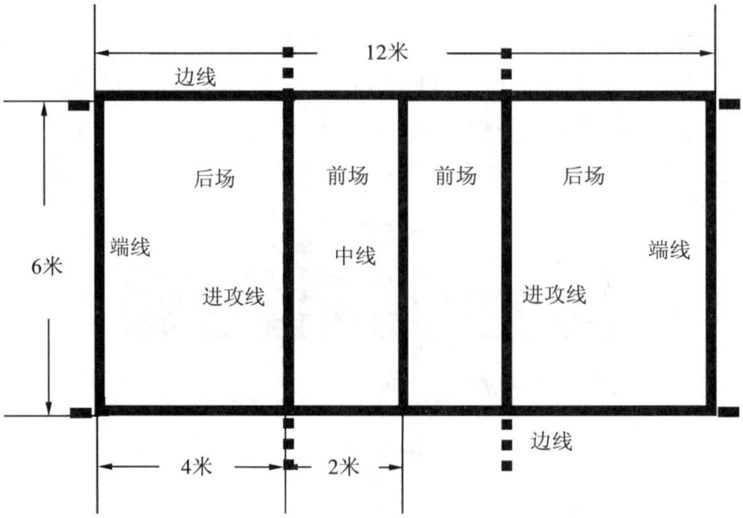

图 12.4.21

2. 球网

男子网高为 2.1 ~2.2 米，女子网高为 1.9 ~2 米。（老年组：男子网高为 2 米、女子网高为 1.8 米，如图 12.4.22 所示）

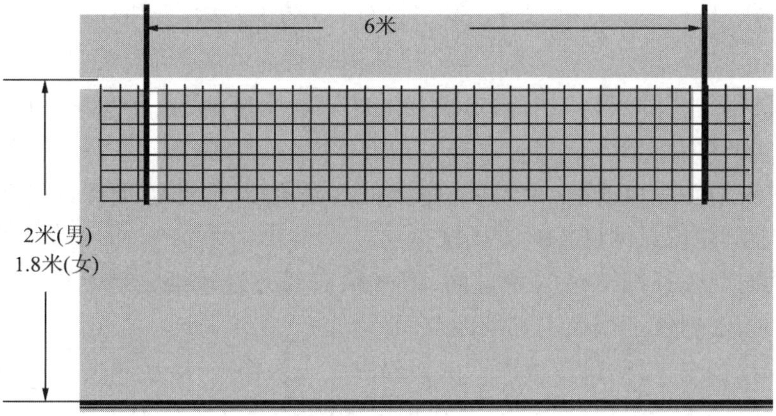

图 12.4.22

3. 比赛用球

球是圆形的,由柔软的材料制成。颜色为黄色、白色或彩色。圆周长为 76 ~ 78 厘米,质量为 100 ~ 120 克,一次比赛所用的球必须是同一特性、同一品牌的球。

4. 赛制

比赛采用三局两胜制,胜两局的队为胜一场,如果前两局为平局,将进行决胜局比赛。前两局,每局为 21 分,当比分为 20 : 20 时,先获得 21 分的队即胜该局。决胜局,先得 15 分同时超过对方 2 分的队获胜;当比分为14 : 14 时,比赛继续进行至某队领先 2 分为止,某队先得 8 分时交换场地。

5. 上场阵容

每队场上必须始终保持 5 名队员的比赛阵容。队员的轮转应按位置表登记的顺序进行,如图 12.4.23 所示。

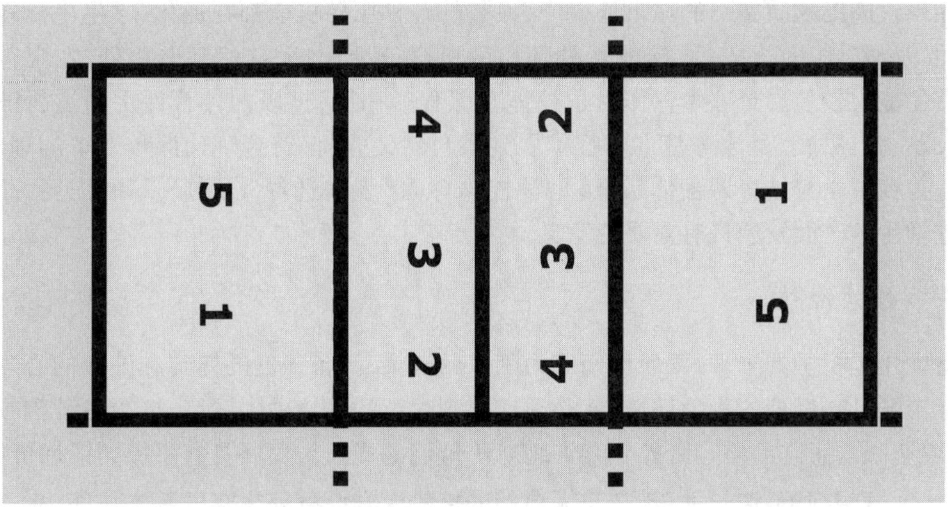

图 12.4.23

6. 主要规则

(1) 一个队最多有 10 名队员、1 名教练员、1 名助理教练员,教练员可以兼运动员。(老年组:一个队最多有 8 名队员、1 名教练员、1 名助理教练员)

(2) 接发球队胜一球时,获得发球权并轮转,由前排右侧(2 号位)队员轮转至 1 号位队员发球。

(3) 发球队员将球抛起,如果球未触及发球队员而落地,允许发球队员再次发球,时间连续计算在 8 秒内。

(4) 队员可以在进攻线前(前场区)完成进攻性击球,但球的飞行轨迹必须高于击球点,有明显向上的弧度过网进入对方场区。

(5) 拦网时允许拦网队员的手过网,但必须在对方进攻性击球后才能触球。(老年组:拦网触球时,触球点必须在本方场区空间)

(6) 每局比赛中,每队最多请求 2 次暂停和 5 人次换人,所换队员不受位置限制。

(7) 队员触网不是犯规(老年人比赛规定触网就是犯规),但干扰比赛的情况除外。队员干扰比赛的情况有以下几种:

① 击球时触及球网上沿 5 厘米处的白帆布带网。

② 触及球网以上 80 厘米处的标志杆。

③ 借助球网的支撑击球。

④ 形成对本方有利的局面。

⑤ 妨碍或干扰对方击球。

(8) 队员击球后,在不影响比赛的情况下,可以触及网柱、网全长以外的网绳或其他物体。球被击入球网而造成球网触及队员,不算犯规。

第五节　野外生存训练

在现代高度物质文明的城市环境中,人类的各种原始机能都在退化,学生生活在高楼大厦的“丛林”中,舒适安逸,接触野外环境的机会很少,与大自然和谐相处、在艰苦环境中生存的能力较差。野外生存作为学校体育课程的拓展,把以前体育课上所进行锻炼的走、跑、跳、投、攀爬、游泳等基本内容扩展到大自然,它不仅符合现代课程改革的理念,丰富和完善我国学校体育课程体系,满足学校体育向“多向选择”方向改革的需要,而且对于促进学生的全面发展具有重要的意义。

一、锻炼价值

青少年是祖国的未来,要使他们成为国家的栋梁,具备强健的体魄和健康的心理去适应国际市场日趋激烈的竞争环境,就必须让其到艰苦的环境中去锻炼,接受各种困难的考验,培养坚强的意志品质。野外生存训练对于他们的成长与发展具有积极的锻炼价值。

(一) 开阔视野,增长才干,在与大自然的接触中学会野外生存的基本技能

通过野外生存训练,学生可以掌握埋锅烧饭、下河捕鱼、分辨可食植物、搭建帐篷宿营、获取食物和水、看地图、使用 GPS 和罗盘等野外生存的基本知识和技能,学会处理蚊虫叮咬、受伤、迷路等紧急情况,还可以学习和体验许多关于动物、植物、地质、气候等方面的知识,拓展了知识面,增长了才干。

（二）陶冶情操，培养热爱祖国、热爱大自然的激情

当学生历尽艰辛登上高山之巅，站在蜿蜒雄伟的古长城上时，会感到人类历史的源远流长，惊叹我们祖先的辛劳和伟大。放眼远眺，祖国壮丽的河山使我们感动。远离大都市的喧嚣和嘈杂，面对美丽、沉静的大自然，使自己的心灵得到洗涤和净化，性情得到陶冶。

（三）身体素质得到全面的锻炼和考验

野外生存训练是锻炼体质、提高身体机能的有效途径。在野外生存训练中，要跋山涉水，在野外风餐露宿、忍饥挨饿，对身体各个部分的机能是一次全方位的锻炼和考验。长时间的翻山越岭，可以提高下肢的力量、耐力和心肺功能；走在崎岖的山路上、丛林里，可以提高身体的灵活性、柔韧性、平衡性；在大自然中呼吸清新的空气，使我们感到头脑清醒。当你从野外归来时，你会感到精力充沛，浑身好像刚刚充过电，充满力量和蓬勃向上的朝气。

（四）提高心理素质，培养不畏艰险、战胜困难的顽强意志

"不经历风雨，怎能见彩虹。"良好的心理素质是人们战胜困难、事业成功的重要保证。野外生存训练，为学生提供了锻炼的机会。在翻山越岭、负重行走、涉水过河、野营露营等过程中，有时会遭遇暴风雨的袭击，有时在雾谷被困、密林迷路、沼泽搁浅，脚扭伤、被磨出水泡，手被刮破，衣服被汗水、雨水、露水一次次浸湿……正是这些在学校里遇不到的困境和挫折，提高了我们的心理素质，培养了我们临危不惧、机智勇敢的顽强作风和冷静果断、坚韧不拔、勇于探索、克服困难的意志品质。

（五）增强社会适应能力

通过野外生存训练，学生由最初的相互不默契、不融洽，发展到活动中的和谐相处、彼此信任；从活动开始时的"以自我为中心"，到后来处处为他人考虑，主动帮助他人。在摆脱险境、援救处于困境的队友等活动中，你会深切感受到友情的珍贵和团队精神的重要性。

二、野外生存知识与技能

野外生存包含的知识非常广泛，概括起来就是行、吃、住、自救四个方面。例如，判定方位、迷途的处置；猎取动物和采集野生植物充饥；就地取材，搭建简易的露天帐篷；寻找水源和取火的方法；识别和利用草药救治伤病；等等。

（一）出发前的准备

1. 制订周密的计划

（1）根据目的选择地点。我们到野外的目的因人而异，有的想到深山呼吸新鲜空气，有的想领略山川的秀美，有的想体验露营的新鲜。无论目的是什么，出发前一定要做好充分的准备，查阅有关资料，向有经验的人请教。

（2）首先确定目标和任务，要有组织者和管理者负责工作的全过程，分工到人，结伴同行。然后选择路线，制订计划，做好经费预算，购置物品。集体物品包括食品、地图、帐篷、小炉子、药箱、野炊用具、手电筒等，个人物品包括衣服、鞋、袜、帽子、眼镜、雨具、背包、寝具等。将每个人的分工做一计划表。这一过程可提高组织管理能力和动手实践能力。

2. 野营背包的装法

背包是必不可少的野营装备，应按以下方法装入物品：

(1) 轻的东西放在下面,重的东西放在上面。如果重的东西放在下面,身体容易往后倒,特别是在登山或爬坡时,会觉得脚步沉重,总有一股力量往后拉扯着你。只有将重的东西放在上面,脚步才容易站稳,走起路来也会轻捷而省力。

(2) 肩带要牢固,紧贴身体。装好东西后,要试一试左右的重量是否平衡,肩带一定要紧贴身体,使背包成为自己身体的一部分,才不会觉得负担很重。

(3) 需要经常取用物品的装法。需要经常取用的物品,如地图、指南针、小刀等,应装在背包的口袋或腰包中,这样取用方便。衣服的口袋也可利用。

(4) 空出双手,方便行动。手上拿着东西时,走路很不方便,而且很危险,容易跌倒,遇到意外时不能及时用手处理,所以应尽量将物品放入背包中。

3. 服装着法

在野外,一天内就有可能出现四季变化,尤其是高山上气温变化更大。因此,在服装携带和着装方面应注意以下几点:

(1) 多带衣服,应付天气变化。在野外,要根据温度的变化,适当增减衣服。登山时特别容易出汗,穿短袖运动衫即可。但在阴湿、阳光照不到的森林里,就要穿长袖运动衫。如果衣服被汗湿,应及时换掉,内衣要保持清爽、暖和。

(2) 按照气候,更换不同的衣服。高山上直射的阳光十分强烈,很容易晒伤,如果白天穿无袖的衣服行走,到晚上皮肤就会发红发痛。在丛林中行走,容易被树枝划伤或割伤,应穿长袖运动衫,热的时候可以将袖子卷起来。裤子以长裤为宜,可保护膝盖、双腿不被岩石和树枝碰伤。短裤可在营地休息时穿。牛仔裤虽然结实,但活动起来不方便,所以应穿有弹性、宽大的裤子。

(3) 寒冷时,应多穿衣服保暖。可用围巾和毛巾紧围颈部,并注意手脚的保暖。

(二) 学会使用地图

地图是行动的指南。到野外去,所走的路都是你不熟悉的。为了预防迷路,地图是不可缺少的东西。确定方位、行程,预测前方地形、地况等,都可通过地图得到帮助。所以,根据自己野外活动的范围和方式,选择比例合适、标示清楚的地图是极其有用的。

1. 地图比例尺

比例尺即图上某线段的长与相应的实地水平距离之比。如 1∶50 000 的地图,意味着图上 1 厘米相当于实际 500 米的距离。地图比例尺的分子通常用 1 表示,以便了解地图缩小的倍数。比例尺的大小,是按比值的大小衡量的,比值的大小可按比例尺分母确定。分母小则比值大,比例尺就大;分母大则比值小,比例尺就小。一幅地图,当图幅面积一定时,比例尺越大,图上包括的实地范围就越小,图上显示的内容就越详细;反之,图上显示的内容就越简略。

2. 地物符号

地物在地图上是用统一规定的符号结合注记来表示的,这些规定的图形符号叫地物符号。它是构成地图的重要因素,是地图的语言,所有的符号全球通用。地物符号形状,通常与地物的平面形状相似或侧面形状相近,有的还与地物的有关意义相应。有些图示相当形象,如果是彩色地图,河流通常用蓝色表示,沼泽通常用典型的一簇芦苇表示。

3. 制作地图

在特殊情况下,需要自己制作地图。自制的地图可能在距离、方位上不是十分精确,但对于帮助自己记忆周围的环境、避免走弯路是有用的。

4. 地图上的方向

一般地图上的方向是上北下南，左西右东（正看地图时），除非地图上有特别的方向标示。

5. 表示山的高度

等高线是由地面上高程相等的各点连接而成的曲线。等高线表示地形高度，呈波纹状，旁边的数字表示高度。在同一幅地图上，等高线越多，山就越高；等高线越少，山就越低。凹地则与此相反。等高线越密集，地形就越陡；等高线越稀，地形就越平缓。

6. 测量距离

图上直线距离可以直接用直边的测量工具量出，按照地图的比例尺换算出相应的长度。量取图上弯曲的路段或曲线距离时，使用指北针的里程表比较方便；也可用细绳沿着图上所示必要的路线摆放，然后将绳拉直后测量实际长度。

7. 运用想象

培养看着地图就能想象出实际详细情形的能力，而且要能想象出地图的任何部分在地表上的实际情况。只有做到以上两点，才算学会了看地图的技术。

（三）学会在野外判定方向

在野外生存，判定方位非常重要。无论是在茫茫的大海上，还是在浩瀚的沙漠中，抑或是在山区、密林里，都要明确自己所处的方向和位置。

判定方向，比较方便准确的是使用指北针。方法是：将指北针平放，待磁针静止后，磁针涂有夜光剂的一端（或黑色尖端）所指的方向，就是当地的磁北方向。但在磁矿区和发生雷电、暴风雨、地震、极光现象时不能用它定向。

在没有地形图和指北针的情况下，可以利用自然界的一些特征来判定方向，如太阳、星座、植物等。

1. 利用太阳判定

太阳是由东向西移，而影子是由西向东移。在我国，一般当地时间 6 时左右，太阳在东方，一切物体的阴影都倒向西方；12 时左右，太阳在南方，影子便指向北方；18 时左右，太阳在西方，影子则指向东方。根据这一规律，便可概略地判定方位。

用一根直杆，使其与地面垂直，把一块石子放在标杆影子的顶点 A 处。约 10 分钟后，标杆影子的顶点移动到 B 处时再放一块石子，将 A、B 两点连成一线，这条直线的指向就是东西方向，与 AB 垂直的方向则是南北方向，向太阳的是南方，相反方向是北方。

白天还可以利用手表和太阳来定向。将手表平放，使时针对着太阳光射来的方向，然后把时针和表上的 12 时之间的夹角平分，这条平分线所指的方向即为南方。

2. 利用北极星判定

北极星是正北方天空一颗较亮的恒星。夜间找到北极星，就找到了正北方向。寻找北极星，首先要找到大熊星座（我们俗称的北斗星），因为它与北极星总是保持一定的位置关系。找到北斗星后，沿着勺边 A、B 两星的连线，向勺口的方向延伸，约在 A、B 两星间隔的 5 倍处，有一颗较亮的星，就是北极星。

在北纬 40°以南的地区，北斗星常会转到地平线以下，特别是冬季的黄昏，常常看不到它。此时，应根据北斗星相对的仙后星座寻找北极星。仙后星座由 5 颗与北斗星亮度差不多的星组成，形成“W”形，在“W”形缺口宽度的2倍处，即可找到北极星。

在北纬23°以南的地区，上半年可利用南十字星座判定方向。南十字星座主要由4颗明亮的星组成，4颗星对角相连成为“十”字形。沿A、B两星的连线向下延伸，约在A、B两星间隔的4倍半处，即为正南方。

3. 利用月亮判定

夜间还可以利用月亮判定方向。月亮的起落是有规律的。月亮升起的时间，每天都比前一天晚48～50分钟。例如，农历十五的18时，月亮从东方升起。到了农历二十，相距5天，月亮就迟升4小时左右，约为22时于东方天空出现。月亮“圆缺”的月相变化，也是有规律的。农历十五以前，月亮的亮部在右边，农历十五以后，月亮的亮部在左边。上半月称为“上弦月”，月中称为“圆月”，下半月称为“下弦月”。每个月，月亮都是按上述两个规律升落的。还可以根据月亮从东转到西约需12小时，平均每小时约转15°这一规律，结合当时的月相、位置和观测时间，大致判定方向。例如，22时，看见夜空的月盘是右半边亮，便可判明是上弦月。太阳落山时是18时，月亮位于正南，月亮在已经过去的4小时内转动了$15^\circ \times 4 = 60^\circ$，因此将此时月亮的位置向左（东）偏转60°即为正南方。

4. 利用植物判定

常言道：“万物生长靠太阳。”太阳的热能在自然界形成了许多间接判定方向的特征。掌握这些特征之后，即使在没有太阳的阴天仍可以依此判定方向。例如，靠近树墩、树干及大石头南面的草长得高而茂盛，秋天南面的草也枯萎干黄得较快。一般南面的树皮比较光洁，北面的则较为粗糙（树皮上有许多裂纹和高低不平的疙瘩）。这种现象以白桦树最为明显。白桦树南面的树皮较北面的颜色淡，而且富有弹性。夏天的松柏及杉树的树干上流出的胶脂，南面的比北面的多，而且结块大。松树干上覆盖着次生树皮，北面的较南面的形成得早，向上发展得高。雨后树皮膨胀发黑时，这种现象较为突出。秋季果树朝南的一面枝叶茂密且结果多，以苹果、枣子、柿子、山楂、柑橘等最为明显。果实在成熟时，朝南的一面先染色。长在石头上的青苔性喜潮湿，不耐阳光，因而青苔通常生长在石头的北面。

5. 利用建筑物判定

庙宇、宝塔及一般住房大多坐北朝南。伊斯兰教的清真寺的门则朝向东方（礼拜者面向西方）。利用自然界特征判定方向时，要特别注意对具体情况做具体分析，千万不要生搬硬套。在辨别方向时，务必要注意多种方法综合运用，互相补充，互相验证。

（四）野外露营

露营的意义在于，与伙伴一起体验与自然共存的生活，深刻地理解自然，甚至重新认识自我，树立充实的人生观。野外露营可听到早晨鸟儿的鸣叫，体验被太阳晒醒的感觉。到野外露营，必须有庇身的场所。庇身的场所不但可以遮挡阳光，防风避雨，还能保持一定的温度，提供睡眠和休息的地方，保证人最基本的生理需要。

1. 露营地的选择

（1）在考虑风向及地形后，再选择平坦的地方。在搭建帐篷时，必须考虑到舒适和安全。地面平坦，才能睡得安稳。可先光脚走走看，有小石头，可以搬开。如果是树根或岩石无法搬走，必须另选他地。

（2）选择露营地，要考虑靠近水源和燃料。但不要选择太靠近水源的地方，最好距离水源 40 ~ 50 米。太靠近水源,晚上河水涨高,有被冲走的危险,而且极易受到蚊虫的搅扰,流水声会干扰人的判断,即使发生危险,也不易觉察。而距离水源太远,用水又极不方便。

(3) 露营地应选在河岸洪水最大流量所能达到的高度以上。山区的小溪在暴雨后几分钟内就可能变成湍湍急流,1 小时内就可以涨高几米。在平阔的地方洪水蔓延,易造成危险。

(4) 选择露营地,要避开风口、枯木、雪崩、滚石、雷电、野兽等危险。

(5) 夏季,露营地应选择在干燥、地势较高、通风良好、蚊虫较少的地方。通常,湖泊附近和通风的山脊、山顶是夏季较为理想的设营地点。

(6) 冬季,露营地的选择应视避风及距燃料、设营材料、水源的远近等情况而定。一般来说,森林和灌木丛是理想的设营地点。应避开易被积雪掩埋的地点,如避开崖壁的背风处,因为在这种地形上,风很快就会吹起大量的雪将帐篷或遮棚埋没。

(7) 不适宜搭建帐篷的地方:有风的山顶、谷底、深不可测的山洞(容易集聚潮气)和通向水源的山嘴(常为野兽饮水必经之路)。

2. 帐篷的搭建

搭建简易帐篷,可用方块雨衣、塑料布、帆布、树枝、树皮等物品。帐篷的类型有屋顶形帐篷、一面坡形帐篷、圆锥形帐篷、伞形帐篷等。

三、注意事项

一切准备就绪后,就可以踏上旅途了。远足和野外活动可以利用公共交通工具,如公共汽车、火车、轮船等,也可以利用自行车,还可以徒步。在崇尚回归自然和注重保护环境的今天,应自觉地热爱自然、保护自然,时刻注意自己的言谈举止。注意事项如下:

(1) 行走方法。行走时要尽量使整个脚掌水平着地,身体不要起伏不定,姿势要自然,膝关节要富有弹性。

(2) 行走速度。速度节奏要均匀,一般一天步行不要超过 40 千米。集体步行时,要按照体弱者的速度行进。

(3) 休息。出发后约 20 分钟,要进行短时间的休息,目的是检查衣服、装备、鞋,并进行必要的调整。之后大约每走 1 小时休息一次。负重行走时要适当缩短休息的间隔。

(4) 为了使旅途更富有情趣,在行走途中可以搞一些有意义的活动。可以在同伴之间互相提问树木、花草的名称,也可以组织唱歌比赛、做游戏等。但不能过分影响行进速度,也不能太疲劳。

(5) 乘火车、汽车时,切勿大声喧哗。不做聚众喝酒、吆喝打牌等影响他人的事情。

(6) 要注意防火,不要在“严禁烟火区”吸烟、野炊等。

(7) 要爱护野外的一切公共设施,特别是要爱护各种标志物。

(8) 不要折花毁木,要保护稀有植物和野生动物。

(9) 所到之处要保持清洁,不要乱扔垃圾。

第十三章

奥林匹克运动

第一节　奥林匹克运动概述

一、国际奥林匹克委员会

国际奥林匹克委员会(以下简称“国际奥委会”)于1894 年6 月23 日成立,共有49 个体育组织和12 个国家的79 名代表参加了在巴黎举行的成立大会。国际奥委会总部设在瑞士洛桑。国际奥委会是一个非政府性、非营利性和永久性的国际体育组织。它是领导奥林匹克运动和决定有关奥林匹克运动问题的最高权力机关。

国际奥委会的宗旨是:鼓励组织和发展体育运动和体育竞赛;在奥林匹克思想指导下,鼓舞和领导体育运动,从而促进和加强各国运动员之间的友谊;保证按期举办奥运会。

国际奥委会对每4 年举办一次的奥运会拥有一切权力。从1924 年开始又单独举行冬季奥运会,也是每4 年一次。

国际奥委会是依照《奥林匹克宪章》领导奥林匹克运动的。《奥林匹克宪章》包括73 项规则及其实施细目。国际奥委会是奥运会及其五环会徽的专管机构。国际奥委会全体会议的任务之一是选定每届奥运会的主办城市。根据国际奥委会的规定,主席不参加申办奥运会的投票。由国际奥委会全体会议选出国际奥委会主席,任期8 年,主席任期的延长期限只有4 年。国际奥委会全体会议还要选出任期4 年的4 名副主席和6 名委员,由他们与主席一起组成执行委员会。

法语和英语是国际奥委会使用的两种官方工作语言,另外四种工作语言是德语、西班牙语、俄语和阿拉伯语。国际奥委会委员是由国际奥委会全体会议选举产生的,委员数目并不是固定的。一个国家只能出任一名奥委会委员,对于已组织过一次以上奥运会(冬季奥运会或夏季奥运会)的国家则不在此列,这样的国家可以出任两名委员。国际奥委会执行委员会每年至少开4 次执委会议。在奥委会委员中,除了1966 年以前自行选出的,以及作为终身委员的人士外,凡年龄达到75 岁的委员,就成为名誉委员。1999 年12 月12 日,国际奥委会在瑞士洛桑召开了第110 届全体会议。在会上,国际奥委会采纳了“2000 年委员会”提出的50 条改革措施,修改了《奥林匹克宪章》,对国际奥委会的组成及奥运会主办城市的选择方式等做出了重大调整。大会做出以下决定:国际奥委会委员人数增至115 人,其中最多可以包括15 名运动员、15 名国际单项运动联合会的主席、15 名国家或各大洲奥委会主席及70名个人委员；国际奥委会委员的任期为8年,可以连任；当选的新委员年龄不得超过70岁；国家奥委会主席的任期不得超过12年；奥委会执行委员会的人数也由11名增加到15名。会议还决定设立由国际单项运动联合会、国际奥委会、运动员委员会等体育组织的代表组成的评价委员会,负责对奥运会申办城市的评估,同时禁止国际奥委会委员访问申办城市。

二、古代奥林匹克运动会

（一）古代奥运会的起源

关于古代奥运会的起源,流传最广的是佩洛普斯娶亲的故事。古希腊伊利斯国王为了给自己的女儿挑选一个文武双全的驸马,提出应选者必须和自己比赛战车。比赛中,先后有13个青年丧生于国王的长矛之下,而第14个青年正是宙斯的孙子和公主的心上人佩洛普斯。在爱情的鼓舞下,他勇敢地接受了国王的挑战,终于以智取胜。为了庆贺这一胜利,佩洛普斯与公主在奥林匹亚的宙斯庙前举行盛大的婚礼,婚礼上安排了战车、角斗等多项比赛,这就是最初的古代奥运会。佩洛普斯成了古代奥运会传说中的创始人。

（二）古代奥运会历史

公元前776年,在古希腊南部风景秀丽的小镇——奥林匹亚举行了第1届古代奥运会。全希腊选手及附近百姓相聚于此,多利亚人克洛斯在192.27米短跑比赛中获得冠军,从而成为国际奥林匹克运动会上第一个夺得桂冠的人。从公元前776年到公元394年,共举行了293届古代奥运会。

1. 古代奥运会比赛项目

古代奥运会初期只有几个项目的比赛,后来随着规模的不断扩大,比赛项目也不断增多。到了公元前6世纪,比赛项目已增至24个,其中成年人8个、青少年16个。从第1届到第12届古代奥运会,只有一个比赛项目,即短跑。至于短跑的距离则说法不一致,一种说法是192.27米,正好为运动场的长度,所以也叫场地跑(该长度为“大力神”足长的600倍)；另一种说法是200码,约合182米,可能是短跑距离的演变。从第13届开始增设了中距离跑,也叫两次场地跑；从第15届开始增设了长跑；从第18届开始又增设了角力(类似现在的摔跤)和五项全能比赛。角力是古希腊人喜爱的运动项目之一,当时的规则很简单,不分重量级别,只要在比赛中能将对手三次摔倒即为胜。古代奥运会除了体育比赛外,还设有文艺比赛的内容。文艺比赛的优胜者与体育比赛的优胜者一样,被授予同样的奥运会荣冠,因此,一些诗人、作家、艺术家、演说家等名流都先后参加过文艺比赛。例如,被誉为古希腊“历史之父”的格罗多特就曾获得古代奥运会文艺比赛的第一项橄榄枝荣冠。

2. 古代奥运会比赛日程安排

古代奥运会从第1届起,每4年举行一次,每届只举行1天。随着比赛项目的不断增多,从公元472年的第77届古代奥运会开始,会期延长到3天,加上开幕式、闭幕式及庆祝活动,整个会期为5天,日程安排如下：

第1天：由大会主持人当众宣读运动员的名字、籍贯及运动员的比赛资格。运动员在宙斯坛前发表最后的宣言。

第2天：举行开幕式,进行五项全能比赛,主要项目有单程跑、铁饼、标枪、跳远、角力等。

第 3 天：拳击、格技、战车、赛马、武装赛跑等项目的比赛。

第 4 天：青少年组项目的比赛，如赛跑、拳击、角力等。

第 5 天：举行闭幕式，在宙斯坛前宣布比赛成绩，为优胜运动员颁奖，并举行盛大的宴会，所有优胜运动员都被邀请参加宴会。

三、现代奥林匹克运动会

（一）现代奥运会的概况

法国教育家顾拜旦是公认的现代奥林匹克创始人，他为奥林匹克运动的诞生和发展做出了卓越贡献。1893 年，根据“奥运之父”顾拜旦的建议，在巴黎举行了讨论复兴奥运会问题的国际性体育会议。1894 年 1 月，顾拜旦草拟了复兴奥运会的具体步骤和需要探讨的 10 个问题，致函各国体育组织和团体。1894 年 6 月 16 日，国际体育运动代表大会在巴黎索邦神学院开幕，到会代表 79 人，代表着 12 个国家的 49 个体育组织，有 2 000 人参加了开幕式。大会通过了《复兴奥林匹克运动》的决议。1894 年 6 月 23 日成立了国际奥林匹克委员会。国际奥林匹克委员会的成立，标志着现代奥林匹克运动的诞生。1896 年 4 月 5 日至 15 日，第 1 届现代奥运会终于如期在雅典举行。虽然组织很不完善，但它是奥林匹克运动正式诞生的重要标志。自 1896 年起至 2021 年止，一共应有 32 届奥运会，其中因两次世界大战中断 3 次。历届奥林匹克运动会概况如表 13.1.1 所示。

表 13.1.1　历届奥林匹克运动会概况

届次	年度	举 行 地 点	运动员人数	项目数（大项）
32	2020	东京（日本）	11 669	33
31	2016	里约热内卢（巴西）	11 000	28
30	2012	伦敦（英国）	10 500	26
29	2008	北京（中国）	11 468	28
28	2004	雅典（希腊）	11 099	28
27	2000	悉尼（澳大利亚）	10 651	28
26	1996	亚特兰大（美国）	10 749	26
25	1992	巴塞罗那（西班牙）	10 632	25
24	1988	汉城（韩国）	8 465	23
23	1984	洛杉矶（美国）	7 616	21
22	1980	莫斯科（苏联）	5 872	21
21	1976	蒙特利尔（加拿大）	6 189	21
20	1972	慕尼黑（德国）	7 147	21
19	1968	墨西哥城（墨西哥）	5 531	18
18	1964	东京（日本）	5 140	19
17	1960	罗马（意大利）	5 348	17

续表

届次	年度	举 行 地 点	运动员人数	项目数(大项)
16	1956	墨尔本(澳大利亚)	3 184	17
15	1952	赫尔辛基(芬兰)	4 952	17
14	1948	伦敦(英国)	4 099	18
13	1944	因第二次世界大战停办		
12	1940	因第二次世界大战停办		
11	1936	柏林(德国)	4 066	20
10	1932	洛杉矶(美国)	1 048	15
9	1928	阿姆斯特丹(荷兰)	3 014	15
8	1924	巴黎(法国)	3 092	18
7	1920	安特卫普(比利时)	2 607	22
6	1916	因第一次世界大战停办		
5	1912	斯德哥尔摩(瑞典)	2 547	14
4	1908	伦敦(英国)	2 034	21
届间	1906	雅典(希腊)	884	18
3	1904	圣路易(美国)	687	14
2	1900	巴黎(法国)	1 330	17
1	1896	雅典(希腊)	311	9

(二)奥林匹克象征

1. 奥林匹克标志

奥林匹克旗帜上五个不同颜色的圆环(蓝色代表欧洲,黄色代表亚洲,黑色代表非洲,绿色代表澳洲,红色代表美洲)连接在一起(图 13.1.1)象征五大洲的团结,象征全世界的运动员以公正、坦率的比赛和友好的精神在奥林匹克运动会上友好相见,欢聚一堂,以促进奥林匹克运动的发展。

图 13.1.1

2. 奥运会会徽

奥运会会徽是奥运会最有权威性的形象标志。

2000 年第 27 届悉尼奥运会的会徽"新世纪的运动员"(图 13.1.2),由上而下的画面可以看出:悉尼歌剧院的外形曲线被用来表示火炬,而太阳、岩石和土著人的传统狩猎工具"飞去来器"的图形组成一个举着奥运会火炬奔跑的运动员形象。整个会徽的色彩语言极具象征意义:蓝色代表海港,黄色代表太阳和沙滩,红色代表内陆土地,突出了澳大利亚本土文化的独特性。

2004 年第 28 届雅典奥运会的会徽为"雅典橄榄枝回归爱琴海"(图 13.1.3)。2004 年,人类文明奇迹之一的奥运会回归她的发源地。在神圣的奥林匹斯山上,在辉煌的宙斯神庙里,在庄严的古奥运竞技场中,奥林匹克的律动再次跨越时空的界限,将全人类的目光集中在一点，汇聚在爱琴海之畔，聚焦在橄榄枝花冠之上。爱琴海，古希腊文明的摇篮，一片充满诗意的梦幻蓝色。人类，奥林匹克运动的缔造者，手牵手环绕成橄榄枝花冠。橄榄枝，和平与荣耀的象征，不掺杂一丝世俗的利益。三个简单的要素表达了“奥运发源”的主题。让人们在2004年回到奥林匹克的故乡，在承载起橄榄枝花冠的爱琴海涛声中，细细品味奥林匹克的真谛。

2008年第29届北京奥运会的会徽“中国印·舞动的北京”（图13.1.4），由肖形印、中国字和五环徽有机地结合起来，形似中国传统民间工艺品的“中国结”，又似一个打太极拳的人形，图案如行云流水，和谐生动，充满运动感，象征世界人民团结、协作、交流、发展，携手共创新世纪，表达奥林匹克更快、更高、更强的体育精神。

图13.1.2

图13.1.3

图13.1.4

现代奥林匹克运动不论是从发展规模还是从发展水平上看，都已为举世所瞩目，奥林匹克精神得到了广泛传播。人们看到，作为一种文化现象，奥林匹克主义以竞技的形式，将不同肤色、不同文化背景的民族紧密联系在一起和人类的社会活动和人类的文明产生了深刻的影响。作为一种体育现象，奥运会是人类探索体能极限的最引人入胜的赛场。奥运会纪录、奖牌成为运动员追求的崇高目标，奥林匹克运动已成为参与国家和地区众多，具有巨大吸引力、穿透力和凝聚力的一项全球性活动。

四、奥林匹克精神

（一）含义

奥林匹克精神就是互相了解、友谊、团结和公平竞争的精神。没有奥林匹克精神，奥林匹克主义就不能得到全面的、真正的贯彻，现代奥林匹克运动也无法实现其促进世界和平和建立美好世界的目标。为此，顾拜旦竭力主张继承和发扬古代奥林匹克精神，把“和平、友谊、进步”作为奥林匹克运动的宗旨。

（二）本质内容

奥林匹克精神是人们对奥林匹克运动的内容实质（精髓）的认识。为了使奥林匹克精神能够起到指导人们社会实践的作用，可以把它的本质内容分解为以下五个原则。

1. 参与原则

参与原则是奥林匹克精神的第一项原则。因为只有参与到奥林匹克运动这项社会实践中，才能进而实现奥林匹克理想。所以，“参与比取胜更重要”是一种被世界各国运动员和广大群众广泛接受的信念。

2. 竞争原则

竞争原则表明奥林匹克运动是一项倡导挑战与竞争的社会活动。例如，参与体育竞赛必须树立起敢争高下的竞争意识，高举起“更快、更高、更强、更团结”的大旗，勇于向世界强手和世界先进水平挑战，不断超越自己，超越他人，超越世界纪录。竞争使人类有所发展，有所创新，有所前进。公开地倡导竞争，是奥林匹克运动的一大特点。其对青少年的教育作用，对社会发展与进步的推动作用，有不可估量的价值。

3. 公正原则

公正原则是指奥林匹克运动的竞争必须服从公平竞争、公正竞赛的要求，遵守规则，照章办事，光明磊落，平等公平。公正原则既是奥林匹克精神的本质内容之一，也是奥林匹克精神深得人心、使人向往的重要原因之一。

4. 友谊原则

友谊原则是指奥林匹克运动不仅仅是一项单纯的体育活动，也不仅仅是通过体育活动达到个体健身强心的目的，其最高的目标是通过体育活动的手段，把世界上不同国籍、不同肤色、不同语言的人凝聚在一起，使他们相互交往，增进了解和友谊，进而达到世界团结、和平、进步的目的。“胜负是暂时的，友谊是长久的”，“胜固可喜，败亦欣然”，这些口号都是符合奥林匹克精神的。

5. 奋斗原则

奋斗原则是指参加奥林匹克运动要有坚韧不拔、锲而不舍、百折不挠、顽强拼搏、奋斗到底的精神。奋斗精神体现了人类先进分子的一种内在力量，是人类自强不息、发达昌盛不可缺少的品质，体现了无论多么困苦，一切艰险都不在话下，以及“世上无难事，只要肯登攀”的英雄气概。

（三）作用

1. 导向作用

奥林匹克精神是奥林匹克运动的旗帜，召唤着世界各地投身于奥林匹克运动的人们，指引着人们实践奥林匹克精神的前进方向。在这面大旗的昭示下，人们为之向往、鼓舞、振奋，纷纷积极投身于如火如荼的奥林匹克运动。

2. 促进作用

奥林匹克精神强调友谊、团结、互相了解，这可以促进世界各国人民之间的交流，建立和谐的文化氛围。而正是在这种氛围中，人们才有可能摆脱各自文化带来的种种偏见。在不同文化的展现中看到的不是各种文化之间的差异、排斥，而是人类文化百花齐放、千姿百态的壮丽图景。有了这种精神境界，人们才能跳出各自狭小的民族局限，以世界公民的博大胸怀，去认识和理解自己民族以外的事物，领悟到各个民族都有着神奇的想象力和巨大的创造力，学会尊重其他民族，从而以比较客观和公正的态度去看待别人和自己。只有这样，才能更加深刻地认识自己，虚心地吸取其他文化的优秀成分，不断丰富和提升自己。也只有这样，奥林匹克运动所提倡的国际交流、互相学习才能真正得以实现。

3. 激励作用

奥林匹克运动将体育特别是竞技体育作为它的主要活动内容。竞技体育具有教育、文化、娱乐等多种功能，它的一个突出特点就是具有鲜明的对抗性、比赛性和娱乐性。在剧烈的身体对抗和比赛中，运动员的身体、心理和社会公德可以得到良好的锻炼，观众也可以得到健康的娱乐享受。但是，这些功能的发挥需要一个前提条件，那就是公平竞争。只有在公平的基础上竞争，才具有真正意义，各国运动员才能保持和加强团结、友谊的关系，奥林匹克运动才能实现它的神圣目标。因此，奥林匹克精神不断激励人们从事公平、公正的竞争，以实现自我存在的价值。

第二节　中国与奥林匹克运动会

一、早期的中国奥运

中国与奥林匹克运动的联系最早可以追溯到1894年。当时，中国清政府接到了希腊王储和近代奥运会发起人顾拜旦代表国际奥委会发出的邀请书。但由于昏庸的清政府不知“体育”为何物而未作答复。

1904年，许多中国报刊报道了第3届奥运会的消息。

1906年，中国的一本杂志介绍了奥林匹克历史。

1907年10月24日，著名教育家、中国奥委会第一任主席张伯苓先生在天津学界运动会发奖仪式上，以“奥林匹克”为题发表了著名的演说。他指出，虽然许多欧洲国家的获奖机会甚微，但仍然派出选手参加奥运会。他建议中国组队参加奥运会。

1908年伦敦奥运会后，天津一家报纸再次介绍了奥林匹克运动的历史，还提出要争取这一盛会在中国举行。天津体育界人士用幻灯展示了伦敦奥运会的盛况，举办了奥林匹克专题演讲会。

1910年10月18日至22日，在“争取早日参加奥运会”和“争取早日在中国举办奥运会”口号的鼓舞下，在南京举办了中国历史上第一次全国运动会——“全国学校区分队第一次体育同盟会”。

1913年开始举办的远东运动会（最初名为“远东奥林匹克运动会”），是奥林匹克运动在亚洲的先驱，中国是发起者之一。在远东运动会上，中国运动员取得了较好的成绩，表现了良好的体育道德。

1915年，国际奥委会致电远东运动会组委会，承认了远东体协，并邀请中国参加下届奥运会和奥委会全体会议。

1922年，我国的王正廷当选为国际奥委会委员。

1924年中华全国体育协进会成立后，中国陆续加入了田径、游泳、体操、网球、举重、拳击、足球、篮球8个国际单项体育联合会。在第8届奥运会上，我国3名选手参加了表演赛。

1928年第9届奥运会上，我国派观察员宋如海参加，并进行了考察工作。

1931年，当时的中华全国体育协进会被国际奥委会承认为“中国奥林匹克委员会”。中国正式参加奥运会的历史由此开始。

1932年，第10届奥运会在美国洛杉矶举行。我国本没有派选手参加，仅由中华全国体育协进会总干事沈嗣良前往观礼。而日本帝国主义扶持的伪满，为了骗取世界各国的承认，竟然电告国际奥委会：拟派刘长春、于希渭为“满洲国”选手参加奥运会。举国一片哗然，刘长春也予以拒绝。在强大的舆论压力下，中华民国政府决定，刘长春、于希渭作为运动员，宋君复为教练员，沈嗣良为领队，代表中国参加奥运会。在开幕式上，刘长春执旗前导,沈嗣良、宋君复及中国留学生和美籍华人刘雪松、申国权、托平 6 人组成中国代表团。于希渭因日方阻挠破坏,未能成行。刘长春在 100 米、200 米预赛中位于小组的第五、六名,未能取得决赛权,但他以中国第一位参加奥运会的选手而留名于中国奥运史。

1936 年,第 11 届奥运会在德国柏林举行。中国派出了 140 人组成的代表团,其中运动员 69 人,参加篮球、足球、游泳、田径、举重、拳击、自行车 7 个项目的比赛。另外,还有 11 人的武术表演队和 34 人组成的体育考察团。其中,篮球比赛胜过法国队,撑竿跳选手符宝卢取得复赛权。中国武术队的多次表演轰动了欧洲。

1945 年抗日战争胜利后,中国第一位国际奥委会委员王正廷和体育家袁敦礼、董守义等人提出请求第 15 届奥运会(1952 年)在中国举行,引起了国人的兴奋。

1948 年,第 14 届奥运会在英国伦敦举行。我国派出了 33 名男运动员参加了篮球、足球、田径、游泳和自行车 5 个项目的比赛,但没有一人进入决赛。奥运会结束后,代表团在当地华侨总会的帮助下解决了路费,才得以返回祖国。

二、重返奥运的历程

中华人民共和国成立之后的 1949 年 10 月下旬,中华全国体育协进会改组成立了中华全国体育总会,也就是对外代表中国的国家奥委会。尽管中华人民共和国派出代表团首次参加了 1952 年赫尔辛基奥运会,但在奥运会上还是出现了“一中一台”的问题。为此,中国奥委会向国际奥委会发出抗议,但国际奥委会对此持漠视的态度。为了维护中国领土的统一和完整,中国奥委会于 1958 年 8 月 19 日宣布断绝与国际奥委会的关系,并在 1958 年 6 月至 8 月间,先后退出了 15 个国际单项体育组织。当时的中国国际奥委会委员董守义毅然辞去了国际奥委会委员的职务。

在之后的 20 余年里,中华人民共和国无法代表中国参加许多国际体育比赛。为了打破这层坚冰,中国团结第三世界的体育力量,开始了漫长的破冰之路。第一个突破是在 1962 年夏天,印度尼西亚举办第 4 届亚运会,拒绝了台湾以“中华奥委会”的名义参加。为此,一些国际单项体育联合会取消了印度尼西亚的会员资格,禁止其参加奥运会。面对这样的现实,印度尼西亚总统苏加诺提议,举办新兴力量运动会(GANEFO)。第 1 届新兴力量运动会于 1963 年 11 月在雅加达举行,来自亚洲、非洲、拉丁美洲和欧洲的 48 个国家和地区的 2 404 名运动员参加比赛,中华人民共和国派出了一支新中国历史上最大的体育代表团参加比赛。第二个突破口是广为流传的“乒乓外交”。作为“乒乓外交”的硕果,1971 年中华人民共和国恢复了在联合国中的合法席位。1979 年,中国奥委会向国际奥委会正式提出关于解决中华人民共和国合法席位的建议。国际奥委会意识到,为尽快恢复中华人民共和国在国际奥委会的合法席位,就必须解决台湾问题。这一建议得到了包括国际奥委会主席基拉宁在内的大多数人的赞同。同年 10 月,国际奥委会以通信表决方式让国际奥委会全体委员投票,结果以 62 票赞成、17 票反对、2 票弃权,通过了国际奥委会执委会于 10 月 25 日在日本名古屋做出的“有关恢复中华人民共和国在国际奥委会合法席位”的决议。设在台北的奥委会作为中国的一个地方机构,用“中国台北奥林匹克委员会”的名称留在国际奥委会内。国际奥委会的这一决定,最终扫清了中华人民共和国重返奥林匹克大家庭的障碍。从此,中国奥委会与国际奥委会建立了良好的、密切的合作关系。

三、扬威奥运的辉煌

中华人民共和国代表中国在1979年重返奥运大家庭之后，就开始积极备战奥运会。

1980年2月，在国际奥委会中恢复席位的中国体育代表团首次出现在奥运会赛场上，参加了第13届冬季奥运会。

1984年，第23届奥运会在美国洛杉矶举行。中国第一次派出大型代表团参加这项体坛盛事。开赛第一天，射击选手许海峰在男子自选手枪慢射比赛中勇夺冠军，从而实现了中国在奥运会历史上金牌零的突破。在2002年盐湖城冬季奥运会上，中国女选手杨扬又为中国实现了在冬季奥运会上金牌零的突破。回顾中国运动员参加奥运会的故事，细看他们的突破和取得的成绩，无疑是我国竞技体育的实力和水平的最好证明。在从“东亚病夫”到世界冠军的变化中，我们见证了中国体育发生的翻天覆地的变化。

从1979年恢复席位到2022年，中国体育健儿已经参加了10届夏季奥运会，获得了227枚金牌、164枚银牌和152枚铜牌。

在新中国体育健儿扬威奥运会赛场的同时，有三名中国人先后当选为国际奥委会委员。1981年，中国的体育领导人何振梁当选为国际奥委会委员，他还于1989—1993年担任国际奥委会副主席，并多次担任执委。1996年，当时的国际羽毛球联合会主席吕圣荣也以国际单项体育联合会主席的身份当选为中国第一位国际奥委会女委员。2000年，国家体育总局副局长于再清当选为国际奥委会委员，成为中国活跃在国际奥委会舞台上的又一中坚力量。

四、申办奥运足迹

早在20世纪80年代初，邓小平同志就表示，中国要申办奥运会。在成功地举办了1990年北京亚运会之后，邓小平同志在视察亚运村时，再次强调中国要申办奥运会。

1991年12月，中国北京第一次向国际奥委会提出了承办2000年第27届奥运会的申请，开始了北京的第一次奥运会申办尝试。不过，1993年9月23日在国际奥委会全会蒙特卡罗的表决中，北京以微弱的2票劣势输给了悉尼，与2000年第27届奥运会擦肩而过。

1998年11月，党中央、国务院批准北京再次申办奥运会。1998年11月25日，北京市正式向中国奥委会递交承办2008年奥运会申请书。1999年1月6日，中国奥委会在首都体育馆举行全体会议，审议并批准了北京市人民政府关于承办2008年奥运会的申请。1999年4月7日，北京市市长刘淇和中国奥委会前主席伍绍祖在瑞士洛桑向国际奥委会主席萨马兰奇正式递交了北京市申办2008年夏季奥运会的报告。1999年9月6日，由国家体育总局、北京市人民政府和国务院相关部门组成北京2008年奥运会申办委员会，北京申办2008年奥运会工作正式启动。

2000年2月1日，北京奥申委主席刘淇提出中国北京申办奥运会的六大理由：

第一，作为世界上人口最多的国家，中国对发展奥林匹克运动、促进世界和平应当做出贡献。

第二，举办奥运会是北京市人民和全国人民的强烈心愿，并得到了我国政府的有力支持。

第三，改革开放20多年来，我国在社会、经济、文化等各个领域都取得了举世瞩目的成就。

第四，举办奥运会可以加快环境建设，促进经济发展，是北京迈向新千年的有利机遇。

第五，举办奥运会将推动我国体育事业的发展，将更广泛地提高奥林匹克运动的普遍性。

第六，申办奥运会，有利于北京作为现代化国际大都市的发展，借申办奥运会的契机，把自己悠远深厚的文化底蕴、兼容并蓄的宽广胸怀、谦和礼貌的公德素养、奋发有为的进取精神展现给全世界。

2000年6月20日，北京奥申委秘书长王伟在瑞士洛桑向国际奥委会正式递交申请报告。报告回答了国际奥委会向申请城市提出的22个问题，陈述了关于北京筹办2008年奥运会的计划和构想，是北京市申办2008年奥运会向国际奥委会递交的第一份正式答卷。

2001年1月17日上午，北京奥申委代表团将申办报告交到国际奥委会总部。两天后，国际奥委会通知北京奥申委，北京的申办报告完全符合要求，可以将剩余的报告寄给120多名国际奥委会委员等人士和28个国际单项体育组织。从2001年1月21日开始，北京奥申委向世界各地寄出182套北京2008年奥运会申办报告。

由荷兰人海因·维尔布鲁根和瑞士人吉尔贝·费利领衔的国际奥委会评估团17名成员，从2001年2月19日至2月24日对北京申奥工作进行考察。评估团在新闻发布会上评价说，北京申办奥运会得到了中国政府和北京市民的强有力支持。

2001年7月13日，莫斯科时间22时11分（北京时间18时11分），是中国体育的一个历史性时刻，2008年第29届奥运会的主办权属于中国，属于北京。这一直是中国人民和中国体育界殷切期待的梦想，是申办艰辛努力的成果！

经过改革开放的洗礼，北京以崭新的、多姿多彩的面貌进入21世纪，她以饱满的热情欢迎全世界的体育健儿和各界朋友，共同参与奥运盛会。历经百年沧桑的现代奥林匹克运动会，在拥有世界人口五分之一的中国举办，使奥林匹克精神得到更广泛的传播，翻开了奥林匹克运动的崭新一页。

五、中国与奥运大事记

1908年，第4届奥运会在伦敦举行之际，天津基督教青年会杂志上的一篇文章提出三个问题：中国何时才能派一位选手参加奥运会？中国何时才能派一支队伍参加奥运会？中国何时才能举办奥运会？

1913年，由中国、日本、菲律宾发起，在菲律宾马尼拉举行了首届远东奥林匹克运动会（后改称远东运动会）。

1922年，外交官王正廷当选为国际奥委会成员。

1928年阿姆斯特丹奥运会上，宋如海任观察员，海外华裔自行车手何浩华参加，但在比赛前受伤。

1932年洛杉矶奥运会，日本傀儡政府“满洲国”希望派短跑选手刘长春参赛，但遭拒绝。后来在张学良的干预下，他代表中国参加了100米和200米预选赛，但均被淘汰。

1936年柏林奥运会上，中国派出69名运动员，参加的比赛有篮球、足球、田径等，没有获得奖牌。

1948 年伦敦奥运会上，中国派出了 33 名男运动员参加篮球、足球、田径、游泳、自行车 5 个项目的比赛，没有获得奖牌。

1949 年，中华全国体育协进会改组为中华全国体育总会（中国奥委会）。

1952 年赫尔辛基奥运会，由男足、男篮及一名游泳选手组成的中华人民共和国代表团抵达时已经错过一些比赛，仅游泳选手吴传玉一人参加了游泳（100 米仰泳）预赛。

1958 年，中国因台湾问题退出国际奥委会。

1979 年 10 月 25 日，国际奥委会执委会会议在日本名古屋召开，通过了承认中国奥委会为全国性奥委会、恢复中华人民共和国在国际奥委会合法席位的决议。同年 11 月 26 日，国际奥委会于瑞士洛桑宣布，经国际奥委会全体委员通信表决，批准执委会名古屋会议有关中国代表权的决议。中国奥委会是中国全国性组织，中国台北地区以中国台北奥委会名称，使用经国际奥委会批准的新旗、歌、徽参加奥林匹克活动。

1980 年第 13 届冬奥会在美国普莱西德湖举行，中国首次派选手参赛。同年，第 17 届奥运会在苏联莫斯科举行，由于苏联出兵入侵阿富汗事件，包括中国、美国在内的几十个国家未派队参赛。

1984 年萨拉热窝冬奥会，中国派出 37 名运动员参加比赛，没有获得奖牌。同年洛杉矶奥运会，中国派出 175 名运动员参加 16 个大项的比赛。中国射击运动员许海峰夺得本届奥运会的第一枚金牌，实现了中国在奥运会中金牌零的突破。中国运动员在本届奥运会上共获得 15 枚金牌、8 枚银牌、9 枚铜牌，位居金牌榜第四位。

1988 年卡尔加里冬奥会上，中国队没有获得奖牌。同年汉城奥运会上，中国派出 301 名运动员参加比赛，共获得 5 枚金牌、11 枚银牌、12 枚铜牌。

1991 年，中国北京 2000 年奥运会申办委员会成立。1991 年 2 月 26 日，中国奥委会和北京市决定向国际奥委会申请在北京举办 2000 年第 27 届奥运会，并于同年 12 月 4 日递交申请书，但未能如愿。

1992 年，第 16 届冬奥会在法国阿尔贝维尔举行，叶乔波获女子 500 米、1 000 米速滑银牌，李琰获女子 500 米短跑道速滑银牌。同年，第 25 届奥运会在西班牙巴塞罗那举行，中国派出 251 名运动员参加了 20 个项目的比赛，中国台北有 37 名运动员参加了 7 个项目的比赛。中国运动员获得 16 枚金牌、17 枚银牌、16 枚铜牌。同年，中国奥林匹克学会成立。

1993 年，第 1 届东亚运动会在中国上海举行。国际奥委会主席萨马兰奇于北京授予伍绍祖、张百发、张彩珍等奥林匹克银质勋章。奥林匹克博物馆新馆在洛桑落成，中国的体育美术展品被选为永久展品。中文版《奥林匹克理想——顾拜旦文选》出版。国际奥委会第 101 次全会在摩纳哥蒙特卡洛召开，中国北京申奥以 2 票之差落选。

1994 年第 12 届奥林匹克代表大会在法国巴黎贝尔西体育馆举行。国家体委主任伍绍祖、中国奥委会主席何振梁出席了这次大会。何振梁再次当选为国际奥委会执行委员。同年，第 17 届冬奥会在挪威利勒哈默尔举行，中国获得 1 枚银牌、2 枚铜牌。

1996 年吕圣荣在美国亚特兰大举行的国际奥委会第 105 次全会上，当选为国际奥委会委员。她是中国第一位担任国际单项体育组织（羽毛球）主席和国际奥委会委员的妇女。同年，第 26 届奥运会在美国亚特兰大举行，中国派出 310 名运动员，在该届奥运会上

4 破世界纪录，获得了 16 枚金牌、17 枚银牌、12 枚铜牌。

1997 年，国际奥委会主席萨马兰奇宣布香港将以“中国香港”的名义参加奥运会。

1998 年第 18 届冬奥会在日本长野举行，中国获得 6 枚银牌、2 枚铜牌。

2000 年第 27 届奥运会在澳大利亚悉尼举行，中国体育代表团共夺得 28 枚金牌、16 枚银牌、15 枚铜牌，在金牌榜和奖牌榜上均排在第三位。中国首次进入奥运会金牌榜前三名，取得了历史性的突破。

2001 年 7 月 13 日，通过激烈的竞争，北京以 56 票赢得 2008 年第 29 届夏季奥运会主办权。

2002 年第 19 届美国盐湖城冬奥会上，中国队的杨扬在短道速滑女子 500 米决赛中夺得了冠军，为中国获得了第一枚冬奥会金牌。

2004 年雅典奥运会上，刘翔在 110 栏比赛中追平了世界纪录，并且也刷新了奥运会纪录，如愿拿下了中国短跑选手在奥运会上的首枚金牌。

2006 年第 20 届都灵冬奥会上，韩晓鹏夺得自由式滑雪空中技巧男子金牌，这是中国第一枚雪上项目金牌，也是中国男子第一枚冬奥会金牌。

2008 年，第 29 届奥运会在北京举行，武术以特设项目亮相北京奥运会。此次奥运设置了三大理念：绿色奥运、科技奥运、人文奥运。本届奥运会举行了 28 个大项、38 个分项的比赛，产生了 302 枚金牌，有 2 万多名运动员、教练员和官员参加了北京奥运会。除了大部分比赛在北京举行外，帆船比赛在青岛举行，马术比赛在香港举行，部分足球预赛在天津、上海、沈阳和秦皇岛举行。其中，由香港协办 2008 年奥运马术项目，是奥运历史上第二次由不同地区的奥委会承办。在该届奥运会上，中国体育代表团共获得 51 枚金牌、21 枚银牌、28 枚铜牌，创 4 项世界纪录，第一次名列奥运会金牌榜首位。

2012 年，第 30 届奥运会在伦敦举行，中国体育代表团表现出色，获得了 38 枚金牌、27 枚银牌、23 枚铜牌，在金牌榜和奖牌榜上均排在第二位。

2016 年，第 31 届奥运会在巴西里约热内卢举行，中国体育代表团表现依然出色，共获得 70 枚奖牌，其中金牌 26 枚、银牌 18 枚、铜牌 26 枚，位列奖牌榜第二位。

2020 年，第 32 届东京奥运会因受新冠病毒感染疫情的影响，于 2021 年举行。在该届奥运会上，中国体育代表团共获得 38 枚金牌、32 枚银牌、18 枚铜牌，分别位列金牌榜和奖牌榜第二位。

附 录

附录一　国家学生体质健康标准

一、说明

（一）为贯彻落实健康第一的指导思想，切实加强学校体育工作，促进学生积极参加体育锻炼，养成良好的锻炼习惯，提高体质健康水平，特制定本标准。

（二）本标准是《国家体育锻炼标准》的有机组成部分，是《国家体育锻炼标准》在学校的具体实施，是国家对学生体质健康方面的基本要求，适用于全日制小学、初中、普通高中、中等职业学校和普通高等学校的在校学生。

（三）本标准从身体形态、身体机能、身体素质和运动能力等方面综合评定学生的体质健康水平，是促进学生体质健康发展、激励学生积极进行身体锻炼的教育手段，是学生体质健康的个体评价标准。

（四）本标准将测试对象划分为以下组别：小学一、二年级为一组，三、四年级为一组，五、六年级为一组，初、高中每年级各为一组，大学为一组。

小学一、二年级组和三、四年级组测试项目分为三类，身高、体重为必测项目，其他二类测试项目各选测一项。小学五、六年级组，初、高中各组，大学组测试项目均为五类，身高、体重、肺活量为必测项目，其他三类测试项目各选测一项。

选测项目每年由地（市）级教育行政部门、高等学校在测试前两个月确定并公布。选测项目原则上每年不得重复。

（五）学校每学年对学生进行一次本标准的测试，本标准的测试方法按《国家学生体质健康标准解读》（人民教育出版社出版）中的有关要求进行。

（六）本标准各评价指标的得分之和为本标准的最后得分，满分为 100 分。根据最后得分评定等级：90 分及以上为优秀，75—89 分为良好，60—74 分为及格，59 分及以下为不及格。学生体质健康标准成绩每学年评定一次，按评定等级记入《国家学生体质健康标准登记卡》。学生毕业时体质健康标准的成绩和等级，按毕业当年得分和其他学年平均得分各占 50% 之和进行评定。因病或残疾免予执行本标准的学生，填写《免予执行〈国家学生体质健康标准〉申请表》（附录 3）。

（七）本标准由教育部负责解释。

二、《国家学生体质健康标准》评价指标与分值

组别	评价指标(测试项目)	分值	备注
小学一、二年级	身高标准体重	20	必测
	坐位体前屈、投沙包	40	选测一项
	50 米跑(25 米 ×2 往返跑)、立定跳远、跳绳、踢毽子	40	选测一项
小学三、四年级	身高标准体重	20	必测
	坐位体前屈、掷实心球、仰卧起坐	40	选测一项
	50 米跑(25 米 ×2 往返跑)、立定跳远、跳绳	40	选测一项
小学五、六年级	身高标准体重	10	必测
	肺活量体重指数	20	必测
	400 米跑(50 米 ×8 往返跑)、台阶试验	30	选测一项
	坐位体前屈、掷实心球、仰卧起坐、握力体重指数	20	选测一项
	50 米跑(25 米 ×2 往返跑)、立定跳远、跳绳、篮球运球、足球颠球、排球垫球	20	选测一项
初中、高中、大学各年级	身高标准体重	10	必测
	肺活量体重指数	20	必测
	1 000 米跑(男)、800 米跑(女)、台阶试验	30	选测一项
	坐位体前屈、掷实心球、仰卧起坐(女)、引体向上(男)、握力体重指数	20	选测一项
	50 米跑、立定跳远、跳绳、篮球运球、足球运球、排球垫球	20	选测一项

注：身高标准体重测试项目为身高、体重，肺活量体重指数测试项目为肺活量，握力体重指数测试项目为握力。

附录二 《国家学生体质健康标准》实施办法

一、《国家学生体质健康标准》(以下简称《标准》)的实施工作在教育部、国家体育总局的领导下,由各级教育行政部门管理,体育行政部门指导,学校组织实施。

二、《标准》的组织实施工作在校长领导下,由学校体育教研部门、教务部门、校医院(医务室)、学工部门、辅导员(班主任)协同配合共同组织实施。《标准》的测试应与学生的健康体检有机结合,避免重复测试。学生的《标准》测试成绩按评定等级记入《国家学生体质健康标准登记卡》,小学列入学生成长记录或学生素质报告书,初中以上学校列入学生档案(含电子档案),作为学生毕业、升学的重要依据。对达到及格以上成绩的学生颁发证章。《标准》的实施工作记入教师的教学工作量。

三、学生《标准》测试成绩达到良好及以上者,方可参加三好学生、奖学金评选;成绩达到优秀者,方可获体育奖学分。《标准》成绩不及格者,在本学年度准予补测一次,补测仍不及格,则学年《标准》成绩为不及格。普通高中、中等职业学校和普通高等学校学生毕业时,《标准》测试的成绩达不到50分者按肄业处理。

四、因病或残疾学生,可向学校提交免予执行《标准》的申请,经医疗单位证明,体育教学部门核准后,可免予执行《标准》,并填写《免予执行〈国家学生体质健康标准〉申请表》,存入学生档案。对确实丧失运动能力、免予执行《标准》的残疾学生,仍可参加三好学生、奖学金、奖学分评选,毕业时《标准》成绩可记为满分,但不评定等级。

五、认真上好体育课、积极参加体育活动、每天锻炼时间达到一小时者,奖励5分,计入学年《标准》总成绩。

六、属下列情况之一者,其《标准》成绩记为不及格,该学年《标准》成绩最高记为59分:

1. 评价指标中400米(50米×8往返跑)、1 000米跑(男)、800米跑(女)、台阶试验的得分达不到及格者;

2. 体育课无故缺勤,一学年累计超过应出勤次数1/10者。

七、各地、各学校在实施《标准》时要树立“安全第一”的指导思想,健全各项安全保障制度,落实安全责任制,加强对场地、器材、设备的安全检查。要认真做好学生的体检工作,对生病学生实行缓测或免测。

八、全国各级各类学校每年均直接将本校各年级《标准》测试数据,通过中国学生体质健康网(网址中文域名:中国学生体质健康网;英文域名:http://www.csh.edu.cn/),报送至教育部“国家学生体质健康标准数据管理系统”,上报数据的时间为每年9月1日至12月31日,上报测试数据的工具软件,由学校在中国学生体质健康网上免费下载使用。

九、高职、高专类学校参照有关要求执行。

十、教育部每年公布各省、自治区、直辖市实施《标准》的基本情况;每学年对教育部直属高校本科新生《标准》测试结果,按生源所在地进行统计,并以省、自治区、直辖市为单位进行公布。

十一、各地教育、体育行政部门对本地各级各类学校实施《标准》的情况，要认真检查监督。要将《标准》的实施情况纳入各级政府教育督导内容和评估指标体系，并作为对各级各类学校进行评优、表彰的基本依据。对弄虚作假、徇私舞弊者，给予通报批评，情节严重者，给予行政处分。

十二、为保证《标准》测试数据的科学性、准确性，各地、各学校招标、选用的《标准》测试器材必须是经国家认证认可监督管理委员会批准的相关认证机构认证合格的产品。

十三、本办法由教育部负责解释。

附录三　免于执行《国家学生体质健康标准》申请表

免予执行《国家学生体质健康标准》申请表

姓　名		性别		民　　族	
班　级		学号		出生日期	
原因					
体育教师签字			家长签字		
学校体育部门意见	签章(字)： 年　　月　　日				

参考文献

[1] 王玉林. 体育与健康[M]. 北京：电子工业出版社,2014.

[2] 黄建团,蒋东升. 体育与健康[M]. 北京：北京理工大学出版社,2012.

[3] 周伟,尤洋. 大学体育与健康教程[M]. 东营:中国石油大学出版社,2022.

[4] 王海. 大学生体质健康的多维监控与运动健身指导[M]. 北京:中国书籍出版社,2020.

[5]董久奎,钟冲. 大学生体育与健康[M]. 北京:机械工业出版社,2022.